gonggongguanxiyuanliyuyingyong

普通高等教育“十一五”国家级规划教材

# 公共关系原理与应用

gonggongguanxiyuanliyuyingyong

第三版

王维平 编著

兰州大学出版社

**图书在版编目(CIP)数据**

公共关系原理与应用/王维平编著. —兰州:兰州大学出版社,2007.10(2019.10 重印)
ISBN 978-7-311-00496-5

Ⅰ. 公… Ⅱ. 王… Ⅲ. 公共关系学 Ⅳ. C912.3

中国版本图书馆 CIP 数据核字(2007)第 155381 号

策划编辑 陈红升
责任编辑 高士荣 陈红升
封面设计 张友乾

---

书　　名 公共关系原理与应用(第三版)
作　　者 王维平 编著
出版发行 兰州大学出版社 (地址:兰州市天水南路 222 号 730000)
电　　话 0931-8912613(总编办公室) 0931-8617156(营销中心)
　　　　 0931-8914298(读者服务部)
网　　址 http://press.lzu.edu.cn
电子信箱 press@lzu.edu.cn
印　　刷 兰州人民印刷厂
开　　本 710 mm×1020 mm 1/16
印　　张 24.5(插页 4)
字　　数 453 千
版　　次 2007 年 10 月第 3 版
印　　次 2019 年 10 月第 10 次印刷
书　　号 ISBN 978-7-311-00496-5
定　　价 39.00 元

---

(图书若有破损、缺页、掉页可随时与本社联系)

# 中心内容

公共关系学是一门新兴学科，是研究社会组织公共关系状态和活动的基本规律及其一般方法的科学。本课程分五个版块,分别论述了公共关系的基本原理;公共关系的运作程序;公共关系的应用领域;公共关系机构和人员的基本知识;公共关系著名案例的介绍。

# 学习目标

学习本课程,要求掌握公共关系的基本原理;公共关系公众的基本分类;公共关系活动或工作的基本模式;公共关系活动及工作的基本程序和一般方法;公共关系策划的技能和公共关系活动方案的设计要求;企业形象塑造的手段和企业文化建设的知识;社会组织各种内外公众关系的处理以及各部门公共关系工作的方法和途径。

## 本教材总体框架结构图解

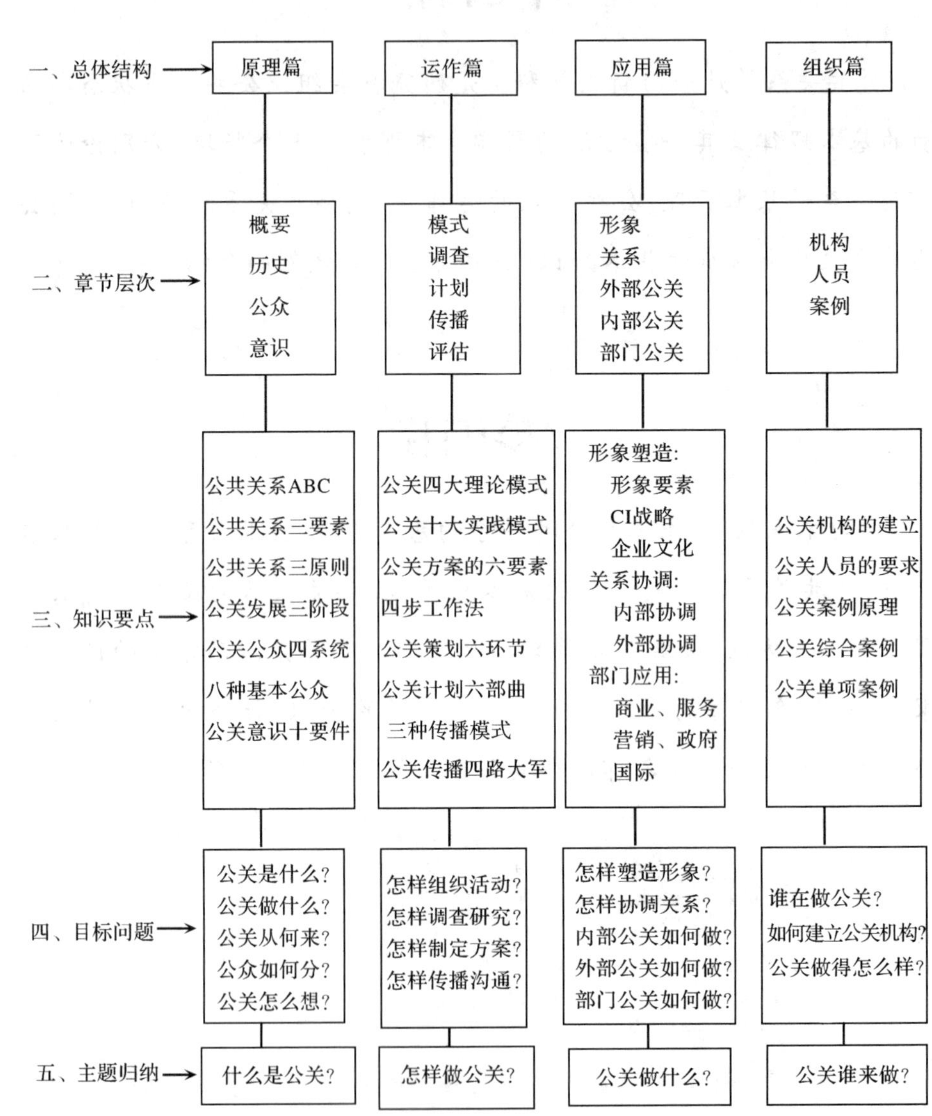

# 目　录

## 第一编　基本原理

## 第二编　运作程序

## 第三编　应用领域



## 第四编　机构人员

## 第五编 案例选析

# 第一编

# 基本原理

# 第一篇

# 野鼠本草

# 第一章 公共关系概要



## 中心内容

本章论述了公共关系(简称公关)的基本概念和一般特征,分析了公共关系和相近的其他活动之间的关系,分析了公共关系学和其他相关学科的联系与区别,分析了公共关系的社会功能。

## 学习目标

学习本章,要求准确把握公共关系学的基本概念,弄清公共关系与相关活动的关系,熟知公共关系的学科性质和学科体系,知晓公共关系的社会功能。

公共关系学是一门新兴的学科,虽然它的产生至今不过几十年时间,但在发达国家已被广泛传播和运用,显示出了独特的功能。有人把以信息业为代表的科学技术水平、以旅游业为代表的生活富裕程度、以公共关系事业为代表的管理效能并列为衡量一个国家社会和经济发达程度的三大标志。

改革开放给社会主义中国带来了全面的振兴,公共关系也在改革大潮中被引进了国门,受到了人们的重视,对社会主义物质文明和精神文明建设起到了重要促进作用。今天,在构建和谐社会的历史进程中,公共关系的沟通协调功能显得尤为重要。本章将对公共关系及公共关系学的定义、对象、特征、功能等基本理论进行论述。

## 第一节　公共关系的一般特征

要了解公共关系，首先必须弄清公共关系的基本目的和围绕这些目的所应有的概念和特征。对基本概念和特征的掌握,有利于把握公共关系的真谛。

### 一、公共关系的基本概念

"公共关系"一词来源于美国,是从英文Public Relations翻译过来的。该词包含了两层含义:一是公共关系是公开的、公众的,而不是秘密的、少数人的关系;二是公共关系研究的不是一种关系,而是多种关系。

(一)关系解析

"关系"从词义上分析,是指事物之间相互作用、相互影响的状态,也表示人和人或人和事物之间的某种性质的联系。从关系的性质而言，关系是对人而言的,离开了人的存在和介入,它就没有任何意义可言。公共关系实际上是一种特定的社会关系。

一般地说,关系具有人文性、必然性、广泛性、动态性的特点。人文性指的是主观能动性,就是说,任何关系都是可以通过人的努力改变的;必然性指的是客观制约性,就是说,关系不是随意的,也不是单纯以某一方的主观意志为转移的;广泛性指的是多维性和交叉性,就是说,关系处于社会环境之中,往往是多种关系的总和在发生作用;动态性指的是关系的发展变化性,就是说,关系不是一成不变的,而是处在一种发展变化的动态系统中。

(二)公共关系的A、B、C

理解公共关系的含义,我们可以从以下三个层次来把握,即公共关系含义的A、B、C。

公共关系的A。公共关系首先是一种客观状态,是指一个社会组织同其所处的社会环境中各有关组织之间关系的组合。任何一个社会组织都处在某种关系状态中，而不以该组织自己的意志为转移，尽管这种公共关系状态可能是隐含的、松散的、间接的,也可能是明显的、紧密的、直接的。公共关系状态虽无有无之分,但有好坏之分。

公共关系的B。公共关系又是一种主观努力,是社会组织的一种有意识、有计划、有目的行为或活动,即公共关系具有某些职能或功能。从这个角度来讲,公共关系是指一个组织运用传播、沟通手段,使自己适应于环境,并使环境适用于自己的活动或职能。

公共关系的C。公共关系还是公共关系学的代名词,从学科角度来讲,公共关系学是一门学问，是专门研究社会组织的公共关系活动、状态及其基本规律和一般方法的科学。

(三)公共关系学的研究任务

公共关系学是综合运用社会学、心理学、社会心理学、传播学、新闻学、管理学等现代科学知识，并在总结公共关系经验和方法的基础上形成的一门新兴的边缘学科。它是在信息社会里运用的恰当的传播、沟通手段，在组织内外形成双向的信息沟通网络，从而不断调整、改善组织的形象，创造良好的内外环境，赢得社会公众的理解、信任与支持的一门科学。

公共关系学的研究任务是揭示公共关系运动和变化的规律，具体包括：(1)各种具体的"公众"关系状态和运动的规律(如媒介关系、消费者关系、内部员工关系、政府关系等)；(2)社会组织与公众之间的信息传播和沟通理解的规律；(3)公共关系作为社会组织的管理职能的各种规律。

中国台湾的公共关系专家提出了公共关系学是一门内求团结、外求发展的科学的观点，较好地概括了公共关系学的根本任务和职能。

## 二、公共关系的广义理解

公共关系的内涵是极其丰富的，对以上涉及和未涉及的部分归纳起来，公共关系的含义可从以下几个方面来理解：

(一)公共关系是一种状态

任何一个社会组织，都和其他组织及其成员发生着一定性质上(紧密的、松散的、直接的、间接的)联系。各种社会组织及其成员之间互相影响、互相作用，这种与组织或与组织的成员构成的联系就是公共关系状态。公共关系状态是一种不自觉的、无意识的状态，是与自觉的、经过积极努力创造的状态相区别的。

任何一个组织(或企业)，只要它存在一天，客观上就处在某种公共关系状态之中。创造良好的公共关系状态，防止公共关系状态的恶化，便成了每个组织刻意追求的目标。

(二)公共关系是一种意识

公共关系意识(亦称公共关系观念、公共关系思想)是一种现代化经营管理和行政管理的思想、观念和原则。公共关系意识作为公关实践活动在意识中的反映，不是一种表层的被动的反映，而是实践为理论所概括且演化为公共关系原理、公共关系规律、公共关系原则的一种深层的能动反映。公共关系意识具有丰富的内涵，代表了一种现代化的新观念，它一旦形成，就具有相对的独立性和能动性，并且形成制约人们行为的一种力量，对管理工作具有一定的指导作用。

在当代社会，公共关系意识是建立良好的公共关系状态的前提，是对管理工作者的时代要求,是一种开明的经营观念和管理观念,也是现代公众对社会组织的客观要求。

(三)公共关系是一种技术

公共关系不是一般意义上的工作或活动,而是一种以传播、沟通为手段的工作或活动,是一种运用传播手段使组织与公众互相适应的活动。公共关系的发展和传播技术的发展是紧密相连的。因此,有人说公共关系是市场经济高度发展的产物,是科学技术高度发达的产物,是信息爆炸的产物。

(四)公共关系是一种活动

公共关系的功能只有在运动中才能体现出来,组织之间、成员之间也只有在相互交往的活动中才能体现出彼此之间的关系。公共关系作为一种关系形式,也只有在组织(或企业)与其公众交往的过程中才能体现出来,离开了公共关系活动,公共关系本身就无从谈起了。因此,公共关系的一个重要任务,就是要研究和探索公共关系活动的方式。

(五)公共关系是一门艺术

公共关系是一门帮助组织建立良好信誉、塑造良好形象的艺术;是一种如何通过人的创造性工作去求得组织内外"人和"的艺术。之所以称公共关系为艺术,是因为它要涉及到人的富有创造性的活动,它追求的是永不重复的创造。随着社会的发展,无论是人的社会生活还是心理活动都趋向复杂多变,因此,讲求艺术性和技巧,更是公共关系的生命力所在。

(六)公共关系是一门科学

公共关系时常成为公共关系学的代名词。



## 三、公共关系的基本要素

通过对公共关系结构的分析,可以清楚地看出组成公共关系的三个要素:社会组织、公众和传播。这三个要素互相依赖、互相制约、互相作用,是支撑公共关系学体系的三大基本点。

(一)社会组织

社会组织可以简称为组织。日常生活中,人们一般是从三种意义上使用组织一词的。一种是从习惯上,把组织理解为特定的政治组织、经济组织、群团组织等;一种是从行为活动的意义上,把组织理解为对人、财、物的管理和协调;一种是从社会学意义上,把组织理解成为实现一定目的、履行一定职能而组成的团体。公共关系学中所讲的组织,是社会学意义上的组织,即按照一定的目的、任务和形式建立起来的社会机构或社会集团。

这里所称的组织是指有具体类别的工业组织、商业组织、金融组织、服务组织、文化组织、民间组织乃至社会团体、政府机构等。

公共关系的一切活动都是由一定组织引起、运用和操作的，因此，社会组织，包括它的公共关系机构和公共关系人员在内，便构成了公共关系的主体。

（二）公众

公共关系公众构成组织的社会生态环境。任何一个组织都处在一定的内外部环境之中，这个环境就是指组织所面临的各种社会条件以及各类内外部公众。任何一个组织的公众都可分为内部公众和外部公众，因而有内部公共关系和外部公共关系之分。公共关系的重要职能就是通过创造性的工作，给自身事业的发展创造一个最佳的社会关系环境，使自己适应于环境，也使环境适用于自己。公共关系的根本目标，就是努力使组织与其各种社会公众达到相互适应、相互合作。公众既是一个组织赖以生存的根据，也是组织开展公共关系工作的唯一工作对象，从这个意义上说，公众是公共关系的客体。

（三）传播

传播是人类信息交流的过程，是人与人之间信息的传递与分享。在公共关系中，传播起着媒介或手段的作用。从总体上来讲，公共关系的一切活动都是传播活动，具体可分为四个层次：一是交流信息；二是传送情感；三是影响公众态度；四是引发公众行为。公共关系概念中的传播，不仅指通过传播媒体的大众传播，而且更多的是指人际传播，有时还指不同文化背景之间的跨文化传播；不仅指信息传播，而且更多的是指信息沟通、情感传送、形象传播。

社会组织是公共关系的主体，具有主导性；公众是公共关系的客体，具有权威性；传播是公共关系的手段和媒介，具有效能性。公共关系以上三大基本要素之间的动态平衡、协调适应是公共关系运行的基本规律，是科学的公共关系的内在要求（见图1–1）。

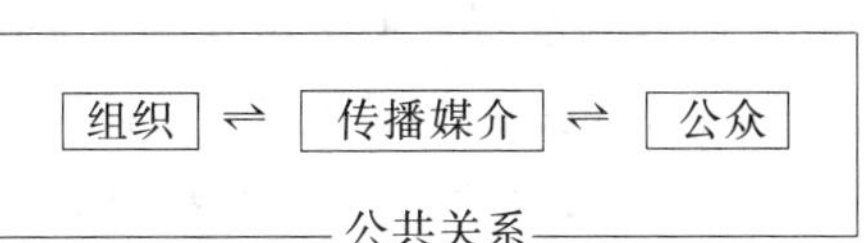


**图 1–1　公共关系三要素关系图**

## 四、公共关系的多重定义

关于公共关系的定义，国内外学者、专家众说纷纭，这里略作介绍。

（一）国外有代表性的定义

1.英国公共关系协会的定义：“公共关系的实施是一种积极的、有计划的和持久的努力，以建立及维持一个机构与其公众之间的相互了解。”

2.美国公共关系协会的定义：“公共关系是一个组织为最有效地实现其目标而与社会保持某些方面的联系的职能。”

3.国际公共关系协会的定义：“公共关系是分析趋势、预测趋势，为组织领导提供决策咨询,执行既有利于组织又有利于公众的行动计划的艺术和科学。”

4.1980年出版的《美利坚百科全书》定义为:“公共关系是关于建立一个组织同其既定公众之间的相互了解的活动。”

5.1981年出版的《大英百科全书》指出:“公共关系是旨在传递有关个人、公司、政府机构或其他组织的信息,并改善公众对于其态度的种种政策或行动。”

6.现代公共关系学的先驱之一爱德华·伯纳斯下的定义:“公共关系是一种处理一个团体与公众或者是决定该团体活力的公众之间的关系的职业。”

7.英国著名的公共关系专家弗兰克·杰弗金斯在他撰写的公共关系专著中指出:“公共关系就是一个组织为了达到与它的公众之间相互了解的确定目标,而有计划地采用一切向内和向外的传播方式的总和。”

8.日本学者田中宽次郎认为:“公共关系就是良好的公共关系状态,亦即与社会保持良好的关系的技术。”

(二)国内有代表性的定义

1.王乐夫等人所著《公共关系学》中的定义:“公共关系是一种内求团结、外求发展的经营管理艺术。它运用合理的原则和方法,通过有计划而持久的努力,协调和改善组织机构的对内、对外关系,使本组织机构的各项政策和活动符合广大公众的需求,在公众中树立起良好形象,以谋求公众对本组织机构的了解、信任、好感和合作,并获得共同利益。”

2.居延安所著《公共关系学导论》中的定义:“公共关系是一个社会组织运用传播手段使自己与公众相互了解和相互适应的一种活动或职能。”

3.毛经权主编的《公共关系学》中的定义:“公共关系是一个组织运用各种传播手段,在组织与社会公众之间建立相互了解和信赖的关系,并通过双向的信息交流,在社会公众中树立起良好的形象和信誉,以取得理解、支持和合作,从而有利于促进组织本身目标的实现。”

4.中国社会科学院新闻研究所公共关系课题组下的定义:“所谓公共关系,就是一个企业或组织,为了增进内部及社会公众的信任与支持,为自身事业的发展创造最佳的社会关系环境,在分析和处理自身面临的各种内部和外部关系时,采取的一系列科学的政策与行动。”

5.居易在《公共关系学入门》中的定义:“公共关系学是研究社会主体如何形成、改变和强化公众意识及行为的应用科学。”

从以上定义中,可以综合出以下几点:

公共关系活动的主体:社会组织(或企业)。

公共关系活动的客体:与该组织有关的内外部公众。

公共关系活动的性质:它是一门处理公众关系、优化内外环境的科学和艺术。

公共关系活动的媒介或手段:现代传播与沟通技术。

公共关系活动的目的:增进公众了解,获得公众支持,求得组织发展。

由此可见,公共关系可综合定义为:它是运用现代传播手段,沟通内外部关系,塑造自身的良好形象,为事业的发展创造最佳环境和条件的管理艺术和职能。

## 第二节 公共关系的多维界定

在公共关系的理论研究和实际操作过程中,由于公共关系与某些传统的具体工作方式、工作内容有相似或交叉之处,公共关系学与某些学科有融合交叉关系,再加上传统观念导致的误解,需要澄清公共关系的正确含义,了解它与其他相关领域的区别。

### 一、公共关系与广告

广告,是由一个认明的广告主,通过一定媒体,传播以事实为依据的信息的经济宣传手段。它是为了推销产品或服务,借助报刊、广播、电视等传播媒介,面向消费者开展的宣传活动。

诚然,公共关系与广告有紧密联系。公共关系作为一门塑造形象的艺术,要充分利用传播手段,向社会公众展示本组织的产品、服务和员工风貌,这就要做公共关系广告。正因为公共关系与广告在传播工具、传播对象等方面有相似之处,所以有人把公共关系误认为是免费广告,其实,两者的区别是显而易见的。

首先,公共关系与广告的目标不同。商业广告运用各种媒介通过传播技巧来诱发消费者的购买欲望,其目的在于销售产品和推销服务。公共关系的目标则是要通过各种传播媒介在公众心目中树立组织形象,引起公众对组织的好感和信任,得到公众的理解和支持,使组织(或企业)有一个生存和发展的良好环境。从这个意义上讲,公共关系更具有战略性,更能持久地影响公众。

其次,传播手段不同。广告可以利用的媒介是有限的,而公共关系不仅可以利用大众传播媒介,而且可以利用人际交往等媒介,其影响和活动范围有着广阔的领域。

最后,公共关系广告也不同于一般的商业广告。公共关系广告不能采取一般商业广告的艺术夸张和渲染手法,而只能以信息的真实性、客观性为基础宣传组织形象、宣传组织在某个问题上的观点和政策。

## 二、公共关系与宣传

公共关系活动需要借助新闻宣传媒介,印刷大量宣传性刊物、小册子和简报等,因此,有人将公共关系等同于宣传。事实上,宣传仅仅是公共关系工作的一个重要工具。一般宣传的目的可能是为了推销产品,也可能是为了传播某个信息,灌输某种观念。而公共关系宣传的目的则是为了赢得社会公众的广泛理解、信任和支持,是为了建树组织的良好形象。一般宣传只是一种单向的传播、教育和灌输,而公共关系则强调双向的交流、沟通和理解,既有宣传又有征询;一般宣传强调的是如何说,而公共关系强调的是怎样做,是以实在的服务、实在的工作、实在的形象来赢得公众的。因此,公共关系宣传是建立在客观事实基础上,是传播媒介和事实本身一起向公众宣传。可见,公共关系需要宣传,但不仅仅是宣传。

## 三、公共关系与营销

经常与公共关系混淆起来的一个管理功能是市场营销。公共关系与市场营销是两个不同的管理功能,它们有着与组织的生存和发展不同的但却互补的目标。公共关系往往给市场营销铺平道路、创造条件。市场营销考虑的是一个组织与顾客之间的交易活动,在那里发生的是对等物的相互运动。而公共关系处理的则是与组织长远利益有关或受组织影响的更大范围内的公众问题,公共关系涉及的不仅仅是营销活动,而且是本组织的整体形象、长远发展、社会环境等问题。公共关系是一种"形象"营销。

## 四、公共关系与交往

交往是人们相互往来、联系的一种活动。人际交往具有增进情感沟通、促进信息交流的功能。公共关系要协调组织内外的关系,必然要将交往作为一个重要手段。但是,公共关系中的人际交往只是公共关系活动的一部分。公共关系交往主要是组织之间、代表组织的个人之间、组织和有关公众之间的交往,在大多数情况下是"公交",而不是"私交",即使是"私交",其目的也是为了整体利益。同时,公共关系中的交往考虑的是长远目标,而一般交往中经常有短期行为出现。公共关系交往要求在合乎社会公德的基础上,在不损坏其他组织及公众利益的基础上进行正当的、公开的交际和接触,有时甚至与特定公众建立很深的友谊。

## 五、公共关系学与庸俗关系学

谈到公共关系学,有人就容易把它混同于庸俗关系学,实际上,这两者的性质是完全不同的。

首先,从两者的对象来看,公共关系学的对象是社会组织(或企业)同各种社会公众之间,包括政府、其他组织和社会团体之间的公开的、正当的社会关系。而庸俗关系学中,主要是各种偷偷摸摸、躲躲闪闪、见不得人的搞不正之风的私人关系。

其次,从两者所运用的手段来看,公共关系主要运用传播手段,通过各种管理协调技巧和艺术进行活动。公共关系的主要手段是各种传播工具,如广播、电视、报纸、杂志、内部刊物、各种印刷品等等。而庸俗关系学则把各种物质利益作为手段,如行贿受贿、请吃送礼等,这和我们提倡的社会公德是相悖的。

最后,从两者的目的来看,公共关系学通过长期的、有计划的、有效的公共关系工作,以公众利益为出发点,追求本组织利益与社会公众利益的基本一致,以建立组织(或企业)良好的形象。而庸俗关系学的基本出发点则是个人或小集团的私利,是损人利己、损公肥私,结果往往是个别人中饱私囊,而社会利益和公众利益却受到损害。

## 第三节　公共关系学的相邻学科

公共关系学是一门新兴的综合性学科,对它能否成为一门独立学科,人们在认识上颇有差异。有人把它归入经营艺术范围,或将它局限在市场营销之中,或把它并入管理学范畴,或认为它是传播学分支。因此,有必要对公共关系学和其他学科的关系及其特征作一些比较分析。

### 一、公共关系学与管理学

管理学是对管理运动、发展与变化的概括和总结,是以人和组织的根本利益为前提而进行的有目的、有意识的控制的科学。它侧重研究管理思想的演变和发展,探讨管理方法的现代化和科学化。公共关系学也具有管理职能,在内部,它要协调和处理本组织内部各方面的人际关系,增强内部的凝聚力,即内求团结;在外部,它要协调和处理与外部公众的关系,为组织创造一个顺利发展的社会环境,即外求发展。因此,公共关系学与管理学有着直接的联系,它需要运用管理学中的许多理论、方法和手段。从一定意义上讲,公共关系学也是管理学的一种,所以不少学者把它当做“管理艺术”。

但是,公共关系学与管理学不能直接画等号。前者采用的手段、涉及的公众范围比管理学要宽泛得多,并不局限于某一组织(或企业)内部。但是,公共关系学要吸收管理学的研究成果,借鉴管理学中的许多精华的东西。因此,公共关系学与管理学是密切配合、互为补充的关系。

## 二、公共关系学与传播学

传播学是研究人们如何运用符号进行社会信息交流的一门新兴的综合性学科,其研究对象是人类信息交流的行为。内容包括:传播现象的产生和发展历史、传播模式、传播结构、传播方法、传播功能和效果等。

公共关系学的活动过程明显地表现出人类传播现象的某些规律及特征。公共关系学要把传播作为手段或媒介,因此,它是作为一种特殊的公众传播行为在活动。从这个意义上讲,公共关系本身就是传播的一个种类。

但是,公共关系学和传播学并不是一回事。传播学侧重于传播媒介的研究,目的是为了推动传播媒介自身的发展和进步。而公共关系学侧重于把传播媒介当做公共关系工作的手段和工具。通过传播媒介沟通畅导并赢得公众的理解和支持,达到树立良好的组织形象的目的。

## 三、公共关系学与行为科学

行为科学是一门研究人类行为规律的学科。行为科学涉及到企业员工的个性、需要、动机、激励、情绪以及人际关系等多方面的内容,这些理论与实践问题也要贯穿于公共关系学的研究和应用中。只有充分发挥行为科学在公共关系活动中的特有功能,公共关系的工作艺术才能展现出来。

然而,绝不能把公共关系学与行为科学混为一谈。行为科学侧重于个人行为或组织行为的研究,而公共关系学却把社会组织与公众的行为及其相互关系作为研究内容,当然也研究单个人的行为,但更侧重于组织内部员工的关系行为。通过这些研究,实现内求团结、外求发展的目标。

## 四、公共关系学的性质

公共关系学除了与管理学、传播学、行为科学关系最为密切之外,还与市场学、广告学、宣传学、社会学、人际关系学、民俗学、伦理学、人才学等有着密切联系。公共关系学正是在综合吸收了上述各门学科研究成果的基础上产生的一门有其独特研究领域和功能的实用性很强的科学。它是一门新兴的、由市场经济高度发展和信息量大爆炸所带来的边缘交叉学科(见图1-2)。

公共关系学的理论体系是借助于其他相关学科的研究成果与方法而建立起来的。它是应用管理学、传播学、行为科学三大学科的知识,总结近现代经营管理和行政管理科学的成果所形成的学科。

凡是边缘交叉学科,其研究范围一般来说较大,其内核部分相对较小。其内核是这一学科的中心内容,反映了学科的本质属性。公共关系学的研究对象,就

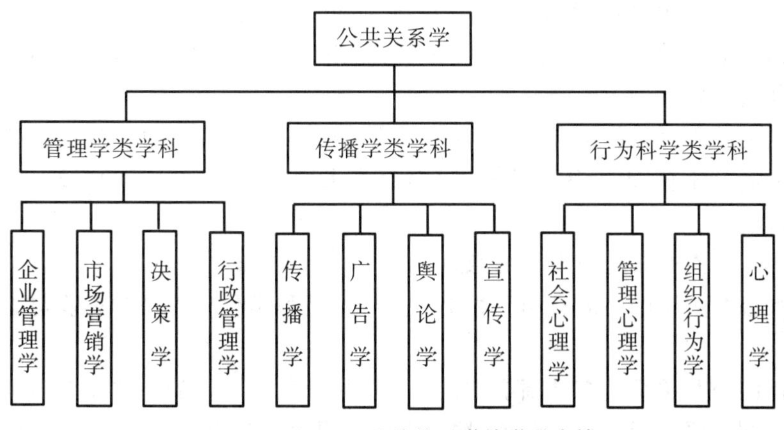


**图 1–2 公共关系学的学科支撑**

建立在这个中心内容之中。

从公共关系学的性质来看，它的研究内容应该有下述四大方面：一是公共关系学的基础理论；二是公共关系学的核心理论；三是公共关系学的历史发展；四是公共关系学的实务技能与应用方法。

公共关系协调沟通、塑造形象的职能以及内求团结、外求发展的规律及其策划艺术的研究，就是公共关系学的核心理论研究。

# 第四节 公共关系的社会功能

公共关系作为一门"内求团结、外求发展"的经营管理艺术，在许多方面都能发挥其他学科所不及的职能。

## 一、公共关系的三原则

公共关系有三项基本原则，它们是：以事实为根据；以公众利益为出发点；以科学方法为指导。

### （一）以事实为根据的原则

公共关系的生命力在于它的一切活动都根植于活生生的社会生活之中，它排斥弄虚作假、胡编乱造的不符合公众利益的行为。公共关系的生命力还在于它的实用性和实践性，它的一切结论、一切方法都来自事实并为现实服务。它不仅仅是一种传播艺术和宣传技巧，更是一门以协调沟通、塑造形象为职能的实实在在的学问。公共关系工作的开展必须以事实为根据，以科学的调查研究、对事实的掌握和了解为基本条件。

事实是公共关系产生的根源,没有事实,就没有公共关系;事实是公共关系工作得以开展的动力,没有公关人员对事实的准确把握和符合实际的客观分析,公关工作就难以开展。

公共关系十分强调真实性,强调用事实说话。粉饰、浮夸、捏造、杜撰的虚假公共关系是站不住脚的,因为它很难完成"内求团结、外求发展"和"塑造组织形象"的职能。

(二)以公众利益为出发点的原则

现代公共关系的发展有两个显著特点:一是科学化;二是对职业道德的要求。

以前的公共关系大多是围绕推销产品而展开的,那时的公共关系与产品宣传几乎是同义语。近几十年以来,情况发生了很大的变化,一家公司不仅仅是经济实体,同时也是社会实体,它不仅要为组织的目标服务,还要照顾到公众的利益。

作为一个社会组织(或企业),首先要以自己的优质产品、优质服务、优良工作为公众服务,这是最基本的要求,也是最起码的职业道德。但这还远远不够,从公共关系的角度来看,它还必须关心自身行为引出的问题,并以对公众负责的态度予以解决。这里所说的公众就是社会公众,是广义上理解的公众。

一个社会组织不仅能够对自己的服务与产品、对自己的消费者表示负责,而且也能够经常对社会表示关注,这是具有很大的公共关系意义的,是社会进步的一个标志。有人说过,如果遍及世界各地的可口可乐工厂都在一夜之间被大火烧光,那么,第二天的头条新闻将是:各国银行巨头争先恐后向它贷款。这是因为可口可乐公司已赢得了社会公众的信任和支持。

向顾客负责、向消费者负责、向社会负责,以公众的利益为出发点考虑工作,这是和社会主义的价值观相一致的,是社会主义企业(或社会组织)刻意追求的目标。

(三)以科学方法为指导的原则

公共关系的发展经历了漫长的历史时期,只是到了第二次世界大战以后,新兴边缘学科在各个领域兴起,才促进了公共关系的学科化过程,使公共关系经历了一个从艺术—科学—科学与艺术有机结合这样一个发展过程。

现代化组织的公共关系活动再也无法仅凭直觉、经验来进行,而必须借助于科学的理论和方法。

公共关系的一般方法应是科学主义与人文主义相结合。首先,人们需要用科学主义(即实证主义)的方法,在量的层次上考察公共关系,考察组织与环境的相互作用、相互影响的过程,考察公众的构成及其变化,从而获得各种具体的材料和数据。其次，还要十分重视人文主义方法，注重定性研究方法。因为公共关系是与人打交道的，人具有主体性。人的主体意识和选择意向使公共关系在表面过程的背后隐藏着异常复杂和丰富的内容。科学主义对描述公共关系的表象有重要作用，但公共关系的深层结构必须由人文主义方法来解释。这就是为什么说公共关系是科学与艺术的有机结合的根本原因。

公共关系的具体方法是双向沟通的方法。一方面，组织向外部传递信息；另一方面，公众从外部返回信息。前者是信息输送过程，目的是使公众认识和了解组织；后者是信息反馈过程，目的是通过吸收舆论和民意来调整和改善组织行为。组织的内部和外部，因双向沟通而结为一体，以保证组织获得良好的社会生态环境。

为了科学地实施组织与公众之间的双向沟通，可以采取布点访问法、座谈讨论法、社会调查法、抽样分析法、问卷测验法等，以便进行定量与定性分析。

## 二、公共关系的基本职能

首先，塑造良好的组织形象是公共关系的第一个基本职能。

组织形象是一个组织向社会介绍自己的名片。《美国》周刊的一篇文章曾写道："在一个富足的社会里，人们都已不太斤斤计较价格，产品的相似之处又多于不同之处。因此，商标和公司形象变得比产品的价格更为重要。"一个组织具有良好的组织形象，就能得到公众的信任和支持，增强组织的发展能力和竞争能力。公共关系的基本职能之一是树立和维护组织的良好声誉，公共关系人员是组织形象的设计师，公共关系工作是塑造组织形象的系统工程。

其次，协调组织内外关系是公共关系的第二个基本职能。

"内求团结、外求发展"这八个字较好地概括了公共关系协调内外关系的职能。"内求团结"就是要通过公关工作，创造团结和谐的组织条件和内部气氛，使所有员工互相协作、共同奋斗；"外求发展"就是通过公关工作，积极开展对外活动，促进组织与其外部关系的协调，促进组织与外部公众的密切联系和广泛合作，为组织各项事业的发展创造一个良好的外部环境。

## 三、公共关系的一般职能

公共关系的一般职能，可以归纳为以下几点：

### （一）树立形象，争取信任

组织形象，是社会公众对一个组织在各种环境下的行为的总体评价，是一个组织信誉和声誉的延伸。一个组织（或企业），一旦在公众的心目中树立起了良好形象，就会给它带来旺盛的生命力。

对于一个社会组织来说，公共关系的基本职能就是塑造组织自身的良好形象,以争取更多的发展机会和生存条件。组织形象包括它的本体形象和它的产品或服务形象。组织形象是组织的无形资产,是创造组织最佳社会关系环境、获得社会公众理解和支持的最重要的内在条件。

以企业来说,不外乎有两种资产:一种是有形的资产,如固定资产、资金和人员等,一般地说,企业对此较为重视,因为它们作为硬件支撑着整个企业的生产经营活动,保证企业的正常运行,并且反映出企业的实力状况。但是,另一种资产同样在发挥效力,即企业的无形资产,如企业的商标、专利技术、商业秘密等,而这种无形资产还包括企业形象在内。

在当代社会中,良好的组织(或企业)形象虽然不像产品和商品广告那样会直接为企业带来利润和市场,但这种良好的形象却可以为企业的产品或服务创造出一种消费信心,同时,良好的形象本身就具有一种推荐力、吸引力和感召力。

因此,塑造良好的形象,争取公众的信任是一个组织公共关系的基本职能。

(二)采集信息,了解变化

信息是一种战略资源,是一种竞争力。公共关系通过调查研究,了解社会环境、政策方针、公众舆论,对组织形象的变化做到心中有数,为有关组织生存、发展、决策的制定提供科学、准确、及时的参考依据。

分析社会公众的心理,掌握社会公众的态度,是一项十分重要的信息收集工作。一般说来,公众对组织的态度有积极态度、消极态度和中间态度三种。消极态度产生于对组织的偏见与误解;积极态度产生于对组织的理解、同情与赞许;中间态度可能产生于对组织的不了解。公共关系的一个重要职能,就是应用各种传播媒介和技术,一方面通过收集信息,了解公众对组织的看法和态度;另一方面将组织自身的信息及时传递给公众,达到改变公众态度的目的。

公共关系是一个社会组织(或企业)决策的信息源。组织的各种信息总体上可以分为外源信息和内源信息。外源信息是组织所处的外部环境及外部公众信息资料的汇集,内源信息则是组织内部各方面信息的汇集。

总之,只有通过公共关系,及时不断地收集各种内外信息,才能使组织和公众之间更好地沟通、协调,才能使组织的决策者在决策之前充分了解和掌握各方面的情况和变化,使组织的各项决策更加具有科学性。

(三)参谋咨询,提供建议

咨询(或征询)是公共关系的一项重要工作。公共关系咨询包括:组织形象地位的评估咨询,社会公众心理情绪和态度的分析咨询,组织内部公众心理气氛的调查咨询,对本组织提出和采用的方针、政策、计划、行为的评议咨询。

公共关系的参谋咨询职能的主要依据在于:公共关系人员比其他管理部门

的人员更容易直接地了解公众,他们可以站在公众的立场上,综合评价组织的各项方针、政策可能带来的社会问题,观察到组织各方面的缺点和不足,从而通过咨询建议,促使组织决策层依据公众的利益和态度及时修正可能导致不良社会后果的决策目标,使组织行为目标与社会公众的利益和愿望尽量相一致,以获得公众的理解和支持。

公共关系部门作为决策的参谋,一方面,可以站在社会公众的立场上,力求在组织的决策目标中落实有关公共关系目标的措施,以使组织的政策、行为满足社会公众的要求;另一方面,在组织选择其决策方案的过程中,可通过公共关系传播手段,广泛征求组织内部和外部公众的意见,为决策者提供参谋咨询,并帮助决策者分析和评价组织行动方案的社会效益和经济效益,以提高组织决策的应变能力和适应性,应对内外环境不断变化的要求。

(四)促进联系,协调发展

公共关系作为社会组织与公众之间的交流工具和手段,其重要目的就是要在社会组织与公众之间建立联系并使这种联系得以巩固。通过这种紧密联系达到沟通组织与公众之间的信息交换,达到增进组织与公众之间相互了解的目的。

公共关系最基本的特征,就是社会组织与公众间的双向沟通。一方面,组织向外传播,使公众认识和了解本组织;另一方面,组织听取公众意见,以调整、改善组织的自身形象。这种双向沟通是公共关系区别于单纯新闻传播、区别于商业广告和对外宣传的特征之一。

当代社会环境中的组织(或企业),是一个既有内在联系,又与外部环境发生多方面联系的社会组织。对这样一个组织来说,其各部门、各环节之间的内部、外部沟通协调工作是非常重要的。公共关系是沟通组织内外关系的桥梁,是协调组织内外关系的润滑剂。

首先,公共关系有利于协调组织内部的公众关系。组织内部员工之间的关系、领导与员工之间的关系、各部门之间的关系处理得如何,直接影响到组织的功能和效率。从组织内部员工的沟通来讲,通过上情下达、下情上达、互相沟通,可以把员工的意见和要求及时反映给领导层,同时,还可以把领导层的工作意图传达给员工,使组织上下协调一致。从组织内部各部门之间的沟通来讲,运用公共关系手段,加强组织内部各职能机构的联系,经常沟通意见和观点,有利于形成一种组织内部各机构相互理解、相互信任的团结合作气氛,有利于增进组织内部的凝聚力。

其次,公共关系有利于协调组织外部的公众关系。组织外部的公众对象,如消费者、协作单位、竞争者、政府部门、社区、新闻机构等,协调好这些公众关系,是为组织的生存和发展创造一个最佳社会关系环境的必要条件。

(五)排忧解难,沟通畅导

公共关系的任务和职能从争取公众的理解和支持这一角度来看,有两方面的含义:一是指预防组织与公众之间发生摩擦和纠纷;二是指一旦发生了公共关系纠纷,就通过公共关系功能,经过与公众充分的交流、沟通,使组织与公众之间相互理解,化解矛盾,减少摩擦,并使组织得到公众更广泛、更真诚的支持。

随着社会和经济的发展,现代组织(或企业)面临的各种社会关系不仅日趋复杂,而且处于不断变化之中,这就难免会出现影响甚至损害组织形象的这样或那样的问题。问题发生以后,面对社会公众的误解和埋怨,面对组织声誉蒙受的损失,如果能及时通过公共关系沟通畅导,就能使组织挽回形象,化险为夷,转危为安。

有人形象地把公共关系纠纷比作企业遇到的“火灾”,把争取谅解比作现代企业必备的“消防”功能是有一定道理的。

一起公共关系纠纷,常常会波及社会各界,如新闻界、法律界、政府部门等等。有些纠纷的影响甚至会从局部发展到较大范围,造成极不良的社会影响。由此可见,公共关系纠纷,一害组织,二害公众,三害社会。作为一个社会组织,妥善防范和及时解决这些纠纷是与其命运攸关的事情。

常见的公共关系纠纷可分为两大类:一类是组织内部的公共关系纠纷;另一类是组织外部的公共关系纠纷。

组织内部的公共关系纠纷,是由于内部干群关系、上下级关系、部门关系、员工关系处理不当,在组织内部所产生的部门之间、员工之间的工作纠纷、利益纠纷和交往纠纷。在上述纠纷中,工作纠纷最为常见、最为频繁,但一般也容易解决。利益纠纷往往不会表面化,但一旦爆发就十分激烈,对组织内部的团结影响较大。交往纠纷一般只涉及到个别人和一些小事,因此,这类纠纷爆发快,解决也快。

组织外部的公共关系纠纷一般有两类:一类是发生在组织之间的纠纷,如组织之间的纠纷、组织与政府或上级主管部门的纠纷;另一类是组织与非组织公众之间的纠纷,如组织与新闻媒介、组织与社区、组织与外部公众之间的纠纷。前一类纠纷往往是组织最难以解决的;后一类纠纷如果不妥善处理,也会使不良影响蔓延开来。因此,作为公共关系的一个重要职能,就是要想方设法地为组织解除各种矛盾纠纷,处理各种危机事件,挽回组织形象。

## 本章复习思考题

1.怎样理解公共关系概念A、B、C?

2.怎样理解广义的公共关系？
3.什么是公共关系三要素？
4.怎样区别公共关系与广告、宣传、营销、交往的职能？
5.怎样理解公共关系学的学科性质？
6.公共关系的基本职能和一般职能各有哪些？

# 第二章 公共关系历史

**中心内容**

本章介绍了公共关系产生和发展的历史，包括各个不同历史时期公共关系代表人物及其活动和观点。本章分析了中国公共关系事业的发展过程及其特点，论述了公共关系产生和公共关系事业发展的历史条件和客观必然性。

**学习目标**

要求了解公共关系产生和发展的历史过程及各代表人物的基本观点，了解公共关系事业在中国发展的历史和特征。

公共关系是一种客观存在，其原始形式是伴随着人类交往活动的出现而出现的。但作为一种专门职能，尤其作为一门科学，西方公共关系学的正式形成至今只有几十年的历史。公共关系学在中国传播也只有近30年的历史，但公共关系事业却显示出了其特有的生机。

## 第一节 公共关系的起源与发展

公共关系作为一种新的思想、新的职业，是在19世纪末、20世纪初形成的。

从严格的意义上说，公共关系是现代工业社会的产物。商品经济的高度发展改变了传统的生产方式和交往方式，这种改变为公共关系的产生和发展提供了充分的社会基础和必要的经济条件,使现代公共关系不仅有了发展的可能,而且成为历史发展的必然。

## 一、公共关系的产生

追溯现代公共关系的源头,专家们首推美国19世纪中叶风行的“报刊宣传活动”。这场活动是指一些公司或企业为了自己的利益,雇用专门人员,在报刊上进行有利于自身的宣传活动。美国《纽约太阳报》曾掀起了一场“便士报运动”。一份报纸,在当时只需一个便士即可买到,这使报纸的发行量大增。许多公司和组织看中了这一媒体,他们纷纷花钱雇用专门人员,在报纸上编造新闻,虚构情节,吸引读者的注意力,达到宣传本组织形象的目的。

在当时,最有代表性的报刊宣传员是巴纳姆。这位马戏团的老板以制造和杜撰神话而闻名于美国。他曾制造了这样一个神话:当时在美国有一名叫海斯的黑人女奴,在一百多年前曾经养育过美国第一任总统乔治·华盛顿。这一消息发表后引起了巨大反响和轰动,吸引了众多公众来马戏团一睹海斯风采。巴纳姆乘机以各种笔名向报社寄去表明不同看法的“读者来信”,引起了一场争论。海斯死后的尸体解剖表明,她才活了80多岁,并不像巴纳姆所称她已160多岁了。事情真相揭露后,巴纳姆宣称,他本人是受骗者。实际上,巴纳姆的马戏团早已从这场无谓的争论中得到了好处。巴纳姆所恪守的信条是:“凡宣传皆是好事。”对他来说,不论别人赞扬他还是咒骂他,只要报纸上不拼错他的名字,能使他的马戏团名扬四方就行。因此,这一时期公共关系的特征是:一切为了自己或为了自己所代表的组织,全然不顾公众利益,不顾职业道德。有人把这一时期称作公众受愚弄的时期。

根据史料记载,1882年,美国的D.伊顿律师在耶鲁法学院的演讲中最早使用了“公共关系”这一概念。

公共关系活动究竟起源于何时?各国学者众说纷纭。美国历史学家艾伦·耐温斯曾将公共关系的开端追溯到亚历山大·汉密尔顿时期。他认为当时开展的立宪运动是“美国公共关系领域中最了不起的工作”。而美国的公共关系专家S.M.卡特利普教授在美国《公共关系杂志》中撰文写道:“公众第一次承认公共关系是1899年。”那年发明家乔治·韦斯廷赫斯雇用了一名叫E.H.汉思瑞斯的匹兹堡报社记者来帮助他宣传交流电,反对那些不提倡交流电、怀疑交流电的人。S.M.卡特利普教授认为,汉思瑞斯的一系列活动,是公共关系在企业界的首次运用。

19世纪末、20世纪初,资本主义从自由竞争发展到高度垄断阶段,美国的铁路、钢铁、石油、煤炭和银行业的经济命脉都掌握在大财团手里。这种垄断局面加深了社会的各种矛盾,尤其使劳资关系日趋紧张。据统计,1903—1912年的10年间，有2000多篇揭露美国实业界丑闻和阴暗面的文章发表，同时还有社论和漫画，这就形成了美国近代史上著名的“揭丑运动”(或称“扒粪运动”)，揭开了美国公共关系历史的初页。

在强大的舆论冲击下，那些寡头们开始认识到，单靠瞒天过海已毫无办法，只有主动地与新闻媒介搞好关系，以诚恳和真实的态度使组织与公众得到沟通，以讲真话来求得公众的谅解，才有可能改变恶劣形象。从此，巴纳姆式的报刊宣传活动步入穷途末路，一个以艾维·李为代表的“说真话”的公共关系潮流到来了。

艾维·李是美国佐治亚州一个牧师的儿子，毕业于普林斯顿大学。1903年，《纽约时报》记者艾维·李在纽约建立了公共关系顾问事务所，成为美国第一个向顾客提供公共关系服务并收取费用的从业机构。

1906年，美国无烟煤业工人大罢工，资本家用尽百般计策仍无法诱使工人复工，而且受到新闻界的猛烈抨击。资本家们互相指责，推卸责任，整个无烟煤业陷于一片混乱，为此他们聘请艾维·李的公关事务所来解决这一难题。艾维·李提出了两项必要条件：一是他必须有权直接和这一行业的最高层管理者接触，能影响最高层决策过程；二是他认为在必要的时候，他有权向社会公开全部事实真相。于是，艾维·李积极协助新闻记者了解罢工的情况，安排劳资双方接受记者的采访。记者们发现人们变得乐于合作了，他们的采访得以顺利进行，写出的报道不但真实可信，而且内容也充实丰富。最后，劳资双方在相互沟通的基础上，同时做出让步，解决了若干具体而棘手的问题，企业又恢复了生产。与此同时，艾维·李在报界发表的著名的《原则宣言》中，郑重提出了“凡是有益于公众的事务必有益于企业和组织”的信条，他认为“公众应该被告知”，只有在宣传中说真话，把事实真相告诉公众，公司(或组织)才能获得信誉。在同一年，他成功地处理了宾夕法尼亚州的铁路事故。那次事故使许多人丧生，开始，铁路公司老板想把事情的真相隐瞒下来，但是，艾维·李指出：“血已经洒在路上，伤员们正在痛苦中呻吟，事实是隐瞒不住的。”当他所在的公共关系顾问事务所承担了这场事故的处理任务时，他采取了当时许多人还无法理解的做法：公开事实真相。他乘铁路特许火车很快赶到出事地点，组织和邀请记者尽快赶到，向记者和新闻界介绍真实情况，尽可能全面地回答记者的问题，并积极为记者们的工作提供方便条件；他提出及时认真检查事故的原因并制定不再发生此类恶性事故的有效措施；宣布了对死难者家属支付赔偿的有关决定，并对受伤者给予精心安排，使他们得到精心治疗和照料。铁路公司的老板惊奇地发现，新闻记者不仅报道了事故的真相，更用大量篇幅报道了处理事故的一切善后措施。公开的报道不仅没有给这家公司带来不利，而且使其获得了前所未有的公司形象。

艾维·李为改善企业的公共关系和人事管理而付出的持久努力，被认为是现代公共关系的里程碑；他开设的公共关系顾问事务所，被认为是现代公共关系实业的起点；他坚持说真话，尊重公众舆论的主张，表明了现代公共关系的特征；他所采用的许多公共关系技巧和方法，为现代公共关系实务技能奠定了基础。由于艾维·李所做的以上具有开创性的工作，因此，他被学术界誉为“公共关系之父”。

## 二、公共关系的科学化

如果说艾维·李的公共关系工作“有艺术、少科学”的话，那么，将公共关系实务推向正规化、科学化的，则是爱德华·伯纳斯。伯纳斯原是奥地利人，1891年出生于维也纳，从小随父母移居美国。1923年，美国第一个登上大学讲台、以教授身份在纽约大学讲授公共关系理论的就是伯纳斯。学术界认为，伯纳斯是公共关系历史上第一个依靠科学方法进行公共关系工作的人。他在1923年出版了《舆论明鉴》一书，此书反映了他的科学研究成果。这是全世界第一部公共关系理论著作。在这本书里，伯纳斯深入地研究了公共关系实务的产生和当时的状况，科学地预测了公共关系的发展趋势，进一步从理论上论证了公共关系原理，提出了公共关系的原则、实务方法和职业道德。1925年，他出版了教科书《公共关系》，这标志着公共关系已开始成为一门独立的学科。

伯纳斯公关思想的一个重要组成部分是“投公众所好”。在他看来，首先应该了解公众喜欢什么、公众在期待什么和公众要求什么，只有在确定公众态度的基础上，然后才能进行组织的宣传工作，这种有的放矢、投公众所好的公关工作也才能有巨大的威力。伯纳斯在他几十年的公关生涯中，以自己的理论探讨和实践活动把公共关系事业从新闻出版领域分离出来，使其成为一门全新的管理科学，为公共关系理论水平的提高，为公共关系的职业化、科学化做出了贡献。

1991年第12届世界公共关系大会召开时，伯纳斯曾以100岁高龄参加了这一会议，并对公共关系功能定位等学术问题的讨论发表了看法。他被世界公认为现代公共关系理论的创始人、国际公共关系的泰斗。

## 三、公共关系的发展

1920年至第二次世界大战期间，随着世界科技进步，市场经济的发展，发达国家“市场中心论”取代“生产中心论”，“卖方市场”转向“买方市场”，以消费者为导向的市场观念日益为企业的经营管理者所重视。在这种情况下，公共关系作为一种现代经营思想迅速传播开来。1924年，美国《芝加哥论坛报》社论强调：“公共关系已经成为一种专门职业、一种艺术和一门科学。”

1937年，美国《企业周刊》第一次编制了特别研究公共关系的报告，统计当时共有公共关系专家54人，公共关系顾问公司250家；到1960年，公共关系从业人员猛增到10万人，公司有1350家，75%的大公司设有公共关系机构；到1985年，美国劳工部统计公共关系从业人员达到15万人，各类公共关系公司数千家，自设公关机构或外聘公关顾问的企业占美国总企业数的85%以上。公关事业得到了蓬勃发展。日本金融证券界的一位巨子指出："公共关系的学问，发源于美国。回顾当初的美国，所谓公共关系还只是企业家手上的小玩意儿，后来却发展为企业家所必须采用的政策，乃至变成企业家的重要哲学。"

第二次世界大战以后，公共关系随着市场经济的高度发展、社会分工和专业化的推进，日益成为一种现代管理方法和专门职业。公共关系的活动领域，迅速从工商企业界扩展到政府机构、社会团体、教科文部门，并向全世界发展。

1948年，美国全国公共关系协会(PRSA)宣告成立，同时制定了作为行业法规的"公共关系人员职业规范守则"。1955年，国际公共关系联合会(IPRA)在英国伦敦正式宣告成立。1978年8月，世界公共关系协会在墨西哥城召开大会，一致同意公共关系的定义为"分析趋势，预测后果，向领导机构提供意见，履行一连串有计划的行动，以服务于本机构和公众利益的艺术和社会科学。"

美国是世界公共关系事业最发达的国家之一。在企业界、政界、文化教育界、宗教界、军界和各种社团组织内，都有大量的公关从业人员，所有的大企业和大公司都设有公关部门，还有数千家各种新型的公关公司，业务遍及政治、经济、传播、调查、咨询等各方面。就连美国政府每年也雇用12000多人，专门处理日常的公关事务。

在美国文化的影响下，英国、法国、意大利等西欧国家，以及加拿大、墨西哥以至整个拉丁美洲，都开始开展多方面的公关工作。如设立劳资团体，加强劳资对话；为股东、消费者或一般公众发行年度报告或公司刊物；向社会公众开放工厂，注意加强社区联系等，使公共关系成为企业经营管理活动的重要环节，成为企业家所必须采用的策略乃至重要的管理哲学，成为沟通政府、企业、新闻媒介和公众间关系的重要工具。

随着公共关系在社会各界的广泛应用和蓬勃发展，公共关系理论教育也有了长足进展。1947年，波士顿大学开设了第一所公共关系学院，并设立公共关系学硕士和博士学位。1955年，全美有28所学校设置了公共关系专业，66所学校开设了公共关系课程。

公共关系在第二次世界大战后走向国际舞台，是战后国际社会生活中的新鲜事物。美国公关专家罗伯特·巴伯曾写道："国际公共关系就像十几岁的小孩一样，突然以活泼的脚步前进。"

## 四、公共关系学产生的社会历史条件

如果把公共关系作为一种具有社会意义的活动来考察，可以上溯到人类社会交往活动出现的时候；如果把公共关系作为一种职业来探讨，它只不过是20世纪初才出现的；如果把公共关系作为一门科学来研究，那它的历史仅有半个多世纪。

严格地说，具有现代意义的公共关系，被认为发端于市场经济发达的美国，迄今还不足百年的历史。

公共关系产生于20世纪初的资本主义国家，绝不是偶然的，而是有着深刻的社会、经济、政治、技术等方面的原因。

第一，公共关系的产生是资本主义市场经济发展的结果。

在资本主义以前的社会中，由于社会生产力水平低下，自给自足的自然经济占据主要地位，人们的经济生活被限定在一个狭小的范围中，他们用不着发生更多的交换关系，也用不着维持和发展各种经济联系。但是，资本主义时代就不同了，随着社会生产力水平的提高，商品生产和交换在各个领域中的迅速发展，过去那种地方的和民族的自给自足的闭关自守状态，被各民族的相互往来和各方面的互相依赖所代替。随着市场经济的不断发展，市场竞争愈演愈烈，一个社会组织和企业，要想生存和发展，就必须占有、巩固和发展市场。一个企业仅仅靠扩大再生产是不够的，还要在提高产品质量、服务水平上下工夫，尤其重要的是，需要在组织与公众之间建立一种和谐的关系。

19世纪末、20世纪初，资本主义经济得到迅速发展，美国从一个半农业半工业国迅速转变为工农业高度发达的国家。随着资本主义市场经济的迅速发展及市场的扩大、城市化的发展，竞争日益成为企业兴衰的关键因素。竞争迫使企业竞相重视协调企业对内、对外关系，竞相接近消费者（或顾客）以求赢得广大公众的支持，由此，公共关系便产生了。

第二，公共关系的产生是资本主义一系列矛盾发展的结果。

1929—1933年资本主义世界的经济大危机，使主要资本主义国家的许多企业遭到沉重打击，工厂倒闭，工人失业。科技进步带来的劳动生产率的提高，大大地加重了对工人的排挤程度，使得资本主义国家经济危机和政治危机交相作用，劳资关系紧张，工人罢工频繁。经济危机使资本家认识到：要从谷底挣扎中摆脱出来，要在萧条中寻求出路，就必须妥善处理企业与环境之间的矛盾，通过公众和舆论的支持避免倒闭的厄运；日益激化的劳资矛盾和阶级矛盾，迫使资产阶级协调劳资关系，缓和相互间的矛盾和冲突。而公共关系正适应了这一要求。

第三，公共关系的产生是资本主义政治制度发展的结果。

就像在一个封闭的农业社会中无需公共关系一样，在一个封建专制统治的社会中也无需公共关系。在资本主义制度下，虽然资产阶级和无产阶级的利益是根本对立的,但资产阶级除了运用强制的手段来维护和巩固自己的统治之外,也要千方百计争取舆论和民意作为维护自己利益的一种手段。无可非议,西方的资产阶级民主政治毕竟要比封建专制制度进步得多。资本主义民主政治所确定的普选制度,使得在政治竞选中如何争取选民支持成为一个重要的课题。政府官员与广大公众保持良好的公共关系状态,政府通过各种媒介和渠道了解民情民意,成为维持资本主义国家机器正常运转的必不可少的条件。因此,公共关系便有了用武之地。

第四,公共关系的产生是传播技术发展和传播手段完善带来的结果。

19世纪,西方资本主义国家科学技术的发展促进了传播技术的发展和传播手段的完善,传播手段的发展又反过来促使人和人之间、社会组织之间在瞬息万变的社会环境中不断提高反映能力和调整能力。

1800年,第一台完全用铁制造的印刷机诞生;1814年,英国《泰晤士报》首次在伦敦用高速印刷机印刷;1906年,美国官方无线电台首次播音。广播和报纸的发展,使得社会舆论的传播带有很大的冲击力量,一些资本家和工场主的不端行为被揭露无遗,他们的阴谋和狡诈行为被出其不意地公布于众,这种状况迫使垄断集团及各企业主想方设法使自己的行动和目标获得社会及公众舆论的支持和赞赏。西方的公共关系专家把这一过程称为"从象牙塔到玻璃屋"。正是在这样的基础上,公共关系开始得到了真正的重视,从而产生和发展起来。

第五,公共关系的产生,也是社会科学理论研究发展的结果。

早期的公共关系教育,一般都局限在为从业服务提供职业培训和职业指导的范围。随着20世纪初现代管理理论的兴起,公共关系的理论探讨也开始有了新的发展,尤其是人际关系理论的研究、传播学的研究和行为科学的产生,对丰富和完善公共关系学的理论体系起到了最为直接的作用。

综上所述,公共关系学产生的社会历史条件,从政治方面看,是民主政治取代专制政治的结果;从经济方面看,是从农业社会向工商业社会、从自然经济向现代市场经济转变的结果;从技术条件方面看,是各种大众传播手段的完善和发展的结果;从理论准备方面看,是社会科学理论研究、实验和理论创造的结果。

## 五、当代公共关系事业的代表人物

20世纪50年代至今,公共关系的实务活动与科学理论都进入到一个新的阶段。这一时期,出现了几位著名的、无论从实践上还是理论上或者两者的结合上都为公共关系事业做出了重大贡献的代表人物。

### (一)瓦尔特·塞弗特

他是美国现代公共关系史上的先驱。自1938年起进入公共关系领域,是"美国公共关系协会"教育部的创始人。自1958年起,他在美国俄亥俄州州立大学新闻学院讲授公共关系课。现在,他有500多名毕业生在世界各地从事公关工作。塞弗特发明了职业公共关系程序的四个步骤:研究(计划)、行动(做)、传播(说)、评价(证明)。

(二)卡特利普和森特

他们是美国当代公共关系研究权威。1952年,他们联合出版的《有效公共关系》一书被称为"公关圣经",在这本书里首次提出了公共关系的"四步工作法"。他们把公共关系的一般过程分为四个步骤:调查研究、制定计划、策动传播和评价结果。他们指出:公共关系的最终目的,是要在组织与公众之间形成一种和谐的关系。因此,一方面要把组织的想法与信息传播给公众;另一方面要把公众的想法与信息反馈给组织,只有这样,才能求得双向沟通、对称平衡的良好环境。该书第六版于1985年出版,有布鲁姆加盟,从系统论角度提出了"调整与适应"型公共关系模式。

(三)格鲁尼格

美国马里兰大学新闻学院教授,1984年出版的《公共关系管理》是他的代表作,提出了著名的公共关系四种模式,即新闻代理、公共信息、双向非对称、双向对称模式。

(四)弗兰克·杰弗金斯

英国著名公共关系专家,任英国公共关系学院教授。他是当今英、美两国撰写公共关系著作最多的学者之一。1968年以后,他在英国开办了公共关系学校,是一位出色的公共关系教育家。他先后到过比利时、埃及、肯尼亚、加纳、荷兰、印度尼西亚、马来西亚、尼日利亚、新加坡、南非、瑞士、赞比亚、津巴布韦等18个国家讲授公共关系学,对公关事业在发展中国家的普及和传播做出了贡献。杰弗金斯现任英国公共关系协会理事。他提出了著名的制定公关计划的六点模式,被称为"公关计划六部曲",包括:(1)估计形势;(2)确定目标;(3)辨认公众;(4)选择媒介;(5)编制预算;(6)评估效果。该模式目前已被公关界普遍接受。

弗兰克·杰弗金斯的主要著作有:《广告学》、《今日广告学》、《有效的市场战略》、《有效的公关设计》、《公共关系学》、《公共关系与成功的管理》等等。

## 第二节 中国的公共关系事业

中国的公共关系事业,是在国际公共关系热风靡全球的20世纪80年代开始的,它的开始和发展是同中国的改革开放与国际公共关系的发展同生共长的。

## 一、公共关系事业在中国的发展

随着改革开放和社会主义商品经济的发展,作为一种经营管理职能、市场营销策略、现代交往观念和方式,公共关系迅速被人们所认识和接受。公共关系事业在中国的兴起,具体地说是从党的十一届三中全会以后的20世纪80年代开始的。

20世纪80年代初,改革开放的浪潮冲击着中国旧的管理体制、旧的思维方式和观念,公共关系最先在对外开放的沿海城市以及经济特区,如深圳、广州、珠海,特别是这些地方的中外合资企业和外商独资企业中广为传播。如广州白天鹅宾馆、中国大酒店、广州花园酒店、广州东方游乐园等企业,参照国外及港澳公共关系模式,率先设立了公共关系机构。但在1981—1983年间,公共关系活动仅局限于宾馆、旅店。

1984年以后,公共关系开始从旅游业扩展到工业企业和商业部门。这年10月,跨国公共关系公司希尔·诺顿公司在北京设立了办事处;同年底,广州白云山制药厂成为国内第一家设立公共关系部的国有工业企业;同年,北京王府井百货大楼也设立了公共关系机构,为加强该公司与社会公众的联系起了重要的作用。

公共关系的兴起,也引起了国内新闻界、学术界、教育界的关注。1984年12月26日,《经济日报》刊载通讯《如虎添翼》,报道了广州白云山制药厂的公关工作,并配发了题为《认真研究社会主义公共关系》的社论。《广州日报》、《北京日报》、《文汇报》等35家报刊先后载文报道或评论公共关系。仅仅几年时间,公共关系在中国的大地上由南向北、由东向西逐渐传播开来。1985年1月,博雅公司与中国新闻发展公司签订协议,共同为在中国从事贸易的外国机构提供公共关系服务。中国新闻发展公司为此成立了环球公共关系公司,成为我国首家专业公共关系公司。1987年6月,中国公共关系协会在北京正式成立,标志着中国公共关系事业进入了一个全面发展的时期。

1991年4月24日,中国国际公共关系协会在北京成立,它的宗旨是:推进中国公关事业在海外发展,联络海外的国际性、地区性、全国性的公关组织以及社会团体和企业单位,增进彼此间的相互沟通、了解与合作,为中国的现代化建设和维护世界和平做贡献。中国国际公共关系协会的成立标志着中国公关事业走向了更高层次。

1991年5月5日,在首都人民大会堂隆重举行了《中国十年杰出企业公关评优颁奖大会》,广州白云山制药厂、健力宝集团、康巴丝集团、北京铁路局等39家企业,分别获得最佳和优秀企业公关奖以及企业公关评优特别奖。中央有关领导同志在给大会的贺词中指出:中国公共关系事业的发展,是中国改革开放的必然趋势。它以新型的管理科学协调社会各方面关系,密切党和广大人民群众的联系,调动多种积极因素，维护安定团结，促进社会主义建设。在未来的奋斗中，中国的公共关系事业，一定会有一个更好的发展前景。

1998年，经国家劳动和社会保障部批准，公共关系职业载入《国家职业分类大典》。1999年，国家职业资格工作委员会专门设立公共关系专业委员会，标志着我国公共关系职业化迈出关键一步。

2002年，中国申办2008奥运会成功、国足出线、入世成功，使这一年成为世界的中国公关年。2003年，我国公关最高奖项“环球杯”授给了北京2008奥运会申办委员会。

2005年12月20日，“年度中国十大公关事件”评选活动在北京揭晓，神舟六号载人航天、建设节约型社会公益宣传、2008奥运会吉祥物发布等事件榜上有名。

2005年，《国际公关》杂志在北京创刊，这是由中国国际公共关系协会主办、面向海内外公开发行的全国性的公共关系期刊。

## 二、公共关系事业在中国兴起的原因

公共关系学的传播和公共关系事业于20世纪80年代初在中国兴起并迅速发展起来，绝不是偶然的。

### （一）我国的经济体制改革需要公共关系

改革开放以来，我国的社会生产力水平提高很快，商品流通量剧增，市场竞争日趋激烈。社会主义企业作为自我发展、自主经营的商品生产者，如何协调企业与消费者的相互利益，沟通与企业生产经营运行全过程的各行业各部门的关系，扩大企业在公众中的影响，自然成了加强竞争能力和取得发展的重要社会因素。特别是随着我国经济体制从旧体制向新体制的转化，企业在生产和流通中遇到了一系列前所未有的复杂关系和困难局面，遇到了前所未有的竞争挑战和变化莫测的市场环境。市场经济发展所带来的生产和流通社会化的加速、社会再生产各环节职能部门的分工越来越细，使不同行业之间的协作、联系也显得越来越重要。发展公共关系事业，有助于沟通企业与顾客的联系，减少企业与环境的摩擦，使得社会主义企业在改革中增强活力，增强适应能力，以促进整个国民经济的发展。

### （二）我国的政治文明建设需要公共关系

在政治文明建设中，我国正在努力实现决策科学民主化、执政过程法制化、政治机构合理化、办事效率高效化和重大情况公开化。无论是建设社会主义民主和法制，建设高效廉洁的领导机构还是增强决策过程的透明度，都需要广泛应用双向沟通方式。加强政府与人民之间沟通和联系的手段之一就是公共关系活动。政府和人民之间的信息往来和意见交换实际上就是一种公共关系。和我国社会主义市场经济的发展相联系，我国的政治体制改革也必将有计划、有部署、有领导地逐步推进，在政治文明建设中也将十分需要公共关系事业。

(三)我国的精神文明建设需要公共关系

精神文明要求社会成员具有社会责任感；把社会和人民的利益放在第一位。而公共关系坚持以公众利益为出发点的原则，承担社会责任和社会义务，谋求组织与社会利益的一致性，这一切正是体现了这些现代文明的思想。

精神文明要求组织成员具有团结一致、忘我工作、相互协作的精神，而公共关系“内求团结”的“人和”目标，正是和精神文明的要求相一致的。在社会主义企业(或组织)内部建立一种奋发向上、勇于拼搏、无私奉献的企业精神和亲如一家、团结协作的企业气氛，正是社会主义精神文明建设要实现的目标。因此，建设社会主义精神文明离不开公共关系。

(四)我国的对外开放事业需要公共关系

对外开放是我国的一项基本国策。20多年的实践表明，对外开放给我国的现代化事业带来了机会和挑战，带来了经验和信息，也带来了资金和技术。从宏观上讲，要引进外国资金，引进外国先进技术，就必须对国际经济、技术和金融市场等方面有深入的了解，以互惠互利的公共关系原则协调国际经济合作关系；从微观上讲，我国中外合资、外商独资企业的发展所带来的经济成分的多样化，要求理顺行业之间、企业之间、部门之间的关系，以促进开放地区经济的发展，改善投资环境，发展对外联系，这就要求发展公共关系事业。

对外开放不仅是经济的开放、市场的开放，而且是文化的开放、信息的开放。随着改革开放的发展，随着我国加入世界贸易组织，我国和各国政府间、企业间的来往，我国人民和团体与各国人民和团体之间的经济、社会、文化交往将日益增多。这就要求：一方面要全面了解对方，另一方面要通过公共关系手段努力让对方了解我们。因此，公共关系对我国的对外开放事业有重要的作用。

### 三、创建有中国特色的公共关系学

作为一项事业，作为一门科学，创建有中国特色的公共关系学首先应该借鉴西方公共关系中的带有普遍性的思想、理论、经验和活动技巧。但公共关系事业在中国的发展，必须具有中国的特色。创建有中国特色的公共关系学是一项十分艰巨的任务。

(一)从我国的具体国情出发

我国目前最大的国情是处于社会主义初级阶段。由于我国经济落后，生产力水平低，面临着大力发展商品经济和建立社会主义市场经济体制的艰巨任务。在这种情况下，法制建设和市场秩序都有待完善，这就使得一些企业只以自己企业的利益为出发点,不以公众或消费者的利益为出发点,产品以次充好、质次价昂、名不副实,因此而出事的情况不在少数,甚至个别企业专以制造假冒、伪劣产品为荣。在生产经营中,个别企业用庸俗的关系学打开各种关口,行贿受贿,坑蒙拐骗,靠损害公众利益和国家利益的办法为自己的企业开绿灯。因此,使企业树立形象意识、公众意识、社会责任意识是首先要解决的问题。

在社会主义初级阶段,由于多层次的生产力水平,造成了多种经济成分共同发展繁荣的局面,如何处理国有经济同各种集体经济、个体经济、私营经济、中外合资企业、外商独资企业的关系,就是一个十分重要的理论课题和实践课题。

我国社会主义初级阶段的特征是生产力发展在地区上和部门上的不平衡。这就要求从实际出发,认识公共关系事业在我国的发展和应用。公共关系事业的发展应该先发达地区后不发达地区,先大型企业后小型企业,不搞一刀切和形式主义,使中国的公共关系事业根据中国国情,有步骤有计划地健康发展;并且走出一条有中国特色的公共关系事业的新路子,丰富和发展公共关系学,促进中国社会主义市场经济和各项事业的发展。

(二)从我国社会主义性质出发

中国是社会主义国家,中国的公共关系事业要扎根于中国的经济制度、政治制度之中,公共关系的研究要和社会主义生产关系联系起来,要和社会主义制度的特征联系起来。

西方公共关系学是私有制条件下的产物, 资本主义企业都是归资本家所有的独立的利益集团,顺意公众只要有利于某一小集团的利益就可以尽力争取,并且不择手段。而社会主义经济制度决定了国家利益和集体(即企业或组织)利益在根本上的一致性。不能迁就那些为了个人利益或局部利益而损害国家或全局利益的行为,更不能靠迎合少数人的低级趣味去吸引公众的注意力。

(三)从我国的文化传统出发

日本人水田在其所著的《公共关系——说服大众的方法》一书中指出:“中国人是最了解公共关系的,他们的古训:修身齐家治国平天下,是由内而外,由己及人,这正是公共关系的道理。”中国古代思想史上的许多具有公关意味的思想,有着如下鲜明的传统特点:重伦理,讲人情;重血缘关系,重道义;重地缘关系,重人轻事;比较超脱世俗的利益和欲望。在继承和发扬中华民族在人际交往中优秀品质的同时,也应该十分注意消除传统交往方式中的弊端的影响,将现代公共关系扎根于中国民族思想文化中的积极因素和优良传统之上。在发展公共关系事业的过程中,还要注意我国传统文化与西方文化的差异。如果我国的公共关系工作违反了中国人民的文化传统和风俗习惯,一味追求和模仿西方的做法,就有可能引起公众的反感。

(四)从卓有成效的工作出发

从20世纪80年代初公共关系引进国门到现在，公共关系事业已经在中国大地上蓬勃发展，显示出一派生机。但是，根据以往经验，凡是一种新的事业兴起的时候，往往会出现一股热潮，在这股热潮中，一切都会被冠以时髦的名词，导致新兴事业的被曲解，甚至庸俗化，最后只能断送这项事业。对公共关系事业来说，需要的是组织(或企业)在服务态度、产品质量、向公众负责、为社会尽力等方面的卓有成效的改进，而不是换个"公关部"的新牌子，招聘几个漂亮动人的"公关小姐"就能奏效的。如果公关活动只图形式不图内容，公关人员只图相貌不图素质，公关教育只讲理论不讲实践，那么，中国公共关系事业的发展就会受到不利影响。

## 第三节　公共关系与社会和谐

构建社会主义和谐社会，是我国全面建设小康社会、开创中国特色社会主义事业新局面的一项重要任务。公共关系作为组织内求团结、外求合作的传播沟通艺术，正是一种追求组织与组织、组织与社会和谐共存、和谐发展的社会活动。在党中央提出的构建和谐社会的人际关系的新时代背景下，中国公共关系正承担着新的责任与使命。



### 一、中华民族的和谐文化传统

中华民族是一个崇尚和谐的民族。和谐是中国传统文化的精髓，和谐对中国社会的发展、对中华民族宽厚性格的养成，起了很大的助推作用。思维方式最能反映一个民族的精神和文化特色。和谐实际上就是中华民族传统的思维方式，以此为特质的传统文化对中国社会的发展和中华民族性格的形成产生了很大影响。其具体表现如下：

一是促进了人与自然和谐。中国古人认为，宇宙、天人是和谐的有机体，因此，无论是施政还是生产活动都要顺应自然界的规律。对自然规律的尊重使中华民族几千年来因时因地制宜，保持与大自然的协调一致。我们今天倡导的科学发展观和社会主义和谐社会，实际上正是对传统和谐文化的继承和升华。

二是助推了社会稳定。社会稳定首先依赖于家庭稳定，因为家是立国之本，是社会的细胞。自古以来，中国人都依恋家庭，重视家人的团聚、团结、和睦、和谐。孟子说："人人亲其亲、长其长而天下平"，提倡"老吾老以及人之老，幼吾幼以及人之幼"。这种尊老爱幼、重视天伦之乐并施及他人、施及天下的情愫，不仅促进家庭安宁、地区安定，而且客观上助推了国家的统一和民族的融合，对我国保持多民族共处的“大一统”政治格局，对我国形成和保持“政通人和”的社会气象起到了很大的作用。

三是养成了优良品格。“大道之行也，天下为公。选贤与能，讲信修睦。故人不独亲其亲，不独子其子，使老有所终，壮有所用，幼有所长，鳏寡孤独废疾者皆有所养。男有分，女有归。货恶其弃于地也，不必藏于己；力恶其不出于身也，不必为己。”反映了国人对天下大同、四海一家的殷切向往。

四是成就了“礼邦”美誉。中国传统文化崇尚和谐，使中华民族注重修养，待人接物讲究礼节。作为个人，认为“不学礼，无以立”，要求“非礼勿视，非礼勿听，非礼勿言，非礼勿动”，做到“温、良、恭、俭、让”，“文质彬彬，然后君子”，正是因为这样，养成了中国人数千年来的守“礼”习俗，成就了中国“礼仪之邦”的美誉。

## 二、公共关系在和谐社会中体现出最高境界

按照和谐社会的内涵：“民主法治、公平正义、诚信友爱、充满活力、安定有序、人与自然和谐相处。”阐述的是人与社会的关系、人与自然的关系。造就和谐社会，就是要使组成这种特殊结构形态的群体形式中相当数量的人群，按照一定的规范发生相互联系，形成生活共同体。在这个体系中，诸要素之间不仅需要比较持久、稳定的相互联系模式，还要与社会的经济、政治、文化、生活的各个领域和部分紧密联系，纵横之间互相协调运作，整个社会才能始终保持有序和谐的状态。这些都与公共关系有最为紧密的联系。中国早期对公关的描述是“内求团结、外求发展”。这是一个递进的过程，内求团结为外求发展创造了良好的基础，而要做到这一点，就需要从方方面面协调社会关系。公共关系对于社会、组织是一个逐渐放大的过程，对公众也是一个逐渐放大的过程。和谐社会是公共关系这一事业赖以生存的基础，公共关系的最高境界就是构建一个和谐社会。

## 三、公共关系在和谐社会构建中的作用

首先，在物质领域，物质建设是和谐社会的发展基石，是人的全面发展的需要。现代社会的不和谐现象大都是由物质领域的不和谐引起的，可以说物质不和谐是社会不和谐的根源。公共关系的原则是以事实为依据，以公共利益为出发点，以科学的方法为指导。公共关系可以优化和谐社会物质建设这个大环境；可以激发社会活力，倡导全民共建和谐社会；可以影响政府等行政部门作出调节，促进社会第三次分配方式的形成，平衡社会差距。

其次，在精神领域，公共关系以它灵活多样、生动活泼的传播形式，在人们的精神领域中起到催化与鼓舞的作用。加强和谐社会精神领域的建设，公共关系可以说是行之有效的方式。公关最大的特点是理智，减少不必要的冲突，加强彼此的信任和合作。它不是激化现有社会的矛盾，而是将各方矛盾协调转化为双赢，

甚至是多赢。公共关系其实就是润滑剂，能在不知不觉中，应用各种社会资源和高超的技巧来稳定社会秩序和发展社会经济，这才是公共关系真正的力量所在。

有一个著名的“蝴蝶效应”理论：南美洲亚马孙河流域热带雨林中一只蝴蝶偶尔扇动几下翅膀，所引起的微弱气流对地球大气的影响随着时间的增长而增强，甚至可能在两周后引起美国得克萨斯州的一场龙卷风。西欧也有一首民谣：丢失一个钉子，坏了一只蹄铁；坏了一只蹄铁，折了一匹战马；折了一匹战马，伤了一位骑士；伤了一位骑士，输了一场战斗；输了一场战斗，亡了一个帝国。初始条件十分微小，但其长期效应却是巨大的。公共关系活动就如同润滑剂，协调着这些人与人、组织与组织、人与组织之间的关系，是社会和谐的基础。构建和谐社会，既需要全社会的努力，也需要各学科的支持。公共关系在构建和谐社会中处于独特的地位，具有突出的作用。

公共关系只有在和谐的宏观社会环境里才能建立和发展，才能更好地发挥自己的作用，才能达到和谐组织、塑造形象的目的。而社会环境因为有了公共关系事业，才能更好地走向和谐与健康发展。



## 本章复习思考题

1.公共关系产生时期的三大代表人物及其公关信条各是什么？
2.如何认识公共关系兴起的社会历史条件？
3.简述中国公共关系事业的发展及其原因。
4.怎样创建有中国特色的公共关系学？
5.如何发挥公共关系在构建和谐社会中的作用？

# 第三章 公共关系公众

中心内容

公众是公共关系学中最核心的概念之一。它既是一个组织赖以生存和发展的根据，又是社会组织公共关系的对象。从这个意义上讲，公共关系又可以理解为公众关系。本章分析了公共关系学中的公众的概念和特征，从公关角度划分了社会组织，然后从系统论和形式逻辑角度对公众进行了分类；力求揭示公共关系公众分类的规律性，以增强公共关系工作和公共关系活动的针对性。

学习目标

学习本章，要求准确掌握公共关系公众的概念，熟知公共关系社会组织的分类特点，把握公共关系公众分类的基本理论和方法。

公共关系由三个基本要素构成：社会组织、公众、传播。这里的公众构成了社会生态环境，因为社会生态环境是由人组成的，所以社会生态环境具体地讲就是公众。公众既是一个组织赖以生存和发展的根据，又是社会组织公共关系的对象。从这个意义上讲，公共关系又可看做是公众关系。

## 第一节 公共关系公众的概念

了解公共关系公众的含义和特点，是科学地进行公共关系公众分类和识别的基础。

## 一、社会环境、社会组织与公众

公共关系学中所讲的社会组织，是按照一定的目的、任务和要求建立起来的社会群体或社会团体。社会组织一般分为经济组织、政治组织、文化组织、群团组织、宗教组织等五类。在国外分为商业组织和非商业组织。

任何一个社会组织都存在于物质环境和文化环境之中，从一定意义来讲，每个社会组织都是社会环境的产物。

我们可以把社会环境归结为政治环境、经济环境、文化环境、技术环境四个部分（见图3-1）。

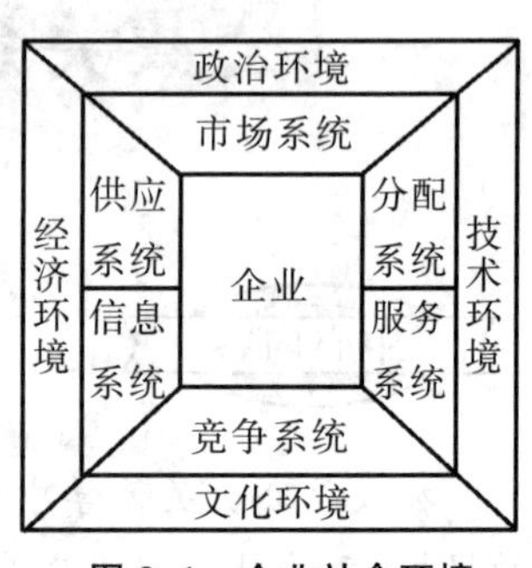

图 3-1 企业社会环境

社会环境是指人们所创造并生活在其中的社会组织、文化传统、科学技术与知识、伦理道德观念、风俗习惯等等。社会环境有以下几个特点：

其一，社会环境的非物质性。社会环境是一种无形的实在，它不同于由生物环境和物理环境所构成的自然环境。它是在人造的物理环境中表现出社会环境，但社会环境主要存在于人与人之间的关系中，存在于社会的意识形态关系中。

其二，社会环境的历史性。社会环境随着社会发展处于不断的发展变化之中，具有非常鲜明的时代特征。

其三，社会环境是由人创造的。社会环境中的诸要素都是人类自身活动的产物，一方面存在于人们的思想意识和深层心理结构中，另一方面又异化成脱离人们的外在力量，制约着人们的生存与行为。

社会环境虽然是由人创造的，但它一旦产生就成为一种"客观的实在"存在于人与人的关系之中，并不再听命于人们对它的摆布，按照自己特有的规律，作为一种重要的外在力量作用于人们。

社会组织不能脱离既定的社会环境而存在。当一个组织所面对的社会生态环境发生变化时，这个组织就必须相应地调整自己的决策和行为，以求与环境取得一种协调和平衡，从而使自身得以继续生存和发展。

社会生态环境是由人构成的。一个组织的环境发生变化，实际上就是这个组织的公众的态度、意见、行为、分类、数量发生变化，因此，环境具体地说就是公众。从这个角度，公共关系被定义为一个组织运用传播手段使自己适应于环境并使环境适用于自己的一种活动或职能。

## 二、公共关系公众的内涵

在公共关系中，"公众"这一概念，与一般理解的"大众"、"群众"、"民众"概念不同,也和“社会上大多数人”这一我国对“公众”概念的传统理解不同。

公共关系公众,是指与特定的公共关系主体相互联系、相互作用的个人、群体或组织的总和,是公共关系传播、沟通对象的总称。

公共关系公众一般对某组织机构的目标和发展具有现实或潜在的利益关系或影响力和制约力;反过来,某组织机构的政策、目标和发展对其公众也具有现实或潜在的利益关系或影响力和制约力。

## 三、公共关系公众的特点

西方哲学家杜威认为,一个组织的公众对象应具有以下三个特征:面临类似的问题;认识到问题的存在;采用某种行动以对付问题。

公共关系公众一般具有下列这些特点:

### (一)公共关系公众的限定性

公共关系公众是有一定范围的,因为公众是具体的,每一个组织都有它自己的特定公众。只有当特定的个人、群体和社会团体与一定组织发生利益关系从而使他们的观点和行为对一定组织的生存和发展发生影响力时,这种特定的个人、群体和社会团体才构成一定组织的公众。

### (二)公共关系公众的同质性

公共关系公众的形成,一般是因为公众成员遇到了共同的问题,涉及到他们共同的利益、共同的目的、共同的地位,并且该问题将对公众成员不论是团体还是个人产生影响。

### (三)公共关系公众的群体性

公共关系处理的不是一个人或两个人的关系,而是一种公众关系,它是和群体打交道的。当组织与公众的利益关系变得突出时,原来松散的公众就会趋于集中,呈现出其特定的群体力量。

### (四)公共关系公众的双向性

公众与一定组织发生的利益关系是双向的,他们互相影响又互相依赖,互相矛盾又互相统一。组织可以通过公共关系活动从公众那里获益,公众也可以通过公共关系工作从组织那里获益,这是构成组织与公众间公共关系活动的基础。

### (五)公共关系公众的复杂性

首先,公众本身是复杂的。尽管某些个人或团体由于某种同质性构成了一个特定组织的公众,但他们之间无论在观念上还是在利益上都不可避免地存在客观差异。其次,公众系统的复杂性。它由多层次的主体结构和多种类型表现出来。

### (六)公共关系公众的可变性

公共关系要面临的对象公众始终处于变化之中,这是由于公众的形成取决于共同问题的出现,一旦问题解决,某一类公众与特定组织的联系消失了,这一类公众就不再是该组织的公众,公共关系意义上的公众在这里就不存在了。因此,公共关系公众大部分具有数量不定、变动不居的特点。

把握公共关系公众的特点,就可以在公共关系工作中准确地认识和区分公众对象,为制定公共关系对策打好基础。

## 第二节 公共关系公众的分类

公共关系工作的一个重要环节是寻找公众,也就是要求组织列出与自己生存和发展有关联的方面,可以是个人,也可以是组织团体。这项工作可以分两步进行:了解公众数量和分析公众性质。

### 一、不同社会组织及其公众对象

公众是公共关系工作的对象,但是,在公共关系中,公众往往是具有特定含义的。由于社会上存在着各种性质的不同机构,公共关系公众才划分为各种不同类型。因此,首先弄清楚组织机构的公共关系分类具有十分重要的意义。

(一)社会组织的公共关系分类

根据不同的利益和目标,可以从公共关系角度将众多社会组织或机构大体划分为以下四种类型:

1.互益性组织。这类机构是指党派团体、工会组织、职业团体、宗教组织等。它们的特点是十分重视组织内各成员的利益,因此,这类组织的公共关系工作对象包括组织内部成员之间的纵横关系和同一系统组织之间的纵横关系。

2.营业性组织。这类组织有工商企业、旅游服务业、金融保险业等。这类组织的特点是以所有者和经营者的利益为目标,因此,它们的公共关系工作对象是企业的所有者(国家、公司或股东)以及与企业利益密切相关的消费者。

3.服务性组织。这类组织有学校、医院、社会工作机构等。它们的特点是以服务对象的利益为目标,因此,它们的公共关系工作对象主要是各类特定的服务对象,如大、中、小学的学生,残疾人及社会保障对象等。

4.公益性组织。这类组织是指国家机关及政府部门、公用事业机构等。特点是以国家和公众利益为首要目标,因此,它们的公共关系工作对象是辖区内所有的社会公众。

(二)不同类型组织的公众对象

根据组织的性质和活动类型,可以把公共关系公众具体细分为工商企业的公共关系公众、公用事业的公共关系公众、社会福利事业的公共关系公众、旅游服务业的公共关系公众、传播媒介的公共关系公众、政府机关的公共关系公众等。

首先,对工商企业来说,其公众对象有顾客(包括用户、零售商、批发商等)和企业内部员工(包括工人、技术人员、管理人员等)。在企业的经济活动过程中,与工商企业主体经常发生利益关系的公众还有原材料供应商、社区、政府和新闻界等。

其次,对公用事业组织来说,其主要公众就是本组织产品或服务的使用者,如城镇居民和企事业单位的员工。接下来还有本组织员工、政府、新闻界等。公用事业组织的产品和服务的公众对象比较广泛,公众对他们的要求较高,这类组织和公众之间的联系较密切,组织和公众的矛盾往往比较突出。

再次,对旅游服务业组织来说,其主要公众是游人和出差人员,这类人员变动性大,成分复杂。此外,还有内部公众,如宾馆管理人员和服务员、旅游景点工作人员、交通运输部门、邮电部门、游览部门等都构成他们的重要公众。

最后,对政府机关来说,当地居民是重要公众,其次还有机关内部工作人员。同时,它还必须与外地政府和本地的民间团体、舆论界打交道。政府机关,基本上要面对其管辖区内的全部社会公众,公众对象呈现出更加错综复杂的特点。

根据不同的社会组织区分特定的公众,有利于公共关系人员在纷繁的社会组织和公众面前,准确地做好辨认和寻找公众对象的工作,以便制定出更加有针对性的公共关系方案。

每个组织在开展公共关系活动前,都要精心划分和选择公众。有人总结出了选择组织的公共关系公众的三个原则:一是不随意扩大公众的范围,以便集中力量对确定范围内的公众开展公共关系工作;二是让应该知道的公众一定知道,让不该知道的公众最好不知道,把解决危机和问题的活动限制在尽可能精确的公众范围内,以免公共关系工作遇到不必要的麻烦;三是注意公众范围的确定性与公众的不确定性的辩证关系,以便增强组织机构公共关系工作的应变性和灵活性。

(三)组织公众分类的目的

组织公众分类的基本目的是:

第一,确定公众与组织相关性的大小,以及公众与组织的关系及其深度和广度,以便制定科学的公共关系活动计划或方案。

第二,深入细致地熟悉组织公众,了解公众的共同利益和特殊利益,以便有效控制好组织的公共关系状态。

第三,通过特定类型的公众,收集与分析有实际价值的公众信息,以便有重点地开展公共关系工作。

第四，通过对公众状况的划分与分析，可以知己知彼，了解组织公共关系工作的主攻方向。

第五，通过对公众的分类，可以明确其作用、重要性、利害关系，防止公共关系工作出现被动局面。

## 二、组织面临的公众系统

国外公共关系专家认为，直接和间接涉及企业（或公司）整个运营过程各个环节的内外部公众，大致有24种。包括：员工、股东、顾客、社区、一般公众、消费者、竞争者、原料供应商、批发商、代销商、经销商、公务员、金融机构、新闻媒介、慈善团体、宗教团体、上级主管、工会、学校、政治团体、政府机构、公用事业团体、行业团体、合作协同者。

由图3-2可以看出，一个组织面对的公众是很多的。公共关系公众是与本组织生存和发展有关的各方面的公众，这些公众之间互相直接或间接地联系在一起，是由各种规模和类型的公众所组成的集合体，是一个复杂的公众网络系统。在这个系统中的公众，其数量、范围、性质、态度是随着时间而不断变化的。但是，同世界上任何事物一样，公共关系公众作为一个复杂的网络系统，如果对它进行认真的分析、组合，就可以发现公共关系公众划分的内在规律性。

图 3-2　一家制造公司公众图

美国公共关系研究专家格罗尼格和亨特提出，在一个组织与环境的交互平面上，一般存在着四类不同的公众系统：支撑性公众系统；功能性公众系统；横向同业公众系统；扩散性公众系统。我们在这里归纳为五类公众系统，即在上述公众系统中增加一个特殊性公众系统。现分述如下（见图3-3）：

### （一）支撑性公众系统

支撑性公众系统又称权力性公众系统。这是使某个特定组织机构得以合法存在的各种公众。如国家立法机关、政府管理部门、上级主管部门、股份公司的董事会和股票持有人、社区领导人。这些公众涉及一个组织机构存在的法律依据、资金来源、地区环境、管理决策等等，关系到组织的生存和活力的大小。正确、及时地掌握这类公众的可靠信息及其变化情况，及时有效地策划这个系统的公共关系

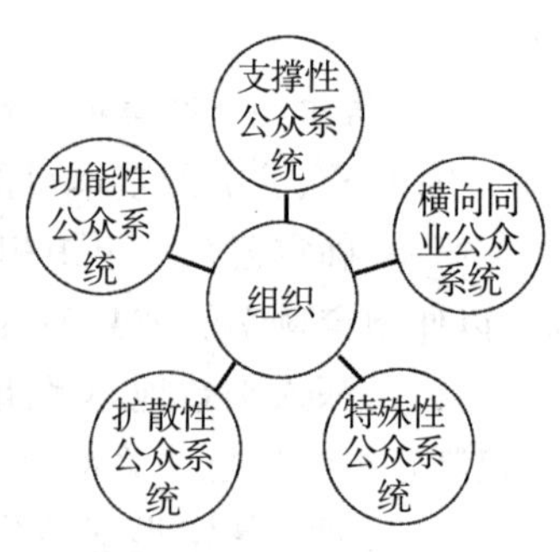

图 3-3　组织公众五系统图

项目，通过制定政府关系计划、公共事务计划、社区关系计划等搞好同支撑性公众的联系和协作，对一个组织的生存和发展具有根本性的意义。

（二）功能性公众系统

这是指使某个特定组织机构的功能得以发挥的各类公众。包括该组织机构的内部员工、组织生产所需原材料的供应商、能源供应商以及使用该组织机构的产品或服务的消费者和顾客。

功能性公众系统又可分为输入子系统和输出子系统。输入子系统包括组织的内部员工、能源和原材料供应者；输出子系统包括使用组织产品和接受组织服务的消费者和顾客。

（三）横向同业公众系统

这是指和某一特定组织机构生产同类产品的同行业的竞争者和面临同类问题、具有同类价值观的其他组织机构。其中最常见的就是各行业成立的各种协会或联合会组织以及生产同类产品或提供同类服务的组织。

（四）扩散性公众系统

扩散性公众系统又称非组织型公众系统。一般把那些在某种时空条件下不属于某个正式组织的公众都划分到这个系统中，其中包括青年、学生、妇女、选区的选民、社区居民、员工家属等等。

（五）特殊性公众系统

特殊性公众系统又称中介性公众系统。对组织来说，这里指具有双重人格的新闻传播媒介，具体指电台、电视台、报社、杂志社等大众传播媒介和出版部门的记者、编辑人员。说他们具有双重人格，这是因为：一方面，他们是该组织机构赖以实现其公共关系目标的重要手段；另一方面，他们又是该组织机构必须费力去争取的特殊公众，被称为“被追求的公众”；他们是传播者与受播者的中介，又扮演着“喉舌和耳目”的社会角色。

### 三、公共关系公众的多标准分类

明确了本组织的特定公众，这只是选择并排列出特定组织在特定时空中的公众。任何一个组织都面临着许多公众，不可能只是一个公众，而且公众的状况是处在动态环境之中的。这些公众对组织的联系及其与本组织的关系程度，又是千差万别的，这就要求通过对组织公众的多标准分类，准确地把握公众。

这里对公众的分类，是按照形式逻辑的要求进行的，就是按照不同的依据，将一个外延较大的概念，分为若干个外延较小的概念。对公众的这一概念，可用多种不同标准来划分，这里归纳为以下十种划分方法。

(一)按照人口构成标准分类

人口是生活在特定社会制度、特定地域、具有一定数量和质量的人的总称。组织的公众、社会群体都是由人组成的,按照人口构成分类,反映了公众的特点和共同利益。

任何一个组织都可以对自己的公众对象进行人口结构分析,并按照性别、年龄、职业、经济状况、教育程度、政治或宗教信仰、种族和民族等标准进行公众分类,这种资料的积累是公共关系的基础工作。

(二)按照组织的环境标准分类

按照公众与组织有无归属关系,可以将公众分为两大类:内部公众与外部公众。

1.内部公众。与组织有归属关系的内部成员称为内部公众。这类公众是组织的构成部分,和组织机构构成最直接、最密切的利害关系。主要指组织内部的员工,如一家公司中的工人、干部、技术人员、股东、董事都是其内部公众。内部公众是组织公共关系要协调的最重要的公众之一,也是组织公共关系内求团结的主要对象。

2.外部公众。这是指和某一特定组织机构不存在直接的利害关系但有利益关系的外部组织机构或个人。如新闻媒介、政府机构、服务对象、社区、顾客、教育界等社会群体。前面所述国外公共关系界划分的24类公众中,除了员工和股东两类属于内部公众之外,其余22类都可列入外部公众。

(三)按照公众的组织状况标准分类

组织的公众可能是有组织的某种群体形式,也可能是没有组织的某种群体形式。因此,可以将组织的公众划分为非组织公众和有组织公众。

1.非组织公众。这是组织公共关系活动中要面对的无组织性的公众。其中又可分为:

流散性公众。这是稳定性程度最差的一个层次。如某一城市流动人口中的外地出差者、探亲访友者、旅游者、流动商贩等。

临时性公众。这是由于临时的问题或事件聚集起来的公众。有关学者认为,形成临时性公众的某些问题和事件,如果是由于政治的、经济的、社会的或民族的原因,往往比较严重,并且常常带有突发性质,需要认真对待。但绝大多数情况下,临时性公众是由组织的各种活动召集来的公众,如展销会、运动会或剧场、影院参加娱乐活动的公众。

周期性公众。这是指有规律性地聚集起来的公众,一般和季节性活动、重大纪念日、节假日相联系。如节日购买商品的消费者或一年一度的活动中出现的公众。

稳定性公众。这是与组织有业务往来或经常发生联系但不是以有组织方式出现的公众,如组织(或企业)较固定的用户和消费者。

2.有组织公众。这是组织公共关系活动中面对的特定社会组织与有组织的社会成员。其中又可分为:

社区性公众。这是组织机构所在地周围社区内的组织。如组织附近的街道和社区、企业、机关团体等。

环境性公众。这是指与组织相关的内外环境中的公众,如协作部门或企业、新闻单位等。

管理性公众。这是指组织的上级主管部门和政府机构。

(四)按照公众发展的状态标准分类

美国公共关系研究专家格罗尼格和亨特按公众发展的一般过程把他们分为四种状态:非公众、潜在公众、知晓公众、行动公众。

1.非公众。从社会学的角度讲,公众始终存在;从公共关系的角度讲,存在非公众。非公众指一部分个人、群体和社会团体,在一定时空条件下,既不受这个组织的行为影响,也不对这个组织产生任何影响力或后果。正确确定非公众,有利于把握公共关系工作的主攻方向,减少公共关系工作的盲目性。

2.潜在公众。在某一特定组织机构所处的环境中,当某个社会群体面临着由该组织机构的行为所引起的共同问题,但他们本身都尚未意识到这一问题的存在时,这个社会群体就是该组织的潜在公众。潜在公众也是将来可能与某一特定组织机构发生利害关系的公众。由于潜在公众本身并未意识到问题的存在,因此,他们不会采取任何行动。在一段时间内,组织不会遇到潜在公众造成的威胁。

3.知晓公众。这是由潜在公众发展而来的公众。作为潜在公众,虽然已经面对某一特定组织机构的行为所引起的共同问题,但他们都没有意识到。知晓公众不仅面对某一特定组织机构的行为所引起的共同问题,而且本身已明确意识到这一问题的存在。

4.行动公众。由知晓公众发展而来的公众。行动公众不仅面临共同问题,意识到这些问题的存在,而且准备或已经采取行动以解决他们在和某一特定组织机构利害关系中存在的某一共同问题。行动公众的形成可能对组织构成某种威胁,使公共关系工作的任务趋向艰巨。

从以上分析可以看出,从非公众到行动公众是一个连续的发展过程,这个发展过程可以用图3-4表示。

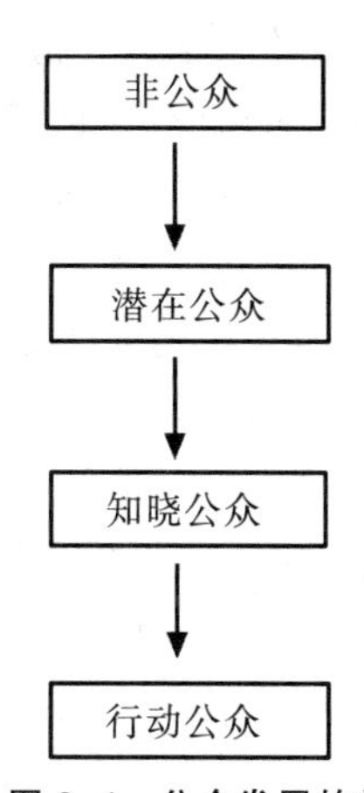

图 3-4　公众发展的状态

现举例说明这个发展过程:一家自行车厂在一段时间内生产了一批油漆质量未能过关的自行车,并将这批车子出售给消费者。这样,这批消费者就面临着一个共同的问题:自行车油漆将在数月后剥落。但这批顾客现在并未意识到这一问题的存在,这批顾客就构成这个厂家或经销商公共关系部门的潜在公众。未购买这批自行车的其他顾客就是非公众。过了数月,购买了这批自行车的顾客发现自己新购自行车的油漆开始剥落,他们共同意识到了自行车的质量问题,这时的顾客就变成知晓公众。倘若许多不服气的自行车买主或者投诉或者推着油漆剥落的自行车来到商场或厂里说理,甚至写出新闻稿投向报社、电台,那么,这些顾客就发展成为行动公众了。

公共关系工作的最佳时机应该是在知晓公众形成之时,把公共关系工作争取做在知晓公众变成行动公众的过程中是掌握公共关系工作主动权的关键。

(五)按照组织与公众发生联系的时间标准分类

1.未来公众。指准备或将要与某一特定组织机构发生利害关系的公众。这也是一种从发展趋向的角度对公众的划分,有利于公共关系人员根据公众的各个变化层次,分别有针对性地制定公众联系策略和影响策略。如对一家天然气公司来说,在通常的状态下,已建或正建天然气管道但尚未供气的用户,或计划扩大天然气供应的用户,构成该公司公共关系的未来公众。

2.现在公众。指已经与某一特定组织机构发生利害关系的公众。如对一家自来水公司来说,已经接通自来水,通水的所有机关、家庭等用户,都是该自来水公司的现在公众。现在公众对某一特定组织机构可能延续的时间很长,也可能很短,公众规模可能较大,也可能较小。

(六)按照公众对组织的重要程度标准分类

1.首要公众。指对一个组织机构的生存和发展具有重要影响力和决定性作用的公众。这类公众一般对组织的信誉及各项工作的成败起着举足轻重的作用,是公共关系的重点对象。

2.次要公众。指对一个组织机构的生存和发展虽然具有一定的影响作用,但这种影响尚不具有对组织命运的决定作用的这类公众。当然,首要公众与次要公众只是相对的,是处在发展变化中的。

3.边缘公众。在同一组织机构的各类公众中,其重要性最小的那类公众构成这一组织机构的边缘公众。

如对一家百货公司来说,在通常的状态下,内部员工、顾客、业务往来单位、上级主管部门应该成为公共关系的首要公众;政府机构、新闻媒介构成次要公众;社区竞争对手可归为边缘公众。但这也不是绝对的,如当某组织同社区发生利害关系时,社区就成为首要公众了。

(七)按照公众对组织所持态度标准分类

1.顺意公众。指对一个组织机构奉行的政策、采取的行为持赞赏、支持、合作态度的公众。保持和扩大组织的顺意公众，做好对他们的公共关系工作，对一个组织来说是十分重要的。

2.逆意公众。又称反对公众，是指对某一特定组织机构的政策行为持反对态度的公众。逆意公众形成的原因通常有两种：一种是在利益上与组织发生了利害冲突；另一种是对组织的政策和行为产生了误解。公共关系工作的一个难点就是如何将逆意公众转变为顺意公众。

3.独立公众。又称中立公众或不确定公众，是指对组织奉行的政策和采取的行为持中立态度，或者尚未表态、态度还不明朗的公众。这是公共关系工作重点要争取的公众。

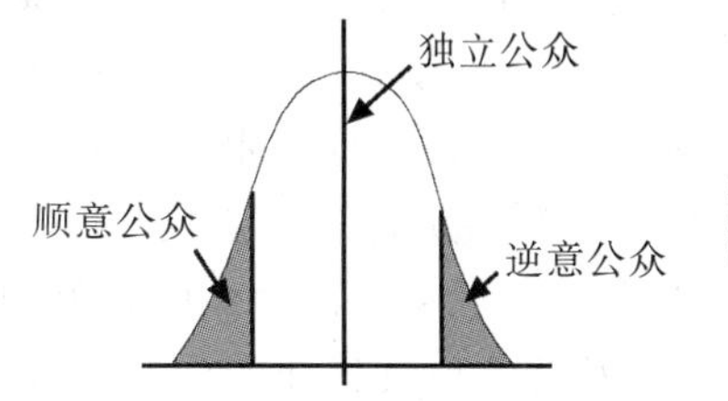

图 3-5 公众对组织所持态度

扩大顺意公众、争取独立公众、搞好逆意公众的转化工作是公关工作的重要目标。鉴于顺意公众和逆意公众具有相对稳定性和行为惯性的特点，故组织公共关系工作的重点应是争取独立公众。在现实中，企业之间的竞争实质上是对独立公众的争夺(见图3-5)。

独立公众之所以重要，首先，是因为他们构成了公众的主体，谁争取了独立公众，谁就扩大了顺意公众的队伍。其次，独立公众往往是潜在公众的主体，因此，独立公众是一个不可忽视的群体。如果对独立公众采取冷漠态度，那就是在把这一群体推到逆意公众那边去。

(八)按照组织的公关任务标准分类

1.集中影响的公众。这类公众对本组织的某项公关活动效果有十分重要的意义，而他们此时对本组织的了解又十分缺乏或持怀疑态度，这就必须通过公共关系工作对这些公众进行集中影响。

2.扩散影响的公众。这是指那些对组织的某项公关活动影响较大，但公众面较宽，需要通过受到集中影响的公众去扩散组织公关活动影响力的公众。如果不对这些公众进行扩散影响，就不能创造一种良好的气氛和环境，组织的公关活动就不可能得到尽可能多的公众关注，不可能获得广泛的理解和支持。

(九)按照组织对公众的态度标准分类

1.受欢迎的公众。那些主动接近组织、支持组织、对组织表现出兴趣，而组织对他们也极感兴趣、十分重视的公众，称为公共关系中受欢迎的公众。如某一组织机构的股东、赞助者、合作者。

2.不受欢迎的公众。指那些抱着既定目的来接近和讨好组织，但结果却有损于组织利益而使组织力图躲避的公众。如对某一特定组织机构一再索取赞助费的某些社会团体和以吃喝为目的的检查、验收团。

3.被追求的公众。那些对某一特定组织机构并不感兴趣,但他们对本组织的某项公关活动有十分重要的意义,需要该组织机构主动接近和追求的公众,如报纸、杂志、电视台、电台等新闻传播媒介的记者、编辑和社会名流。

(十)按照公众对组织的关心程度标准分类

1.一般公众。那些与组织的活动有一定关系,但其本身并不十分在意和关注组织的活动,其行为对组织的发展也无大的影响力的公众,称为一般公众。

2.留意公众。那些与组织活动发生了关系,同时本身又十分关心、注意组织的这种活动行为对自己造成的后果的公众,称为留意公众。留意公众往往依据自己对组织活动或行为的理解,形成支持或反对组织的态度。即他们有可能是组织的顺意公众,也有可能是组织的逆意公众。

3.需要被告知的公众。那些与组织的活动发生了关系,具有了解组织活动内情的强烈愿望,而他们的意见和态度对组织的发展又能产生较大影响作用的公众,称为需要被告知的公众。这类公众通常是公众中的意见领袖、一个组织的上级主管部门、重要的协作者、支持者。

按照不同方法划分的各种公众类型之间存在着交叉相融关系。

究竟采取哪一种方法来对公众进行划分,要从各个组织的公共关系目标出发,从当时当地的不同客观条件出发。只有抓住不同类型公众的特点,找准恰当的公众分类方法,才能使公共关系工作目标明确,对象准确,有的放矢;只有针对不同类型的公众或公众中的不同特点,才能使公共关系策划切中关键,使组织的公共关系活动体现出不同的特色和应有的效果。



## 第三节 公共关系公众对象的分析与鉴别

公共关系工作或活动经过对公众对象进行分类之后,应进一步对各类公众作出认真的分析与鉴别,以加强公共关系工作或活动目标的准确性。

根据组织的性质和分类确定组织特有的公众,对于组织的公共关系活动有着重要意义。如果不能正确鉴别和划分公众对象,将会给组织带来以下问题:

第一,希望增加一些信息传播和沟通的对象,因选择公众不妥,漫无目标,失去重点,结果分散了力量,浪费了人力、财力、物力和大量时间。

第二,掌握不住各类公众所需要的不同信息,将同一内容的信息,不适当地传播给各类公众,影响了信息传播的效果。

第三,不能恰如其分地选择公共关系活动的参与者,浪费了人力、财力、物力,没有达到改变特定公众态度的目的。

第四，由于不了解不同公众对象的不同要求，往往事倍功半，使组织的公关活动目标不能实现。

鉴别与分析组织的特定公众，要从多方面工作入手。

## 一、及时掌握各类公众的需求

任何组织与公众之间都是在利益需求与满足中形成互利互惠的关系。因此，就组织而言，每一公众都对特定组织产生一定的需求。公共关系部门必须了解公众对组织的权利要求，在公众分类的基础上，列出各类公众对组织机构的权利要求。然后，对公众各种权利要求进行分析与概括（见表3-1）。

**表3-1　八种基本公众的权利要求结构表**

| 公司的权利要求者 | 权利要求的一般性质 |
| --- | --- |
| 员工 | 在社会地位上人格尊重的心理满足；不受上级的专横对待；就业安全和适当的工作条件；合理的工资和分享福利，上进的机会，工会活动自由；了解公司内情，有效的领导。 |
| 股东 | 参加利润分配，增股报价，资产清理，股份表决，检查公司账册，股票转让，董事会选举；了解公司的发展状况，享有与公司的合同所确定的各种附加权利。 |
| 政府 | 各项税收；公平竞争；遵守各项法律、政策，承担法律义务等。 |
| 顾客 | 优良的服务态度；公平合理的价格；产品质量的保证及适当的保用期；准确解释各种疑难或投诉；提供产品的售后维修服务，使用产品的技术资料服务，产品备用零配件的供应；产品改进的研究与开发以及增进消费者信任的各项服务。 |
| 竞争者 | 由社会和本行业确立竞争活动准则；平等的竞争机会和条件，竞争中的相互协作；当代企业家的风度。 |
| 协作者 | 遵守合同；平等互利；提供技术信息和积极的援助，为协作提供各种优惠和方便；共同承担风险等。 |
| 社区 | 在当地社会提供生产性的、健康的就业机会，正规录用（或雇用）；公平竞争；就地采购当地社会产品的合理份额；保护社区环境，关心和支持当地政府，支持文化和慈善事业，赞助地方公益活动，公司负责人关心和参加社区事务。 |
| 媒介 | 公平提供消息来源；尊重新闻界的职业尊严；参加公司重要的庆典等社交活动，保证记者采访的独家新闻不被泄露；提供采访的便利条件。 |

首先，分析各类公众的一般的共同要求，概括出各种权利要求的相对共同点,用于制定公共关系一般目标和计划。

其次,评价公众对象的各种特殊的要求,用于制定公共关系特殊目标和计划。

最后,把握各类公众的数量、性质、状态、类别,以便有针对性地策划和安排公共关系工作和活动。

## 二、了解各类公众对组织的态度

一个组织在公众中的形象从公众角度来理解就是公众对组织所持的态度。公共关系工作从某种意义上讲就是公众态度的转变工作。公共关系活动或工作的重要任务就是通过努力来转变公众态度。公众对组织的态度变化,一般可分为两类:积极态度和消极态度,把四种消极态度转变为四种积极态度是公共关系工作的职责(见图3-6)。

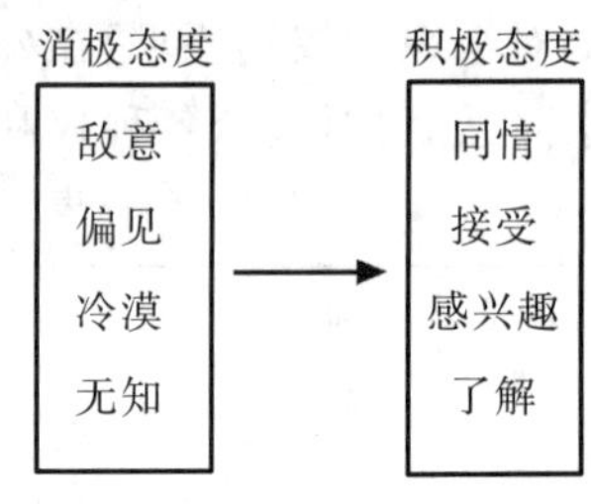


图 3-6 公众对组织的态度

在辨认公共关系公众的同时，还要分析各类公众的态度及影响态度转化的多种多样的基本因素,这样才能制定出有效的公共关系目标与实施计划。

## 三、鉴别不同组织的特定公众

(一)一般工业企业的公众(见图3-7)

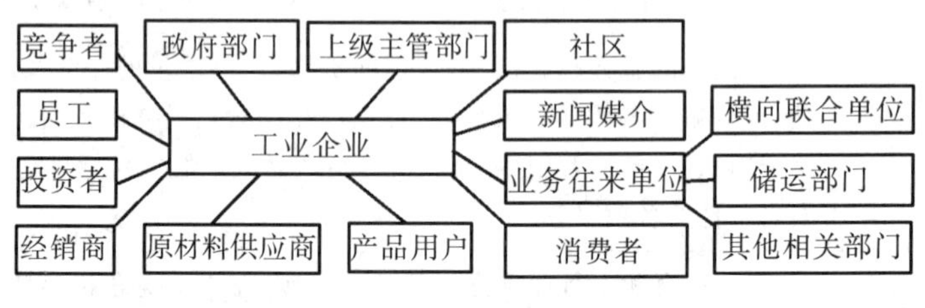


图3-7

(二)一般商业企业的公众(见图3-8)

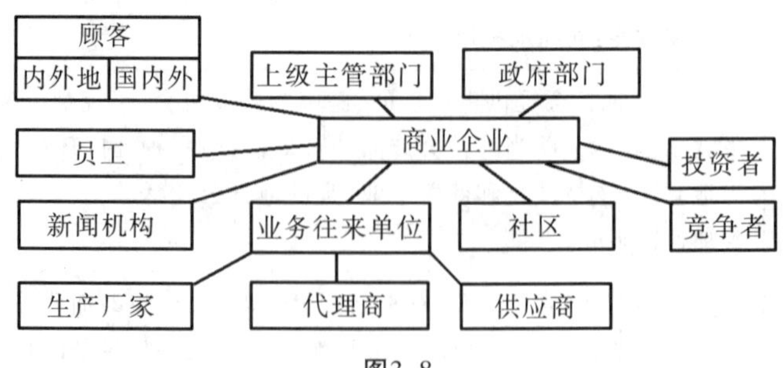


图3-8

（三）旅游宾馆的公众（见图3-9）

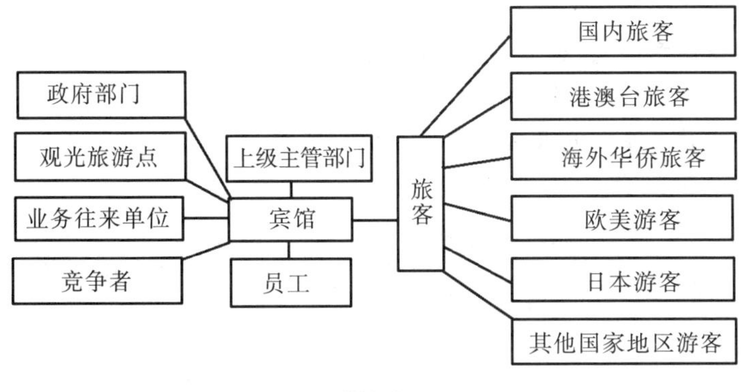


图3-9

（四）学校的公众（见图3-10）

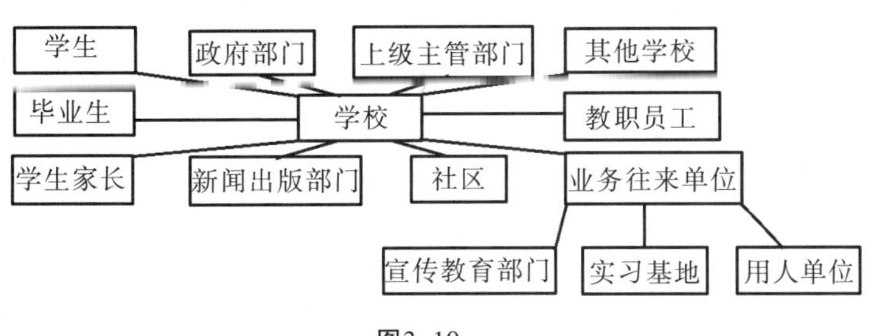


图3-10

（五）地方政府的公众（见图3-11）

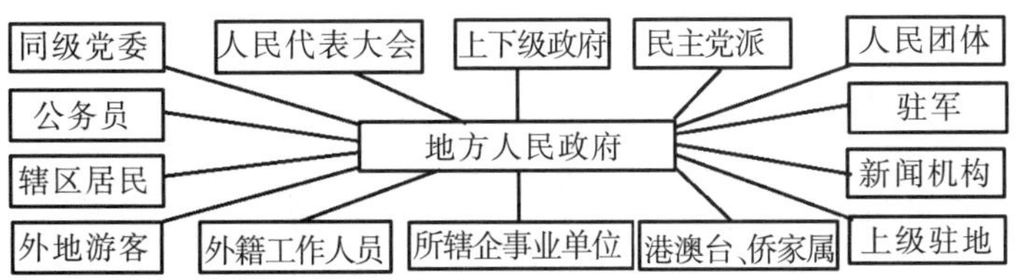


图3-11

## 本章复习思考题

1.公共关系公众的含义及特点是什么？

2.怎样从公共关系角度划分社会组织？

3.什么是公共关系五系统分类法？

4.什么是非公众、潜在公众、知晓公众、行动公众？

5.什么是顺意公众、逆意公众、独立公众？

6.什么是首要公众、次要公众、边缘公众？

7.简述八种基本公众及其公共关系的权利要求。

# 第四章 公共关系意识

## 中心内容

本章分析了公共关系意识与现代思维方式的关系，论述了现代公共关系意识的特征以及公共关系意识的构成要件，力求将公共关系的基本指导思想揭示出来，将对现代公共关系原理和特征的认识上升到时代的新高度。

## 学习目标

学习本章，要求了解现代思维方式的特征，把握公共关系意识的含义和特点，明确各种具体公共关系意识的培养对我们的要求。

## 第一节　新时代与新的思维方式

人类历经渔猎时代、农业时代和工业时代，在通向文明的道路上，走过了约200万年的艰苦而又漫长的路程。在21世纪的今天，一个新时代的轮廓又诱人而壮观地展现在人们面前，它以特有的驱动力和特有的因素推动着历史的车轮，以崭新的未来图景和新鲜的气息给人类带来新的希望和憧憬。

新时代对社会生活已经和正在发生多方面的、深刻的影响，它急剧地改变着人们的生活方式、行为方式、交流方式、情感方式，也改变着人们的思想观念和思维方式。

社会意识是社会存在的反映，社会心理是社会存在的反映，作为社会意识高级层次的思想体系的各种形式也是社会存在的反映，它必然随着社会存在的变化而发生变化。社会意识的任何重大变化归根到底都是由社会存在的变化所决定的,都可以从社会存在那里找到根源。马克思和恩格斯在《共产党宣言》中指出,人们的观念、观点和概念,一句话,人们的社会意识“随着人们的生活条件、人们的社会关系、人们的社会存在的改变而改变”,“思想的历史除了证明精神生产随着物质生产的改造而改造,还证明了什么呢”?

整个人类文明的发展史,既是一部物质文明的发展史,也是一部精神文明的发展史。从广义上说,精神生产是人类社会产生的标志之一。精神生产使人类最后脱离了纯粹动物式的盲目适应自然环境的生存状态。从历史的角度看,精神产品中的政治、法律、伦理、哲学等思想体系,既可以为维护现存的社会秩序和制度服务,又可以反映社会发展的趋势,为打破现存的不合理的社会秩序和制度,建立更美好的社会秩序和制度进行呼吁、呐喊和论证。历史上处于社会动荡时期的精神生产,常常获得惊人的重大突破,内容也异常丰富和深刻。

以欧洲文艺复兴运动为例。文艺复兴运动开始于最早出现资本主义萌芽的地中海沿岸的意大利。在14—17世纪,新兴的资产阶级发展起来,客观上要求建立一种不同于封建文化的新文化。在漫长的封建社会里，教会统治着人们的思想,一切以神学为中心。宗教信仰是人们生活的一项重要内容,人们的眼界狭小,思想受到禁锢。当新兴的资本主义生产关系不断地冲击封建经济基础时,与它相适应的思想意识必然冲击到封建上层建筑。资产阶级考虑的是发财致富,追求幸福,这使得人们的人生观和世界观发生了急剧变化,因而对教会的神学教条产生了疑问。许多知识分子以希腊、罗马古典文化为武器,向封建意识形态发起进攻。文艺复兴运动在当时具有划时代的进步意义,它是一次伟大的思想解放运动。正是由于冲破了封建神学的枷锁,因而它具有蓬勃的生命力。这是一个需要巨人而产生了巨人的时代,需要精神力量而产生了优秀精神产品的时代。在思想解放运动的推动下,产生了许许多多辉映史册的不朽作品,促使人们从精神枷锁中、从神权桎梏中解放出来。文艺复兴运动孕育了西欧的近代资产阶级文化,成为欧洲科学革命、产业革命的先导。

现代社会的一个重大特征,就是科学技术日新月异的发展。人类对自然界和人类社会的认识走进了更多的自由王国。生产力迅猛发展,科学技术知识渗透到人们社会生活、精神生活、物质生活的各个方面。一切都在变革,一切都在发展,这是我们这个时代的最显著特点。

现代社会的发展是全面的。我们正处在一个新的时代,从现代实践、科学技术、交流活动、运动节奏以及社会发展的多样化等等方面,都可以清楚地看到我们所处的时代区别于以往时代的许多鲜明特色。

20世纪的科学技术发展，特别是第二次世界大战以后科学技术的飞速发展，在理论和思维方式上取得了革命性进展，对人们的科学世界观和方法论产生了重大影响。当代科学技术发展形成的思维方式的特点是：从绝对走向相对；从单义性走向多义性；从精确走向模糊；从因果性走向偶然性；从确定走向不确定；从可逆性走向不可逆性；从分析方法走向系统方法；从定域论走向场论；从时空分离走向时空统一。这不仅使人类对客观过程的认识更加深化和全面，而且把人类的认识水平提高到一个崭新阶段。这些崭新的思维方式的迅速扩散，使自然现象和社会现象之间的鸿沟日趋消失。科学技术的发展对整个人类文化的内容、结构、形式以及发展方向都产生了重大影响，从而使人类的认识能力产生新的飞跃，引起当代思维方式的深刻变革。

时代的发展，历史的前进，必然带来人类的精神状态、思想观念和思维方式的深刻变化。要想同当代的发展并行不悖，就必须建立与之相适应的思维方式。新的思维方式可以成为时代前进的驱动力量，成为社会进步、人类智慧发展的巨大能源。

每一个时代的理论思维，都是一种历史的产物，在不同时代具有不同的形式和内容。现代思维和思维方式是当代的产物，是当代精神的升华；它顺应时代的要求，以自己的思维模式、结构、规范和方法等去构建社会与个人的精神力量，满足人们对精神生活的需要。

## 第二节　公共关系意识与现代思维方式

公共关系意识，也可以理解为公共关系观念、公共关系思想，是人们对公共关系的本质、特征、作用及活动规律、方法和原则形成的理性认识和概括性见解。它是一种现代化经营管理和行政管理的思想、观念和原则，是一种开明的经营观念和管理观念，是一种全新的思维方式和交往方式的体现。公共关系意识作为现代管理行为在意识中的反映，并不是一种表层的被动的反映，而是实践为理论所概括并演化为公关原则、公关规律、公关方法的一种深层的能动反映。

### 一、公共关系意识的发展历史

公共关系意识具有自己的发展历史。

19世纪中叶以后，资本主义公共关系开始了自觉活动时期。这时，商品经济的发展迫切要求有为之服务的各种传播手段，“报刊宣传活动”成为当时重要的方法之一。不过，当时的“报刊宣传活动”以编制神话、制造新闻为手段，以扩大影响为目的，根本不顾及公众的利益，其特点是为扩大自身影响而不断地愚弄公众。这一时期,在公关活动中,愚弄公众的观念(或意识)占上风,在这种观念支配下,公司对其员工、顾客和其他社会公众普遍采取敌对态度。

19世纪末,愚弄公众的观念(或意识)越来越严重地促使公司(或企业)不顾公众的利益,不择手段地追求剩余价值,疯狂地相互欺诈、蒙骗,社会公众对此极为不满,从而在美国新闻界掀起了一场"揭丑运动"。"揭丑运动"使许多资本主义企业陷入"四面楚歌"的困境,这使一些明智的资本家开始意识到:一个公司(或企业)的创立与发展,应该得到社会公众的理解和支持,而不能仅仅满足资本家个人的利益和要求,这样就产生了一种单向灌输的观念(或意识),其特点是实事求是地向公众提供真实情况,有的放矢地向公众传播有关重要信息,以求得公众的认同和接纳。

两次世界大战期间,公共关系得到了普遍传播和运用,越来越多的企业界、政界感到了社会公众的力量。尤其是席卷资本主义世界的20世纪二三十年代的经济危机,使越来越多的社会组织(或企业)发现了社会舆论的巨大力量和社会公众的决定性作用。人们的观念从瞧不起公众、欺瞒甚至愚弄公众逐渐地转向了重视公众、重视公众舆论、重视公众关系,从而形成了公众导向的观念(或意识)。其特点是"以公众利益为出发点",顺应公众的意志和愿望,争取良好的社会舆论,争取公众的理解和信任,为各项事业创造一个和谐的社会生态环境。



公共关系意识的出现,除了经济危机的教训之外,更重要的是社会大众觉醒所形成的公众压力。首先,由于工人阶级的觉醒,工会运动日益兴起,迫使资本家不能简单地使用旧的压迫、剥削手段对付工人,而必须注重协调企业内部的员工关系和企业外部的公众关系;其次,由于消费者意识的觉醒,庞大的消费者公众形成了强大的市场压力,随着卖方市场向买方市场的转变,消费者已成为任何一个企业必须苦苦追求的主要公众对象;再次,大众传播事业的发展,使社会舆论对企业声誉的影响上升到空前的高度,新闻界对企业"授予地位"的功能,迫使资本家千方百计地和新闻媒介建立良好的关系。这一切都以其内在的客观必然性过程,迫使资本家按照公众的要求来塑造自己企业的形象。

公共关系意识的兴起,还顺应了资本主义大工业发展所带来的专业化分工协作日趋细密、更加深化的趋势。自成体系的全能企业为相互依赖、相互协作的专业化企业所替代。分工从地区走向全国,从全国走向世界。任何企业,如果没有跨行业、跨地区,甚至跨国的合作伙伴,简直无法生存和发展。如一位西方管理学者指出,企业那种不求于人的传统信念发生改变乃是20世纪企业界一项最有意义的发展。人类关系的新观念逐渐改变了企业家的态度和企业的行为,企业家们开始离开封闭的"象牙塔",走进向社会和公众敞开的"玻璃屋"。建设现代开明企业,成为人们新的追求。

企业的经营活动不仅要获得利润，而且要负起社会责任，必须平衡企业利润与公共利益的关系；必须符合公众的需求，通过良好的形象来吸引公众，争取社会舆论的理解和支持；必须将企业内外公众的要求作为企业一切活动的依据，根据公众意志策划经营战略；必须建立广泛的横向联系，争取良好的协作关系，创建良好的经营环境，这一系列新的观念(或意识)总括为公共关系观念(或意识)。

## 二、现代公共关系意识的特征

公共关系意识的核心，实质上是一种以人为中心、以人为根本、以公众利益为出发点的公众导向的意识。正如一位日本企业家谈到消费者关系时指出："在现代社会里，消费者就是至高无上的王，没有一个厂商敢蔑视消费者的意志，蔑视了消费者的意志，一切产品都会卖不出去。"实际上，后来所有成功的日本企业，都实践了这一观念。

公众导向意识的建立，标志着公共关系从不自觉到自觉、从经验型到科学型的逐渐转化。公众导向意识是一种最基本的公关意识，是指导公共关系为社会进步和社会公众利益服务的基本原则，是现代公共关系事业发展的重要思想基础。

作为一门"内求团结、外求发展"的经营管理艺术，作为一种"现代管理哲学"，公共关系客观上渗透在各个部门的各项工作中，公共关系意识已成为当代企业家和行政管理人员的整体素质中必不可少的重要内容。

改革开放给中国带来了深刻的变化和影响，中国的政治、经济、社会、文化以及人们的心理等各个方面都已经或正在出现巨大的震动。随着改革开放的深入，任何一个社会组织(或企业)都不可避免地被推到新的环境之中，不可避免地面临着许多过去未曾涉及到的新问题、新情况、新矛盾。经济体制改革的不断深入和政治体制改革的展开，对企事业部门的工作内容、工作范围、工作方式、工作节奏提出了全新要求，这一切都需要人们更新思想、更新观念、更新意识。

公共关系意识和现代市场经济相联系，有很强的时代特征，代表了一种时代的新观念、新思维。公共关系意识的形成和建立，将形成一种制约人们行为的强大力量，对于我们在市场经济的复杂环境下正确处理组织与组织、组织与社会、组织与内部员工之间的关系，调动各种因素和力量，推动各项事业顺利发展有特别重要的意义。

自从进入21世纪以来，一场经济领域的大地震震撼着全球。以信息传播全球化为支持的巨额资本的迅速流动、资本信息的全球交换和经济的全球化不断地冲击着各经济体。各经济体之间的分工越来越多地体现为企业内部的分工。巨额资本在国际间以秒速流动，而以数字化技术、网络技术和多媒体技术等为代表的信息传播新技术、新媒介的逐渐成熟和广泛普及为新的经济全球化提供坚实的技术和物质基础。信息传播全球化正在造成全球新的社会分工,将对地球上所有国家和个人的命运产生深远的影响。

我们已经窥视到:全球化的经济运行中,金融市场昼夜运转,巨额国际资金在刹那间从一个国家和地区流向另一个国家和地区,各公司在全球各地为争夺资本、劳动力、技术、原材料和市场而激烈竞争。更加先进、灵活、高效的生产技术使全球性的大公司能够在经济上最有利的地方进行生产经营活动,主要工业国家的传统工业不可阻挡地转向以服务业为基础的经济。在这一切巨大的变化背后,整个社会的观念(或意识)也发生了一场静悄悄的革命,公共关系的观念(或意识)深入人心,并给人们的社会生活、经济生活、文化生活带来重大的影响。

在未来的岁月中,公共关系还将在广义上作为一种现代社会人际关系交往观念而流行。正如有关专家指出,公共关系观念(或意识)的深入人心,将从三个层面上波及到人类社会经济生活:从宏观角度,公共关系推进社会文明进程;从中观角度,公共关系塑造组织和公司形象;从微观角度,公共关系优化个人行为。

公共关系意识表明,不仅企业经营管理中要讲究公共关系,其他任何方面,如政治、文化、科学、艺术、宗教、群众团体组织乃至个人,在社会交往中都要注意公共关系。只有注重维持良好的公共关系,建立良好的社会形象和声誉,才能争取社会各界的理解与合作,求得组织或个人发展的良好社会环境。这一切和社会的日益开放与民主,现代文明所带来的人与人之间社会交往日益频繁和普遍的趋势是相吻合的。公共关系观念将成为一种社会组织交往、企业厂商交往、个人社会交往中应该具备的现代文明观念和开明意识。



## 第三节　公共关系意识的文化内涵

中国近30年的改革开放,改变了政治、经济、文化生活等所有的领域,经济体制改革的纵深发展,犹如一个巨大的杠杆,调节着经济的发展和企业的进步。与此同时,对外开放又使得我们通过日益广泛的对外接触和多种渠道的信息接受来源,越来越多地了解和掌握着发生在中国之外的技术、管理、科学和文明发展程度。于是,中国的经济技术、管理较之发达国家的落后程度,明显地摆在了现实面前。

究竟差距在哪里?有人曾认为是中国的技术落后,但后来发现,先进的技术必须依赖于先进的管理。我们经济落后的原因,首先不是技术落后,而是管理落后。就整个世界范围来看,20世纪80年代以来,企业管理总的发展趋势已由战略管理转向了更高层次的文化管理。“文化热”的兴起,是管理思想和观念发展到一定阶段的一种反思。这是一个世界性的趋势,是管理思想在20世纪80年代的一次新崛起，而这一崛起又是管理思想和管理观念发展的必然产物。也就是说，文化观念的兴起导致了文化管理的崛起。

作为一门新兴管理艺术的公共关系，它的兴盛恰好是我们正在经历的这个文化时代的必然产物，而公共关系意识（或观念）就和文化密不可分了。公共关系意识蕴涵着深刻而又丰富的文化特征，从这个意义上讲，公共关系意识在今天已成为一种文化意识的折射和反映。

文化映现的是历史发展过程中人类的物质力量和精神力量所达到的程度和方式，并从总体上分为物质文化、制度文化和精神文化三种类型。

作为动态的文化观念，自身有其不以人的意志为转移的新陈代谢、生生不息的一套发展规律。文化观念如同德国古典哲学大师黑格尔曾经描绘过的传统一样，"不是一尊不动的石像，而是生命洋溢的，有如一道洪流"。文化观念本身又是内含统一性与多样性的矛盾体，这种统一性与多样性的张力场构成了一种文化观念自身发展的可能性空间。

在改革实践中遇到的动力和阻力问题，都直接和间接地与传统文化及其价值观念、思维模式有关。对外开放，我们走向世界，世界也走向我们；同时，各种文化思想也纷至沓来，不可避免地引起人们传统心理结构的失衡现象，产生心理震荡和冲突。20世纪80年代到90年代的"文化热"，引起了人们从不同角度，当然也包括从公共关系角度进行跨世纪的哲学思考和文化思考。这种思考势必带来一场思维方式的革命和观念的更新，成为中华民族21世纪经济腾飞和文化复兴的巨大的精神动力。

进一步分析，我们还将看到：公共关系是现代市场经济发展的产物，而现代市场经济是一种文化经济，公共关系意识作为现代市场经济条件下特有的观念，必然蕴涵着深刻而又广泛的文化内容。

随着人类社会经济由以"人的依赖"向以"物的依赖"的发展，从自然经济向市场经济特别是现代市场经济的发展，以现代人的消费为主导的现代市场经济不断向文化型发展，人们的消费水平也同文化水平紧密地联系在一起。正如马克思所说："个人要多方面的享受，他就必须有享受的能力，因此必须是具有高度文明的人。"

当人们处在经济发展水平较低阶段的社会时，消费者行为更多的是一种"经济行为"；但当人们的基本生活需要得到满足后，消费者行为就逐渐成为一种"经济文化"行为，以消费者为主要公众对象的企业公共关系，起着一种"文化构建"或"文化塑形"的功能。因此，现代公共关系意识体现在一定的文化氛围和文化环境之中。

现代公关意识所具有的深刻而广泛的文化内涵这一特征，要求我们在思想观念上具有一种洞察社会文化的战略眼光和文化继承、文化吸收、文化重建的全新意识，从而把组织的一切公关活动和公关策划都纳入到社会文化的战略高度和全新视角去审视、去营造、去运行。这样，公共关系才具有强大的生命力，公共关系意识才能对公共关系实践产生较大的推动作用。

## 第四节　现代公共关系意识的构成要件

观念或意识是一种体系，或称为观念群、观念链。作为一种整体性构架，观念是由物质观念、制度观念、精神观念组合而成。公共关系意识带有综合性。

综观人类意识的发展过程，不同历史时代的思维方式都有不同的特点。古代的思维方式是以猜测性、朴素性以及整体性和直观性为自己的特色；近代的思维方式是以机械性、静态性、分析性和单一性为自己的特点；现代思维方式则是以综合性、动态性、创造性等特点见长。

综合性是现代思维方式最显著的特点之一，也是公共关系意识的最显著的特征。公共关系意识是形象意识、公众意识、沟通意识、信誉意识、服务意识、责任意识、合作意识、创新意识、时效意识、战略意识、审美意识和信息意识的总和。

### 一、形象意识

形象意识要求社会组织(或企业)以及它的决策者及组织成员以塑造良好的组织形象为重要的目标，注意建树良好形象，维护良好形象，并能经常自觉地意识到组织的一举一动。组织成员的一言一行都代表了组织形象，展现着组织形象，影响到组织形象，从而懂得用良好的形象为自身发展创造最佳的社会关系环境，赢得公众信任和支持，获得发展机会。

形象是公众对社会组织的总体评价，是组织的主观表现和公众的客观评价两者的统一。

以企业来说，无非有两种资产：一种是有形资产，如固定资产、资金和人员等，它们作为硬件支撑着整个企业的生产经营活动，并且反映着企业的实力。但是，另一种资产同样在发生效力，这就是企业的无形资产，它构成企业形象。

企业形象既不会像企业产品或服务那样直接给企业带来可观的利润，也不会像企业的广告那样直接为企业开拓市场。也就是说，从短期效果来看，企业形象似乎是虚幻的东西；但是，从长期效果来看，企业形象却是企业经营活动中最为宝贵的无形资源。在现代企业经营活动中，企业形象的好坏同企业的经营绩效存在着确定的因果联系。

形象虽然是一个抽象的概念、一种观念上的东西，但它一旦形成和确立，就会转化为一种外在的东西,转化为一种力量,一种推荐力、吸引力和感召力。这种神秘的力量有利于增强组织成员或员工的凝聚力，有利于赢得公众对组织的理解和支持,有利于增强企业产品及服务的影响力,为企业产品和服务创造出坚定的消费信念和庞大的消费者队伍。

有了形象意识,就会把组织的各种行为都看做是组织形象的体现,从而自觉地去调整形象,塑造形象,展示形象,巩固形象。

形象意识是公共关系意识的核心。

## 二、公众意识

公众意识要求社会组织(或企业)把自己看做是公众的产物,把公众看成是自己生存和发展的前提条件，把能否处理好公众关系看做自身事业是否成功的标志,时时刻刻以公众的利益为出发点来设计自己的行为。

组织因公众而创立,因公众而存在,因公众而发展。一切为了公众,一切针对公众,一切服从公众,一切依靠公众,这是当代社会组织(或企业)都应该树立的一种重要观念。

每一个社会组织都有自己的特殊公众对象,包括内部公众和外部公众,他们构成组织的社会生态环境,又称内环境系统和外环境系统两大部分。公众是组织生存发展的土壤、空气和阳光,蔑视公众的组织(或企业)实际上是无视自己的生存条件,必然走向衰落。一个组织不能正确处理公众关系,或者说不能拥有公众、赢得公众,就无法生存。组织(或企业)的职能为公众所设立,产品为公众所制造,服务为公众所提供。那种封闭观念,那种万事不求人、自视高傲的官商作风,都是和公共关系意识格格不入的,都是和时代发展相背离的。时刻想着公众,一切从公众利益出发是公众意识的主要内容。

公共关系强调“公众至上”,主张社会组织的一切行为都应立足于从公众的愿望出发,满足公众的要求,热忱为公众提供优质产品和优质服务。这种主张转化为一种信念,有利于培养组织员工的强烈的责任心和敬业精神,使他们对内尊重每一个员工的首创精神,对外珍惜良好的公共关系环境,从而保证组织(或企业)各项事业的顺利进展。

## 三、沟通意识

沟通意识要求社会组织(或企业)的活动或运行始终自觉地处在一种开放系统、动态系统、反馈系统中,使组织清醒地认识到,封闭、隔绝状态都会使组织处于窒息、束缚的绝境中。从而使组织不断调整自己的行动姿态,适应变动着的社会环境,并努力使环境适用于组织的生存和发展。

公共关系最基本的特征,就是社会组织与公众之间的双向沟通。一方面,组织向外传播,使社会公众认识和了解本组织;另一方面,组织听取公众意见,以达到及时有效地调整、改善组织自身形象的目的。这是一种动态的、积极的双向沟通。

公共关系的发展过程,经历了一个从单向传播到双向沟通的过程。这种双向沟通就是组织（或企业）努力地与内外部公众进行广泛而密切的双向联系与交流,从彼此了解到彼此信任和支持的过程。公共关系是沟通组织内外关系的纽带和桥梁。

没有沟通,组织就会处在一种封闭、隔绝的环境中;没有沟通,公众的意愿和呼声就无法及时有效地被组织所知晓;没有沟通,组织的决策和行为就不能得到广泛理解和支持;没有沟通,就无法实现上情下达、下情上达、内情外达、外情内达。

在当代社会,沟通和理解比什么都重要。尤其是当一个组织(或企业)处在危机状态时,沟通就是理解,沟通就是信任,沟通就是希望。无数企业转危为安的经验已证明了这一点。那种封锁信息、愚弄公众的行为是最愚昧的行为,沟通畅导、争取公众的做法是最明智的做法。没有沟通就没有公共关系。

有了沟通意识,社会组织(或企业)就会把自己的行为置于公众的监督之下,把自己的决议或主张明确无误地告知公众，并从公众那里汲取有关组织行为的意见、建议和评价,从而经常主动地调整自身行为,疏通组织发展的道路,引导事业走向成功。



### 四、信誉意识

信誉意识要求社会组织(或企业)把自身的组织信誉、产品信誉、服务信誉看得比什么都重要,把信誉看做组织(或企业)的生命。

作为一种最重要的企业无形资产，高层次的企业信誉是指企业在其有形资产上能获取高于正常投资报酬率所形成的一种价值，即由于企业所处地理位置的优势,或由于它的信誉卓著,或由于生产经营出色,生产效率高,以及企业历史悠久、经验丰富、技术先进、产品质量优异、信用保证好等种种原因,与同行业相比,可获取超额经济效益而形成的价值。

作为一种公众舆论，信誉实际上是在长期的业务往来和商品交换中形成的消费者对商品生产者和经营者的一种崇高的信任感。这种信任感不是一朝一夕所能建立的,它来自企业的一贯行为。信誉的建立是一个艰苦的过程,信誉是组织(或企业)的一笔无价之宝。

当代市场经济的发展,使组织(或企业)与公众之间的相互联系与相互依赖大大加强。大众传播媒介和现代沟通技术的迅速发展,促使企业通过大众传媒与整个社会连成一个整体,企业间的竞争逐渐形成了一种由产品竞争、技术竞争向综合性的企业信誉竞争转变的大趋势。一个组织(或企业)的信誉好坏,直接影响到它的公共关系状态和公众舆论,日益成为决定组织兴衰成败的至关重要的制约性因素。

在当代社会,有信誉就有公众,信誉越高公众就越多;有信誉就有机会,信誉越高发展机会就越多。

有了信誉意识,就会对本组织的产品和服务负完全彻底的责任;就会在社会交往和经济活动中重合同、守信用;就会以负责的态度对待社会组织(或企业)行为所引发的一切社会影响。

### 五、服务意识

服务意识要求当代社会组织(或企业)以自己实实在在的行动获得公众信任,把一切工作或经营活动都看做是对自己的公众对象提供服务的机会。

当代市场竞争归根到底是争夺消费者的竞争。当代消费者不是简单的有钱并想购买商品的人,而是有文化素质、价值追求、感情需要的有理性的人,是营利性组织的"衣食父母"。这不仅是由于在企业经营设施都比较先进、企业间商品质量、价格都大致接近或差异性比较小的今天,服务已成为顾客是否光顾企业、是否购买企业商品和接受企业服务的决定性力量,还由于服务相对于商品、资金、经营设施等硬件要素来讲,更具有可控性和可塑性的巨大潜能。

按照通常的观点,一个营利性组织的经营决策首先确立的是利润率、市场占有率、营业额等这样一些硬性指标。但是,如果对那些取得成功的企业进行观察分析,则可以发现,它们的决策者追求的首要目标是为顾客或消费者提供优质的服务。他们认为,只有这一目标达到了,其他目标才能实现。据美国《追求卓越》一书的作者的调查研究发现,美国一些成功的大企业均以追求优质服务为主要目标。他们的基本理论是:以服务于顾客或消费者为最高目标,利润则自然随之而来。在决策中,他们遵循以顾客为导向的原则,以为顾客的优质服务为基点来决定企业的目标和方向。

无数事实证明,向顾客提供完善的优质服务,是树立商品信誉和企业信誉的最有效方式之一。

无论营利性组织还是非营利性组织都能以自己独特的方式为公众提供服务。

有了服务意识,社会组织(或企业)就会在自己的工作和经营活动中正确认识自己和社会的关系,时刻以公众利益为出发点来规划自己的工作,一丝不苟,尽职尽责。

服务意识,体现在各类社会组织为自己的公众对象提供服务时,服务态度诚恳、热情,服务技能娴熟、高超,服务过程及时、快捷,服务项目完善、衔接,服务方式新颖、别致等方面。

### 六、责任意识

公共关系中的责任意识是指社会组织(或企业)有高度的社会责任感,不仅考虑到本组织的利益,而且能够承担起自己的社会责任,顾及和服从于社会公众的利益的一种意识。

组织(或企业)的社会责任是伴随着社会化大生产和社会进步而出现的一种社会对组织的要求。在社会化大生产和社会文明程度提高的当代社会,社会组织的行为和企业的经营活动不仅要考虑到给自身带来的利益或效益, 同时也必须考虑到由组织行为引发的社会效果;不仅要向公众提供服务和产品,而且应对自然环境、社会风尚、社会环境和社会进步产生积极的影响和作用。

以营利性组织为例。长期以来,人们总是把企业视为一种赚取利润的机器,把利润视为企业为之奋斗的唯一和终极目标, 而忽视了企业作为社会器官所应当承担的不可推卸的社会责任。

企业的社会责任包括:第一,企业的社会使命,即企业成员有对社会做出贡献及协调各种利益集团的使命;第二,企业的社会服务,即企业应当为社会提供满足各种需要的服务;第三,企业的社会产品,即企业提供的各种产品,既要为企业自身带来利益,也要对社会具有价值;第四,企业的社会利益,即企业必须把维护和实现社会利益作为评价其经营活动的有效指标;第五,企业的行为顺位,即企业在使用各种自然资源和社会资源时, 应当优先考虑由于这种使用而可能给社会带来的影响和后果。概括起来说,企业的社会责任,是企业对各种不同的社会利益集团和群体所承担的道义上的责任。

作为一个社会组织(或企业),首先以自己的优质产品、优质服务、优良工作为公众做贡献,这是对这个组织(或企业)最基本的要求,是最起码的职业道德。但这还远远不够,从公共关系角度来看,它还必须关心由自身行为引出的问题,并以对公众负责的态度予以解决。一个社会组织(或企业),不仅能够对自己的工作、服务与产品,对自己的公众对象表示负责,而且也能经常对社会表示关注,承担社会责任,以天下为己任,这是具有很大的公共关系意义的。

有了责任意识,社会组织(或企业)就会从长远战略和整体范围考虑自己的行为后果,就会产生神圣的使命感,以对社会负责、对公众负责的态度提供优良服务、优质产品,从客观上优化社会环境,推动社会进步。

### 七、合作意识

公共关系是一门“人和”艺术。它强调社会组织之间、社会组织的内部成员之间建立最佳的社会关系和人际关系。“内求团结”是组织公共关系的重要目标之一。

当代社会，由于科技进步带来的社会环境的变化、工作和生活节奏的加快以及信息量的高度膨胀，每个社会组织和个人承受的社会压力空前增大，人际关系日趋复杂，心理情绪波动不已，合作意识往往受到忽略。

社会组织之间的广泛合作、人与人之间的互帮互利，是对付急剧变化着的社会环境及维护组织的社会生态环境优化的最根本的途径。社会组织之间的相互隔离、组织成员之间的相互猜疑，都是和时代的发展与要求格格不入的。

团结与合作可以创造出一种合力，这种合力是组织生存和发展的内在力量。有了组织内部员工的精诚团结和组织与组织之间的忠诚合作，组织就可以面对任何困难和问题而临危不惧，从容解决；反之，肯定会被困难和问题打垮，这也正是“天时不如地利，地利不如人和”的朴素道理。

有了合作意识，组织和企业就会对公众坦诚相待、求同存异、取长补短、共同发展；有了合作意识，组织的员工就会相互尊重、相互支持、相互学习、共同进步。

### 八、创新意识

创新意识要求当代社会组织（或企业）把追求卓越、追求风格、追求独创、追求新颖作为自己的奋斗目标，并体现在组织的公共关系行为中。

创新的公共关系意识，是和思维的创造性相联系的。我们的时代是一个创造性时代，社会的发展正突破着地方性、区域性的限制，信息使全球一体化了。人们在多方面的横向、纵向交往中，“关系”日益增多，而“关系”的多样化、复杂化又意味着“问题”和“机遇”的产生，因此，需要活跃的思维和新鲜的思想向“问题”和“机遇”挑战。创造性思维总是开放性、构建性和创新性的，它使人的思维不断地从一个方面深入到另一个方面，从一个层次进入到另一个层次。

创新的公共关系意识是和人的心理特征相关联的。求新、求异、求变、求发展，几乎是每一代人的心理特点，尤其是年轻一代，保守思想最少，最不愿意故步自封，他们对任何变化、变迁、变动都非常关注。

公共关系活动的特点之一就是创造性或独创性。没有创造就没有建树，没有建树就没有科学的公共关系。创意是公共关系策划的灵魂。开展公共关系活动的形式和内容如果千篇一律，模仿照搬，就难以在公众心目中留下刻骨铭心的印象。只有通过别出心裁的构思和别具一格的形式，公共关系活动才能起到辐射性传播效果。

对当代社会组织来说,创新意识是组织扩大知名度,扩大社会影响,从而稳定地获得大面积公众关注和支持的一种重要意识。

**九、时效意识**

时效意识要求当代社会组织(或企业)追求动感、追求节奏、追求效率,把时间观念、速度观念、效益观念贯穿在自身的各项工作或活动之中。

人们生活节奏和工作节奏的变化是有时代性的。人类在漫长的农业社会中,以自然节气变动为基本格调,节奏极为缓慢。工业社会的兴起使人们的活动节奏发生了巨大变化,大工业和机器生产的节奏打破了自然界的凝重。如今,信息浪潮时代到来了,人们生活和工作的节奏基调和核心再也不是自然界、机器,而是适应当代科技的突飞猛进和人们不断增长的需要。

自然节奏使人们面向过去,面向历史,面向传统和习惯;工业节奏使人们面向当前,面向产品,面向物质利益和现实的好处;当代科技节奏则使人们面向未来,面向发展,面向人类不断增长的全面需要和长远利益。

日益加快的生活节奏增强了人们的时间观念。人们越来越注重时间,及时性原则成为人们行为的重要原则。人们的情感和思维方式也随之发生了相应的变化,更注重用变化、发展的眼光审视一切事物,用及时、有效的努力完成他们的工作。那种四平八稳、封建士大夫式的缓慢步伐,那种安于温饱、不求进取的精神状态,那种墨守成规、按部就班的工作作风,已远远不能适应我们时代的需要了。

从时效意识出发,当代社会组织(或企业)在公关工作中,必须把快捷、及时、有效作为自己的基本要求,从而及时捕捉公众信息,及时调整公关战略,及时协调和处理各种矛盾,有效地构建并维护良好的公共关系环境。

**十、战略意识**

战略意识要求当代社会组织(或企业)能够从发展战略角度策划其公关工作,着眼于未来,着眼于世界。这是组织的一种现代视角、现代眼光、现代洞察力。

在当代社会,组织(或企业)的成功与失败不在于规模大小,不能靠运气好坏或依赖于一时的环境优劣,也不能完全由行业的发展所左右,而取决于组织(或企业)的经营战略正确与否。

对企业来说,经营战略、发展战略是企业经营之道的长期谋划,是对企业未来命运与发展前景的理性思考。有了长期的经营战略目标、长远的战略方针和规划,就可以使企业做到方向明确、上下一致、协调行动,提高企业对经营环境变化的适应能力,取得企业长远发展的主动权。

公共关系作为一种为社会组织(或企业)塑造形象的艺术和职能,往往带有长期性、持久性、战略性的特征。公共关系目标尤其要考虑长期性,要着眼于组织的未来发展和长远利益,应该能够超越于组织的局部利益和暂时利益之上,避免急功近利的短期行为。要能够从组织自身的微观经济效益、社会的宏观经济效益、社会的整体综合效益三个层次上把握组织的公共关系战略和策略。

传统的企业经营战略构成要素包括三个方面:产品结构和市场规模战略;企业业务活动范围及重点战略;企业经营资源战略。随着时代的发展与企业经营环境的急剧变化,单有上述三个方面的战略要素显然无法适应新形势,企业公共关系战略或形象战略的导入越来越必要。

企业公共关系战略或形象战略,是通过企业公共关系活动和企业文化建设,自觉地、高瞻远瞩地规划、设计、控制、管理企业的各种形象构成要素,构造最佳的企业整体优秀形象,获得最佳企业信誉的一种战略。有计划地、全方位地、坚持不懈地对企业形象各要素及其构成要件所进行的精心构思、精心策划、精心培植、精心组织,就是企业形象战略的中心内容。

有了战略意识,社会组织(或企业)就能够在自己的实践活动中把握长远和未来,时时处处从战略角度考虑自身决策,将近期目标和长远目标结合起来,将短期利益与长期利益结合起来,不搞急功近利的短期行为,从而使组织(或企业)永远立于不败之地。

### 十一、审美意识

审美意识要求当代社会组织(或企业)从美的角度规范组织行为,按照美的规律塑造自身形象,按照美的原则指导组织的公关活动和日常工作。

一位哲人指出,社会进步是人类对美的追求的结晶。一个社会组织或个人,必须追求自身的经济利益,这是无可指责的,也是组织行为或个人行为的终极动力之所在,营利性组织更是由经济效益的大小决定其兴衰成败的。但是,经济利益不是唯一的动力,作为社会组织或个人,尤其是在社会文明程度发展到今天的情况下,同时也要追求真、善、美。特别是作为社会总体力量的人民群众,从整体发展过程考察,他们始终有一种正义感,有一种对社会行为的公正评价。不管处在什么样的情况下,他们每个人心中都有一个天平、一杆秤。从这个意义上来说,组织(或企业)的正确的公共关系行为,正好满足了多数人对真、善、美的追求。

对社会公益事业的支持和关心,对产品和服务质量的尽善尽美的努力,对社会物质、精神、文化繁荣所做出的贡献,对一些重大事件和问题所表现出来的公正态度,这一切都是公共关系事业对审美心理的趋同,因而使得公共关系具有强大的生命力和广阔的发展前景。

从审美意识出发,社会组织要把自己的每个行为、每个举动、每项工作、每个产品、每次服务都纳入到对美的追求之中。社会组织的每个成员,都要学会从美的角度审视自己的交往方式、工作方式、生活方式，从而塑造美的形象，适应时代要求。

**十二、信息意识**

信息意识要求当代社会组织（或企业）在复杂多变的市场环境中，始终保持清醒的头脑，始终使自身处在一种开放性的信息通道之中，使得组织耳聪目明，适应各种各样的环境变化。

信息的根本特点在于它能够提供系统的动态情况，消除系统运行中的不确定性。信息本身既不提供坚固的材料，也不提供强大的能源，但它能把系统的运行状况随时随地反馈回来，使人们能够根据信息的变化来加强社会、经济、生活、生产等各个部门的自我调节，使组织的各个部分、运动的各个要素形成一个有序的动态整体。因此，信息的根本作用在于提高主体对客体的调节和控制能力，从而使人们在处理物与物之间的关系、人与物之间的关系中获得主动权。

当代社会正在走向高度的信息时代，信息技术的智能化、国际化和社会化，将为人类社会的发展带来不可估量的影响。突出思维过程的信息性，认识信息的作用和意义，科学地利用和创造信息，就成为当代社会组织公共关系工作的重要内容。

实质上，公共关系工作的全过程，就是一个捕捉信息、创造信息、反馈信息、分析信息、整理信息、传播信息的过程。有了较强的信息意识，就会主动地利用传播技术收集、反馈、采用、创造信息，从而使得社会组织处在开放的“玻璃屋”中，使公共关系工作更加规范化、有序化、科学化。



## 本章复习思考题

1.怎样认识公共关系意识的发展历程？

2.现代公共关系意识的特征是什么？

3.现代公共关系意识的构成要件有哪些？

# 第五章 公共关系模式

### 中心内容

公共关系模式是公共关系工作的方法系统，是由一定的公共关系目标和任务、数种具体方法和技巧构成的有机体系，它有力地揭示了公共关系活动的规律。本章介绍了四种公共关系理论模式和十种实践模式，并通过大量公关案例说明了这些模式。

### 学习目标

学习本章，要求了解公共关系理论模式的特征，准确掌握公共关系实践模式的内涵和特征，把握公共关系活动的规律。

公共关系活动是联结社会组织与公众的纽带，是内容丰富、形式多样、艺术性很强的实践活动；同时又是围绕社会环境、特定任务、特定公众而设计的适应性很强的社会活动。本章探讨公共关系工作的理论模式与实践模式。

## 第一节　公共关系的理论模式

公共关系模式是公共关系工作的方法系统，是由一定的公共关系目标和任务、数种具体方法和技巧构成的有机体系。从理论和实践上划分及阐明公共关系工作方式的多样性及其特征，对科学地策划公共关系活动有重要意义。

人们通过对公共关系活动的长期观察和研究，归纳出公共关系主要有四种客观模式，或称为理论模式。

## 一、新闻宣传型模式

新闻宣传型模式是最早出现的一种公关模式。这种模式的公关活动,其目的是宣传企业、社会组织及产品或服务,其传播性质为单向,早期的公共关系活动不注重一切条件下的绝对真实性。公共关系组织或人员在这种模式中,实际上不自觉地通过不完整的、歪曲的有时甚至是半真半假的信息,宣传或散布有关组织的诺言或保证。它主要表现在体育运动、剧场活动及产品推销过程中。

## 二、公共信息型模式

公共信息型模式具有这样的特征:以散布和传播信息为基本目的,传播性质亦为单向,但已经十分注重传播信息的真实性。作为公共关系人员,他们的职责是把组织、企业或产品、服务的信息客观、及时、准确、全面地报道给公众。这种模式的运用以非营利性的社团机关、社会公益事业单位、卫生、教育、科研等部门为主。

## 三、双向非对称型模式

这种模式的特征是:公共关系人员利用社会科学理论中关于态度和行为的已有知识,通过公共关系活动,科学地诱导公众接受有关组织的观点,从而理解和支持组织的有关行为方式。这种公共关系活动在传播性质上虽然是双向型的,但其在组织和公众之间的效果是不平衡的。因为这种传播效果只有利于组织自身。

## 四、双向对称型模式

这种模式的特征是:在公共关系活动中,公众能够有条件地促使组织改变其态度和行为,而不仅仅是组织改变公众的态度和行为。这种模式的公关活动中,组织和公众之间往往可以通过对话和交往,加深理解和沟通。这种类型的传播是双向的,而且在组织和公众之间的传播效果又是平衡的、对称的。这种模式是当代社会组织推崇的一种理想模式。

美国公共关系专家格伦·布鲁姆在《有效公共关系》一书中,运用系统论的理论,创立了"调整与适应"的公共关系理论模式。这种模式把组织–公众系统视为一个开放的系统。他认为组织和公众双方处于一种互动关系的状态。这种模式的特征是:强调公共关系活动应积极适应环境的变化,而不应该消极顺应环境的变化。即组织应该随时掌握其面临的环境,并根据其对环境的调查、监测结果,及时调整自己的行为,适应环境变化,以协调各种社会关系,维持自己的生存和发展。

以系统论原理为基础的这种"调整与适应"模式,又被公关学者们称为公共关系的一种新的理论模式。

## 五、四种公共关系理论模式比较

以上介绍的四种公共关系模式代表了公共关系发展的四个阶段，反映了公共关系日益科学化的过程和人们对公共关系本质认识的深化。它们发展演变到今天，也是现有公共关系活动的四种主要形式。从公共关系纵向的历史发展过程分析历史上出现的各种公共关系理论模式，我们可以看到：

在新闻宣传型模式中，宣传是唯一目的，因而在这里所提供的信息是不完全的，甚至有时是不真实的、歪曲的；新闻宣传型模式的信息传递的特征是从组织向公众单方向的传递，并且可以允许在宣传中有一些虚构的东西。这个模式最早出现于1850—1900年之间，表现在早期许多类似的公共关系活动中。目前，这种模式被人们扬弃、继承和发展，主要是强调宣传的作用，使公众了解自己的产品或服务，不过在当代要十分注重强调新闻宣传的真实性。

在公共信息型模式中，公共关系的目的是传播信息，这并不一定有说服他人的意图，只是要把信息公布出去而已。公共信息型模式出现在1900年前后，到20世纪20年代，它一直是主要的公共关系活动形式。演化发展到今天，公共信息型模式仍然具有生命力。这种模式比较多地见于政府、福利部门和教育组织中，也常见于企业公共关系中。这些组织把有关自己的主张、产品或服务的信息编写成新闻，通过各种传播媒介向公众传播，使公众对组织及其态度、情况等有所了解。

双向非对称型模式的公共关系职能是科学地说服。特征是利用社会科学中有关态度的理论和研究作为说服公众的工具，以使公众接受本组织的观点或做出有利于本组织的行为。在这种模式中，组织不会因公众不满而改变自己的决策，相反，则是努力争取改变公众的意见和行为。双向非对称型模式代表了从20世纪20年代到60年代前后的公共关系活动方式。这种模式最适合那些有竞争性的企业，尤其是生产消费品的企业，许多公共关系公司也大都提供这种形式的公共关系服务。

双向对称型模式出现于20世纪60—70年代。在这个模式中，公共关系活动是组织和公众之间沟通的一个媒介，目的是促使组织和它的公众之间的相互理解。在这里，沟通不仅是双向的，也是平衡的、对称的，组织不但要设法改变公众的态度和行为，同时也根据公众的意见改变自己的态度和行为。双向对称型模式是一种理想型模式，但实施起来并不那么容易。

有人做了这样的总结：如果你想推销你们企业的产品，就不妨使用新闻宣传型模式；如果政府想把有关人口普查的情况让公众知道，最好采用公共信息型模式；如果一个企业想要知道市场行情、消费者的需要，就可以采用双向非对称型模式；如果一家公司所造成的污染受到周围居民的指责，引起纠纷，要想解决这一问题，就采用双向对称型模式（见表5-1）。

表5-1　公共关系四种理论模式的比较

| 模式名称 | | 新闻宣传型 | 公共信息型 | 双向非对称型 | 双向对称型 |
|---|---|---|---|---|---|
| 比较内容 | 公关目的 | 宣传 | 传播信息 | 科学地说服 | 相互理解 |
| | 沟通形式 | 信息源→接受者 | 信息源→接受者 | 信息源⇆接受者 | 团体⇆团体 |
| | 理论研究 | 很少 | 较少(公众调查) | 态度、评估研究 | 有关理解和评估的研究 |
| | 沟通性质 | 单向 | 单向 | 双向、不平衡 | 双向、平衡 |
| | 在现代公关活动中应用的比例 | 约15% | 约50% | 约20% | 约15% |

## 第二节　公共关系的实践模式

随着时代的发展，人们从历史上四种公共关系理论模式中不断总结、延伸出许多具体的公共关系模式，相对于前述理论模式，我们将它们称为实践模式。

根据组织的特点、组织发展的特定要求、组织所面临社会环境提供的条件以及公众的不同类型、不同要求，在社会、经济生活实践中，公共关系可采用多种实践模式。

### 一、宣传性公共关系模式

所谓宣传性公共关系，就是运用大众传播媒介和各种沟通方式，通过宣传的途径，达到树立良好的组织形象目的的一种公关活动方式。

宣传性公共关系模式的主要做法是：利用各种传播媒介和公共关系广告及其综合效果，通过对组织内外部公众的宣传，让他们了解组织、理解组织和支持组织，进而形成有利于组织发展的社会舆论，促使组织实现自己的目标。

宣传性公共关系活动是以它较强的舆论性和渲染性，迅速形成广泛的沟通面，从而改变公众态度。

宣传性公共关系活动的要求是：

#### (一)注重主导性

对所宣传和传播的信息要从服从组织公共关系活动目标的角度出发进行加工和选择，使这种信息具有对公众的舆论导向性，使宣传和传播达到塑造组织形象，说服公众的预期目的。

（二）注重艺术性

公共关系宣传不是说教，不是强行灌输，而是说服，是引导，是双向性质的传播。只有注重艺术性和宣传技巧，才能使公众愿意接受，否则，会使公众产生逆反心理，使宣传和传播失去效果。

（三）注重及时性

在某些特定情况下，要求组织力争以较快的时间，简捷畅通的渠道，尽可能少的环节把本组织的有关信息和观点传播到公众中去，以加强公共关系工作的效果。

（四）注重真实性

公共关系宣传在任何情况下都要坚持以事实为根据的原则，不任意夸大事实，也不过分渲染，要掌握好"火候"，给公众以可信度。

宣传性公共关系模式，根据宣传对象的不同，可分为向内部公众的宣传和向外部公众的宣传。

向内部公众的宣传主要针对的是组织内部的员工、股东等。采用的宣传性媒介主要有：企业报纸、职工手册、黑板报、宣传橱窗、各种会议等形式。

向外部公众的宣传主要针对的是与本组织机构有关的一切外部公众。外部宣传的形式一般主要有两种：

1.借助宣传性公共关系媒介。宣传性公共关系媒介是公共关系重要的传播媒介。它是指借助展览会、展示会、经验交流会、公共关系宣传品、影视资料和人员宣传，达到扩大组织影响的目的。它是组织内部可调控的电子、印刷、展示等宣传媒体和手段的总和。

杭州凯地丝绸股份公司1993年成立，是由国家、企业职工和外商共同持股的综合型丝绸出口集团。如今凯地丝绸已经成为国际市场的名牌，深受海外客户的欢迎。这还要从凯地利用媒体传播说起。当时该公司作为商业大潮中的新生儿，继续扩大其社会知名度。凯地决定生产丝绸报纸。以丝绸为材料印刷报纸在新闻界和印刷史上属于首创，具有高度的新闻价值和保存价值。杭州国际公关公司为其策划：以丝绸为材料印制浙江省内独家旅游服务报《江南游报》，并向中国丝绸博物馆、中国革命历史博物馆赠送世界首创的丝绸报纸。《江南游报》丝绸版共印刷100份。1993年6月15日，杭州国际公关公司在北京为该公司举行了向中国革命历史博物馆赠送丝绸报纸仪式。行家评价：阅读和观赏效果极佳，反映了当代先进的真丝印花科技水平。世界首创丝绸报纸被国内20余家报纸、电视台集中报道达30余次，海内外受众人数达2500万人次。丝绸报纸的宣传活动，既证实了中国高超的印丝术，也大大提高了杭州凯地丝绸股份公司的知名度和企业形象。

2.借助大众传播媒介和广告手段。具体做法又分为两种：

其一，利用广告进行宣传。这是一种付费的宣传，其做法是把组织（或企业）形象的塑造作为广告的中心内容，着重宣传组织（或企业）的管理经验、经济效益、社会效益和已经获得的社会声誉。利用广告进行宣传，媒体选择和内容上都可以有所创新。

浙江省宁波市大红鹰集团公司，利用广播、电视、报刊等经常向社会公众传递一种信息："大红鹰"——新时代的精神。男女老少几乎都能背出这条看去似乎简单的广告语。同时，它也不断地热情赞助体育、文化事业，几乎全国性的大型文体活动开展时都有它的形象出现。2001年，为了表达申奥的情感和强大的力量，专门组织一支队伍由宁波出发到北京，一路上声势浩大地搞签名活动，热忱赞助申奥，使自己的组织形象得到了广泛的宣传。

其二，创造机会利用新闻媒介。通过最易为公众和组织本身所接受的新闻报道、专题采访、专题通讯、经验介绍等形式，由新闻传播媒介主动地宣传企业或产品，这是一种不用付费的宣传。但是，这种宣传机会绝非轻而易举就能争取到，要靠公关人员的努力和艺术性的工作。

当人们翘首等待着2008年北京举办奥运会的奥运火炬传递活动的来临时，他们没有预料到和火炬同时到来的还有如此大的一个庞然大物——联想扬天科技奥运快车。2007年6月30日，联想扬天中小企业科技奥运快车伴随火炬一同亮相上海、广州两地，揭开了为期两年、主题是"为奥运喝彩，为企业加油"巡展活动的序幕。体形宏大、功能齐全、富有科技感的联想扬天科技奥运快车，将在未来两年时间里跨越千山万水，将奥运和最先进的信息化科技产品送到遍布全国的中小企业手中。联想集团高级副总裁、大中华区总裁陈绍鹏介绍："联想自2004年成为国际奥委会全球合作伙伴以来，就一直致力于将奥林匹克精神和文化传递到最广泛的地区。"联想集团的策略和行为既赢得了联想集团在社会中的广泛赞誉，又使企业的产品和名称在新闻报道中频频出现，进一步确定了联想在公众心中的品牌地位，达到了利用机会，通过新闻传播媒介塑造企业和产品形象的目的。

## 二、交际性公共关系模式

交际性公共关系是通过无中间环节的直接人际交往开展的公共关系活动。其目的是通过与公众的直接接触，通过人际间的感情联络，为组织建立广泛的社会关系网络。

交际性公共关系模式具有较浓的人情味，能使公众亲身体会到组织的善意和真诚，使人际沟通进入情感层次，尤其是对加深组织与公众之间的相互理解作用很大。

交际性公共关系活动可分为团体交际和个人交际两种。团体交际主要指组织与组织之间的交际活动;个人交际主要指组织与个人、组织成员与单个公众之间的交际活动。

交际性公共关系活动的具体形式主要有:

团体交际,包括各种招待会、恳谈会、工作午餐会、宴会、茶话会、慰问、专访、舞会、联谊会等。

个人交际,包括有目的的交谈、拜访、信件往来、祝贺活动、提供帮助等。

交际性公共关系模式要求组织的成员及公共关系人员有较高的素质和公关才能。在当今社会,善于进行人际交往的人,易于构建良好的人际关系网络的人,是组织的必不可少的人才。因为对组织来说,只有通过个人间的交往、个人间的联络、个人间感情的增进,才能使他们双方代表的团体相互接近和了解。因此,公关人员个人的素质、人格特征、适应能力及公关修养就显得特别重要。组织的公关人才应该朝着这个方向培养。

交际性公关活动不仅能起到深化感情的作用,而且还能达到了解深层信息的目的。在人与人的接触和交谈中,可以交换、透露出许多信息,包括消息、情况、公众舆论、建议、意见和反映等,这对组织的公共关系工作无疑是极好的信息获得渠道。

交际性公共关系活动中的人际交往和团体交往应该做到:

第一,以真诚的态度出现。以虚心假意的态度去进行人际交往,是不会达到双向沟通目的的,只能换来对方的猜疑和搪塞。组织的成员或公关人员向公众提供的情况应是真实的,对公众采取的行动应该是出于真心实意的友好行为。以真诚换来真诚,才能结交真正的朋友,才能触动人的感情深层。

第二,要在人际交往中重情谊,讲信誉。既不要人一走茶就凉,搞人际关系中的短期行为,也不要只说不做,只许愿不实践,失去他人信任。这两点都是人际交往的大忌。

第三,处以公心,不搞庸俗关系学。那种依靠小恩小惠、为某个暂时目的拉拉扯扯的吃喝关系是科学的公共关系所不容的。这里特别要指出的是:交际只是公关活动的一种方式,认为公共关系就是为了个人间的私交,那是对公共关系的极大误解。

交际性公共关系的作用最明显地表现在商业服务业、旅游服务业、咨询服务业和社团活动中。这类组织的大量公共关系活动都渗透在日常的服务工作之中,通过为顾客、旅客或来访者提供真诚的服务体现出来,而这种服务就要靠人际交往来实现。服务人员的一个甜甜的微笑、一声热情的问候、一件小事的处理,都会给公众带来感情上的撞击，使他们对组织（或企业）产生好感。而服务人员的一个过失举动、一个不礼貌行为、一句粗话就有可能使组织在公众心目中留下阴影。

一次，北京旅游代表团访问澳大利亚，在墨尔本的一家饭店，车子一停，门卫立即走过来为客人开门。第一句话就是"欢迎，谢谢您"。办理住店登记手续后，那里的服务员也是对代表团的人说"谢谢您"。进了房间不一会儿，行李员推着车把行李送来了，还没等来客开口说"谢谢"，行李员却抢先说了："谢谢，这是您的行李。"

令北京旅游代表团惊奇的是，这家饭店，无论你和哪个部门接触，他们为你提供服务后，总是说一声"谢谢您"。给总机打电话询问一些事情，每一次话务员都很热情地说"谢谢您"。给行李服务处打电话，回答的第一句也是"谢谢您"。代表团的几位成员向大厅服务台值班服务员问路，服务员说得非常详细，末了还拿出地图，用笔在上面做了许多记号送给中国客人，最后仍是微笑着说"谢谢"。

在北京代表团离开饭店的前一天晚上，由于代表团的宣传品多，需要包装后带到下一个城市，可是纸箱不够了。夜深人静，所有商店都已关门，最后的希望就在这家饭店了。电话接通后，服务员非常热情并保证20分钟内一定将纸箱送到房间。后来，他果然按时来了，并拿来两个纸箱，说另外一个是备用的，临走时又说了一声"谢谢您"。代表团的成员忍不住问他："是我们麻烦了您，为什么您还要说'谢谢'呢？"他笑了笑，说："客人有求于我们说明了对我们的信任，对信任的回答当然应该是感谢。"北京代表团的成员们都被这种温暖如春的热情精神所感动，真有点舍不得离开这家饭店了。一个人代表了一个组织，这种人与人直接的交际，不正是组织的形象深深地嵌入了公众的心扉吗？

美国IBM公司每年都要举行一次隆重的庆功会，对那些在过去一年中做出过突出贡献的销售人员进行表彰。这种活动选在风光旖旎的地方举行。对3%做出了突出贡献的人进行的这种表彰被称为"金环庆典"。在庆典中，IBM公司最高领导层管理人员始终在场，还提前摄制了反映那些优秀销售人员工作情况、家庭生活、业余爱好的影片现场播映。参加庆典的人有亲友代表、员工、社会名流。

在这种庆典活动中，公司高层主管同那些常年忙碌、难得一见的销售人员聚集在一起，彼此毫无拘束地谈天说地。在交流中，无形地加深了人与人之间心灵的沟通。通过交际性公关活动，增强了企业与员工之间的联系和感情。

在中国，人民当家做主，更应体现出新型的人际关系，从而为本组织带来亲和力。交际性的公共关系就体现在最频繁、最复杂的人际交往中。

### 三、服务性公共关系模式

服务性公共关系是以向公众提供各种优质服务，以实实在在的行动获得公众信赖的一种公共关系活动方式。

服务性公共关系活动的主体一般可分为两大类：一类是营利性组织的服务活动;一类是非营利性组织的服务活动。

任何一个社会组织（或企业）都能以自己独特的方式向公众提供必要的服务。如工业企业的销前售后服务,公用事业单位的便民服务,政府部门的咨询服务,商业、服务行业的优质服务等,通过这些服务,感动公众,赢得公众的好评,在公众心目中留下对组织的美好印象。

服务性公共关系模式具有以下要求:一是注重实在的服务,给公众以实惠和方便,而不只是图形式、摆花架子,避免形式主义之嫌。二是注重服务技巧,针对顾客、消费者的疑难或困难,以新颖的服务方式吸引公众,强化服务性公共关系活动的效果。这就要发挥组织及公共关系人员的创造性才能,设计多种有意义的专题性公共关系服务项目。三是注重持之以恒,不懈努力,不搞一阵风,要把专题服务活动和平时的优质服务结合起来。因为塑造组织(或企业)的形象,并将其根植于公众心目中,不是一朝一夕所能完成的任务。

随着当代世界科技的进步,交通和信息的发展,一个企业越来越难以仅仅以品种、规格、质量、技术为竞争的手段了,商业、服务业也不可能用墨守成规的方法赢得顾客。日本一位企业家指出:当今世界上各企业,在业务上的独占性越来越小,相互竞争的焦点往往集中在服务工作上;现在的顾客,与其说是要买东西,不如说是要服务。

当代市场营销的研究指出：不能再把产品的概念仅仅理解为产品的实体功能,销前售后服务也是产品的一个组成部分,无论是生产哪类产品的企业,都必须把为消费者提供产品和提供服务结合起来,只有这样,才能在激烈的市场竞争中得到公众的认可和支持。

国外有关学者认为:产品从工厂生产出来,实现本身价值的过程是第一次竞争;产品的送货、服务、安装、咨询等则是第二次竞争。第二次竞争比第一次竞争对顾客更有吸引力,更能使顾客倾心。

服务性公共关系活动,是当代市场经济和民主政治发展的客观要求。

随着市场经济的发展，生产性企业的销前售后服务已成为市场战略的重要组成部分。

驰名中外的春兰集团是一个拥有金融、空调、摩托车、贸易四大集群的多元化、跨国、跨行业的大型企业集团,其中空调产量占全国总产量的1/3。春兰人深知:光有产品质量,如果没有一流的服务,产品的优异到头还是零。他们响亮地提出“销售上升一个台阶、服务上升两个台阶”的口号,把推行全方位“无忧虑服务”的系列公共关系活动作为重要工作来抓。他们在全国设立了10多个分公司,600

多个春兰产品售后服务中心,有一支万人的特约维修服务队伍。他们提出的目标是:大修72小时、中修48小时、小修24小时内完成。在消费者心目中树起了良好的春兰服务形象。

从历史发展过程来看,20世纪60年代是产品质量竞争的年代,70年代是市场竞争的时代,而21世纪是服务竞争的时代。一位知名的美国企业家这样说:“伟大的斗士总是时刻准备着将自己的一切献给战场。如果今天,巴顿、拿破仑、恺撒或亚历山大大帝成为一个商人,他们会毫不犹豫地占领服务业这块战略要地。”

世界著名的德国奔驰汽车公司是一个有百年历史的汽车制造企业,世界上最早的一辆汽车从这里诞生。一百多年以来,奔驰汽车公司靠良好的系统化服务在顾客心中树立了良好的信誉。这个公司的服务性公共关系集中体现在售前、售中、售后服务三个环节上。

在销售前,人们可以在奔驰汽车推销处看到车的图样,了解到汽车的性能和特点,使用户得以充分地进行比较和选择。公司还邀请顾客参观工厂,以增强信任感;举办商品展示会,激发用户的购买欲望;培训操作人员,以解除客户不会使用汽车的担忧;分发商品目录,有目的地提供商品信息等。

在销售中,顾客不仅可以随意挑选,而且可以提出自己的特殊要求,如车辆的颜色、空调设备、音响设备及保险车门的钥匙等。顾客的要求由电子计算机向生产流水线发出指令,保证产品符合顾客的不同愿望。

在销售后,奔驰汽车公司设置了遍布各地的维修网点。他们提出了一句口号:谁要是看见一辆奔驰汽车坏在半道,奖励他10万美元。这些完善的服务措施使奔驰汽车在世界上享有良好的信誉。



### 四、社会性公共关系模式

社会性公共关系是组织利用举办各种社会性、公益性、赞助性活动开展的公关活动方式。其目的是利用举行各种社会性活动之际,扩大组织的社会影响,提高组织的社会声望,赢得公众对组织的赞誉和支持。

社会性公共关系的形式有五种:

一是以组织机构本身的重要活动为中心展开的。如利用公司的开业剪彩、周年纪念的机会,邀请各界来宾,渲染气氛,撒播友谊的种子,扩大组织影响。

二是以参加各种社会活动为中心展开的。如参加社区及同行业的各类体育比赛、文艺演出,并争取获得好成绩,以此扩大组织的影响。

三是以赞助社会福利事业为中心而展开的。如为儿童基金会、残疾人福利事业捐款,并积极支持或赞助公共服务设施的建设和维修,如人行过街天桥、街心花园等的建设。

四是资助大众传播媒介举办各种活动。如资助电台、电视台、报社、杂志社举办各种大奖赛、智力竞赛、专题节目等,通过这些社会性活动,让更多的公众了解本组织。

五是积极支持和关心社区公众,为他们提供服务和方便。如欢迎附近组织或个人来本单位参观,并在他们遇到困难时伸出援助之手,如参加抢险、救灾、义务劳动等社会活动,这样就可使组织形象生辉。

蒙牛乳业从起步到发展壮大,通过社会公益活动的策划,使其超越一个个的竞争对手,一跃成为全国最强势的领军品牌,让"一头牛跑出了火箭的速度",完成了其他企业用几十年才能完成的目标。

2006年,响应国家领导人"我有一个梦想,让每个中国人,首先是孩子,每天都能喝上一斤奶"的愿望,提出了"每天一斤奶,强壮中国人"的口号,在全国范围内进行了有史以来最大的一次捐奶助学工程,蒙牛给全国500所贫困学校的贫困学生免费提供一年的牛奶,折合人民币上亿元。

赞助活动有许多功能。首先,通过赞助活动,可以树立企业关心社会公益事业的良好形象,其次,通过赞助活动,可以培养组织与组织、组织与公众之间的良好感情;再次,通过赞助活动,可以起到一般商业广告所起不到的广告作用;最后,通过赞助活动,可以提高企业的知名度,扩大组织的影响。

但是,赞助活动一定要遵循以下三条原则:一是赞助经费必须是本组织经济能力所能够承受的;二是赞助活动应该能够提高组织的知名度和美誉度;三是赞助活动应该有好的社会效果和社会影响。

2006年6月5日,这个一年一度的世界环境日,以"农夫山泉有点甜"的广告口号驰名的农夫山泉矿泉水生产单位——农夫山泉股份有限公司推出了"一分钱公益活动"。凡购买农夫山泉矿泉水一瓶,就等于向水源地贫困孩子捐赠了一分钱。该公司还提出了"保护环境,保护水源,从我做起,从小做起,从现在做起"的倡议。

多年来,农夫山泉的"一分钱"爱心活动已举办了四届。2000年,第一届"一分钱"活动以支持北京申办2008年奥运会为主题,向奥申委捐出了500万元人民币。2002年,农夫山泉和国家体育总局一起发起"一分钱阳光工程",支持贫困地区学校基础体育设施建设,向近400所学校赠送了价值500余万元人民币的体育器材。2004年,农夫山泉开展了"一分钱运动中国体育事业"的主题活动,使农夫山泉的名字几乎家喻户晓。

## 五、征询性公共关系模式

征询性公共关系是以收集、整理、分析、提供各类信息为核心的公共关系活动方式。这种模式通过采集信息、舆论调查、民意测验等工作,了解社会舆论及民意民情,为组织的公共关系工作和日常经营管理活动提供依据。

征询性公共关系可采用的形式有:市场调查、产品调查、访问重要用户或顾客、征询公众意见、开展各种咨询业务、建立信访制度、建立接待机构、设立监督电话、开展提合理化建议活动、处理举报和投诉等。

征询性公共关系是政府公关的主要形式。随着我国政治体制改革的稳步进展,政府部门、管理机关与广大公众间的民主交流、信息往来、意见传递将不断增多,政府决策的透明度增大,人民群众参政议政的积极性和能力增强,征询性公共关系活动将广泛展开。

征询性公共关系具有复杂、长期、细致的工作要求,要求公关人员具有诚意、耐心和智慧,始终站在组织机构与公众的中间人角度,广泛、及时、公正、科学地采集一切有关组织形象、企业产品和服务的意见和建议,为组织策划进一步的公共关系活动提供科学依据。

最初,人们在称呼江铃汽车公司与福特公司联合开发的"Transit"汽车的中国名字时叫法不一,具有代表性意义的有两个:一个为"捷运",另一个是"穿梭"。前者为英文意译,后者是"Transit"的谐音。但江铃和福特两家公司对此均不满意。

1997年1月9日,江铃公司在《经济日报》刊登了以"Transit车来到中国,怎样称呼Transit车中国名"为题的半版征名广告,要求车名寓意深刻,符合车子特征,易识、易记,贴近中国汽车文化,最好与英文名谐音相似。此后共收到有效应征作品3464个,经评委会评选,认为"全顺"名字符合中国大众吉祥、顺利的心理,且贴近中国汽车文化,又与"Transit"音相谐,因而录用为该公司"Transit"车的中国名字;并于1997年3月底上报国家商标管理局登记注册,长期正式使用。山东省高唐棉纺织厂赵恩国为佳作获奖者,获得人民币5000元奖金。

2002年,全球最大软件公司微软因为程序经常死机和安全性不足两大问题,客户满意度屡创新低而面临危机。"如果微软的作业每死机一次,微软就要赔一美元,比尔·盖茨也会破产。"愤怒的网友如此留言。

从2003年开始,微软把改善客户满意度列为最重要的目标。微软在全球60多个分公司设立了直属总经理的"卓越服务策略"负责人,总公司按九大类不同顾客,各设计出全球一致的问卷,在每年3月和9月,各办一次全球客户满意度调查,每次调查结果直接进入总公司数据库,每半年检视一次改进绩效。

各地区微软公司找有长期合作关系和指标客户到公司来"学产品",同时建立客户服务紧急应变机制。公司规定,客户申诉案件,必须一天内回复,三天内结案,否则,系统会直接发电子邮件给区域总裁。客户服务系统是全球互通的,哪个地区的客户投诉,系统不会自动把要求转到该区域的服务窗口。

天津市政府,每年就当年政府所办的实事进行一次市民意见征询活动,让广大市民为市政府一年的工作和成绩打分,以此检验市政府的工作是否尽职,市政府在公众心目中具有怎样的形象,怎样改进市政府工作,收到了良好的效果。广州市政府通过举办"假如我是广州市长"的征文活动,征集市民对市政府工作的批评和建议,增进了政府和人民间的理解和联系。

著名的发明家、闻名全球的美国柯达公司创始人乔治·伊士曼,有一天收到一份普通工人写的建议书,其内容之简单令人吃惊,原来这位工人在信中呼吁生产部门"将玻璃窗擦干净"。它虽然是区区小事,但伊士曼却认为这是员工积极性的表现,他认为:企业最大的财富是员工的聪明才智和创造精神,而提高员工对企业管理的参与水平,则是管理者激发人们聪明才智的有效手段。伊士曼立即公开表彰这位工人,发给他奖金,并且由此建立起一个"柯达建议制度",使征询活动长期化。迄今,柯达公司职工已提出建议200万项,其中被公司采纳的有60多万项,该公司员工因提出建议而得到的奖金,总计每年在150万美元以上,而该公司则在全球赢得了声誉和市场。

### 六、建设性公共关系模式

从第六个模式起,与前述手段型模式不同,采取的是目标型模式。即为实现某个公共关系目标,调动前述各种手段模式所采用的方法集中运作,获取综合公关效果的模式。

建设性公共关系是指在一个组织(或企业)初创时期,或某个组织为了重新塑造自己的形象而打开新局面时所进行的带有开拓性的公共关系活动。

具体地说,建设性公共关系模式适用于组织的以下三种情况:

第一,当一个组织刚刚成立,还不大为公众所知,为了提高其知名度,必须迅速通过公关工作打开局面。通过建设性公关,可以强化其在公众心目中的印象,将其产品和服务的特点展示在公众面前。

第二,当一个组织推出新产品或推出新的服务项目时,为了使社会公众知道和了解这些新产品和新项目,也需要通过建设性公关把组织的新变化展示在公众面前。

第三,当一个组织力图改变过去墨守成规的旧形象,开创工作的新局面,给公众展示一个新形象时,就需要开展建设性公共关系工作。

为了展示组织的新形象,使公众对组织产生一种新感觉、新认识,组织(或企业)除了在开发新产品,增设新的服务项目,以新的面貌和姿态从事工作等方面做出努力之外,还要通过各种传播媒介,使公众对新的组织形象产生兴趣和了解,从而给组织以理解和支持,这就是建设性公共关系工作的根本目的。这种模式可采用的具体方法很多:如开业广告、开业庆典、新产品展销、新服务介绍、免费试用新产品、免费招待参观、开业折价酬宾、赠送宣传品、更新厂名和厂标、改进产品装潢设计等等。

选择建设性公共关系模式要注意以下两个方面:

首先,为了开创组织的新局面,必须在产品规格、产品质量、花色品种、外观设计、服务设施、服务项目、服务态度的建设和改进上下功夫。这是建立组织新形象的基础工作,这个工作做不好,新局面的打开就成了一句空话。

其次,为了开创组织的新局面,还必须通过各种传播媒介大力宣传组织的新情况、新产品、新服务,但同时又不能露出太多宣传的痕迹,不可胡吹乱捧,以免引起公众的反感。这就是建设性公共关系工作的难点所在。

因此,建设性公共关系的关键在于组织的新姿态、新面貌及新的宣传技巧,重点应放在以“新”来吸引公众,以崭新的形象出现在公众心目中,给公众以新鲜感、新奇感,以新取胜,以新博得公众的好感。

建设性公共关系还适用于组织(或企业)与同类组织的激烈竞争之中。当大家的产品和服务水平势均力敌、不相上下,只有标新立异,以新的形象出现才能站住脚跟时,这时就要策划建设性公共关系活动了。

北京东方蓝岛大厦被首都人民亲切地称为“蓝岛”。为了在开业初期迅速提高其知名度,他们策划举办了以建设性公共关系为目标的“蓝岛文化购物节”。除了展销商品外,还举办了一系列公关活动,如蓝岛礼仪仪仗队表演,邀请文艺、体育、新闻界明星参加的“蓝岛之友联谊会”,邀请顾客和社区代表参加的“消费者之友联谊会”和“蓝岛之邻”联谊活动,面向社会开展了“蓝岛发展之我见”征文活动,创办了《蓝岛商报》,创作了店歌《给世界的爱》,提出了“亲和一致,超越创新”的企业精神和“与蓝岛共荣辱”的企业价值观。他们以“文化兴商、情义服务”的独特形象赢得了消费者及社会公众的关注。

### 七、维系性公共关系模式

维系性公共关系是当一个组织(或企业)在稳定发展时期,用于巩固和维持良好的公共关系状态的一种公共关系活动方式。它的主要目的是通过稳定地从事维系组织内外部公众关系的工作,使组织形象在公众中得以不断强化和优化,从而维持组织在社会公众心目中的良好形象。

维系性公共关系活动的目的表现在两个方面:其一,通过各种公关活动把组织的各种信息和态度传递给公众,使特定组织的形象始终保留在公众心目中,不至于被公众淡漠甚至忘记。这样,一旦有需要,公众就会自然想到特定组织。其二，通过维系性公关活动和特定公众建立稳定、长期的联系，以便组织和相关公众之间的再次合作，不至于因关系中断而给组织的工作增加新的麻烦。

维系性公共关系是针对公众心理特征而设计的公关方式，它的核心在于和组织内外部公众保持一种融洽、和谐的感情联络和精神交往，当组织和公众发生联系时，使公众产生一种感情定势，产生对特定组织的无形的亲切感。

维系性公共关系具体可以分为硬维系和软维系两种方式。

所谓硬维系，是指主客双方都能彼此理解对方意图的、有明确目的的维系；所谓软维系，是指维系目的比较超脱，不明显地表现出来，带有战略性眼光的维系，一般具有“醉翁之意不在酒”的味道。硬维系一般适应于和那些已经建立了特定关系的、有固定业务往来和社会交往的组织或个人；软维系一般是对未来公众或潜在公众所设计的一种在不经意中让他们亲近组织、铭记组织、加深对组织的印象和好感的活动方式。

维系性公共关系还可以分为对内部公众的维系和对外部公众的维系两方面。对组织（或企业）内部公众的维系即是通常所称的“感情投资”。对员工的一份生日礼物、一次家庭慰问都能起到很好的维系感情、增加组织内部凝聚力的效果。在这一方面，组织有许多工作可做。

维系性公共关系模式采用的方式通常有：提供优惠服务、予以特殊照顾、赠送小礼品、召开纪念会、邮寄贺年卡、慰问信、问候信、广告宣传、专题活动等。

在开展维系性公共关系活动时，要做好以下几点工作：

第一，做好辨认公众的工作。通过细致地调查分析，尤其要分清首要公众、次要公众、边缘公众；分清潜在公众和非公众；分清现在公众和未来公众；分清顺意公众和逆意公众，以便加强维系性公关的针对性和实效性。

第二，注意把握时机。一般在节假日到来之前、纪念日期间、组织遇到重大事件之际都是开展维系性公关的关键机会。要充分利用这些机会，使维系性公关活动恰到好处。特别要防止那种冷落很长时期以后再去联系的情况，以免使公众造成误解和反感。

第三，维系性公关活动的技巧要在“超脱”二字上下功夫。不论是硬维系还是软维系都要表现得超脱一些，姿态高一些，使公众在感情上乐于接受。

中国香港有家商业公司规定在节假日和星期天，商品价格一律“八折”优惠，使得那些在节假日、星期天因为顾客多而乘机抬高价格的商店感到不可思议，实际上该公司引来了大批的顾客，得到了人们的赞誉。这家公司还规定，对其熟悉的顾客发出永远“九折”优惠的金色卡片。每年在固定的时间里确定熟悉的顾客的名单，然后发卡。持有这种金色卡片的顾客得到一种心理上的满足和价格上的优惠，成为这家公司的稳定性公众。更重要的是，许许多多想成为这家公司“熟悉的顾客"的人们,乐意经常去这家公司选购商品甚至随便闲逛,使得这家商业公司生意十分红火。

北京吉普汽车有限公司在维系内部公众的感情方面做了大量的工作。有一年,当三八妇女节来到时,他们从全公司众多女工中选出代表参加公司组织的"三八联谊会"。这些代表都是由电子计算机从全公司女工中筛选出来的。关键是代表资格定得非常有人情味,如"在公司中服务时间最长的"、"连续工龄最长的"、"在第一线工作时间最长的"、"家庭负担最重的"、"上下班路程最远的"、"长期带病坚持工作的"女工……这次联谊会进行的一次挑选,所起到的维系职工感情的作用是无法估量的。

### 八、防御性公共关系模式

防御性公共关系是组织为防止自身的公共关系失调而采取的一种以防为主,对组织形象主动自我调整、自我完善的公共关系模式。当组织与内外部环境出现了不协调情况和矛盾的苗头时,为了将问题的隐患消除在萌芽之中,就要采用这种模式。

作为"内求团结、外求发展"的公共关系工作,就是为了给组织的生存和发展创造一个最佳的人际关系和社会关系环境。由于社会经济生活的复杂性和多变性,使得组织(或企业)的内外部环境也经常处于一种变化之中。公共关系工作的一个重要职能,就是通过对信息的采集和分析,通过各种现象和矛盾,及时发现组织公共关系环境的发展变化,尤其是及时发现组织公共关系失调的各种预兆和苗头,及时调整组织的行为和策略,纠正各种可能出现的问题,使环境更加适用于组织。

防御性公共关系模式的基本要求是预防和引导相结合。从预防的角度来讲,组织应居安思危,保持清醒的公关头脑,通过捕捉各种"危机"苗头,及时调整组织的结构、产品、方针政策和经营方式等,以适应环境的要求,防患于未然;从引导的角度来讲,在组织稳定发展之际,由于公众的某些误解或错觉而使组织形象将要受到影响时,组织应及时、有效地做好沟通畅导工作,防止公共关系失调给组织形象带来损失。

防御性公共关系通常采用调查、征询、预测、分析等手段。公关人员通过调查、预测和分析论证,及时发现组织发展中存在的隐性问题和潜伏危机,向组织决策层和各业务部门提供科学准确的咨询建议和改进方案,使组织及时做好内外部公共关系的调整和改进工作。

对组织的现有问题、潜在问题进行积极的预见,制定相应的对策,是20世纪70年代公共关系在发展中所产生的新职能——问题管理。其目的是帮助组织预测社会、经济、政治等方面环境的发展变化给组织带来的新问题、新挑战，采取相应措施，消除由于组织内外部环境变化对自身公共关系产生的潜在影响。

防御性公共关系模式就是适应“问题管理”的职能而出现的。进行问题管理，首先，借助信息的收集和整理确定问题；其次，通过分析排队和整理归类来研究问题；最后，通过相应措施的制定、活动方案的选择来消除和解决问题。

防御性公共关系活动也可分为对内部公共关系失调的防御和对外部公共关系失调的防御。内外部防御所采取的公关工作方式各有其特点，但其目的都是为了维护和保持组织发展的最佳环境。

怎样求得组织内部员工的团结，防止内部公共关系失调，也是防御性公共关系的一个重点目标。

海尔纽约人寿是由海尔集团下属的青岛海尔投资发展有限公司与美国纽约人寿保险于2002年合资组建的。纽约人寿创立于1845年，至今已有160多年专业寿险运作经验，是美国及世界上最大的保险公司之一。因此，海尔纽约人寿将在美国成功的管理操作经验引进国内。

每天，海尔纽约人寿的各地业务员，都随身携带一本蓝色本子，这是一本比火车时刻表大不了多少的“活动规划手册”。业务员每打完一通电话，约定一个拜访，马上拿出本子记下，营业所经理则根据本子记载，每周选一天和业务员讨论一周业务活动，找出业务员销售行为中的缺失。这是依据美国纽约人寿1999年引入的营业“经营发展系统”，简称“黄金系统”。

这本类似工作记录手册的本子，详细记录了172项以上的数字指标，比如每天打多少通电话、拜访对象背景、推荐介绍名单数量、递送多少保单、约访和初次约访记录等，如同医师记录病患的看病记录，逐步累积。主管可以通过这些记录发现缺失，利用个别演练、角色扮演或者示范观察，改善行为，提升销售品质。

“黄金系统”的开发和运用，有效地反馈了工作绩效，起到了防患于未然的作用。

### 九、进攻性公共关系模式

进攻性公共关系是组织与环境发生冲突时所采用的一种主动出击，显现优势形象，应对环境挑战的公共关系模式。这种模式的特点是通过组织自身的努力改变环境，使环境适用于自己。具体来说，要求组织运用一切可以利用的手段，以攻为守，抓住有利时机和条件，以积极主动的姿态调整组织自身的结构、方针、政策和行为，开创一种有利于组织发展的新局面和新环境。

进攻性公共关系模式要通过创造性的活动和技巧去实施。比如，通过选择新的顾客群、开辟新市场、开发新产品去改变组织对环境的原有依赖关系；通过改换合作伙伴调整和减少原有的摩擦与冲突；通过新闻宣传媒介和各种专题活动形成支持组织的社会舆论等等。

组织与环境的冲突时常表现在激烈的市场竞争之中。有时是因为其他组织的策略对本组织构成了威胁，有时是因为组织原有的社会关系网络使自身受到过多牵制，阻碍了组织的发展。因此，进攻性公共关系活动常常带有一定的火药味，即使在这种情况下，也要讲求道德原则，绝不能以损坏组织形象为代价去取得一时的成功。进攻性公共关系工作的要求是以巧取胜，这就需要公关人员充分发挥其主动精神和聪明才智，讲求公关工作的艺术性、科学性和技术性，讲求各种公关方式的配合运用。

1960年，日产公司研制出的“青鸟”牌小轿车，声誉超过了丰田公司的“光环”牌小轿车，从而夺去了丰田公司在日本汽车行业中占出口第一位的宝座。许多公众产生了丰田车不如日产车的印象，对丰田汽车公司的发展构成了一种不利的环境。在这种情况下，丰田公司为了创造适用于自己的新环境，改变公众对该公司的看法和态度，策划了大规模的破坏性试验的宣传活动。在一系列以宣传性媒介为手段的进攻性公共关系活动中，最引人注目的是“空中飞车”观摩试验：一辆高速行驶的丰田公司“光环”牌小轿车，在奔驰过来的一瞬间腾空而起，行程25米，着地后照常疾驰而去。丰田公司吸引了大量的公众参观了这场试验，还专门为这场表演拍摄了专题片在电视上播出，取得了很好的效果，使丰田汽车在公众心目中赢得了“坚固耐用”的美名。经过几年的努力，丰田公司又重整雄风，“光环”牌压倒了日产公司的“青鸟”牌小轿车，在国际市场上取得了“车到山前必有路，有路就有丰田车”的独特地位。

在20世纪的最初10年，出租车在美国诞生了。出租车的出现，使计程马车的生意大受影响，马车夫们曾联合起来采取行动，用马车阻挡出租车道路，砸毁汽车，挑起事端。出租车的创始人亚伦经过冷静思考，采取了这样一种策略：首先，召集了一个会议，在会上对马车夫表示同情，以平息马车夫的愤怒，并表示愿意帮助马车夫转入出租车行业，而且用具体数字说明，出租车司机比马车夫的收入要高得多。其次，发动舆论界并利用各种宣传媒介大力宣传出租车是时代的必然产物，它终将取代马车，同时组织撰写了批评马车夫的野蛮行为、敦促警方保护出租车行业合法经营的大量新闻报道。不久，马车夫纷纷改行，出租车占了优势。这可以被看做是一起成功的进攻性公共关系活动。

### 十、矫正性公共关系模式

矫正性公共关系是当组织遇到风险和危机时，为挽回声誉而采取的一系列应急措施而形成的公共关系活动方式。

矫正性公共关系也称为危机公关，其目的是通过及时有效的措施，改变组织公共关系严重失调的状况，使受到损害的组织形象得以纠正和改善。

组织形象受到损害一般有以下几种情况：

其一，外在的原因，又可细分为客观原因和主观原因。外在的客观原因是由于某些误解所导致的，公关人员在迅速查明原因之后要及时采取措施消除公众的误解；外在的主观原因是由于人为的破坏造成的，对那些有损于组织形象的谣言决不能坐视不管，掉以轻心，而要迅速通过公关手段予以澄清和驳斥，以免给组织形象和产品形象造成不应有的损失。

其二，内在的原因，如企业的产品质量、服务态度、环境保护、管理政策、经营方针等方面出现了问题，导致了与内外部公众冲突的发生或工作事故的出现。公关人员要尽快通过各种传播媒介，沟通畅导，平息风波，求得谅解，使组织化险为夷。

矫正性公共关系工作的基本要求是及时、准确。所谓及时，是指一旦发现问题，不要掩盖，更不要拖延，把问题尽量解决在知晓公众转变为行动公众之前；推诿拖延会使公关工作贻误战机，失去解决的条件。所谓准确，是指一定要找到问题的根源和症结所在，有的放矢地采取对策。当问题出现以后，要认真查明原因，准确辨认公众，周密制定对策，这样才能使矫正性公共关系活动取得效果。

矫正性公共关系方式同样也适用于组织（或企业）内部的公共关系出现严重失调的情况，在这种情况下，如不及时采取措施，就会出现组织内部纪律松散、工作效率下降、凝聚力减弱、冲突和摩擦增加、团结状况恶化等恶果。因此，要通过矫正性公共关系方式，及时有效地调整企业内部的公共关系，纠正出现的各种问题和偏差。

1988年3月24日发生了中国铁路史上罕见的重大事故，在两辆火车相撞中，日本高知县中学生访华旅游团死27人，伤60余人。这次事故发生以后，有人担心，中国的国际旅游业将在海外声誉大跌，一蹶不振。担负接待和安置日方受难者亲属和其他有关人员工作的上海新宛宾馆，以出色的矫正性公关措施为中国的旅游业挽回了影响。

上海新宛宾馆尽可能用优质服务减少对方的悲痛心情，安定他们的情绪。当日本学生刚被接到宾馆时，他们就立即关闭所有娱乐设施，第一线服务员均以沉痛表情取代“微笑待客”。每个客床前摆上了一束白色的鲜花，有关房间的地毯全部换成绿色。无论日方提出什么要求，宾馆都千方百计予以解决，包括代为日本客人购买丧葬用品和其他生活用品。长沙市一位三年级小学生将自己省下的30元早点钱寄给宾馆，要求他们转交给日方遇难者家属以表示心意。他们就将所有捐款汇集起来，在宾馆中举行了庄严隆重的交接仪式，在场的日方人员无不热泪盈眶。宾馆还指定了一位熟悉报道业务的秘书为新闻撰稿人,积极为不同的媒介提供素材,撰写有关“3·24事故”善后处理的稿件,有消息、特写、花絮等,达到了与公众的沟通和理解。

矫正性公关的主题是处理突发事件,缓解各种矛盾,变误解为谅解,变不利因素为有利因素,维护和恢复组织的声誉。上海新宛宾馆很好地做到了这一点,为挽回我国旅游业的国际影响做出了贡献。

生产多美滋奶粉的上海英特儿营养乳品有限公司是丹麦在华投资的最大项目之一。“多美滋”品牌奶粉系列在公众中有着良好的声誉,成为中国乳品市场的领先者。

2002年7月中旬,一家媒体在转载国外报道时,未加核实地将泰国被召回的两种产品与多美滋奶粉混淆并报道。该消息一经刊登,立刻引起了各方关注,网络和报纸以讹传讹,负面消息不胫而走,部分地区销售店内的多美滋奶粉也因误解而被迫下架,退出销售。英特儿营养乳品有限公司和多美滋乳品品牌陷入了一场巨大的危机。

英特儿营养乳品有限公司几乎是当天发现危机征兆,当天组建危机管理团队,当天制定危机公关策略,当天完成澄清事实真相的声明撰写,当天完成大范围的信息发布,有效地挽回了多美滋乳品的品牌形象。



### 十一、十种公共关系实践模式之间的关系

在以上所述十种公共关系模式之间,有着密切的内在联系。

公共关系活动的模式,就是公共关系活动的技巧和方法的有机系统。在公共关系活动中,这种系统不是一个,而是若干个。每个系统以一定的公共关系目标和任务为核心,一般由若干种具体工作方式组合而成,具备着特定的公共关系功能。每个系统有具体的适应性、针对性,需要由公共关系主体根据自身条件和发展要求,结合公共关系客体的不同类型、不同特点加以选择。

在具体实践中,任何一个组织都不可能也无必要同时采用所有的公共关系活动模式。但任何组织的公关活动又不局限于某一种模式,往往是多种模式并行采用,交叉运行,以求最佳活动效果。

比如,一个公司可以通过报刊、广播、电视等传播媒介进行公共关系广告宣传,这是运用宣传性公共关系模式;可以通过举办座谈会、茶话会等形式宣传公司的宗旨,这是运用交际性公共关系模式;可以组织对消费者的售后服务以增强公司的信誉,这是运用服务性公共关系模式;可以通过出资赞助社会活动来赢得公众的赞扬,这是运用社会性公共关系模式;还可以通过建立有奖建议制度向公众表示诚意并取得他们的配合,这是运用征询性公共关系模式。

公共关系模式是把公共关系活动的技巧艺术和科学方法结合起来形成的，这些模式展现了公关技巧与方法的基本面貌，体现了公共关系活动的客观规律。

如果继续分析，还可以把上述十种公共关系实践模式从不同角度归纳分类：

第一，手段型模式与目标型模式。宣传性、交际性、征询性、社会性、服务性公共关系模式均为手段型模式；维系性、建设性、防御性、进攻性、矫正性公共关系模式均为目标型模式。

第二，主动型模式与被动型模式。宣传性、交际性、服务性、社会性、征询性、建设性、维系性、防御性、进攻性公共关系模式被划分为主动型模式；矫正性公共关系模式被划分为被动型模式。

第三，战术型模式与战略型模式。宣传性、交际性、征询性、防御性、进攻性、矫正性公共关系模式可称为战术型模式；服务性、社会性、建设性、维系性公共关系模式可称为战略型模式。

第四，开发型模式、引导型模式与调整型模式。服务性、交际性、社会性公共关系模式因为富有实干精神而被称为开发型模式；宣传性、维系性公共关系模式因其具有较强的主导性而被称为引导型模式；征询性、建设性、防御性、进攻性、矫正性公共关系模式因其策略性而被称为调整型模式。

第五，单项型模式与综合型模式。宣传性、交际性、服务性、社会性、征询性公共关系模式，因其手段和途径的相对明确和单一性，被称为单项型模式；进攻性、维系性、矫正性、建设性、防御性公共关系模式，因其可调动多种单一手段型模式并列运行及操作，故称为综合型模式。

## 本章复习思考题

1.公共关系的四大理论模式各是什么？

2.公共关系实践模式中的五大手段型模式各是什么？它们各有什么特点？

3.公共关系实践模式中的五大目标型模式各是什么？它们各有什么特点？

4.维系性公共关系中的硬维系和软维系各指什么？

5.为什么又将矫正性公关称为危机公关？

6.简述服务性公关和交际性公关的联系和区别。

# 第二编

# 运作程序

# 第六章 公共关系调查

中心内容

国外公关学者提出了著名的公共关系四步工作法：调查与分析，计划与对策，实施与传播，评估与反馈。本章介绍公共关系调查的基本原理与方法，包括公众状况、社会环境、组织形象、公众舆论、内部公众调查的方法。

学习目标

学习本章，要求掌握公关调查的基本原理，了解公关调查各种不同方法的基本程序和特征，能够运用调查原理进行基本操作。

美国著名公共关系专家卡特利普和森特认为，要做好公共关系工作，应坚持四个基本程序：调查与分析，计划与对策，实施与传播，评估与反馈。了解了这四个环节，就把握了公共关系工作的程序及要点。本章论述公共关系工作的第一个环节：调查与分析。

## 第一节 组织公共关系环境的调查

公共关系调查的内容涉及组织内外公众状况的调查、组织面临的社会环境的调查、组织形象调查、组织公众舆论调查、组织内部公共关系状况调查五个部分。本节只谈前两个部分，对后三个部分在后面三节中将做详尽论述。

## 一、公共关系调查的意义

公共关系调查，就是了解那些与组织的行为和政策有关的社会公众的意见、态度和反映，了解组织面临的社会环境的变化和发展，把握组织形象的变化和现状，掌握组织内部公共关系的情况。通过充分占有资料，取得社会组织内部、社会公众和社会环境的准确信息，找到组织面临的问题，明确公共关系工作的目标，以便有针对性地制定科学的公共关系计划。

公共关系调查，是公共关系人员的重要职责之一。

公共关系人员作为组织形象的设计师和建筑师，要设计出并通过公共关系活动建树和塑造起深受社会公众喜爱的组织形象，首先要做的工作，就是必须对组织（或企业）在公众心目中的形象、组织（或企业）在社会环境中的地位、内外部公众对组织的期待和要求、组织面临的最迫切问题有一个清醒的认识。

从以上分析来看，公共关系调查，是为制定公共关系战略和策略、调整公共关系计划和技巧、安排公共关系活动、协调组织内外部关系等各方面的公共关系工作服务的。

## 二、组织内外公众状况的调查

公共关系实际上可以理解为公众关系，离开了对公众的了解，公共关系就成了无源之水。只有掌握了变化中的公众的资料，才能进行科学的公共关系分类，从而制定出具体的公共关系计划。

公众调查一般要掌握下列四种资料：

1.背景资料。包括被调查者的姓名、年龄、性别、籍贯、住址、文化程度、职业、收入情况、家庭情况等。

2.知晓度资料。指被调查者对某一问题、某一事件、某一形势、某项计划、某段时期的知晓程度。

3.态度资料。指被调查者对各种对象的态度。态度分延缓性和即时性两种。延缓性态度是指一个人在相当长时期内起作用的价值观念；即时性态度是指一个人对一事一物的态度。

4.行为资料。指被调查者就某个问题正在或者已经采取的行动的情况。

从上述四种公众情况资料可以确定公众的构成、公众的数量、公众的类型、公众的活跃程度，以此推导出公众状态。

在上述公众范围内，公共关系调查的具体内容可分为：

第一，组织内部基本情况的调查。包括：(1)组织领导层的情况；(2)组织内部员工的情况；(3)组织现实的工作或经营状况；(4)组织的经济状况。

第二，组织外部公众意见的调查。包括：(1)本组织的知名度；(2)本组织的美誉度；(3)本组织的信任度；(4)本组织被公众评价的情况。

这里所说的组织外部公众，除了指通常意义上的消费者、顾客、社区居民和社会团体外，还包括各级政府部门、同行业组织、其他行业的组织，是一个概念较为广泛的社会公众系统。

### 三、组织面临的社会环境的调查

(一)组织面临的政策环境

1.国家颁布的各项法律、法规对组织生存的影响；

2.国家有关部门制定的新政策对组织前景的影响；

3.社会风气和时尚对本组织执行国家及上级有关法令和政策的影响；

4.组织适应政策变化的能力。

(二)组织面临的市场环境(这一点主要是对工商企业来讲的)

1.本组织目标市场的变化状况；

2.本组织产品在目标市场上的竞争能力；

3.消费心理变化对本组织产品更新的影响程度；

4.本组织产品在市场上的购买者、购买时间、购买原因、购买途径、购买方式；

5.本组织在本行业中的地位及竞争对手的状况；

6.本组织原材料和能源供应变化趋势；

7.本组织在发展中的风险和机会。

(三)组织面临的社会文化环境

1.传统文化心理对本组织公共关系活动方式的承受能力如何；

2.区域性文化积累对本组织经济活动的影响；

3.社会的生活方式变化对本组织成员及其行为的影响；

4.社会道德状况对创造组织精神的影响。

(四)其他组织的公共关系工作状况

1.其他同行组织的公共关系工作的规模和特点；

2.其他组织公共关系活动的进程；

3.其他组织公共关系活动的方式和技巧；

4.其他组织公共关系活动的经验和教训。

## 第二节 组织公共关系形象的调查

### 一、公共关系调查资料的处理

公共关系调查获得的大量资料,需要公共关系人员进行科学地整理分类,进行认真地筛选、分析和处理。

第一步,汇总、识别、整理调查来的信息,包括三个环节:(1)汇总信息。即利用各种方式和渠道收集信息,记录和汇总信息。(2)整理信息。通过去粗取精,对汇总的信息进行筛选、辨析、分类、评价、综合,编写信息目录索引。(3)贮存信息。对分类和综合的信息进行摘抄、剪贴、装订、登记、归档,还应将整理后的信息输入电脑备用。

第二步,确定组织存在和面临的问题。

第三步,排列问题等级。排列出问题的迫切性等级和重要性等级,为制定公共关系计划和方案提供科学依据。

### 二、组织形象地位的评估

组织(或企业)在公众心目中的知名度和美誉度,是评价组织(或企业)形象的重要指标。国外公共关系工作中采取的用知名度和美誉度评价组织形象的方法是比较成功的方法。

知名度,表示社会公众对一个组织(或企业)知道和了解的程度。

美誉度,表示社会公众对一个组织(或企业)好感和赞许的程度。

图6–1是“组织形象地位四象限图”,用来分析组织(或企业)在公众心目中的位置。这个图的数值以百分比计算,得到的结果是一种相对的比较值,可作为程度的参考数,而非绝对数。

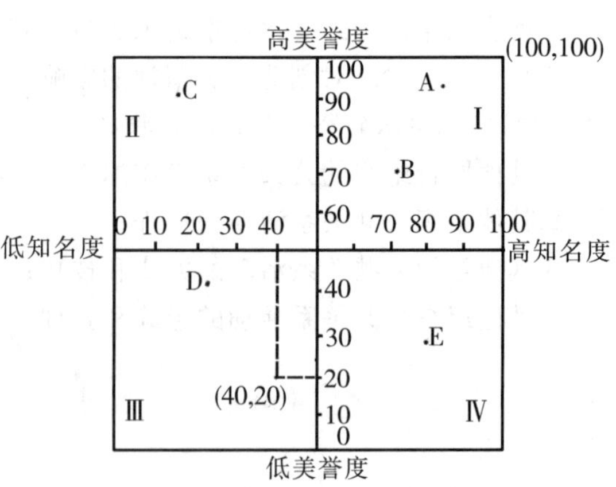


图 6–1 组织形象地位四象限图

图的横坐标表示知名度,从左到右共有0~100个标度。图的纵坐标表示美誉度,从下到上共有0~100个标度。整个图分为四个象限。象限Ⅰ代表高知名度、高美誉度区;象限Ⅱ代表低知名度、高美誉度区;象限Ⅲ

代表低知名度、低美誉度区；象限Ⅳ代表高知名度、低美誉度区。

“组织形象地位四象限图”的具体应用方法是分别求出本组织知名度和美誉度的百分比，然后在坐标上标出。例如，就一家公司的形象，对100名公众进行抽样调查，如果100%的人对此公司表示了解和知道，并且对它感兴趣和赞赏它，那么该公司的知名度和美誉度均为100，该公司的形象地位就处于象限Ⅰ的(100，100)点处。如果在被调查的100名公众中，只有40人知道和了解该公司，那么它的知名度则为 40，知道这个公司的 40 人中，如果仅有8人对该公司表示赞赏，占40人的20%，那么这个公司的美誉度则为20，该公司的形象地位便处于象限Ⅲ的(40，20)点处。

图6-2是对A、B、C、D、E五家公司形象调查结果衡量对比的情况。

| Ⅱ 低知名度 高美誉度 区 | Ⅰ 高知名度 高美誉度 区 |
| --- | --- |
| Ⅲ 低知名度 低美誉度 区 | Ⅳ 高知名度 低美誉度 区 |

**图 6-2　A、B、C、D、E 五家公司形象调查结果**

位于象限I的A、B两家公司均有较佳的情况。尤其是公司A，美誉度和知名度都较高，说明该公司在组织形象方面做了成功的努力，今后面临的任务就是怎样通过公共关系工作维持盛况；B公司在这方面要做更多的努力，优化组织形象。

位于象限Ⅱ的C公司，美誉度甚高，但公众不太了解，因此这家公司公共关系工作的重点，就是在维持高美誉度的基础上，利用较好的组织形象设法提高知名度，进入象限Ⅰ。

位于象限Ⅲ的D公司，公众对它的评价和赞誉不如A、B、C公司，因为它的知名度不高，对这家公司印象不佳的人数也相应较少。该公司的公共关系策略应是：暂时保持低姿态，努力提高工作质量，改变组织形象。在此基础上，首先争取较高的美誉度，进入象限Ⅱ，然后再通过公共关系工作争取扩大知名度，由象限Ⅱ再进入象限Ⅰ，达到知名度和美誉度都高的形象地位。

对于处于象限Ⅳ的E公司，公众不但认为它的服务质量不好，美誉度低，而且知之者甚多，坏名声在外。该公司的公关对策，应该是先降低其享有的较高知名度，一段时间里隐姓埋名，改善产品和服务形象，争取先由象限Ⅳ移至象限Ⅲ，然后再进行策划，进入象限Ⅱ，并恢复较高的知名度。

由上可见，无论是知名度或美誉度，都不是一成不变的，关键在于组织(或企业)的公共关系工作，在于组织自身为塑造形象所做的各种努力和能否坚持以公众利益为出发点的办事原则。

### 三、组织形象内容要素的分析

分析组织的社会形象，不仅要测量和评估组织的形象地位，而且要认真分析构成组织形象的具体要素。知名度和美誉度的测量,概括了公众对组织的总的态度和地位评价,但这仅仅是初步的工作,还有许多问题尚待搞清。例如,为什么一个组织在公众心目中会造成这种形象?一个组织所获得的某种社会形象的实际内涵是什么?组织今后在塑造自己的形象方面应该朝着什么方向,从哪几个方面去努力?要弄清这些问题,就需要进一步分析公众对组织的不同态度、看法和评价的原因,这就是组织形象要素具体内容的分析所要解决的问题。

选择一组组织形象构成的指标体系,如服务方针、办事效率等等,运用"语意差别分析法"制作调查表格,将认为重要的属性(指标体系)分别以其语意的两极分为两个极端,如非常好和非常不好,在其中根据实际情况设置若干中间程度的档次,如稍微、相当等,然后将该表发给特定公众以及顾客填写,最后统计汇总(见表6-1)。

**表6-1　组织形象要素调查表**

| 正评价 / 调查项目 | 非常 | 相当 | 稍微 | 中 | 稍微 | 相当 | 非常 | 负评价 / 调查项目 |
|---|---|---|---|---|---|---|---|---|
| 服务方针正直 | 70 | 25 | 5 | | | | | 服务方针不正直 |
| 办事效率高 | | 10 | 20 | 65 | 5 | | | 办事效率低 |
| 服务态度诚恳 | | | | 15 | 20 | 65 | | 服务态度不诚恳 |
| 业务有创新 | | | | | 20 | 70 | 10 | 业务无创新 |
| 管理名气大 | | | | | | 10 | 90 | 管理名气小 |
| 公司规模大 | | | | | 25 | 55 | 20 | 公司规模小 |

注:此表为汇总表,调查人数100人。

对这份调查表进行综合评估,所勾画出的该公司形象内容是:该公司服务方针正直,但办事效率平平,服务态度欠诚恳,业务缺乏创新精神;企业管理没有名气,公司规模过小。总的形象是:这是一家知名度和美誉度都很低的公司。

这个调查结果还可以进一步用来分析组织形象差距及其原因。

## 四、组织形象差距的分析

通过上述调查结果的分析,了解到的是一个组织的实际社会形象,即一个组织面临的社会舆论和公众的实际评价,即组织在社会公众心目中的知名度和美誉度。

在了解了组织在公众心目中的实际社会形象以后,就可以将组织自我期望形象与其进行对比分析。

组织自我期望形象，是一个组织自己所希望具有的社会形象，即角色的自我认知形象。组织自我期望形象是组织发展的内在动力。公共关系工作的一个重要任务，就是将本组织的自我期望形象明确地规划出来，使组织自觉地为创造良好的社会形象不懈努力。

公共关系部门可以将“组织形象要素调查表”中的调查结果，经过数字换算，用曲线表示出来，同时标出组织自我期望形象的曲线，将两条曲线进行对比，构成“形象评估工具图——形象内容间隔图”（见图6–3）。

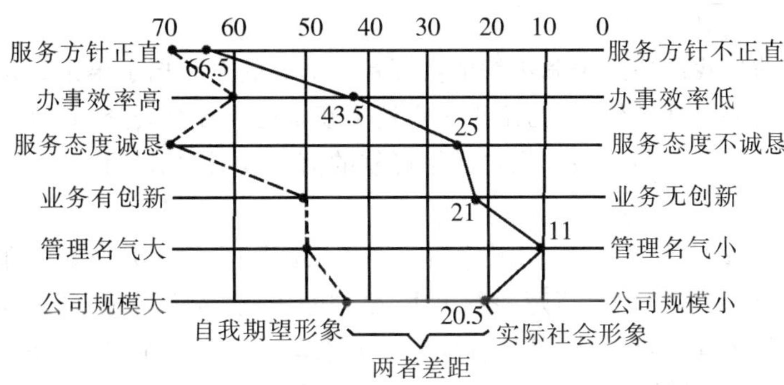


**图 6–3　形象评估工具图——形象内容间隔图**

形象差距比较分析的基本步骤是：

第一步，将“组织形象要素调查表”中不同程度评价的7个档次相应数据化，使其成为数值标尺。如0~10表示非常差；10~20表示相当差；20~30表示稍微差；30~40表示中间状态；40~50表示稍微好；50~60表示相当好；60~70表示非常好。

第二步，将“组织形象要素调查表”中各个项目内容中的组织自我期望的形象状态用数值标示出来，并用虚线将各点连接起来。

第三步，根据“组织形象要素调查表”的调查统计结果，计算公众对每个调查项目评价的平均值，得出实际社会形象线。我们以$\bar{x}_i$表示调查项目内容的平均值，以$N$表示调查总人数，以$x_i$表示该档次评价人数，以$n_i$表示该档次标尺高位数。其计算公式是：

$$\frac{\bar{x}_i \sum_{i=1}^{7} x_i \cdot n_i}{N} \quad (n=5,15,25,35,45,55,65)$$

根据这一公式进行计算：($i$=10，20，30，40，50，60，70)

$$\bar{x}_1=\frac{70\times70+25\times60+5\times50}{100}=66.5$$

$$\bar{x}_2=\frac{10\times60+20\times50+65\times40+5\times30}{100}=43.5$$

$$\bar{x}_3=\frac{15\times40+20\times30+65\times20}{100}=25$$

$$\bar{x}_4=\frac{20\times30+70\times20+10\times10}{100}=21$$

$$\bar{x}_5=\frac{10\times20+90\times10}{100}=11$$

$$\bar{x}_6=\frac{25\times30+55\times20+20\times10}{100}=20.5$$

将组织的自我期望形象和组织的实际社会形象的差距揭示出来，是公共关系调查的一项关键性工作，它为组织客观地了解自己和社会公众的态度、调整公共关系战略、制定公共关系计划提供了可靠的信息数据和形象化的分析观察资料。

图6-3揭示的是图6-1"组织形象地位四象限图"中(40,20)点处的那个公司的形象差距。根据该图可以清楚地看出，该公司除了"服务方针正直"一项形象要素主客观形象接近重合以外，其他各项形象要素均有相当差距，这个差距就是形象内容间隔，它清楚地显示出该公司处于"组织形象地位四象限图"中(40,20)点处的象限Ⅲ的具体原因。

该公司处于低美誉度和低知名度的象限Ⅲ的原因，首先，虽然他们有正直的服务方针，但是管理名气小，公司规模也小，这就使得该公司的知名度难以提高。其次，该公司的服务态度不理想，主客观要求差距较大，这又构成该公司美誉度低的主要原因。

## 第三节　组织公众舆论的调查

组织的某项政策、某个行为是否得到了公众的理解和支持，支持率有多高，这些对一个组织下一步的公共关系战略意义非凡。公众舆论调查法就是把握组织（或企业）公众舆论环境，从而帮助其改进公共关系状态的一种科学方法。

### 一、公众舆论及其构成

公众舆论是一个含有多层结构的表层意识，是由公众的各种意见和态度构成的集合体。根据舆论各部分分解值的大小，可以统计出公众舆论的倾向和影响力，从而有效地把握公众舆论环境。

要衡量舆论分解部分的值，首先要确定舆论标志和舆论指标体系。

（一）舆论标志

舆论标志表明各种公众意见在一定时间和空间所达到的规模和发展趋势，它揭示各类舆论的综合对比关系，是对舆论总体趋向的描述。

按舆论分布的区域和公众人数的多少，可把舆论标志分为以下四个等级：

1.主导舆论，是指在一定范围内有70%以上的人所坚持的共同意见；

2.分支舆论，是指同时存在的几种有相当数量的公众赞成的一致意见；

3.次舆论，是指在某些局部地区有多数人坚持但并不具有全局性的意见；

4.微舆论，是指小社会环境下的群体舆论，舆论主体只是很少一部分人。

（二）舆论指标

舆论标志揭示的是某种舆论整体的强度与量度特征，而这种标志又是通过舆论指标体系反映出来的。

舆论指标主要分两类：一类是量度指标，另一类是强度指标。

1.舆论的量度指标。它包括两个量的乘积，第一个量是公众的数量，第二个量是公众的分布种类。量度指标越大，表明公众舆论的影响越广，越具有权威性。

例如，在特定公众范围内对某一组织的某项政策措施进行舆论调查，选择调查的人数为10000人，选择测定的公众种类为5种，那么，舆论的量度指标则为50000人（10000人×5），即通过10000人的测定可以大致推出50000人对这项措施所具有的态度。

2.舆论指数。舆论量度中公众的数量和分布种类是相互联系、相互协调的舆论指数。用公式表达：

$L_S=R\cdot f$

公式中，$L_S$代表量度指数，$R$是测量公众人数，$f$是公众的分布种类。要取得公众对某一行为所持态度的量度数据，可用上式计算。

3.舆论调查。主要是测定出持肯定态度和否定态度的人占全部量度指数的百分比，指数百分比大的舆论，就是高指标舆论，即为广度舆论，说明这种舆论在整个公众的分布上占有优势。而指数百分比小的舆论则是低指标舆论，即狭度舆论，它处于被支配的地位。

取得上述量度指标的公式是：

肯定态度的量度指标$L_k=\dfrac{L_S k}{L_S}\times100\%$

否定态度的量度指标$L_f=\dfrac{L_S f}{L_S}\times100\%$

例如，某企业对所采取的企业行为进行公众舆论调查，选择10000人为调查对象，调查结果，7000人表示赞成，2000人表示反对，另有1000人未表示任何态度，测量的量度指标分别为：

$$L_k=\frac{7000}{7000+2000}\times100\%=77.78\%$$

$$L_f=\frac{2000}{7000+2000}\times100\%=22.22\%$$

经过计算可以得出，对企业这种行为持肯定态度的量度指标是77.78%，持否定态度的量度指标是22.22%，肯定态度属于主导舆论，处于支配地位；否定态度属于次舆论或分支舆论，处于从属地位。

4.舆论的强度指标。调查对象在表达对某种行为的意见时，不同调查对象，具有不同的强烈程度，用指数体系表示出来，叫做舆论的强度指标。

假设，公众对某企业行为的态度有十分赞成(D)、赞成(C)、比较赞成(B)、无所谓(A)、不够赞成(–B)、不赞成(–C)、极不赞成(–D)7个等级，哪一级差的人数多，舆论强度的指标就大(见图6–4)。

| –D | –C | –B | A | B | C | D |
|---|---|---|---|---|---|---|
| 极不赞成 | 不赞成 | 不够赞成 | 无所谓 | 比较赞成 | 赞成 | 十分赞成 |

图6–4　公众舆论强度级差图

舆论强度表达的是公众态度的坚定程度，描述公众对某个行为评价的质量。强度指标计算的公式如下：

肯定态度的强度指标$q_k=\frac{B(C、D)}{L_S}\times100\%$

否定态度的强度指标$q_f=\frac{-B(-C、-D)}{L_S}\times100\%$

例如，一个企业就某个新的服务项目的支持态度或反对态度对10000名公众进行调查，所得结果表明，拥护这个项目的有6000人，反对的有3000人，其余1000人不置可否。其中，对这个项目充分肯定的有600人，坚决否定的有300人，这样，显示对该项目充分肯定的态度指标则是：

$$q_k=\frac{600}{6000+3000}\times100\%=6.67\%$$

由此可以推出，有6.67%的公众坚决赞成这个新的服务项目。

## 二、公众舆论测量模型

舆论模型是标示舆论动态的坐标体系，它将舆论的量度指标和强度指标有机地展示在一个平面上，醒目地展现舆论状态和趋势。

编制公众舆论测量模型有三个步骤:①指标测定;②编制坐标;③勾画曲线图。

舆论测量模型由两条垂直相接的直线组成,横轴表示舆论强度的各个级差,纵轴表示舆论量度的指数。如图6-5所示,从A点开始,右侧三个级差是肯定性态度级差,左侧三个级差是否定性态度级差,它们的强弱走向正好相反。

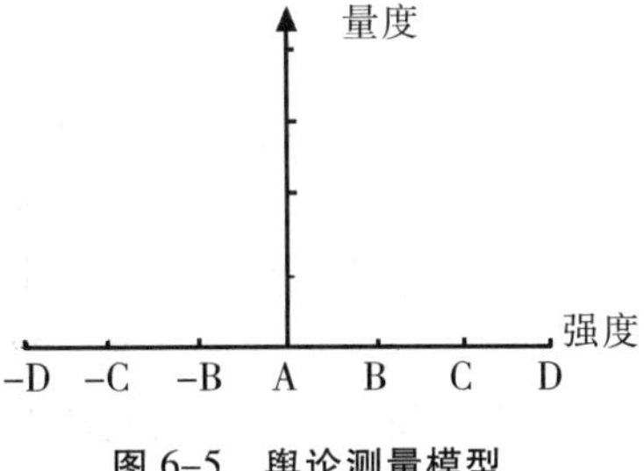


图 6-5 舆论测量模型

图6-5纵轴上的刻度表明量度指数的级差,每一刻度表示的人数可由调查者根据调查对象的人数和范围确定,一般以1000人或10000人为一刻度。

舆论测量模型的制作实例:

一个公司就一种新的服务项目对1000人的态度进行了调查,这1000名公众是从辖区的5个区域中的6类不同公众中按比例选定的。其调查旨在测量对该服务项目支持程度和不支持程度。调查结果如下:

1.量度指数计算结果

1000人×5×6=30000人

2.量度指标计算结果

$$L_k=\frac{21000}{30000}\times100\%=70\%$$

$$L_f=\frac{9000}{30000}\times100\%=30\%$$

由此可以推断,有70%的公众对新项目持支持和拥护态度,有30%的公众对新项目持反对或不满意态度。

3.强度指标计算结果

$$q_k=\frac{B\times10000\text{人}}{30000\text{人}}\times100\%=33.3\%$$(比较支持的人占33%)

$$q_f=\frac{-B\times500\text{人}}{30000\text{人}}\times100\%=1.7\%$$(不支持的人占1.7%)

$$q_k=\frac{C\times8000\text{人}}{30000\text{人}}\times100\%=26.7\%$$(支持的人占27%)

$$q_f=\frac{-C\times5000\text{人}}{30000\text{人}}\times100\%=16.7\%$$(不支持的人占17%)

$$q_k=\frac{D\times3000\text{人}}{30000\text{人}}\times100\%=10\%$$(十分支持的人占10%)

$$q_f=\frac{-D\times 3500\text{人}}{30000\text{人}}\times 100\%=11.7\%$$（坚决不支持的人占10.5%）

4.舆论模型图的制作

制作舆论模型图，就是把上述指标体系在坐标轴上标示出来，然后将所得到的坐标点用曲线连接起来，形成公众舆论变化的趋势和走向。

图6-6右侧肯定舆论的曲线表明，对这个新项目比较赞成的人数最多，其次是赞成的人数，带有箭头的虚线表明对该项目持肯定态度的人数有2.1个刻度，每个刻度为1万人，那么共有2.1万人的模拟数。与左侧的否定舆论相比，否定舆论的曲线低矮，与肯定曲线相差悬殊。所以，从总体上观察，立即可以看出肯定舆论占据绝对优势，无疑是一种占主导地位的舆论。说明该公司的这个新服务项目的社会评价很好，可以继续实施。

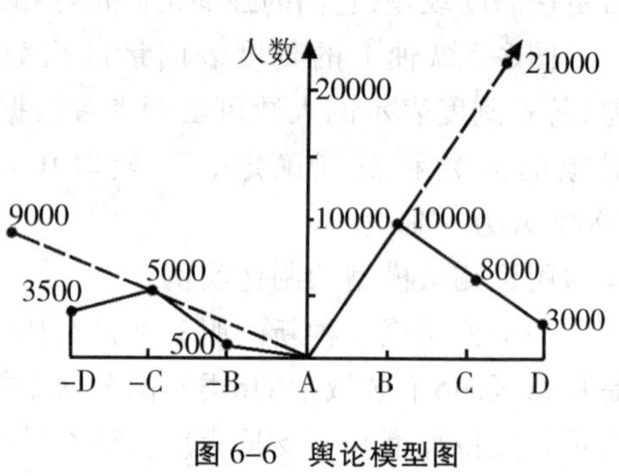


图6-6 舆论模型图

## 第四节 组织内部公共关系状况的调查

公共关系的宗旨是内求团结、外求发展。因此，除了了解外部社会公众心目中本组织的形象、地位、舆论环境，以采取相应的公共关系对策之外，还应掌握组织（或企业）内部的心理气氛、人际关系及内聚力的状况。

### 一、组织内部群体内聚力调查

群体内聚力主要反映组织内部所形成的集体意识、相互合作的气氛以及组织对其成员和群体产生的向心力的大小。这是衡量一个组织的战斗力高低的尺度。公共关系人员可以通过各种方式，收集内部员工的意见，把握员工的思想脉搏，了解员工的思想情绪。其具体调查方法有：

（一）民意测验法

通过定期向员工分发调查表，可以向员工了解如下问题：

1.您了解公司近来的处境吗？

2.近来公司里什么事情使您最高兴？

3.您在工作中最讨厌的是什么？

4.您目前最忧虑的是什么？

5.您最近是否受到过不公平的待遇?

6.您周围有什么不和睦的事件?是谁的责任?

7.您对工作环境有什么不满意的地方?

8.您认为公司应该为职工做哪些最迫切的事情?

9.您能提供哪些对公司有益的建议?

10.您乐意向别人介绍公司的情况或你自己的工作情况吗?

通过分析调查结果,把其中有普遍意义的资料分类汇总,供公共关系决策采用。

(二)群体内聚力量表法

量表,是一种测量的工具。在心理学中,量表是指具有一系列测验项目的表格,其中每一个项目都赋予一定的分值。量表的种类很多,根据测量的不同目标,可分为智力量表、态度量表、群体内聚力量表等。

通过群体内聚力量表法,可以调查到以下情况:

1.员工对群体目标的理解和认知程度。主要了解群体成员对群体目标是否一致和自觉,是否自愿地为组织目标而工作。

2.员工对群体现状的满意程度。包括员工对组织内群体归属感和荣誉感的态度。

3.员工对群体受到外部压力,特别是受到非正常压力时的态度。一般来说,这种时刻最能检验成员对群体是否满意等态度。

4.员工对群体领导信任、喜爱和满意的程度。

5.员工对群体成就与个人成就关系的认识。成员在这一问题上所表现的认为两者矛盾、没有关系、两者一致以及为了群体可以牺牲个人成就等等观点,可以反映出一个群体内聚力的大小。

测量以上这些内容,都要设计问卷表,制定不同情况的分值。通过测定结果的平均值,可得出群体内聚力的情况。

根据W.E.斯考夫等人在《语意差异作为士气量度的一般性和重要尺度》一文中提供的图表,可以量度群体内聚力。该问卷表如下:

你对你的同事在大部分时间内的感觉如何?有以下9对形容词来形容。请就以下空格中选取一个最适当的空格做个记号,以说明你对同事的感觉。

我的同事们：

| | 非常 | 十分 | 有点儿 | 说不好 | 有点儿 | 十分 | 非常 | |
|---|---|---|---|---|---|---|---|---|
| 合作 | — | — | — | — | — | — | — | 不合作 |
| 愉快 | — | — | — | — | — | — | — | 不愉快 |
| 吵架 | — | — | — | — | — | — | — | 情投意合 |
| 自私 | — | — | — | — | — | — | — | 不自私 |
| 爱挑衅 | — | — | — | — | — | — | — | 和蔼可亲 |
| 精力充沛 | — | — | — | — | — | — | — | 无能为力 |
| 效率高 | — | — | — | — | — | — | — | 效率低 |
| 聪明 | — | — | — | — | — | — | — | 笨拙 |
| 不帮助人 | — | — | — | — | — | — | — | 能帮助人 |

记分：合作、愉快、精力充沛、效率高和聪明，从最左边的7分到最右边的1分，其他形容词则从最右边的7分到最左边的1分。内聚力得分是以上分数之和。

## 二、组织内部社会心理气氛的调查

群体社会心理气氛是制约和形成人们在劳动群体中相互关系的环境总和，其气氛好坏主要体现在群体成员的工作态度和他们在劳动、工作过程中的相互关系之中，表现在以下三个方面：

其一，群体成员是否在工作中产生了比较协调、融洽的相互关系，群体是否团结，群体的情绪和意见是否都能得到反映。

其二，群体中成员是否有共同的行为规范并自觉遵守，是否有正确的劳动态度，其领导人是否具有良好的风格和价值观。

其三，群体内部的情绪是否高昂，心理状态是否积极，生活表现形式是否有序。

前苏联学者鲁陶什金，研究出一套颜色目录法，测定组织中群体的静态和动态的社会心理气氛，用颜色目录表示个体和群体的不同情绪状态。

鲁陶什金在颜色目录中，用不同颜色代表不同情绪：红色——兴奋；橙色——快乐；黄色——明快、愉快；绿色——安静、沉着；蓝色——忧郁、悲伤；紫色——焦虑、不满；黑色——沮丧、颓废。

第一步，制定情绪日记表(见表6–2)。

第二步，制定群体颜色总记录表。

班组群体中指定专人将每一个成员的情绪日记记录汇总，制成基层群体颜色表的总记录表(见表6–3)。表中每周记5天，一共记录了8个人的情况，形象地记录了该组8个成员在半个月

**表6–2　情绪日记表**

| 姓 名 | | 日 期 | 月 日 |
|---|---|---|---|
| 红 色 | | | |
| 橙 色 | | | |
| 黄 色 | | | |
| 绿 色 | | | |
| 蓝 色 | | | |
| 紫 色 | | | |
| 黑 色 | | | |
| 无法表述 | | | |

中的情绪变化情况。

**表6–3 基层群体颜色总记录表**

| 姓 名 | 时 间 | | | | | | | | | |
|---|---|---|---|---|---|---|---|---|---|---|
| | 星期一<br>6日 | 星期二<br>7日 | 星期三<br>8日 | 星期四<br>9日 | 星期五<br>10日 | 星期一<br>13日 | 星期二<br>14日 | 星期三<br>15日 | 星期四<br>16日 | 星期五<br>17日 |
| 赵××(男) | 绿 | 绿 | 黄 | 绿 | 蓝 | 橙 | 黄 | 绿 | 绿 | 蓝 |
| 钱××(女) | 蓝 | 黄 | 黄 | ? | 紫 | 绿 | 黄 | 蓝 | 绿 | 绿 |
| 孙××(男) | 绿 | 橙 | 橙 | 绿 | 绿 | 黄 | 黄 | 蓝 | 绿 | ? |
| 李××(女) | 黄 | 绿 | 绿 | 绿 | 红 | 橙 | 黄 | 蓝 | 绿 | 橙 |
| 周××(男) | 蓝 | 橙 | 黄 | 绿 | 绿 | 橙 | 蓝 | 黑 | 黄 | 绿 |
| 吴××(女) | 橙 | 黄 | 绿 | 蓝 | ? | 绿 | 绿 | 绿 | ? | 黄 |
| 陈××(男) | 黄 | 绿 | 橙 | ? | 黄 | 绿 | 蓝 | 紫 | 绿 | ? |
| 王××(女) | 绿 | 红 | 黄 | 黄 | 绿 | 绿 | 蓝 | 绿 | 蓝 | 绿 |

注:? 为无法表述。

第三步,计算一天中群体心理气氛的平均基调。

为了将情绪变化用数量来表示，鲁陶什金采用了心理学中的主观量表法确定不同情绪的主观评价分数，将红色表示的情绪状态评价为3分，橙色评价为2分,黄色评价为1分,绿色评价为0分,蓝色评价为–1,紫色评价为–2分,黑色评价为–3分。

然后用一个加权计算公式,计算出每一天中群体心理气氛的平均基调(见表6–4)。

**表6–4 基层群体颜色总记录表:颜色—数字换算表**

| 姓 名 | 星 期(月、日) | | | | | | | | | |
|---|---|---|---|---|---|---|---|---|---|---|
| | 星期一 | 星期二 | 星期三 | 星期四 | 星期五 | 星期一 | 星期二 | 星期三 | 星期四 | 星期五 |
| 赵 | 0 | 0 | 1 | 0 | –1 | 2 | 1 | 0 | 0 | –1 |
| 钱 | –1 | 1 | 1 | ? | –2 | 0 | 1 | –1 | 0 | 0 |
| 孙 | 0 | 2 | 2 | 0 | 0 | 1 | 1 | –1 | 0 | ? |
| 李 | 1 | 0 | 0 | 0 | 3 | 2 | 1 | –1 | 0 | 2 |
| 周 | –1 | 2 | 1 | 0 | 0 | 2 | –1 | –3 | 1 | 0 |
| 吴 | 2 | 1 | 0 | –1 | ? | 0 | 0 | 0 | ? | 1 |
| 陈 | 1 | 0 | 2 | ? | 1 | 0 | –1 | –2 | 0 | ? |
| 王 | 0 | 3 | 1 | 1 | 0 | 0 | –1 | 0 | –1 | 0 |

换算公式：$A=\frac{\sum(+)+\sum(-)}{n}$

其中，$A$代表用情绪状态表征的群体心理气氛的平均基调。

$\sum(+)$代表所有获得正的情绪分数的总和；

$\sum(-)$代表所有获得负的情绪分数的总和；

$n$代表在这一天中所记录到的群体成员数量；

第四步，制作群体心理气氛动态图。

将测定的结果按以上公式计算后，就可绘制出两周内该群体情绪变化的情况动态图（见图6-7）。

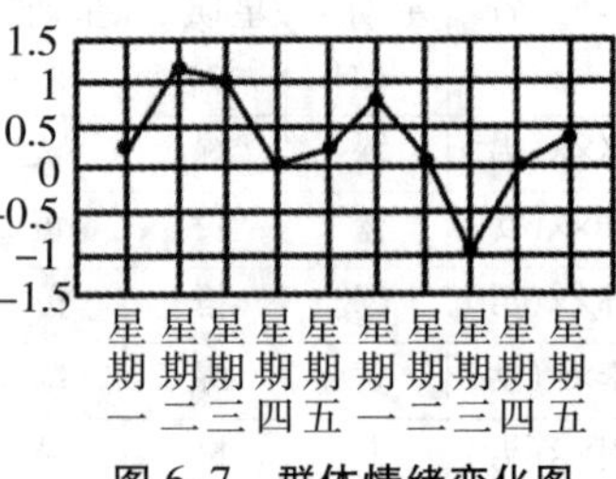


图 6-7　群体情绪变化图

第五步，画出群体心理气氛静态图。

鲁陶什金还制定了一套群体“心理气氛圈”的图示方法(见图6-8)。

根据鲁陶什金的想法，“心理气氛圈”分为四个象限，其中象限Ⅰ为精神饱满区，象限Ⅱ为不满意区，象限Ⅲ为悲观区，象限Ⅳ为愉快安宁区。

可以将用颜色目录法测定出的群体情绪状态的结果画在“心理气氛圈”中。具体做法是“散点图”法，即哪种颜色出现几次，就在相应的区域里标几个点，使不同区域的点具有可比性，从而组成圈中的“云”状排列的“群体心理气象”图(见图6-9)。

图 6-8　心理气氛圈

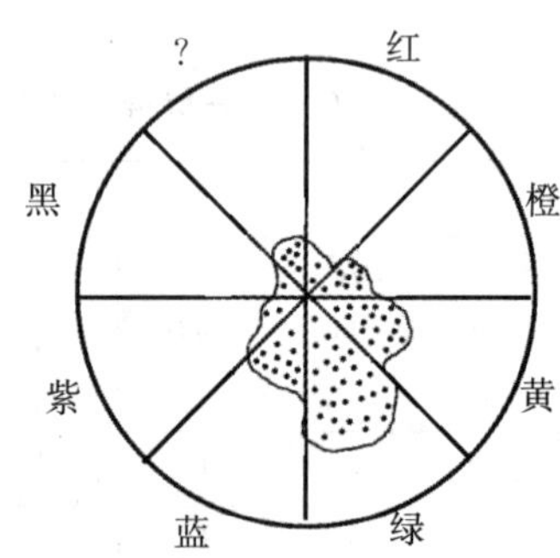


图 6-9　群体心理气象图

根据上图，可以观察出某一时期某企业内群体的社会心理气氛的趋势。

颜色目录法是一种把人的情绪转化为颜色、颜色转化为数据、数据转化为图像、图像还原为情绪的揭示人的心理现象的简易而又客观的方法。对公关人员研究群体内部公共关系状况大有裨益。

### 三、组织内部人际关系状况的调查

组织内部的人际关系直接影响到内部公共关系状况，影响到组织在内外公众心目中的形象。这里介绍组织内部人际关系调查的两种方法。

(一)人际沟通的问卷调查法

将下列问卷发给员工,当场回答,不准互相商量。在问卷中有三个选择答案,由被调查对象打钩,尽量不要留空格。在答卷过程中要求被调查者在组织内部的范围内考虑,不要想自己的家庭成员。

问卷内容:

| 问题　　　　　　　　　　答案: | 是（通常是） | 不（很少是） | 有时（有时是） |
|---|---|---|---|
| 1.在交谈时,你说出来的话是否都像你愿意说的那样说出来? | | | |
| 2.有人问你一个问题,你觉得他问得不够清楚,你是否要他解释一下? | | | |
| 3.当你解释某件事情时,别人是否插嘴? | | | |
| 4.你是否认为你所要说的别人都懂得,你不必多做解释? | | | |
| 5.你是否要别人告诉你,他对你所谈的论点有什么感觉? | | | |
| 6.你和别人交谈是不是一件困难的事情? | | | |
| 7.在交谈中,你是不是谈些对你和别人都感兴趣的事情? | | | |
| 8.如果你的看法和周围人的看法不一样,你是否觉得很难发表你的看法? | | | |
| 9.在交谈中,你是否把你自己处于对方的地位?是否设身处地替别人想一想? | | | |
| 10.在交谈中,你是否倾向于多说话? | | | |
| 11.你是否知道你说话的声调会影响别人? | | | |
| 12.你是不是避免谈那些会伤害别人感情或使事情变得更糟的事情? | | | |
| 13.你接受别人建设性的批评是不是很困难? | | | |
| 14.有人说话,伤了你的感情,你是不是和他讨论这件事? | | | |
| 15.你伤了别人的感情,是否事后向他道歉? | | | |

16.如果有人反对你的意见，你是否感到非常反感？

17.当你对某个人感到愤怒时，你是否觉得很难有条理地考虑问题？

18.你会不会因为怕得罪别人而不敢发表不同于别人的意见？

19.在你和另一个人之间发生争执时，你能不能和这个人商谈而不发火？

20.当你和别人解决意见分歧的问题之后，你感到满意吗？

21.有人使你心烦意乱，你会不会恼火？

22.有人赞扬你，你会不会感到不安？

23.一般地说，你能不能信任别人？

24.表扬别人、夸奖别人，你会感到是困难的事情吗？

25.你是否有意对别人隐瞒你的缺点或过失？

26.你会不会对别人谈你的思想、感情和信念，使别人了解你？

27.你是不是很难理解别人？

28.当你在讨论问题时动了感情，你想不想换个题目来谈？

29.在交谈中，你是不是等别人说完，你才对他所说的作出反应？

30.当你和别人谈话时，你会不会想别的事情而不注意他说话？

31.当有人在说话时，你是不是想听一听他说的是什么意思？

32.当你在说话时，别人是不是都在听着？

33.在讨论问题时，你是不是很难从别人的观点中看出事情的究竟？

34.别人在说话，你没听他的，你会不会假装听他说话？

35.在交谈中，你能不能指出对方所说的和他所感觉的这两者之间的不协调之处？

36.在说话时，你知不知道别人怎样对你所说的话作出反应？

37.你会不会感觉到别人希望你变成另外一种人？

38.别人是不是理解你的感情？

39.别人会不会说，你总认为你是正确的？

40.当你知道你做错了某件事情时，你是否承认你错了？

(二)人际关系状况的社会测量法

第一次把人与人之间的关系由一种无形的东西变为可以度量的东西，使人际关系的评估方法由经验型走向科学型的，是美国心理学家雅各布·莫雷诺。

把被调查者每个人所得总分相加后，就是这个组织或群体中被调查者的总分(参考答案见表6–5)。

**表6–5 参考答案**

| 题号 | 是 | 不 | 有时 | 题号 | 是 | 不 | 有时 |
|---|---|---|---|---|---|---|---|
| 1 | 3 | 0 | 2 | 21 | 0 | 3 | 1 |
| 2 | 3 | 0 | 2 | 22 | 0 | 3 | 1 |
| 3 | 0 | 3 | 1 | 23 | 3 | 0 | 2 |
| 4 | 0 | 3 | 1 | 24 | 0 | 3 | 1 |
| 5 | 3 | 0 | 2 | 25 | 0 | 3 | 1 |
| 6 | 0 | 3 | 1 | 26 | 3 | 0 | 2 |
| 7 | 3 | 0 | 2 | 27 | 0 | 3 | 1 |
| 8 | 0 | 3 | 1 | 28 | 0 | 3 | 1 |
| 9 | 3 | 0 | 2 | 29 | 3 | 0 | 2 |
| 10 | 0 | 3 | 1 | 30 | 0 | 3 | 1 |
| 11 | 3 | 0 | 2 | 31 | 3 | 0 | 2 |
| 12 | 3 | 0 | 2 | 32 | 3 | 0 | 2 |
| 13 | 0 | 3 | 1 | 33 | 0 | 3 | 1 |
| 14 | 3 | 0 | 2 | 34 | 0 | 3 | 1 |
| 15 | 3 | 0 | 2 | 35 | 3 | 0 | 2 |
| 16 | 0 | 3 | 1 | 36 | 3 | 0 | 2 |
| 17 | 0 | 3 | 1 | 37 | 0 | 3 | 1 |
| 18 | 0 | 3 | 1 | 38 | 3 | 0 | 2 |
| 19 | 3 | 0 | 2 | 39 | 0 | 3 | 1 |
| 20 | 3 | 0 | 2 | 40 | 3 | 0 | 2 |

1934年，莫雷诺创立了一种测量和评估社会人际关系的有效方法——社会测量法。这个方法的具体内容是:提出一些人际选择性的问题,让被测试群体内的成员对相互关系进行判断和选择,然后把人们互相选择的结果,通过图表整理出来,揭示出该群体的人际关系结构。

这个方法的实际运用有以下几个步骤:

第一步,设计测量标准。

社会测量法主要通过群体内成员的相互选择,来测定人际间的关系。因此,首先要设计成员相互选择的问题,即测量标准。

测量标准的设计,应选那些能够反映群体成员相互间关系的问题,一般以工作和生活上的反映感情亲疏的问题为内容。如:你愿意和谁一起工作? 你有困难时愿意找谁帮助? 你有心里话愿意对谁讲? 等等。

测量标准又可分为强标准和弱标准。强标准是指对工作和生活有重要意义、反映长时间关系的问题,弱标准仅反映一般关系和短时间、一次性交往的问题。在设计测量标准的时候,强标准和弱标准要有所选择,使测量标准科学、客观、实际。

在填写答案卡时,要求肯定的选择用“+”表示,否定的选择用“-”表示,不置可否的选择用“0”表示。

第二步,确定选择数量。

确定选择数量有两层含义:一是使用几个选择标准,以真实准确地反映群体内的人际关系为原则;二是根据测量标准,确定被选者人数的限额。

第三步,测量前的准备工作。

在测量前,应向被测试群体成员讲清测量的目的、意义、方法,以便得到他们的理解和配合。

第四步,发放并填写社会测量个人答案卡(见表6–6)。

**表6–6　社会测量个人答案卡**

| 选择者 | 被选择者 | | | | | | | 选择标准 |
|---|---|---|---|---|---|---|---|---|
| | 1 | 2 | 3 | 4 | 5 | 6 | 7 | |
| 1 | | | | | | | | 一 |
| | | | | | | | | 二 |
| | | | | | | | | 三 |
| | | | | | | | | 四 |
| | | | | | | | | 五 |
| | | | | | | | | 六 |

测量时将社会测量个人答案卡发给成员。表中被选择者栏中1、2、3、4、5、6、7是被测试群体的7个成员的代号；选择者栏中1，表示被试者自己的代号；竖的6个栏目则分别为6项选择标准。

第五步，统计测量结果，画出社会测量矩阵图(见图6–10)。

|  | 1 | 2 | 3 | 4 | 5 | 6 | 7 |
|---|---|---|---|---|---|---|---|
| 1 |  |  |  |  | + | + |  |
| 2 | + |  | + | - |  |  |  |
| 3 |  | + |  | - |  |  |  |
| 4 | + |  |  |  |  |  |  |
| 5 | + |  |  |  |  | + |  |
| 6 | + |  |  |  | + |  |  |
| 7 |  |  |  |  |  |  |  |
| 合计 | 4 | 1 | 1 | -2 | 2 | 2 |  |

注：此图根据标准一绘制。

**图 6–10　社会测量矩阵图**

将被试者填好的社会测量个人答案卡收上来以后，把测量结果统计在事先绘制好的社会测量矩阵图内。必须注意：矩阵图必须是一个测量标准绘制一张。

运用这种矩阵图表示法可以进一步量化分析群体中某个成员的人际关系状况，以及该群体的内聚力、离心力等状况，从而将组织内部公共关系状况揭示出来。

经过改进，图6–10的社会测量结果还可以用"社会测量选择结果表"表示出来。表6–7中数据用圆圈圈起来的，表示互相选择；无圆圈的表示单向选择。

**表6–7　社会测量选择结果表**

| 编号 | 他选择谁 |  | 谁选择他 |  |
|---|---|---|---|---|
|  | 正选择 | 负选择 | 正选择 | 负选择 |
| 1 | ⑤ ⑥ |  | 2　4 ⑤ ⑥ |  |
| 2 | 1 ③ | 4 | ③ |  |
| 3 | ② | 4 | ② |  |
| 4 | 1 |  |  | 2　3 |
| 5 | ① ⑥ |  | ① ⑥ |  |
| 6 | ① ⑤ |  | ① ⑤ |  |
| 7 |  |  |  |  |

第六步，绘制社会测量结果图。

为了使调查结果更形象、更直观，可以将图6–10的社会测量矩阵图绘制成社会测量结果图(见图6–11)。

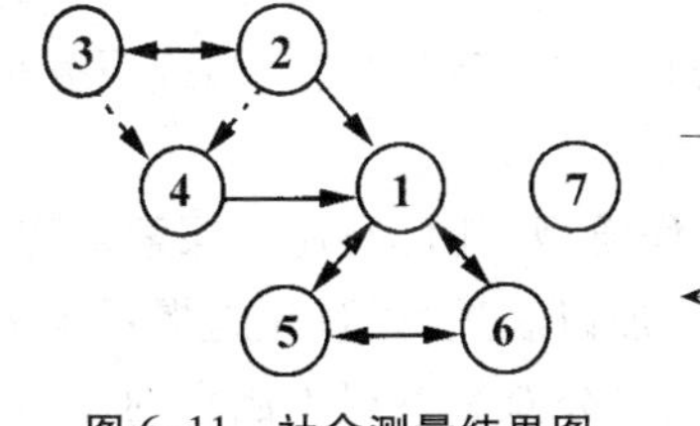


→ 代表肯定选择

- -> 代表否定选择

↔ 代表相互肯定选择

**图 6–11　社会测量结果图**

从图6–11可以分析出，在这个由7人构成的小群体中，1号是明星人物，4号是争议人物，7号是孤立人物，1号、5号、6号构成一个亚群，2号、3号构成一个次亚群。

· 第七步，人际关系特性的量化。

根据图6–10和图6–11所提供的资料，通过某些计算，我们可以将人际关系有关特性数量化。

第一，可以算出群体内某成员的人际关系状况指数$S$，它是指某成员得到的选择数的总和除以总人数减1，其公式为：

$$S_i=\frac{\sum(M_{i+}+M_{i-})}{N-1}$$

此公式中，脚标$i$代表群体中第$i$个成员，在上面的例子中，可以是第一个到第七个中的任何一个；$M_{i+}$表示其他成员对成员$i$的正选择，其值为正数；$M_{i-}$表示其他成员对成员$i$的负选择，其值为负数；$N$表示群体总人数。

在图6–11中，如果求成员1的人际关系状况指数$S_1$，其指数为：

$$S_1=\frac{\sum(M_{1+}+M_{1-})}{N-1}=\frac{4}{6}\approx 0.67$$

这里的$M_{1-}$都是0。

比较各成员的$S$值，$S$值大的说明人际关系状况好。

第二，可以算出群体内聚力指数$C$，它等于成员间实际相互正选择的总数除以可能存在的相互选择的总数，其公式为：

$$C_i=\frac{\sum M_{i+j}}{C^2_N}$$

此公式中，$M_{i+j}$表示群体中成员$i$和成员$j$相互正选择；$C^2_N$是一个组合数公式，其值为群体中可能存在的相互选择的总数。

在图6–11中，群体内聚力指数$C$为：

$$C_i=\frac{\sum M_{i+j}}{C^2_N}=\frac{8}{\frac{7!}{2!\times(7-2)!}}=\frac{8}{21}\approx 0.38$$

比较不同群体的$C$值，$C$值大的说明群体内聚力较高。

## 四、公众满意度SEM模型分析

### （一）公众满意度SEM模型的基本内容（见图6–12）

公众满意度就是公众认为某组织的产品或服务是否达到或超过他们的预期的一种感受程度。

SEM是一种结构方程模型，其目的在于探索事物之间的因果关系，并将这种因果关系、路径图等形式加以表述，以量化地揭示组织的产品或服务在公众心目中的满意程度，并据此找出公众满意或不满意的原因。具体项目指标，为组织调整其公共关系战略提供依据。

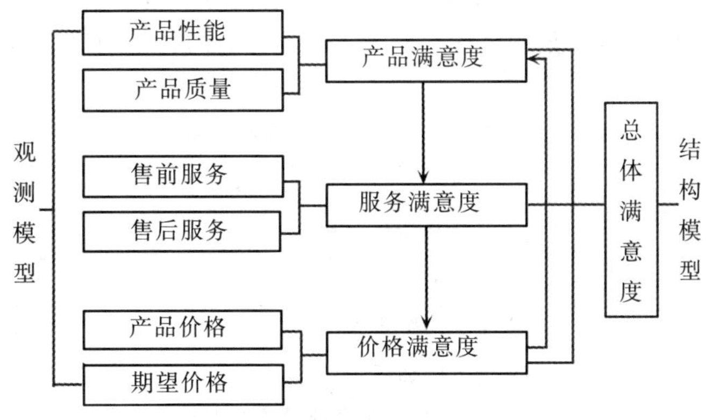

图6-12　公众满意度SEM结构模型

在该模型中包括两类变量:一类为观测变量,又称为显变量,是可以通过访谈或其他方式调查得到的;一类为结构变量,是无法直接观测的变量,又称为潜变量。

以上各变量之间均存在一定的关系,这种关系是可以量化计算的。计算出来的参数值大小,意味着该指标对满意度影响的大小,都是直接决定公众对本组织产品或服务接受与否的重要因素。对数值的科学测算和参数的提供,可以帮助找出影响公众对产品或服务满意度的关键绩效因素，引导企业进行有的放矢的完善或改进,达到调整和提升公众满意度的目的。

(二)公众满意度SEM模型的应用

1.满意度模型的设计

设：$x_n$——待构建的测量指标；

λ——各指标对上一级指标的影响大小；

$\zeta_n$和$\delta_n$表示误差,是受模型外因素影响部分。

其模型见图6-13。

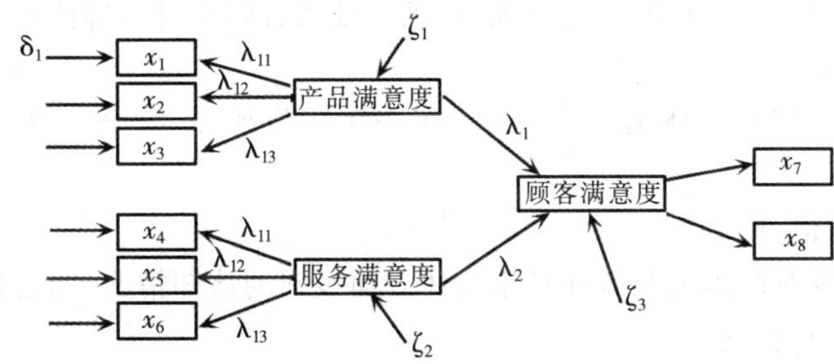

图6-13　某公司公众满意度SEM模型

2.构建具体测量指标

基于建立的满意度SEM模型,围绕一个组织的产品或服务的品种、项目,以及提供的售前、售中、售后服务三个环节的多方面的具体内容,详尽构建具体的观测指标(见表6-8)。

**表6-8 公众满意度观测指标**

<table>
<tr><th>结构变量</th><th colspan="2">观测变量</th></tr>
<tr><td rowspan="4">产品满意度</td><td colspan="2">1.对产品质量的总体评价</td></tr>
<tr><td colspan="2">2.对业务一的感知</td></tr>
<tr><td colspan="2">3.对业务二的感知</td></tr>
<tr><td colspan="2">4.对业务三的感知</td></tr>
<tr><td rowspan="10">服务满意度</td><td rowspan="4">售前服务</td><td>1.对服务质量的总体评价</td></tr>
<tr><td>2.对企业形象的评价</td></tr>
<tr><td>3.对业务宣传的评价</td></tr>
<tr><td>4.对业务咨询的评价</td></tr>
<tr><td rowspan="3">售中服务</td><td>1.对服务窗口的评价</td></tr>
<tr><td>2.对业务办理过程的感知</td></tr>
<tr><td>3.对服务热线的感知</td></tr>
<tr><td rowspan="3">售后服务</td><td>1.对信息反馈的评价</td></tr>
<tr><td>2.对服务及时性的评价</td></tr>
<tr><td>3.对投诉处理的评价</td></tr>
<tr><td>公众总体满意度</td><td colspan="2"></td></tr>
</table>

3.调查取样

在明确了指标之后,下一步工作就是对这些指标进行问卷或访谈调查。问卷设计一般包括以下内容:

(1)甄别部分

该部分设计一些过滤性的问题,以确保被访者属于目标群体。

(2)总体评价

让被访者进行总体满意度打分, 可采用10分制:1表示非常差,10表示非常好。

(3)表示得分

了解顾客对产品或服务在各个具体方面表现的认知情况。与总体评价一致,仍采用10分制进行打分。

(4)背景资料

如人口和生活方式信息，这些信息用于分类。如某一特定人口或生活方式群体比一般公众满意度是高还是低？

4.借用Amos软件进行数据处理

在取得第一手数据之后，就可以借助软件对数据进行统计分析。不管采用哪种软件，其基本步骤都是一致的。

在这里，选择Amos软件进行分析。

将前面设计好的模型转移到特定软件中，建立某公司公众满意度模型，然后输入调查数据，就可以得到影响公众满意度的关键因素分析结果。

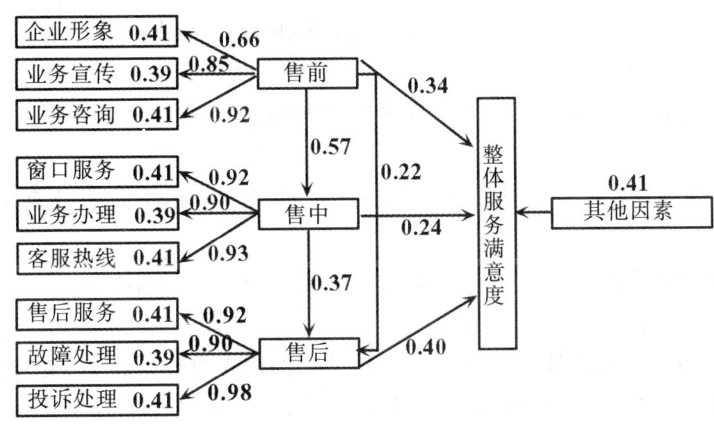


图6-14 公众满意度的关键因素分析模型图

在图6-14中，两指标之间的值就是统计出来的参数，它表示该指标对其上一级指标的影响，又称为贡献值。如果该值较大，则表明该指标对上一级指标的满意度影响较大；该值较小，则表明该指标对上一级指标的满意度影响较小。

根据图6-14参数统计结果，可以看出服务满意度的关键因素是售后服务（值为0.40），而售后服务中的投诉处理（值为0.98）又是关键中的关键。

由图6-14可以看出，服务方面的感知满意度对总体满意度的影响远高于产品满意度；再结合服务满意度的得分情况，可以得出结论：该公司目前应着重改善服务满意度。

## 第五节 公共关系调查方法及调查报告

这里所说的公共关系调查方法，是指一般通用的社会调查方法，公共关系人员需要用这些方法采集信息，并写出公共关系调查报告。

## 一、公共关系调查方法

根据公共关系调查的类型,可以把公共关系调查分为五种形式:

(一)断面调查

将社会公众作为一个横断面进行广泛的调查，目的是寻找各类公众对组织机构的不同意见和评价。

(二)分组调查

直接向特定的一类对象公众(如消费者)调查某一方面的意见和态度。

(三)专题调查

就组织形象的某一特定要素调查各方面的意见和想法。

(四)趋势调查

调查分析社会舆论和公众态度变化发展的趋势,据此作出公共关系的预测。

(五)动机调查

对公众态度作心理分析,找出影响公众态度的内在动机,以便制定公共关系策略。

从公共关系调查的具体途径来看,有以下几种主要方法:

(一)访谈法

分个别访问和集体座谈两种。个别访问的优点是谈话深入,受外界干扰小,缺点是费时太多;集体座谈节省时间、信息来源广、涉及范围较大,但座谈者往往易受他人发言观点的心理影响。

(二)观察法

分参与观察和非参与观察两种。参与观察是和被观察者一起活动,从活动中观察信息;非参与观察是作为旁观者观察。参与观察虽然能体验到被观察者的角色感受,但是容易受被观察者的情绪感染。而非参与观察的弱点是容易“走马观花”,了解问题肤浅。

(三)问卷法

也叫民意测验法。这种问卷分为开放式问卷和封闭式问卷两种。开放式问卷是对所提问题不作答案限制,由填答者自由表述自己的感受和建议;封闭式问卷是对问题给出几个可能的答案,由填答者在给出的答案范围内自己选择。前一种问卷对填答者没有限制,而后一种问卷对填答者来说更容易被接受,因为基本上可以不费多少精力。

另外,也可以将封闭式题目和开放式题目设计在同一问卷中,但在设计问卷时要进行科学的选择。表6–9表示某个企业形象问卷设计计划表。

表6-9 企业形象问卷设计计划表

| 调查内容 | 封闭式题目 | 开放式题目 | |
|---|---|---|---|
| 产品质量 | 20% | 15% | |
| 服务水平 | 10% | 10% | |
| 企业规模 | 5% | | |
| 对社区的贡献 | 10% | 5% | |
| 环境保护 | | 5% | |
| 员工精神面貌 | 10% | 10% | |
| …… | …… | …… | 总计100% |

(四)文献资料分析法

也叫案头资料研究。这种方法是利用手头可以找到的历年统计资料、档案资料、样本资料等日常收集、整理、储存的资料进行分析研究。工业发达国家一般都非常重视案头资料研究的价值。

(五)通讯调查法

这种调查法具体又分为两种形式:一种是邮寄调查法。将调查表邮寄给调查对象，要求对方在规定时间以前将表寄回。这种方法的优点是调查范围不受限制,但回收率较低,关键要看设计问卷的技巧。另一种是电话调查法。电话调查的优点是信息反馈迅速、费用低,但因为需要即时反应,故只适合于提简单问题,调查不易深入。

(六)案例研究法

对各类组织公共关系案例进行分析和比较，总结有益的经验和教训的一种方法。公共关系案例一般可分为历史案例和现实案例。这要求公共关系部门注意多收集公共关系案例。

(七)追踪调查法

公关人员对特定对象定时、定点的多次反复调查。其目的在于克服一般调查方法只掌握某段时间中静态资料的缺陷，通过连贯性调查掌握事物发展的动态资料,了解事物发展变化的轨迹,探寻事物的发展规律。这种方法可以联络感情,形成固定的信息反馈网点,但花费较大。

(八)抽样调查法

所谓“抽样”,就是从要调查的众多群体中,抽出一小部分作为代表。与组织(或企业)发生联系的公众往往是数量很大的。因此,采用抽样方法比较经济、迅速、有效。抽样方法有间隔随机抽样、分层随机抽样、分群随机抽样、系统抽样等。采用抽样方法的关键在于如何使抽样结果更有代表性，这就需要确定一个较合理的误差率。

## 二、公共关系信息分析

公共关系调查所掌握的情况、数据和知识等信息是客观的，如何使这些客观的信息变成对公共关系活动有用的信息还是一项繁杂的工作。这项工作的开端是对所得信息进行分析。

公共关系信息的分析方法有下列几种：

### (一)因果分析图

因果分析图也叫特性因素图，因其形状又称为鱼刺图。

为了寻找产生某种公共关系问题的原因，可根据调查所得资料和本组织人员的分析，集思广益，收集意见，然后将收集的意见反映在一张图面上。例如，某组织分析信誉下降的原因(见图6-15)。

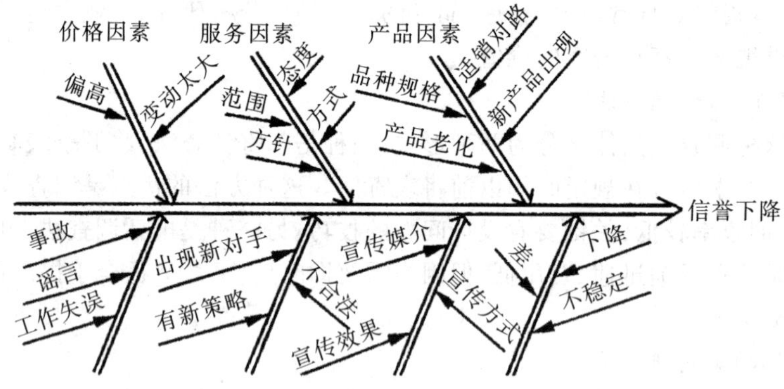


**图 6-15 因果分析图**

### (二)雷达图

采用雷达图对本组织优劣的分析，可以明确存在的主要问题和公关工作的重点目标。通过调查分析，根据一一对照原则将某一组织(或企业)与竞争对手进行比较。从表6-10可以看出，在对比的10个项目中，本企业在企业实力、市场占有率、产品形象和名优产品率几个方面处于劣势，而在其他几个项目中均处于优势。

**表6-10 调查对比**

| 序号 | 对比项目 | 本企业 | 竞争对手 | 序号 | 对比项目 | 本企业 | 竞争对手 |
|---|---|---|---|---|---|---|---|
| 1 | 企业实力 | 6 | 9 | 6 | 售后服务 | 8 | 2 |
| 2 | 市场占有率 | 2 | 6 | 7 | 合同履约率 | 10 | 8 |
| 3 | 知名度 | 8 | 2 | 8 | 全员生产率 | 8 | 6 |
| 4 | 美誉度 | 8 | 5 | 9 | 产品成本 | 8 | 3 |
| 5 | 产品形象 | 9 | 10 | 10 | 名优产品率 | 4 | 9 |

注：本表度量值为0~10。

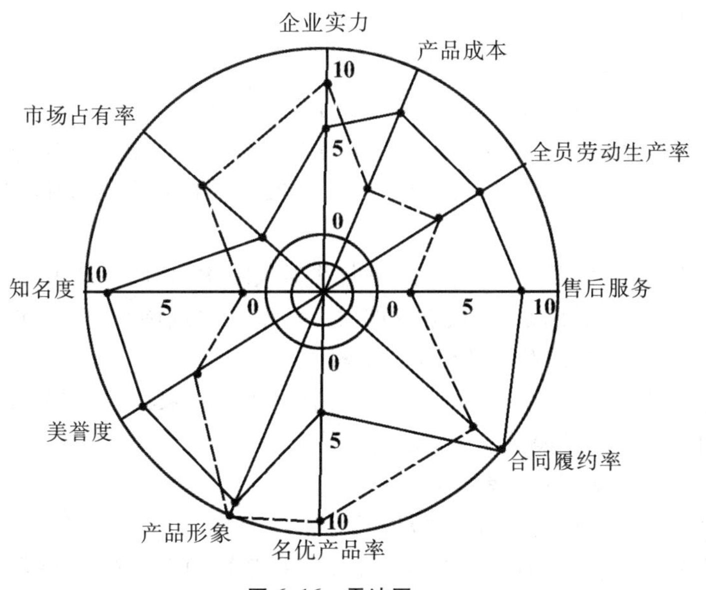


**图 6-16　雷达图**

从图6-16雷达图中可以明确看出双方的优劣势。本企业用实线表示，竞争对手用虚线表示。经分析，本企业在公共关系方面应巩固合同履约率，继续做好售后服务工作。建议企业领导认真重视产品质量，开展产品形象的宣传，搞好创优工作，以扩大市场占有率。因此，本企业今后一个时期的公共关系工作的重点就是：改进产品质量，在此基础上集中一段时间大力宣传产品形象，以提高市场占有率。

### 三、公共关系调查报告

公共关系调查的结果应以报告的形式体现出来，可以是分析报告，也可以是观察报告、考察报告；可以是综合报告，也可以是专题报告；可以是长篇详尽报告，也可以是短篇微型报告。

（一）公共关系调查报告的内容

公共关系调查报告一般包括以下七项主要内容：

1.本次调查的主要目的；

2.本次调查的时间和地点；

3.调查研究所用的主要方法；

4.调查研究的发现和结果；

5.本次调查的局限性；

6.根据调查结果提出的建议；

7.有关调查资料和材料的附件。

(二)公共关系调查报告的结构

公共关系调查报告的具体结构可以分为三个部分:

1.开头部分,有两种写法:一种写法是首先对全文的中心内容或主要问题予以概述;另一种写法是对调查地点、时间、对象、范围、方式和调查经过做概要介绍。

2.主体部分,有三种写法:一是横向并列式结构,将调查结果分为几个并列的方面来写;二是纵向结构,按事物的发生演变顺序或调查的过程顺序来写;三是逻辑结构,按事物的逻辑推理层次来写。

3.结尾部分,有三种写法:一是自然结尾,不写结束语;二是简要归纳,总结全文,深化主题;三是展示事物发展的趋势。

(三)公共关系调查报告的要求

对公共关系调查报告的总体要求是:

1.观点的正确性。提出的观点一定要有科学性和实践性,能站得住脚。

2.材料的真实性。选用的材料和资料要尽可能有效、真实,不生编硬造。

3.问题的现实性。提出的问题愈能说明和解决现实问题,调查报告就愈有价值。

4.理论的深刻性。对调查到的事物,应该上升到理论高度去分析、论证,这样,调查报告才会对公共关系工作有指导意义。

5.逻辑的严密性。要求调查报告层次清晰,论述流畅,前后不矛盾。

6.文字的生动性。要求调查报告尽量生动、精练,防止枯燥无味和平铺直叙。

(四)公共关系调查报告的类型

公共关系调查报告可以分为五种类型,即总结经验型调查报告,提出问题型调查报告,提出建议型调查报告,理论分析型调查报告,情况反映型调查报告。



## 本章复习思考题

1.什么是组织形象四象限分析法?

2.怎样应用公众舆论测量法?

3.怎样应用颜色目录法?

4.怎样实施社会测量法?

5.怎样写公共关系调查报告?

# 第七章 公共关系计划

**中心内容**

计划与对策是公共关系四步工作法的第二步，本章分别论述公共关系目标体系、实施公共关系目标的工作程序、公共关系策划的基本原理、公共关系活动方案的设计等内容。

**学习目标**

学习本章，要求熟记公共关系工作的基本程序，熟知公共关系策划的基本要领，掌握制定公共关系计划的基本方法，学会撰写公共关系实施方案。

公共关系计划的编制是公关人员设计和规划组织形象的过程。它为公共关系提供了工作蓝图、策略技巧和进度安排。制定一个尽可能完整而周密的公共关系计划或行动方案，是公共关系工作的重点。英国著名公共关系专家弗兰克·杰弗金斯提出的策划公共关系工作的六点模式和美国公共关系研究权威卡特利普和森特提出的四步工作法，被公关理论界公认为是制定公共关系计划的理论根据。本章着重探讨公共关系计划的制定。

## 第一节 公共关系目标的确立

公共关系目标是指一定时期内能控制组织机构公共关系活动全过程的总目标和指导实施方案中的具体目标。确定总目标和各项分目标是编制公共关系计划的关键步骤。

## 一、确定公共关系目标的原则

公共关系目标实际上是组织(或企业)在一定时期内的公共关系活动所要达到的目的。公共关系目标不是凭空产生的,它的产生不仅需要对外部环境及其发展变化进行详尽的分析和研究,还要充分考虑组织的内部条件。因此,公共关系目标的制定,应该遵循以下几个原则:

### (一)重点原则

通过公共关系的调查与分析,可能会发现许多需要通过公关工作解决的问题,因而可能提出很多公共关系目标。对于这些目标不能不分主次、不分重点,应根据重点原则按问题的轻重缓急排列出重点要实现的目标和非重点要实现的目标,以便把握好公共关系工作的主攻方向。

### (二)长远原则

公共关系目标尤其要考虑长远性,要着眼于组织的未来发展,应超越于组织的局部利益和暂时利益之上,避免急功近利的短期行为,同时要为组织和公众的双方利益服务,以符合社会公德和社会行为规范准则。

### (三)现实原则

公共关系活动不是在想像中进行的,而是在特定的条件下进行的。确立目标,应考虑到组织内外部环境及可行性条件,考虑到组织的现实需要及目标实现的可能性大小,以便使公共关系目标切实针对急需解决的问题,并且这样的目标经过努力应该是可以达到的,而不是空中楼阁。

### (四)弹性原则

公共关系目标要具有一定弹性,在制定目标时要充分考虑到矛盾的发展和变化,要留有余地。在时间安排、经费预算上都要有一定弹性,以增大回旋余地,防止公共关系工作陷于被动。

## 二、公共关系目标的体系

公共关系目标的体系由不同类型的多种目标组成。

### (一)长期目标

这是涉及到组织(或企业)长远发展和经营管理战略决策等重大问题的公共关系目标。它与组织的整体目标相一致,为塑造组织的整体形象目标服务。长期目标一般能反映出组织在公众心目中具有的良好形象,能反映出组织在社会中的地位和作用。因此,这种目标一般不是在短期内能实现的。

### (二)近期目标

这是围绕长期目标的要求而制定的公共关系具体实施目标。要求内容具体、明确,对一个时期的公共关系工作有实际的指导作用。常见的是年度工作目标,它根据每年度的日常工作、定期活动、专题活动的内容确定。

(三)短期目标

这是针对某一具体公共关系活动而制定的最近目标。要求目标与公共关系急需要组织的活动结合起来,尽可能量化、具体化。如一次公共关系活动要解决的问题就可作为短期目标,众多短期目标的实施构成近期目标。

(四)一般目标

公共关系的一般目标也是一切公共关系活动都要达到的一致的基本目标,即在组织的全体公众心目中建立起组织的基本形象。这个基本形象要符合组织的全体公众的带有共同性的利益要求,能被组织的全体公众一致接受和认可。如扩大企业的知名度和美誉度是企业内外部公众利益要求中的一个共同点,所以“提升企业形象”就成为企业公共关系工作的一般目标。

(五)特殊目标

这是针对那些与组织目标、信念、发展及利益相像或相近的公众中的特殊要求而制定的目标。这个目标是在与组织有关的特定公众中建立起组织的特殊形象,这个特殊形象符合特定公众层次的具有特殊性的利益要求,受到他们的欢迎。如作为一家旅游饭店,除了要考虑到饭店在全体顾客心目中的形象,也要考虑到旅游者的特殊要求。

### 三、公共关系目标的分解

各个组织在不同时期、不同条件下,针对不同问题确定自己的公共关系具体实施目标就是分解工作目标。

(一)从要解决的主要问题出发,可把公共关系实施目标分为建设性目标、解释性目标、纠正性目标、创造性目标

1.建设性目标,即不断地在公众心目中建树企业形象,使越来越多的公众对组织从不了解到了解,并对组织抱有好感,支持和理解组织。

2.解释性目标,即消除公众中由于某些主客观原因、内外部原因所导致的对组织的误解和怀疑,恢复组织原有形象。

3.纠正性目标,当一个组织在工作或经营管理中出现失误时,要求公关部门迅速察觉问题,及时提出解决的办法,通过有效形式,恰当地向公众表明组织机构纠正失误的决心、行动和效果。

4.创造性目标,即组织通过运用公关技术和艺术,使组织在公众心目中以崭新的形象出现。

在确立了公共关系目标后,就可以选择恰当的公共关系模式了。

(二)从公共关系目标实现的顺序出发,可把公共关系实施目标分为传播信息、联络感情、改变态度、引起行为

1.传播信息,指组织为使公众知晓有关情况向公众开展传播活动。在公共关系工作中,大量工作是围绕策动传播这一目标展开的。

2.联络感情,指组织依靠自己的行为赢得公众的理解,达到双向沟通的目的,争取公众的好感和信任。这项目标不是用很短时间就能实现的,要有较长期的努力。

3.改变态度,指组织通过引导、沟通,以自己的实际行动,改变公众对组织的某种观念。从公众态度出发,确定公共关系策略,是公共关系的一条基本经验。引起公众态度的改变,使其变得对组织有利,是公共关系着意追求的目标。

4.引起行为,是公共关系的最高目标,它是前几项目标实现程度的最后检验。组织在开展一系列公共关系活动并实现了公共关系目标后,最终要在公众方面引起他们对组织的有利行为,如接受服务、购买产品、理解失误、支持困难、说服宣传等。如果能做到这一切,公共关系目标就达到了。

## 四、公共关系目标的具体化

在从理论角度分析了公共关系目标体系及其分解之后,需要从实践的角度分析具体的公共关系目标。在这里又分为组织(或企业)内部的公共关系目标和组织(或企业)外部的公共关系目标两大类。

(一)组织外部的公共关系目标

参照英国公共关系专家弗兰克·杰弗金斯绘制的目标清单,组织(或企业)外部公共关系目标概括起来有16种。

1.新产品、新技术、新服务项目开发之中,要让公众有足够的了解。

2.开辟新市场、新产品或服务推销之前,要在新市场所在地的公众中宣传组织的声誉,提高组织的知名度。

3.转产其他产品时,要调整组织对外形象,树立新的与新产品相适应的组织形象。

4.参加社会公益活动,并通过适当的方式向公众宣传,增加外部公众对组织的了解和好感。

5.开展社区公共关系活动,与组织所在地的公众沟通,得到他们的支持。

6.本组织的产品或服务在社会上造成不良影响后,通过公共关系活动,挽回影响。

7.为本组织的新的分公司、新的销售店、新的驻外办事处进行宣传,使各类公众了解其性质和作用。

8.让广大公众了解组织领导层关心社会、参加各种社会活动的情况，以提高组织的美誉度。

9.发生严重事故后，要让公众了解组织处理的过程、采取的方法，解释事故的原因以及表明组织正在做出的努力，以取得公众的谅解。

10.创造一个良好的消费环境，在公众中普及同本组织有关的产品或服务的消费方式、生活方式。

11.创造股票发行的良好环境，在本组织的股票准备正式上市挂牌前，向各类公众介绍产品特点、经营情况、发展前景、利润情况等，宣传组织的投资环境和条件。

12.通过适当的方式向儿童宣传介绍，使正在成长中的一代了解本组织产品的商标品牌、企业名称、服务特色。

13.争取政府对组织性质、发展前景、需要得到支持的情况的了解，协调组织与政府的关系。

14.赞助社会公益事业，赢得社会好感和关注，扩大组织影响。

15.准备同其他组织建立合作关系时，对组织的公众、组织的合作者及政府部门宣传合作的意义和作用。

16.处在竞争危机时，通过联络感情等方式，争取有关公众的支持。

(二)组织内部的公共关系目标

组织内部公共关系的根本目标，就是要使组织的目标与员工需要协调一致，形成组织内部良好的气氛环境，激励全体员工的士气，使组织获得较好的成绩并顺利地发展。

组织内部公共关系的具体目标可以细分为以下几种：

1.强化组织的纵向联系。促进组织(或企业)领导和管理决策部门与下属部门及员工之间的了解，使员工更好地理解和自觉执行组织的各项规章制度和管理要求，增强员工对组织决策及前途的信心。

2.增强部门内部各机构之间的联系。强化组织内部的横向信息交流，增进部门内部各机构之间和内部员工之间的了解，强化整体观念和整体意识，增强组织内部的凝聚力。

3.提高员工的自信心和责任心。要使全体员工明确认识到，企业重视每一个员工的贡献，珍惜每一个员工的创造性，增强员工的主人翁意识，调动员工的积极性。

4.增强员工对组织的归属感。关心组织内部员工的生活、工作、学习和福利，充分照顾退休人员及员工家属的各项利益，让员工感受到组织的温暖和人情味，从而热爱组织，乐于奉献。

5.当组织出现危机时，动员全体员工理解组织，和组织一起渡过难关；当组织的工作出现失误时，要求广大员工勇于承担责任，为组织分忧，对组织负责。

### 五、确立公共关系目标的依据

从前面的分析可以看出，公共关系目标是组织进行公关活动的方向，是检验组织公关活动成功与否的尺度。明确而又恰当的组织公关目标既可为公关工作指明方向，又是配置公关力量和调整安排各种具体公关工作的依据。如何根据企业经营总目标和各层分目标的要求制定出合乎实际的公关目标是公关计划的重要内容。

确立公共关系目标的依据一般有以下三个基本方面：

（一）对组织自身形象的正确评估

任何组织（或企业）在确立其公共关系目标之前，都必须进行认真的调查研究，作出对本组织实际社会形象的客观分析，搞清楚本组织（或企业）的现实处境，有针对性地确定公关目标。

当公众对组织敌视或有偏见时，组织的公关目标就应该是消除误解，赢得公众的理解与信任；当顾客对企业产品持冷淡和忽略的态度时，企业就应该广泛开展调查，找出问题症结，并以此为基础确定公关目标。

（二）组织发展战略

组织的战略方针是谋求长期发展、实现其运行发展总目标的保证。因此，组织公关目标应立足于组织发展战略之上。现代组织公关的最根本目的是为其发展的总战略目标服务的；它追求的是与公众保持持续而又长久的友好与合作，追求的是良好的组织形象，这也是一个组织的战略目标。

（三）社会公众的需求

以公众利益为出发点是公共关系工作的一个重要原则。以公众需求为基点确立组织公共关系目标是一个重要的方法。公共关系实际上是在处理公众关系，因此，一切公共关系目标，只有建立在社会公众的需求之上，才能得到响应、理解和支持。否则，再好的公共关系计划也只能束之高阁。

由于公众的需求随时间、地点不同而表现出极大的差异性，通过征询性公共关系策略开展广泛的市场调查、环境调查，作出正确的预测，才能确定公众的需求，从而进一步确定组织的公共关系目标。

## 第二节　实现公共关系目标的工作程序

公共关系工作始终处于反馈—调整—再反馈—再调整的动态过程中，每项具体的公共关系目标所决定的公共关系活动,构成了连续运动的各环节,导致公共关系总目标的实现。

要制定公共关系计划,首先必须了解公共关系的一般程序。

## 一、公共关系的四步工作法

美国公共关系研究权威卡特利普和森特提出了制定公共关系计划的四步工作法,即:(1)调查与分析;(2)计划与对策;(3)实施与传播;(4)评估与反馈。一般把以上四个步骤具体划分为:组织形象的评估和分析;组织形象的选择和规划;组织形象的建树和控制;组织形象的评价和调整。

将公共关系四步工作法具体划分为四步骤流程图(见图7-1)。

公共关系工作四步骤流程图,体现了从搜集和分析信息的公共关系调查阶段,到确定公共关系计划和方案的阶段,再到实施公共关系计划,选择传播媒介、策动公共关系传播阶段,最后通过公众的信息反馈,总结和评估前一阶段公共关系工作的效果和情况。这四个步骤是统一的有机体,缺一不可。

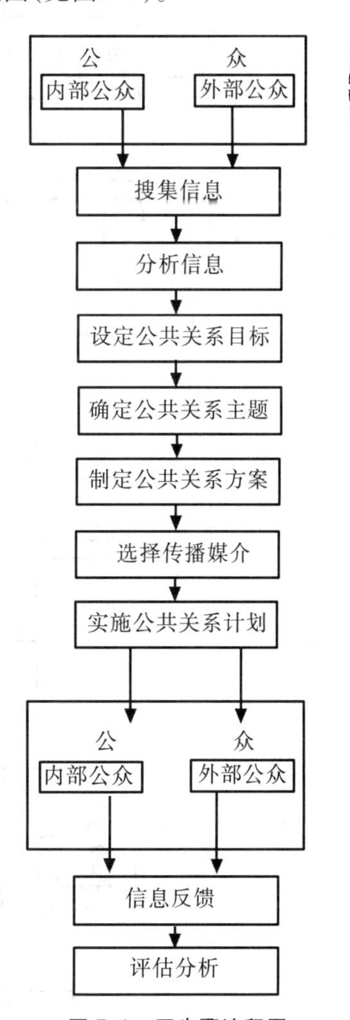

图7-1　四步骤流程图

公共关系活动的四步工作法是长期公关实践摸索和总结出来的公共关系工作的基本规律,需要在公共关系工作中认真遵循。

## 二、公共关系工作程序的展开

在了解了公共关系计划的制定步骤以后,就要对公共关系从构想到实践的整个工作程序进行探讨(见图7-2)。

公共关系工作流程可分为以下阶段:

第一阶段,通过各种调查方法,对组织面临的内外公众,包括政府部门、新闻媒介、消费者、内部员工和股东、社区做定量与定性的调查分析,就组织的社会环境、社会舆论、公共关系现状、发展趋势等进行研究,提出公共关系中的问题。

第二阶段,有关部门及其决策者在公共关系机构的咨询和参谋下做出决策,根据实际情况,由公共关系部门或有关机构制定出组织的公共关系目标并编制出公共关系计划。

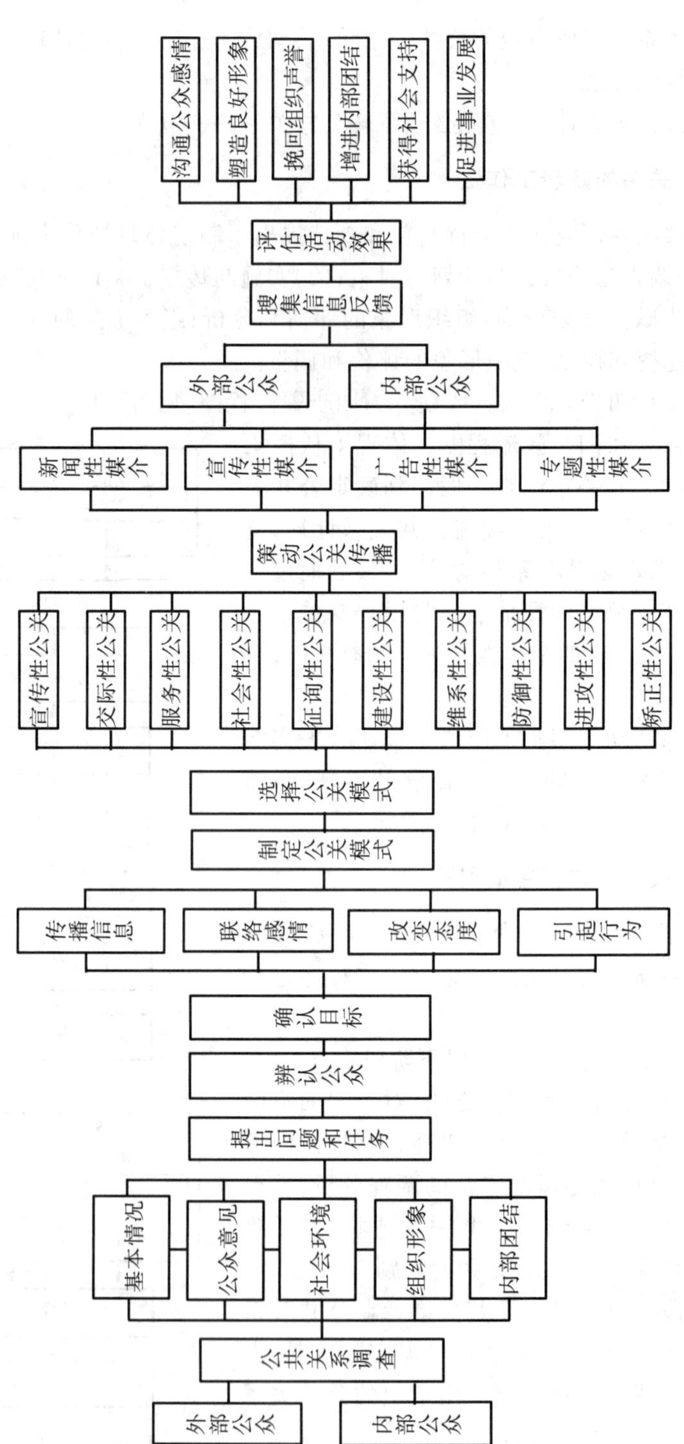


图 7-2 公共关系工作程序图

第三阶段，公共关系机构协助组织及其决策层运用公共关系的各种专业技能和手段，利用多种媒介和丰富多彩、新颖别致的公共关系专题系列活动，取得计划的效果。

第四阶段，在各种公共关系活动结束后，收集并研究内外部公众，包括新闻媒介、政府部门的反馈信息，考察和评估公共关系活动的效果，总结经验和教训，修改长期公关计划。

## 第三节　公共关系策划

公共关系策划是公共关系人员根据组织形象的现状、目标、要求，通过调查分析，对具有一定规模的、战略性的、创新的公共关系工作和活动所进行的超前期的谋划和设计。

### 一、公共关系策划的特征

公共关系策划具有以下特征：

(一)科学性与创造性

公共关系策划的生命力就在于创造性的思维方式与科学的实践融为一体。公共关系策划的过程就是一种不断创新的过程。

(二)目标性与整体性

公共关系策划是为实现组织整体目标服务的，公共关系策划及实施过程又是一个完整的、有序的动态过程，是各项工作、各种活动、活动中各环节之间相互联系和影响的过程。公共关系策划讲求组织的整体效益。

(三)针对性与实用性

公共关系策划没有一个统一的、固定的模式，它针对组织面临的外部环境、自身条件等实际情况设计方案，并且要求方案具有较强的可操作性。

### 二、公共关系策划的意义

公共关系策划是公共关系学科体系日臻完善和发展的客观需要，是公共关系实践的质的飞跃的要求；公共关系策划又是社会组织自身实践的迫切要求，是社会实践对科学理论的呼唤；公共关系策划还是公共关系理论与组织实践相结合的枢纽，在策划及其实施过程中，公共关系理论得到了检验，公共关系实践得到了升华；公共关系策划的科学性、艺术性、独创性及其整体水平的提高，将使公共关系在社会生活中的特殊价值不断显示出来。

### 三、公共关系策划的程序

四步工作法是科学的公共关系工作程序，其中的每一步又可以细分为若干过程。四步工作法第二步的核心是公共关系策划。公共关系策划的基本程序是：从环境分析开始，进行公共关系定位；通过策划主体分析，把握其个性特征，形成目标和主题；制定策划方案，采用恰当策略；进行公共关系决策，并付诸实施(见图7-3)。

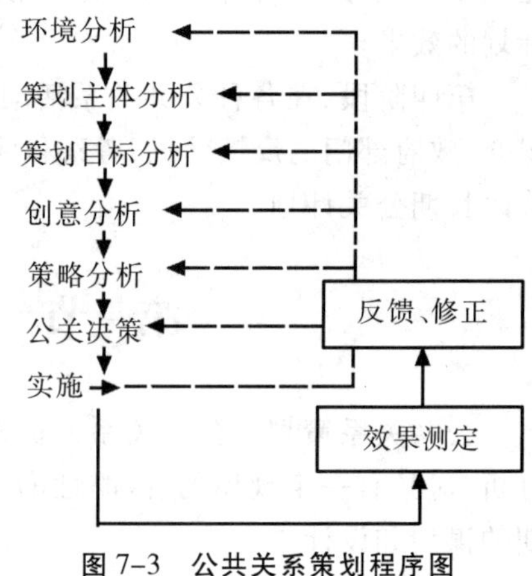

图 7-3　公共关系策划程序图

环境分析对整个公共关系策划起着导向和制约作用，是策划的前提，其主要功能是判断外部环境对公共关系活动的影响；策划主体分析是公共关系策划的基础，其功能是分析内部条件如何适应外部环境及其变化；策划目标分析的功能是研究如何使外部环境、内部条件与公共关系策划目标三者之间保持动态平衡；创意分析的目的在于通过构思，创造意境，深化主题，因此，创意是公共关系策划的灵魂，创意成功，可以使公共关系活动的主题鲜明而有个性、有感染力；策略分析是在公共关系策划过程中公共关系理论与实践创造性地相结合所表现出来的艺术、技巧、手法及产生的效果；公共关系决策是公共关系策划所导致的结果。

总之，公共关系策划是一个计划—执行—检查—调整的循环过程，是一个信息形成封闭回路的流通过程，是一个螺旋式上升的渐进过程，是使公共关系工作水平不断得到提高的运动过程，是使主体及策划者的认识过程不断深化、不断前进的运动过程。

## 第四节　公共关系活动方案的设计

公共关系目标要具体转化为公共关系活动方案。这个方案的基本要求应该是：内容实在、具体；措施配套、灵活；构思新颖、独特。

公共关系活动有两大类：一类是日常的公共关系活动，另一类是公共关系的主题活动。一个组织的公共关系计划既包括一定时期内公共关系工作计划，也包括一系列具体的公共关系方案。

当组织的公共关系目标被分解为不同工作步骤和程序之后，每一步骤都可视为和总目标相关的独立活动，整个目标实现过程则要通过一个个具体的公共关系活动来实施。主题活动是公共关系工作中的最重要内容。

公共关系活动的方案是该组织某一段时期内公共关系目标的形象化、生动化、具体化的转化。公共关系活动方案,是实施公共关系活动或组织公共关系项目的具体措施和详尽计划安排。

公共关系活动方案的设计是一个富有创造性的策划过程。一个完整的公共关系方案具体包括六大设计要素。

## 一、公共关系活动主题的确定

公共关系主题是由公共关系目标所决定的设计和构思公共关系方案或计划的总的指导思想和宗旨。公共关系主题是一个完整的公共关系活动方案的灵魂,是统领整个公共关系方案的总体思路,是贯穿整个活动方案的主线索。

在设计公共关系活动方案时,首先要明确的问题是:为什么需要设计这个方案?这个方案所要策划的公共关系活动要达到什么目标?怎样用一个最确切的主题包容公共关系活动的分目标?

任何一个公共关系活动方案都只能针对和解决一个关键问题,任何公共关系活动都必须有一个总体目标,否则,公共关系活动就没有了主线和灵魂。公共关系活动的科学有效性首先体现在方案设计的科学有效性,而公共关系活动方案的科学有效性又首先体现在公共关系活动主题的选择和确定之上。只有主题确定,整个公共关系活动方案才能紧紧围绕主题展开策划。

公共关系活动主题是联结所有公共关系项目的核心。它必须成为统领整个活动,联结各项目、各步骤的纽带。在主题确立了以后,所有的公共关系行为都要围绕这个主题展开。

确定公共关系主题是一项关系到公共关系方案优劣的关键性工作。必须注意:(1)在确定主题时,要以客观条件为基础,既要考虑是否能实现,又要考虑会带来的社会效果;(2)主题一定要和组织的公共关系目标相一致,必须明确某项公共关系活动的目的究竟是什么;(3)主题一旦确定,就要相对稳定,在一系列公共关系活动中显现出来,不能今天确定一个主题,明天又是另一个主题。

1964年第18届奥林匹克运动会在日本东京举行。以奥运会为舞台的精工表公共关系活动就此拉开帷幕,它使日本的民间企业在国际上扬眉吐气。

当奥运会一宣布在东京举行,作为东道国的日本第一个决策就是一改历届奥运会都使用瑞士的计时装置的惯例,决定使用自己的国产表。这个决定透露以后,引起了奥委会有关人员的不安。

为了赢得公众的信任,解除有关方面的顾虑,日本精工计时公司制定了“让全世界的人都了解精工计时是世界一流的技术与产品”的公共关系目标,并以此为依据确立了“让精工表荣获全世界的信赖”的公共关系活动主题。围绕这个主题，在历时4年的时间里，他们策划了一系列公共关系活动。这项大型公共关系活动共分三个阶段进行。

第一阶段，主要是全力以赴开发技术，以说服奥委会相信他们的产品，接受他们的产品。除此之外，精工计时公司还通过各单位的游说工作和将新开发的计时装置提供给日本举办的国内运动会试用等方式，说服日本国立竞技场和东京都政府，使精工表列入奥运会场馆的布置方案。在奥运会的前两年，精工计时公司就向在日本冈山举办的全国体育大会提供了新开发出来的装置，从而证明精工产品是可以信赖的。1963年5月，奥委会正式决定东京奥运会全部使用精工计时装置。

第二阶段，在精工表得到奥委会认可的情况下，继续扩大影响。围绕“让精工表荣获全世界的信赖”这个主题，在世界范围内利用各种公共关系传播媒介大造舆论，在奥运会预备会上发放精工宣传手册，在电视、广播上大造精工的竞技计时表将被用于东京奥运会的宣传声势，使得精工计时公司的形象大振，扩大了精工表的知名度。

第三阶段，是从进入东京奥运会那年开始。这个阶段的公共关系分目标主要是深化活动主题，深化公众心目中的精工形象。他们利用各种活动机会造成奥运会必须使用精工计时装置才能顺利进行的舆论。无论是广播还是报纸、杂志，在报道奥运会消息时都或多或少地提到精工。当东京体育馆室内比赛大厅竞技计时装置安装完毕时，他们组织了一次盛大的落成典礼。典礼仪式上，记者云集，各方代表汇合，精工的技术被交口称赞为日本科学的精华，从而使精工表名声大振，成为世界畅销表，实现了公共关系方案中“让精工表荣获全世界的信赖”这一主题所表达的愿望。



## 二、公共关系活动主题的定名

公共关系工作是一项颇具创造性和艺术性的工作。一项公共关系活动的主题，怎样用一个最简洁的话语表达出来，并且这句话不能有推销或浮夸的嫌疑，也不能使人感到生硬和呆板，而要带有公共关系的人情味，使公众乐于接受，其主题定名就是一项富有创造性的公共关系设计。

公共关系活动主题和公共关系活动主题定名不仅仅是内容和形式的关系，两者既有联系，又有区别。联系在于，两者在本质上是一致的，都是为公共关系目标服务的；区别在于，活动主题是活动主体制定出来用以策划整个公共关系活动方案的；活动主题定名是公共关系主体策划出来用以向活动对象即目标公众传播的。活动主题是隐含的，活动主题定名的结果是主题词的设计，是外在的。

具体来说，公共关系活动主题定名或主题词应该有这样几个特点：(1)紧扣主题，紧紧围绕公共关系目标，使公众一目了然；(2)简洁易记，使公共关系活动能在短期内形成广泛影响；(3)亲切感人，使公众乐于接受组织的观点，乐于参与公共关系活动；(4)新颖别致，不落俗套，给公众一种新鲜感和新奇感，从而参与和关注公共关系活动。

公共关系活动主题定名可用一个项目定一个主题词，也可用一系列活动定一个主题词，还可以在公共关系活动的每一个关键性阶段定一个主题词，还可以区分严肃主题词和活泼主题词，后者更带有艺术色彩。

日本名古屋褚木电力公司在使用低硫高价燃料时，因提高电的成本费用与用户发生矛盾，在设计核电站时又遭到社区居民反对。为此，他们致力于改善企业和公众的关系，开展了一个以"消费者亲善运动"为主题的公共关系活动，每半年为一个阶段，每个阶段都有一个分主题，其主题定名分别为："让我们关心生活与电力"、"关注我们未来的能源"等。这些主题活动的名字都巧妙地把公共关系目标隐含在科学知识的宣传普及之中了。

在以"消费者亲善运动"为主题的公共关系活动中，这家公司给公众提供了各种知识、背景，让公众了解公司事业面临的困难及其与大家生活的关系，宣传公司正在采取的一些积极措施的意义。他们采取了邀请消费者来厂参观、座谈、公开演讲等形式。最具魄力的是该公司制定的上门访问计划。该公司有400万顾客，计划访问其中的40万，公司把这项任务落实到1.8万名员工头上，不惜抽出工作时间，让每个员工各走访20位顾客。在"消费者亲善运动"期间，员工不仅登门访问顾客，就连走路时也会沿途与市民聊天，还主动参加当地的公益活动，到养老院演戏，清洗马路上的交通标志，使该公司在消费者心目中的形象随着亲善活动逐渐变化，得到了大家的信任。

甘肃省首届大学生电脑程序设计大奖赛活动的公共关系主题词是"在键盘上奏出智慧的歌"；甘肃省第10届"爱鸟周"活动主题词是"为了鸟语花香的明天"；甘肃玉门石油管理局开发新疆吐哈油田动员活动主题词是"新油田，新家园，新希望"，都给这些活动增色不少，体现了创意独到的主题词对公共关系活动的作用。

### 三、公共关系活动项目的选择

活动项目是为了展现主题而精心设计的一系列具体活动。具体的可供选择的公共关系活动项目包括以下几个方面：

#### (一)宣传类活动项目

这是以信息传播为中心内容的活动项目，包括新闻发布会、记者招待会、演讲会、各种展览会、信息发布会、公共关系刊物和介绍性小册子等等。

(二)交际类活动项目

这是以交流感情、增进友谊为目的的活动项目,包括举办招待会、座谈会、工作晚餐、联谊会、接待参观、信件往来等等。

(三)赞助类活动项目

这是以提供赞助和一系列协作、支持活动为主的项目,如参加社区活动、赞助教育、文化、卫生和社会福利事业等等。

(四)服务类活动项目

这是以各种实在而优惠的服务为主的活动项目,如服务行业的优质服务、工业企业的售后服务、政府机构的便民服务、维护消费者利益的其他服务活动等等。

(五)科普类活动项目

这是以传播和介绍科学知识为核心展开的配合公共关系主题的活动,使公众在科学知识的学习和了解中,加深对公共关系活动意义的认识,从而深化主题。可以通过科普讲座、科普展览、科普咨询、科普影视等手段来实施。

(六)公共关系特别项目

指富有创意的、有广泛影响的、对深化主题有独特作用的专题活动。如庆祝典礼、开放日、彩车游行、酒会、大巡游、征文比赛、辩论赛、颁奖仪式、大抽奖活动、幸运卡活动、抢答赛、趣味游艺活动等经过精心策划的项目。

各种活动项目的确定和设计应不拘一格,丰富多样,有针对性,能吸引人。

1990年9月22日—10月7日在北京举行的第11届亚运会是规模空前的体育盛会,中国人民把这次盛会当做一次展现民族风貌的极好机会,在亚运会期间的活动项目安排上颇具公共关系活动的特点。除体育比赛活动外,其他项目如下:

第一项,丰富多彩的艺术表演。

国内有39个艺术团推出49台节目,演出百余场次。由湖北省歌舞团演出的“编钟乐舞”及文化部所属的少数民族穿戴艺术团推出的“东方彩霞”,都是堪称中国特色、世界一绝的节目;曲艺相声融相声、喜剧、小品于一体,集全国所有著名笑星演出的连贯到底的“笑的晚会”;分别在首都体育馆、中山音乐堂、北京音乐厅演出的“百名歌星大型演唱会”;在天安门广场举行的数万人参加的“五洲青年联欢会”,都给中外公众留下了深刻印象。

第二项,各具特色的游园活动。

北京北海公园举办的灯会,由山西煤矿工人精心制作的41万支彩灯,组成150多个灯组,是有史以来全国最大的灯会;龙潭公园举办的荟萃全国各地的奇花异卉展览;劳动人民文化宫、颐和园、地坛公园举行的大型民间艺术游园活动,都使中外游客得到了美的享受。

第三项，规模浩大的展览会。

亚运会期间，在首都北京举办了约50个展览会，其中最重要的展览有中国体育展览、第二届中国体育美术展览、国际体育集邮展览、亚洲体育图片展览，此外还有中国篆刻艺术展、清王府书画展、中国少数民族服饰展、中国古钱币展、国际珍贵礼品展、中国雨花石艺术展等，使中外游客大饱眼福。

以上活动，对于向公众展示改革开放多年后中国经济建设和文化建设的形象具有不可低估的作用，尤其是给外国朋友创造了一个全方位、多角度、多层次了解中国的机会。

### 四、公共关系活动技巧的构思

公共关系活动技巧是在公共关系活动方案中，通过技能、艺术和心理的结合而创造出来的独特、新颖的一系列具体安排。

公共关系活动能否取得良好的效果，关键在于活动方案是否富于创新、讲究技巧，因此，要利用公共关系人员机敏的头脑和丰富的智慧，使活动方案富有新意，富有特色。

在公共关系活动中，如何借助有利条件，避开不利因素；如何吸引大量的公众；如何扩大活动的影响范围；如何防止意外事件；如何让公众在潜移默化中对活动留下深刻而持久的印象；如何说服公众，等等；都要在活动策略和方式上予以考虑。

当然，公共关系活动技巧的构思是一项富有创造性的活动，要靠不断提高公共关系修养和总结公共关系实践经验才能锻炼出这样的能力，并且还需要集中集体的智慧，集思广益，群策群力。

开展公共关系活动的形式如果千篇一律，是难以打动广大公众的，也难以在公众心目中留下深刻的印象。只有通过别出心裁的构思和别具一格的形式表现出来，才能打动公众。开展公共关系活动既要大胆、抓住时机，更要创新、讲究技巧。

成功的公共关系活动技巧案例：

*之一，一枚小铜牌*

美国汉斯罐头食品公司经理汉斯，得知芝加哥市要举办一次规模宏大的全国博览会，便急忙把产品送去。博览会开幕了，顾客络绎不绝。可惜，汉斯公司被安排在最偏僻的一个阁楼里，顾客极少，生意冷淡。

汉斯利用公共关系技巧向这残酷的现实发起进攻。开幕的第二天，前来博览会参观的人，常常可以从地上拣到一块别致的小铜牌，上面刻着：“请凭这块铜牌,到展览会的阁楼上汉斯罐头食品公司陈列处,换取纪念品。”从那天起,那间本来处在偏僻阁楼里的、无人问津、门可罗雀的铺面,顿时热闹起来,最后不得不派人维持秩序。就这样,汉斯在这次展销会上大获成功。

之二,亚运会礼品

1990年北京第11届亚洲运动会期间,中国向各国体育健儿每人赠送了一个独特新颖的包。这种包平时可以装东西,需要时又能打开当“马扎”坐。包内装有一个瓷杯、一枝带线挂笔、两个印有亚运标记的塑料衣架、一块中号浴巾和一件T恤圆领衫,还有两枚亚运纪念章、一枚纪念牌,以及《亚运村指南》、《亚运场馆介绍》、《北京市交通图》、《列车时刻表》。礼品成本不高,却深受中外运动员的喜爱。

之三,世界旅游博览会中的中国馆

第10届伦敦世界旅游博览会于1989年11月在奥林匹亚展览中心开幕。在4天的展期中,来自世界135个国家和地区的2500多家旅行社、航空公司、饭店宾馆等旅游企业,在22000平方米的展厅摆下了风格各异的展台,大家利用这个机会竞相向观众介绍各自国家的名胜古迹和秀丽河山,争取更多的游客到自己国家去旅游。

中国馆的构思和设计是颇具匠心的。

从展览大厅的正门举目望去,14盏大型朱纱宫灯在大厅北侧的上空一字排开,印有“中国”英文字样及马超龙雀中国旅游标记的鲜艳横幅与红色宫灯浑然一体,令人神往。

中国馆的内部装饰和布置更是富丽堂皇。展馆中,人们不仅能看到庄重的中国牌楼的缩影,而且领略到了典雅的江南园林景色。展馆正面屹立着一尊威武高大的秦陶俑,引起不少观众的赞叹。在秦陶俑旁边的大橱窗里,陈列着秦陵出土的铜车马复制品,工艺精细,古色古香,吸引了众多参观者每天排队索取中国旅游的小册子。

之四,10万美元寻找主人

某公司宣传新型保险柜的卓越功能,登出一则这样的广告:

“10万美元寻找主人!本公司展厅保险柜里存放有10万美元,在不弄响警报器的前提下,各路豪杰可用任何手段拿出来享用!”

广告一出,轰动全城。前往一试身手的人形形色色:有工人、学生、工程师、警察和侦探,甚至还有不露声色的小偷,但都没有人能够得手。各大报纸连续几天都为此事作免费报道,影响极大。这家公司的保险柜的声誉随之大增。

### 五、公共关系活动时机的确定

活动时机是指确定进行主题活动的最佳时机。有些活动要求及时,比如矫正性公共关系活动；有些活动需要准时，比如周年、季节性的纪念活动；有些活动需要适时，比如举行活动时要考虑天时、地利、人和等因素，既不能盲目从事，又不能贻误战机。

在确定公共关系主题活动时机上，法国白兰地酒打进美国市场的事例具有典型意义。当年，在美国前总统艾森豪威尔67周岁寿辰的前夕，法国政府决定举行这样一项国际公共关系活动，即在美国总统寿辰之际，为了表示法国人民对美国总统的敬意，法国将用专车送两桶储存期和艾森豪威尔年龄等长的名贵白兰地到美国，以作贺礼。因此，在总统寿辰之前，有关两桶白兰地礼酒的传说就成了美国公众的热门话题。在举行送酒仪式的当天，华盛顿竟出现了万人空巷的罕见的场面，各传播媒介作了大量报道，白兰地酒在这样的气氛中成功打进了美国市场。

湖北十堰的中国第二汽车制造厂在1988年初利用海南建省搞庆典的机会，在海南开展了一场东风汽车宣传展销活动。通过大量广告宣传，展销会的精心设计安排，东风汽车集团新闻发布会，汽车销前优质服务，东风汽车大巡游等项目，使东风汽车声誉大振。

再举一个不能正确选择时机的例子。国外一家钢铁公司因煤炭涨价引起成本提高，不得不召开新闻发布会宣布：每吨钢材提价4美元。这本来是合情合理的，客户也是能够接受的。但是48小时以后，这家公司又发布每年一度的年度报告，大肆鼓吹该公司当年获得了创纪录的利润。当这两条消息几乎是同时发布之后，公众的心理承受不了了。公众普遍认为，这家公司的赢利是靠抬高物价得来的。造成这一后果的直接原因在于公司不懂得实施公共关系计划必须注意正确地选择时机。

在公共关系计划的制定中，应该怎样正确选择时机呢？

第一，要注意合理避开或巧妙利用重大节日。凡是同重大节日有直接联系的项目可考虑利用节日烘托气氛；凡是同重大节日没有任何联系的活动则应避开节日，以免被节日冲淡。

第二，要注意避开或利用国内外重大事件。要防止公共关系活动被重大事件所冲淡，同时又要学会利用重大事件增强公共关系活动的效果。

第三，要注意不宜在同一天或同一段时间中同时开展两项重大的公共关系活动，以免其效果相互抵消。

第四，要注意内外条件的变化，灵活选择公共关系活动时机，在公共关系计划中要留有确定时机的余地，充分考虑到各种因素的组合、变化。

### 六、公共关系活动节奏的安排

公共关系活动节奏是根据社会心理规律对公共关系活动所作的动静结合、高低潮结合、快慢速结合的策划和安排，目的是为了有效地激发公众情绪，持久地调动公众的注意力，合理地把握事件发展进程，科学地控制公共关系活动的全过程。

在活动总体规划中，应该遵循"一张一弛"的原则，合理安排重大活动和一般活动、大型活动和小型活动、紧张活动和轻松活动、团体活动和个体活动。在一段时期内应该有一个重点、一个高潮。如果弦一直绷得很紧或一直处于放松状态，都不利于吸引公众的注意力。因此，公共关系活动节奏的安排是关系到活动效果的重要一环。必须因时、因地、因公众情况，作出预见性的、合理的决策。

## 第五节　公共关系计划的编制



### 一、公共关系计划和公共关系方案

前述公共关系活动方案主要是指专题性的综合活动或单项活动计划所形成的具体行动方案，本节所讲的公共关系计划主要是指一个组织及其公共关系部门在日常的公共关系工作中应做出的季度、年度的工作规划，包括要开展的公共关系活动的初步设想（见图7-4）。

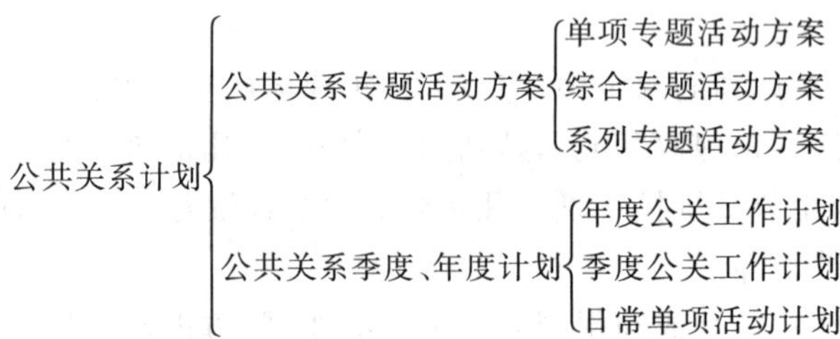


图7-4　公共关系计划分类

公共关系计划所涉及的内容一般有一定的规律可循，特别是日常接待工作、各种典礼、宴请等的公共关系工作要求，都需要通过公共关系计划做出周密安排。公共关系计划是公共关系工作科学化、程序化的要求和体现。

英国著名的公共关系专家弗兰克·杰弗金斯曾提出一个制定公共关系计划的基本模式。该模式主要包括六点内容：(1)估计形势；(2)确定目标；(3)辨认公众;(4)选择媒介;(5)编制预算;(6)评估效果。该模式目前已被公共关系界普遍接受,并在公共关系计划的制定中得到了广泛应用,人们称它为公共关系计划的六部曲。

## 二、公共关系综合计划的内容

根据英国著名公共关系专家弗兰克·杰弗金斯的观点,公共关系活动计划的制定应该包括六个内容,以下是他的论述:

### (一)估计形势

搞清该组织目前的处境,对这个处境,什么样的人了解,什么样的人不了解?存在什么错误概念?持什么态度?换句话说,该组织目前形象如何?最好的办法是通过民意测验,当然也可通过研究已经在报纸上发表过的意见,查阅年度报告、账目以及当前销售数字,也可找与公众有联系的人访谈。有一点必须提请注意:决不能忽视组织内部人员所反映的意见。

### (二)确定目标

公共关系活动项目繁多,但必须分清轻重缓急,因为公共关系活动受到时间、经费和可利用的资源的限制。如果样样都做,其结果什么事也做不成,所以在制定计划时必须确定目标,依次排列,研究在一定范围内哪些是可行的,哪些是不可行的。

### (三)辨认公众

为了达到目的,必须首先明确谁是公众,然后才能选择媒介与他们沟通。这里有以下几种基本公众:

1.社会型公众,居住在一个组织附近的居民或附属该组织的工厂、办事机构、大学、机场、港口等附属单位的居民;

2.潜在雇员,当地居民、大学生、国外侨民,甚至在竞争对手单位工作的员工或居民;

3.雇员,包括管理人员、办事员、工人、仓库保管员、推销员、服务员以及运输人员;

4.供应商、原料商;

5.货币市场,银行家、保险承保人、股东经纪人、经济分析家和投资顾问;

6.销售者,批发商、零售商、经纪人、代理人等;

7.顾客、客户,不论性别、年龄,不论过去、现在和将来;

8.主要提意见人,各种人,如双亲、政治家、电视广播节目播送者以及其他经常向组织提意见的人,对组织起影响作用的人。

(四)选择媒介

公共关系活动运用的主要媒介有报纸、杂志、电视、广播、互联网。由于当代商品经济的不断繁荣,市场竞争越来越激烈,公共关系活动必须根据不同组织、不同产品、不同服务项目、不同公众、不同目标,选择不同的媒介。

(五)编制预算

为了达到目的,事先做出预算是很重要的,理由是:

1.表现出公共关系人员的负责精神,他们是懂得如何以办企业的方法来经营公共关系工作的。有些企业管理人员和市场管理人员认为公共关系工作人员为了表现慷慨大方而铺张浪费。其实,当代公共关系不再是吃吃喝喝,而是负有责任的。

2.有计划对开展公共关系活动是有利的。因为费用代表着按照预定时间,以适当的代价,做完该做的工作。

预算应包括的项目有:(1)公共关系工作人员的工资;(2)企业的通常开支;(3)文具、出版、文件费用;(4)邮政、电话、电传费;(5)摄制费;(6)印刷费;(7)设备费(购买或租借);(8)招待、宴会、娱乐费及租借场地费等。

以上企业通常开支中包括办公费、空调费、暖气费、照明费、清洁费、车辆和旅游费等。设备费中包括打字机、复印机、照相机、幻灯机、车辆等。

(六)评估效果

如果年初进行过一次民意测验或形象调查,为了了解和对比公众前后态度的变化和对产品的理解程度,最好再组织第二次。很可能在最初的抽样调查中只有10%的人听说过该组织,到年底已增加到40%的人注意和承认该组织。在年底是否达到或者出现这样的效果,将取决于目标。有的不需要什么证明,凭观察或已有的反映就能看出效果。

## 三、公共关系单项计划的内容

组织公共关系部门日常的单项活动计划的基本内容具有一定的规律性,也同样需要作出周密安排,下面列出几项予以分析:

(一)开幕典礼计划的内容

(1)确定来宾名单;(2)拟定典礼时间、地点和接待事项;(3)确定典礼的具体程序;(4)确定剪彩人并备好请柬;(5)撰写致贺词和答谢词;(6)设计和筹划渲染气氛的其他文艺、体育活动;(7)组织参观路线、设施、讲解等的安排;(8)合理布置现场环境;(9)选择新闻媒介;(10)车辆准备;(11)拟定所需费用;(12)其他应急措施。

(二)企业参观接待计划的内容

(1)确定参观内容的主题;(2)确定来宾名单与请柬的寄发;(3)服务向导的人员配备;(4)各类印刷品的准备和发放,包括介绍企业的画册、产品说明书、参观解说词等;(5)确定参观路线及参观项目;(6)安排内外部环境布置;(7)提供必要的服务设施,如车辆、休息室、餐厅、饮水条件、安全帽等;(8)准备纪念品;(9)编制参观时间和人数计划;(10)编制所需费用开支。

(三)展览会计划的内容

(1)制定展览会的主题和目的;(2)确定参展单位、参展项目和展览会的类型、规模;(3)明确参观者类型并准备参观券;(4)选择并确定展览地点;(5)部署对外发布新闻事宜;(6)准备展览会的辅助设备和相关服务;(7)准备展览会所需的各种宣传材料;(8)确定展览会徽标、标语口号、宣传画等;(9)选定参观纪念品;(10)制定展览会经费预算。

(四)记者招待会计划的内容

(1)确定记者招待会的主题;(2)选择记者招待会的地点;(3)选定记者招待会的主持人和发言人;(4)准备发言及报道提纲;(5)准备宣传辅助材料;(6)准备好幻灯或录像、放像设备;(7)做好记者参观的接待准备;(8)确定记者招待会举行的时间;(9)确定邀请到会记者的人选并准备请柬;(10)估算记者招待会的费用。

(五)宴请计划的内容

(1)确定宴请形式(正式宴会、便宴、冷餐会、茶会、酒会、工作进餐);(2)确定宴请的名义对象和范围;(3)确定宴请时间、地点;(4)确定赴宴人名单并发出邀请;(5)按预算确定宴请规模和菜单,并订菜;(6)做好桌次席位安排;(7)制定好宴会程序;(8)对宴会服务工作的要求;(9)宴会活动总体经费预算。

公共关系单项活动是一种范围较广的公共关系实施媒介，其内容包括各种庆典、仪式、参观活动、比赛、招待会、慰问活动等。它的目的是使参加者在一种自然轻松的气氛中直接地感受到组织的存在和作用,对组织产生好感,进而加强同组织的合作与相互支持。

单项活动的基本程序和要求如下:

1.发出邀请或通知,大型活动还可与新闻界取得联系。

2.布置好活动现场,并筹划排演好活动的全过程。

3.活动开始时,安排专人引导参加者进入活动场地,对于贵宾要予以特殊礼遇。

4.服务人员及公共关系人员在整个活动过程中要精神饱满,以主人翁姿态给参加者以方便。

5.主办单位可通过多种形式对参加活动的客人表示谢意,不要冷落任何一位客人。

6.活动的指挥部或办公室应该设在明显位置并有负责人值班,以便处理活动过程中的各种问题和掌握活动进行中的全面情况。

7.活动结束时,要有明确的通知或表示,以免虎头蛇尾,不欢而散。

8.公共关系部门和工作人员在活动中要深入参加者之中,把握参加者的情绪,作好及时的信息反馈,使活动达到预期效果。

实践证明,公共关系单项活动不仅在保证综合性活动中起着重要作用,而且在吸引公众的注意力,争取公众的了解和支持,激起新闻界的兴趣与关注,造成广泛的社会影响诸方面有着独特的功能;并且最能体现公共关系机构和公共关系人员的智慧和创造力。

我国的天津百悦公共关系咨询公司曾为银河音响制作有限公司宣传独家出品的《今又龙年》磁带举行了记者招待会,其程序安排是:

(1)组织记者与银河音响制作有限公司和东方歌舞团录音公司的有关人员见面;(2)向记者散发有关录音磁带的新闻宣传材料;(3)由东方歌舞团录音公司曾赴中国香港参加《今又龙年》磁带灌制活动的人士介绍情况,包括此次活动的背景、磁带内容、词曲配乐的作者情况;(4)由银河音响制作有限公司有关人士介绍本公司的情况;(5)记者自由提问;(6)请记者试听磁带;(7)请记者观看在中国台湾和中国香港录音时拍摄的录像;(8)请记者参观银河公司的生产流水线;(9)向记者赠送《今又龙年》磁带和银河公司所生产的其他有代表性的录音带;(10)安排记者便餐。

### 四、公共关系活动的经费预算

编制经费预算是公共关系计划的最后一项工作。公共关系活动经费的开支要贯彻量力而行、量入为出的原则。少花钱,多办事,注重公共关系活动的经济效益和社会效益的统一。

公共关系活动的经费开支,一般由下列项目组成:

第一,重大项目费用:用于各种类型的公共关系专题活动的费用,包括赞助性活动、公共关系广告、大型庆典、纪念、联谊活动、视听节目制作、展览会布置等所需费用。

第二,一般项目费用:用于制作公共关系宣传小册子、图片以及办刊物、组织调查活动、意见收集和民意测验、一般性会议开支等的费用。

第三,正常性费用:公共关系活动中的交通费、差旅费、招待费、租金、临时服务开支等。

第四,器材购置费用:包括购买各种办公大型设备、仪器、各类印刷机、摄影器材和视听设备、美术用品、展览用品等。

第五,办公费用:指公共关系部的房租水电、保险费、清洁费等等。

第六，公共关系人员的工资费用。

## 五、公共关系活动方案实例

甘肃省“爱鸟周”系列活动总体方案

（一）活动目标

1.总目标

巩固和宣传多年来甘肃省在爱护鸟类、保护野生动物、维持生态平衡方面所取得的成绩；呼吁更多的人来爱鸟护鸟，热爱大自然，唤醒社会公众的环境意识，培养和增强人们的生态观念；塑造重视社会经济的可持续发展，关心人民的现在和未来利益的政府形象。

2.分目标

（1）力求将甘肃省“爱鸟周”活动引向深入、引向实际，使其更有特色、更有意义。

（2）力求更多的社会公众参与或知晓这项活动，造成强大的爱鸟护鸟、维护生态的社会气氛。

（3）通过各种宣传媒介，宣传甘肃省近年来在爱鸟护鸟、保护野生动物方面所取得的成绩。

（4）通过这次活动，增强人民群众和政府有关部门的沟通了解。

（二）活动主题及宣传口号

1.活动主题

严肃主题：鸟类·生态·人

活泼主题：为了鸟语花香的明天

2.活动宣传口号

声声鸟语——大自然最美的歌

保护生态环境，唤醒生态良心

爱护珍禽益鸟，树立生态观念，造福子孙后代

保护鸟类就是保护人类自己

鸟声稀疏，警钟长鸣；鸟语凄凄，唤醒我们

为了让世界永远拥有莺歌燕舞

（三）主办参加单位

甘肃省林业厅

甘肃省野生动物保护局

甘肃省环境保护局

甘肃省爱鸟协会

兰州大学生物系

(四)活动中心内容

1.宣传系列

(1)向全省发出爱护鸟类、保护野生动物的《倡议书》。

(2)发起以"呼唤人们的爱鸟意识"为主题的征文活动。

(3)印制并散发各种宣传材料。

2.科普系列

(1)举办"爱鸟周"科普知识培训班。

(2)在《甘肃环境报》上发起以保护鸟类及生态环境为主题的大型知识竞赛。

(3)按计划播放宣传生态知识的录像、电视、电影。

(4)举行全省有关专家、学者参加的爱护鸟类及保护野生动物科学研讨会。

3.外联系列

(1)举办公共关系联谊会和新闻发布会,力求得到兰州大型企业的赞助和大众传播媒介的关注和支持。

(2)通过省集邮协会,发行有关"爱鸟周"活动的纪念封。

(3)邀请兰州市大专院校和中学生物教师咨询、授课和参加活动。

4.辅助活动系列

(1)"爱鸟周"活动徽标的征集、评选与颁奖。

(2)"爱鸟周"科普知识培训班结业典礼。

(3)省鸟评选活动。

(4)鸟形头饰化装舞会。

(5)向全省发出爱护鸟类、保护生态平衡的《倡议书》。

5.中心活动系列

作为整个系列活动的高潮,将在"爱鸟周"一周中推出下列活动:

(1)在兰州市东方红广场建立"鸟的乐园";展览鸟类标本;张贴爱鸟、护鸟、维护生态平衡的宣传标语;展示巨型公共关系主题词横幅;放飞信鸽;播放鸟类鸣叫录音、鸟类活动录像。

(2)在东方红广场举行兰州市大、中、小学生的鸟形风筝比赛。

(3)在东方红广场和兰州大学校内举行鸟类标本展览和爱鸟知识咨询。

(4)中、小学生在兰州黄河滩上进行鸟类投食活动。

(五)活动时间安排

"爱鸟周"系列活动分4组活动、30个分项目,4组活动分为4个阶段(见表7-1):

1.准备酝酿阶段(3月10—31日)

2.全面实施阶段(4月1—20日)

3.高潮阶段(爱鸟周)(4月21—31日)

4.总结评估阶段(5月1—5日)

表7-1　甘肃省“爱鸟周”系列活动日程安排

| 阶段 | 时间 | 活动内容 | 负责部门 |
|---|---|---|---|
| 准备酝酿阶段 | 1月22日 | 拟定活动方案,征求对活动的意见 | |
| | 3月21日 | 全省爱鸟知识竞赛有奖征题 | |
| | 3月23日 | 全省爱鸟有奖征文 | |
| | 3月26日 | 征集第10届“爱鸟周”活动徽标 | |
| | 3月29日 | 公共关系联席会议 | |
| | 3月29日 | 宣传、咨询、公关人员培训班开学 | |
| 全面实施阶段 | 4月3日 | 推出4组宣传栏和板报 | |
| | 4月6日 | “爱鸟周”活动信息发布会 | |
| | 4月7日 | 省鸟评选活动 | |
| | 4月12日 | 宣传、咨询、公关人员培训结业 | |
| | 4月13日 | 鸟形头饰化装舞会 | |
| | 4月13日 | 全省大、中、小学生鸟形风筝邀请赛 | |
| | 4月20日 | 鸟类标本展览宣传 | |
| 高潮阶段 | 4月21日 | “鸟的乐园”大型展览、咨询宣传活动 | |
| | 4月26日 | 召开全省“爱鸟及保护野生动物”研讨会 | |
| 总结评估阶段 | 5月1日 | 有奖征文、知识竞赛、徽标征集颁奖 | |
| | 5月3日 | “爱鸟周”系列活动评估座谈会 | |
| | 5月4日 | 向全省发出爱鸟护鸟、保护生态《倡议书》 | |

(六)活动组织机构(略)

1.顾问;2.指导;3.组委会;4.分工职责。

(七)分项目活动计划

A项:“爱鸟周”有奖征集徽标活动计划

【目的】为迎接全省“爱鸟周”活动10周年,深化爱护鸟类、保护野生动物、维护生态平衡、优化生态环境的全民意识和责任感,特举办有奖征徽活动。

【对象】面向社会各界及高校。

【要求】

1.“爱鸟周”活动的徽标应充分体现本届活动“鸟类·生态·人”的主题;

2.构图简洁明快;

3.图形中应保留有英文“LOVE”字样;

4.底稿请画在16K纸上，底图和彩图各一份，并附上设计说明，注明作者姓名及详细地址。

【评奖办法】

1.采取专家评审和群众评议相结合，分级评审；

2.选出的最佳作品定为本届活动的徽标，作者予以重奖；

3.凡参加者一律发给纪念品。

B项：科普咨询及公共关系外联人员培训班工作规划

【目的】为迎接甘肃省第10届“爱鸟周”及第1届“野生动物保护宣传月”系列活动，普及野生动物保护知识，为活动培训具有一定生态环境知识和公共关系外联能力的宣传、咨询、服务人员，同时也为有关人员提供一次亲身实践和锻炼能力的机会，特举办“爱鸟周活动科普咨询及公共关系外联人员培训班”。

【对象】面向高校师生及中学教师。

【内容】鸟类以及其他野生动物的有关知识、保护现状、野生动物与人类生态环境的关系，以及开展保护工作的公共关系技巧和方法。

【具体事项】聘请著名鸟类鱼类学家、动物学家及有关教师授课，采取讲座、参观标本、实习等多种方式。

C项：全市风筝邀请赛计划

为扩大本次系列活动的影响，深化爱鸟和保护野生动物的社会效果，特举办本次活动。

【主办单位】甘肃省野生动物保护协会、甘肃省野生动物保护局。

【承办单位】兰州大学。

【参赛单位】邀请在兰州的有关主管单位、大专院校、中小学参加。

【参赛要求】

1.各单位先进行选拔赛，推荐优胜个人参加本次比赛。每单位参赛风筝最多不超过5个；

2.参赛风筝以动物图像或图案为主，突出“爱鸟”及“保护动物”的主题。

【评奖办法】

1.分成人组和少儿组(12岁以下)评奖；

2.邀请有关领导、教师担任评委；

3.评分规则(略)。

【比赛时间】4月13日下午2:30—5:30。

【比赛地点】兰州市东方红广场。

D项：“鸟的乐园”大型展览、咨询宣传活动规划

【目的】本次活动是整个系列活动的高潮，目的在于通过色彩鲜明、内容丰富

的环境布置和资料宣传，使公众通过参与和学习，有身临其境的感觉，进一步强化人们的爱鸟护鸟意识，激发公民维护生态平衡的责任心和义务感，从而达到深化“爱鸟周”活动效果的目的。

【时间】4月21日上午8:30。

【地点】兰州市东方红广场。

【内容】

1.标本展览，鸟类知识咨询(咨询人员佩戴写有主题词和宣传活动的绶带)，板报宣传，散发传单等；

2.开展“我所喜爱的动物”即兴画活动(对象为少年儿童)；

3.鸟鸣及背景音乐的播放；

4.“爱鸟周”徽标的悬挂展示；

5.信鸽放飞；

6.爱鸟的寄语、题词、留言；

7.背景宣传广告画的悬挂；

8.家养鸟的展示；

9.摄影纪念；

10.小学生表演文艺节目。

E项：“爱鸟”及“保护野生动物”座谈研讨会计划

【目的】通过对本省野生动物资源保护的理论研讨，使爱鸟护鸟、保护野生动物、维持生态平衡等方面的工作理论化、系统化，把我省“爱鸟”及“保护野生动物”活动引向深入，造成良好的优化生态环境的社会氛围。

【时间】4月26日下午2:30。

【地点】兰州大学科学馆会议厅。

【会议内容】

1.甘肃省及西北地区野生动物资源保护前景及规划；

2.兰州市野生动物保护措施、方法；

3.能够使自然保护区的建立与全民参与保护意识统一的行之有效的办法；

4.如何强化群众爱鸟意识；

5.其他有关动物保护方面的内容。

【会议准备】

1.发邀请函，由甘肃省野生动物保护协会、兰州大学生物系“爱鸟周”系列活动组委会两家负责；

2.会议由甘肃省野生动物保护协会主持；

3.兰州大学生物系提供所需资料；

4.请专家、学者在会前将讲稿交于兰州大学生物系(面交或邮寄);

5.布置会议厅(由公共关系部负责);

6.会议记录(由秘书组负责)。

【其他】

1.结合宣传,届时可与兰州大学地理系、地质系、大气系在东方红广场联合开展生态环境保护方面的咨询活动;

2.尽量赢得更多的厂矿企业的赞助和支持。

## 本章复习思考题

1.什么是公共关系的四步工作法?

2.公共关系策划的程序是什么?

3.公共关系方案设计的六要素各是什么?

4.为什么要编制公共关系计划?

5.为什么说公共关系方案的灵魂是创意?

6.怎样设计一个完整的公关方案?

7.公关计划的六步曲指的是什么?

# 第八章 公共关系传播



## 中心内容

传播、沟通是公共关系的手段和媒介，公共关系事业是随着传播、沟通手段的发展而发展的。本章着重介绍传播技术和沟通技巧的特征，论述公共关系的大众传播媒介、宣传性传播媒介、人际传播媒介、公共关系广告等在公共关系活动及日常公共关系工作中的应用。

## 学习目标

了解公共关系各种传播媒介的特征，把握沟通技术和技巧，在公关活动中准确运用各种传播手段和沟通技巧。

公共关系的过程实际上是一个传播与沟通的过程。其中，社会组织与公众之间的相互作用是通过传播媒介沟通的。在公共关系三要素——社会组织、公众和传播三个部分中，传播是联结主体与客体的桥梁。传播公共关系信息是公共关系的核心工作。

## 第一节 传播与沟通原理

所谓传播，指的是人与人之间的一种信息交流活动。人们通过这种交流，达到分享信息、互相影响的目的。沟通既指传播效果，又指一种信息交流的技巧和渠道。

## 一、传播的一般过程

传播是人类世界存在的物质基础，它起着维持和活跃人们生活的作用，具有自然的和社会的双重属性。

传播渗透在人类的一切活动中，从历史的角度看，人类对传播的需要具有一种自发性。可以设想，即使处在没有大众、没有传播媒体的一个人的环境里，这个人也不能不时刻都进行着内向传播，即思考。因此，只要有人存在，就一定存在着人的传播行为。

人类传播经历了漫长的历史演变过程。

远古时代，是传播的初级阶段，信息量少，且呈现出零散、片面的特点，具有一种部落化和无序性的特征。虽然语言的产生扩大了人类传播的深度和广度，使人类传播发生了根本性的变化，但当人类生活领域逐步扩大时，语言的多种多样又使传播遇到了很大困难。口头语言传播还受到空间距离的限制，迫使人类寻找各种各样新的传播工具。中国古长城的烽火台和消息树便是最初的传播方式。

文字的出现使传播发生了质的变化，它使人类的传播第一次有可能跨越时空的限制，使最有价值的信息不但能传到遥远的地方，而且能够保存很长时间。

尤其是纸的发明和印刷媒介的出现，使人类传播进入里程碑的时代。人们摆脱了部落化的表象思维时代，开始使用特殊的逻辑来组织自己积累的经验。信息数量从小量走向大量，从零碎走向系统，从无序走向有序，从片面走向全面，并且出现了专门的传播机构。

信息时代的传播是最具有传播色彩的。传统的传播工具和传播方法被现代化的工具和方法所取代。传播工具非群体化，传播内容非单一化，传播手段非传统化。同步卫星的运转，登月成功，使用光导纤维通讯，用电脑系统传播与控制信息，这一切都表现出当今传播的瞬时化、系统化、规范化、科学化、主体化。

人类传播的发展史表明，人类之所以在自己的整个发展过程中一直千方百计改进和发展传播技术，是因为传播的发展虽然对技术的进步有较大的依赖性，但是人类已经意识到了社会、政治、经济、文化和精神诸方面对传播的需要。

早在1948年，美国传播学家哈罗德·拉斯韦尔就提出了“五个W模式”，即“who、what、which、whom、what effect”，就是指传播者、信息、传播媒介、受传者、传播效果五个方面。因此，最简单的传播过程可以归纳为：谁→说什么→通过什么渠道→对谁说→达到何种效果。

一个组织向公众传递一则讯息，绝不像传递一件东西那样简单。这是因为从传播学的角度来看，受传者对信息意义的理解总要受到自己独特的经验范围的制约，受到自己地位、所处时间、地点和环境的制约。因此，在公共关系传播中，社会组织与公众的沟通也是不容易的。

## 二、传播模式分析

传播模式分析，就是把传播过程分解为若干组成部分，以显示其在传播全过程中所起的作用，并揭示各组成部分之间的内在机制。

(一)传统的线性传播模式

传统的线性传播模式，最早是香农和韦弗提出来的，被称为“香农-韦弗模式”，其模式见图8-1。

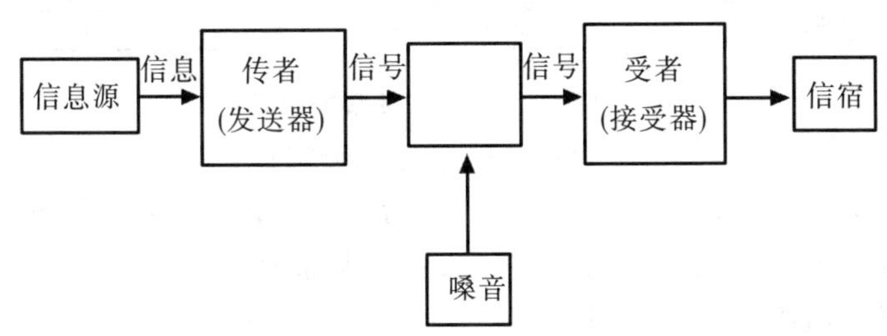


图 8-1 线性传播模式

这种模式是一种单向的线性运动过程，它揭示了传播过程的内在机制，在传播学上具有广泛的影响。但也存在着明显的缺陷：缺乏信息反馈，忽视了影响传播过程的各种主客观因素。

(二)新型的控制论传播模式

新型的控制论传播模式，是美国学者施拉姆提出来的，其模式见图8-2。

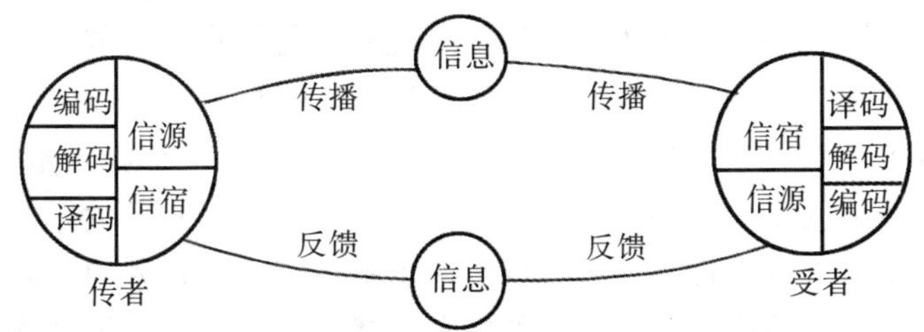


图 8-2 控制论传播模式

这种模式揭示了传播过程是一种双向的循环式运动过程。它的特点在于：它引进了反馈机制，把传播理解为一种传受双方互动的循环往复的过程。在这种模式下，反馈对传播过程构成一种自我调节和控制，从而使整个传播系统基本上处于良性循环的可控可调状态。

(三)公共关系传播模式

公共关系传播模式，是公共关系专家们根据新型控制论传播模式，结合拉斯韦尔的“五个W模式”创意出来的，其模式见图8-3。

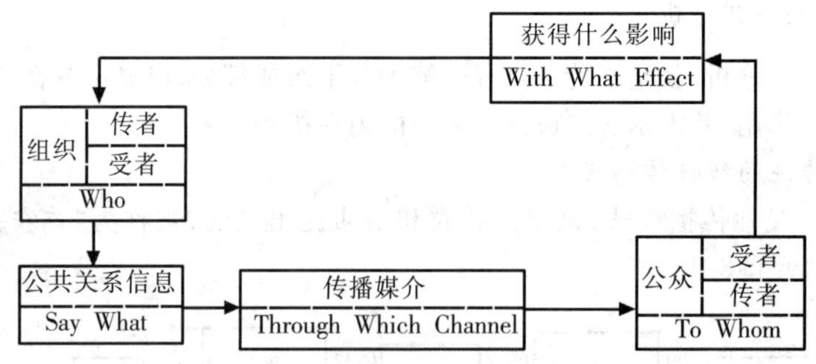


图 8-3 公共关系传播模式

公共关系传播模式表明:组织是传播信息的来源;组织传播的是为实现其公共关系目标的信息;传播媒介是大众传媒、人际传媒、宣传性传媒等;组织所面临的公众是传播对象;组织根据反馈的信息,不断调整和修改下一步的传播方案,以达到塑造良好组织形象的目的。

## 三、传播的类型

就传播媒介发展过程来看,传播形式是随着传播能力的不同而变化的。根据传播的方式和内容,传播形式通常分为内向传播、人际传播、群体传播、组织传播、公众传播、大众传播等六种类型。

### (一)内向传播

人的内向传播是主我同宾我之间的信息交流活动。内向传播既是人的自我需要,也是人的社会需要,是人为适应周围环境而进行的自我调节。

内向传播在很大程度上具有心理学的性质。因为这是一种人的思维活动,是人对某种现象的一种动机,即推动自己避开有害客体,趋向有益客体的动机;因为人的内向传播活动是人依赖客观世界的外观活动,是由外部世界的刺激所引起的心理调节。人的内向传播还具有以下两个基本特征:(1)人的内向传播活动是由人所处的社会环境决定的;(2)人的内向传播也是在人的心里对感性知觉和表象进行加工,从而产生概念和推理,形成思想。

### (二)人际传播

人际间的信息传播是构成并维持社会的前提,是社会力量的所在,是人际交往得以进行的条件,是人际关系得以实现的基础。

人际传播的形式既包括面对面的传播,还包括两个人通过电话、电传、短信的间接传播。面对面的传播又包括语言传播(对话)和非语言传播(手势、表情)等。在面对面的直接传播中,对话和体态语言是交替使用、互相配合、互相补充的。人际传播中两人的交流或数人的讨论,收到的信息完整,得到的反馈及时。人际传播最明显的特征是交流性。

影响人际传播的因素很多。首先是人际间的互相吸引，这种吸引表现在人的相互理解和感知、个人间的好感和相互影响上。其次是时空上的接近，包括时间或时代的接近和地理位置上的接近。再次是对自己和他人的认识。这关系到一个人是否有正确的生活态度、对自己和别人关系的正确认知。

(三)群体传播

这是指受传者在一定的规章制度下，聚集于一定场所接受传播。这种传播对象一般是事先确定并集合好的，集合形式与集合时的行动方式也都是事先已确定了的，因此，这是属于制度化公众的传播。一般性的集会、展览会、新闻发布会、音乐会等都属于群体传播。

(四)组织传播

组织传播是在一个组织内部相互交流，使个人在组织内或非正式团体在组织内能形成共同利益和目标，并能同心协力地完成与环境有关的特定任务的传播活动。

组织是传播的结果。组织形成的过程就是传播的过程，传播构成组织存在的基础。组织传播是组织内部成员之间、组织与群体间的信息交流活动，是有组织、有领导地进行一定规模的信息传播。组织传播的目的在于稳定组织成员，应付外部环境，维持组织生命，增强组织内部的团结。

(五)公众传播

一般将向一个集体、一个阶层、一个地区的特定公众的传播活动称为公众传播。公众传播的特征是它比较偏向于单向的传播，如个人在群众大会上的演讲。它的反馈没有人际传播那样丰富，并且易于趋向极端，演变成群众的感染性情绪。

(六)大众传播

大众传播是一个有组织的多数人利用的媒介或渠道，对广大的无法预知的大众进行信息传播的活动。大众传播的传播者和组织者一般是团体，受传者则是混杂而陌生并千差万别的人群。

从特征上分析，大众传播是在同一时间，利用同种媒介、同种信息对大众进行传播的行为，它具有受传者广泛且陌生、传播速度快、影响广泛、商业性强、反馈难等特征。更重要的是，大众传播是一个国家和社会的文化、经济和社会形态形成并趋于稳定和完善的助推剂，大众传播的开放度是一个国家民主化程度的标志。

传播层次图(见图8-4)表明：从大众传播到内向传播，是一个传播范围由大到小的过程，越往外圈，传播技术要求越高，传播功能越强。比如内向传播(即思考），可以由以上各层传播引发，但不能反过来。各层次的传播都有各自特点和独特功能，可以相互运用，不能相互替代。

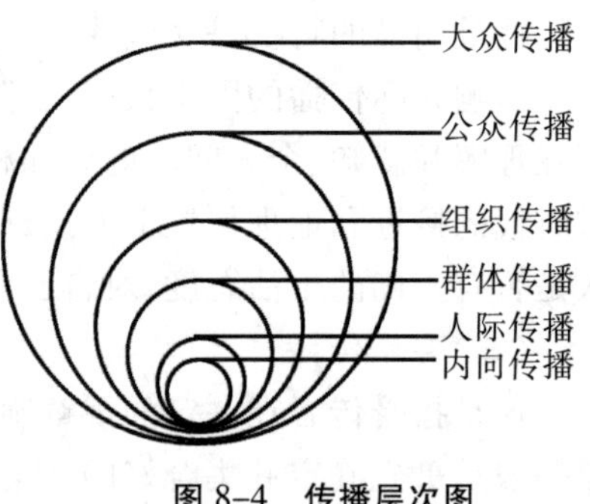

**图 8-4 传播层次图**

## 四、传播的社会功能

大众传播研究的先驱哈罗德·拉斯韦尔认为传播有三个社会功能：监视环境、协调反应和传衍经验。大众传播是环境的瞭望者、政策的塑造者、知识的传授者。以后的传播学者把大众传播媒介的功能发展为五种：守望人功能、决策功能、教师功能、娱乐功能和商业功能。

### （一）守望人功能

生活在当代社会中的广大公众，要不断适应迅速而又极其复杂的环境变化，以便获得人和环境之间的协调，更好地适应当代社会的需求。大众传播的守望人功能，就起着向广大公众通报消息、报道情况的作用。就像原始部落中的守望人，守候在家园附近，随时报告危难与机会一样。社会发展到今天，人们把新闻传播媒介作为自己守望人五官的延长。尤其像广播、电视优越的速报性和同时性，其守望人功能更为明显。

### （二）决策功能

传播媒介对于重要社会问题和热点问题的政策、方针、办法发表有关方面的带有倾向性的意见，往往对唤起大众的注意甚至引导和劝服大众起着不可低估的作用。

当代社会生活环境异常复杂，如果人们只聆听新闻，而不能充分理解新闻，把握其全貌，就无法采取行动，因此，解释性的新闻对于人们形成决策有重要意义。

### （三）教师功能

传播的教师功能主要表现在把已经建立起来的文化传统传衍给社会新的一代人，更进一步的作用是提高社会大众的教育水平。

教育是人类生存和发展的重要课题，并且日趋显示其重要性。而传播知识、传授经验、培养新人的品格和技能都需要传播媒介。在当代人的知识结构中，有相当一部分知识不是来自于老师或父母，而是来自于各种传播媒介。没有人的信息沟通，人将很难获得知识。当今，传播的教师功能更为显著，如显性的教育：法纪宣传、电大课程、精神文明建设；隐性的教育：文化艺术、音乐、剧目等。在发达国家，公共电视、广播网担负着播放有广泛教育意义的节目的任务。

(四)娱乐功能

传播者通过传播媒介用语言和非语言及形象来传播戏剧、舞蹈、音乐、文学、体育、游戏等,使个人和集体得到娱乐和享受,并培养社会成员对文化和艺术的鉴赏能力。

在人类社会发展初期,虽然人类要付出几乎全部的力量征服自然,但他们还是学会了用各种形式表示征服自然后的喜悦心情。在人类社会高度发展和进步的今天,人们用于娱乐的时间几乎和用于工作的时间一样多,传播的娱乐功能日趋增强。娱乐功能和教育功能是难以截然分开的,那种寓教于乐的方式更受大众的欢迎。

(五)商业功能

传播媒介的商业功能,已经愈来愈受到人们的重视。近年来,许多人主张用广告来调节经济活动,他们认为在经济出现衰退时,加强广告,而当经济极度繁荣时,则紧缩广告,就能使广告起到调节器的商业功能。当代传播媒介不但报道各种商业活动,而且登载大量商业广告,对经济发展和市场营销起了积极作用。

## 五、沟通的类型

从传播与沟通的关系来看,传播即是沟通,传播手段即是沟通手段,传播的目的就是为了沟通。但传播更强调技术,沟通更强调艺术或技巧;传播的范围广,硬件技术要求高,功能强;沟通的范围小,但涉及到人的心理层面,技巧性强。在公共关系工作中传播、沟通手段,是指技术和技巧的结合。

沟通因时空、规模、场所、目的的不同有多种类型。

(一)上行沟通、下行沟通和平行沟通

上行沟通是指组织的员工和各职能部门将其意见、要求、态度、看法、建议向上级部门、组织的领导层反映,达到下情上达的目的。只有上行沟通的渠道畅通,上级领导或上级组织才有可能掌握所属员工或下级组织的情况,从而才有可能作出符合实际的决策。

下行沟通是指一个组织将其政策、方针、规划、规章制度、行动方案向下级组织或内部员工传达。这是上情下达的一种形式。

平行沟通是指组织与组织之间、组织内部各平级部门和同级人员之间的直接沟通。

(二)单向沟通和双向沟通

单向沟通是一个组织向另一个组织发出信息,双方地位不变;双向沟通是组织之间互相传递情况或信息,双方的地位不断变换。

研究表明:单向沟通比双向沟通信息传递速度快;双向沟通比单向沟通信息

内容传递准确。从信息传递效果分析,单向沟通规则、安静;双向沟通比较混乱、无秩序、易受干扰;在双向沟通中,接受信息者对自己的判断有信心和把握,但发信息者感到心理压力较大。

(三)正式沟通和非正式沟通

正式沟通是指组织通过法定正规渠道和途径传递信息; 非正式沟通则是通过非正式渠道的小道消息或传言的沟通方式。后者对前一种沟通方式有双重作用:歪曲作用或补充作用。在公共关系传播中,尤其要防止非正式沟通渠道中的各种传言歪曲事实真相,损害组织形象;同时又要保证有非正式渠道的信息,以使组织掌握信息,明了情况,制定有效的公共关系策略。

(四)语言沟通与非语言沟通

语言沟通是指利用语言符号传播、沟通。非语言沟通是通过动作姿势、表情神态的方式传播、沟通。非语言沟通的优点是可以融洽沟通双方的气氛,缩短彼此之间的心理距离,消除隔阂和紧张感;缺点是信息表达含糊,易被误解。

(五)口头语言沟通和书面沟通

口头语言沟通是指会议发言、讨论、讲演、报告等。其优点是沟通双方具有亲切感,可以通过语调、表情等非语言交往形式增加沟通效果,容易获得对方回应,具有双向沟通的好处。这种沟通方式具有弹性,便于随时予以修正。口头语言沟通,要求沟通双方论述清楚,发表意见抓住要点,言语中肯,简洁明了。

书面沟通是指通过海报、宣传栏、布告、通知、刊物、书面报告等传播媒介传达信息的方式。书面沟通的优点是具有权威性,不容易在传达中被歪曲,文字资料可保存备查。在书面沟通中,文字的可读性非常重要,尤其是在公共关系传播中,在文字设计上要注意文字符号的简洁化,尽量采用熟悉而又简短的文字,使公众或读者易于理解和接受;使用主动语态和陈述句;文字段落要有条有理,逻辑性强,结构安排严谨,避免冗长重复。

## 第二节　新闻性、宣传性与人际传播媒介

公共关系的实施媒介主要有五种类型:一是以报纸、杂志、广播、电视为主的新闻传播手段,属新闻性传播媒介;二是以展览、会议、宣传品、板报、内部刊物等为主的宣传活动,称宣传性传播媒介;三是以日常公关交往和专题公关活动为内容的人际传播媒介;四是网络传播媒介;五是以公共关系广告为主的广告性传播媒介。本节先分述前三个传播媒介。

## 一、新闻性传播媒介

报纸、杂志、广播、电视是以传播新闻信息为主要特征的传播工具,又称为大众传播媒介。各种传播媒介各有特点和不足。科学、有效地应用各种新闻性传播媒介有十分重要的意义。

(一)报纸媒介

报纸作为一种重要的印刷信息载体,在电子媒介迅速发展的今天,在大众传播中的地位是举足轻重的。它具有许多特点:

1.报纸读者广泛,宣传覆盖率高。报纸的发行量一般都很大,全国主要大报发行量都在几百万份以上,影响面很广。

2.报纸信息容量较大,选择面广。报纸可以及时刊载国内外消息、报道、专题评论、新闻图片和说理文章等,读者对报纸所刊载的信息,可以进行选择。尤其是专业性报纸,能很快地将有关学科、行业、部门公众的所需信息传递出去。

3.从报纸上获得信息方便,易于被读者接受。报纸的最显著特点是打破了时空的限制,不像广播和电视那样一定要在规定的时间内收听收看。报纸价格便宜,购买方便,便于携带,易于被广大公众所接受和关注。

4.报纸易于保存,资料性强。和广播、电视相比,报纸上的资料易于剪贴、摘录、检索、分类和贮存,经过整理就可以永久保存并能随时查阅使用。

5.报纸传递迅速,时效性强。在科技进步的今天,报纸信息传递速度大大加快,一些重大消息,当天或次日就可见诸报端,有较强的时效性。

6.报纸文字清晰,内容阐述清楚。广播、电视的图像和音响一般都是转瞬即逝,而报纸上的报道却具有文字清晰、内容翔实、概念清楚、提供信息准确等优点。

7.报纸印制简单,费用较低。报纸制作工艺简单,在先进技术下排版迅速,版面设计机动性强,刊登广告及其他文字材料费用较低。

但是,相比而言,报纸也有许多不足之处,如传播新闻的速度不如广播、电视迅速;报纸的阅读受到人们文化程度和知识水平的制约;报纸印刷一般较粗糙,艺术感染力较差。

(二)杂志媒介

杂志的优点是显而易见的,具体表现在:

1.内容丰富,针对性强。杂志分综合性杂志、专业性杂志和科普性杂志。除了综合性杂志有大量阅读对象外,专业性杂志的阅读对象一般较为固定,形成一种较为稳定的读者群。从形式上看,图文并茂,排印精美,内容翔实、丰富,对读者有较强的吸引力。

2.制作精美,感染力强。随着科技进步和激光排印、胶印等技术的发展,杂志的编制、印刷、装潢质量得到大大提高。艳丽的色彩，优美的编排，极大地优化了版面效果，使读者爱不释手，争相传阅。

3.时效性长，资料性强。杂志具有知识性、理论性、文学性，因而具有较高的资料价值。由于杂志装订成册，便于在读者中广泛传阅，因此利用率高。杂志易于保存，也易于查阅备考。

杂志也有许多缺点，如发行范围受到读者爱好和专业知识的限制，出版发行周期较长，时效性差，传播信息速度受到月刊、双月刊、季刊这些时间规定性的限制。杂志的成本较高，价格因素影响了读者层面。

（三）广播媒介

广播作为一种电子媒介，在我国广阔农村的大多数时间和城市的部分时间（如早晨和深夜）是极为重要的媒体。它的优点是：

1.传播速度快，不受空间限制。由于电波每秒可绕地球七圈半，使得消息播出后几乎同时传到听众耳中，不受任何地理环境和空间条件的限制，声音可跨越千山万水，对社会动态的反应最为灵敏，报道最为及时。

2.对听众的文化要求限制少。只要有听力，不论文化程度高低都能接受广播信息的传送。听众广泛，覆盖面大，受到城乡男女老少的欢迎和重视。

3.传真性强，有较大的鼓动性。广播的感染力要比报纸、杂志大得多，播音员的声音亲切感人，传真性强，易于在听众中引起共鸣。

4.费用低廉，应用面广。电台节目制作简单方便，成本较低，收听设备的购置费用低廉，使用时间长，特别是农村的有线广播和半导体收音机更具有经济、实惠的特点。

5.内容丰富，便于选择。广播节目内容形式多样、手法多变，许多专题节目有规律性，不仅可引起听众的特别兴趣，而且还有利于方便听众选择内容。

广播也有许多弱点，如声音一瞬即逝，易出现误听，传播失真。如有不明之处，难以反复思考，加深理解。广播内容难以作为资料保存。

（四）电视媒介

电视在当代是一种最受欢迎的、最实用的、优良的、先进的新闻性传播媒介。它拥有许多独特的长处：

1.生动形象，真实感强。电视将文字、声音、图像和色彩四者结合在一起，使观众有身临其境之感，增添了传播的真实性、可信性和权威性，能给观众留下深刻的印象。

2.娱乐性、艺术性和信息融于一体。电视传播，将信息传播与文化娱乐融为一体，使人们在轻松愉快中接受信息传递。

3.感受面广，观众喜闻乐看。电视具有广播、报纸、杂志的三重传情传真优越性，并且无论大人、小孩、文化程度高低，都喜欢看电视。

4.报道迅速及时。电视报道的时效性极强，它能反映最近发生的事件的真实画面，不仅可以跨越时空障碍，满足不同地区人们的文化娱乐需要，而且使观众有身临其境的参与感，成为现场活动的一员。尤其是录像的重播克服了时间局限，使人们可多次感受某个情景。

电视传播也有明显的弱点，如播出时间固定，使人们的选择受到限制，播出内容的转瞬即逝，给观众的全面理解和记忆带来困难，购买接受设备所需费用较高，并且电视广告的制作费和播放费也较昂贵。

在选择新闻性传播媒介时，除了考虑四大媒介本身的特点之外，还必须认真考虑以下几个问题：(1)分析传播对象。首先认真分析自身组织与实施对象之间的关系，分清对象的类别和其通过各类传播媒介接受信息的程度，以选择合适的媒介，达到事半功倍的效果。(2)分析传播内容。既要考虑到公众对传播内容的可能反应，又要考虑到所用新闻性媒介对所传播内容是否适宜。(3)考虑实施经费。要注意在经费允许的范围内，选择传播媒介。

## 二、宣传性传播媒介

宣传性传播媒介与新闻性传播媒介的区别在于：宣传性传播媒介是组织出于自身利益的需要，为了扩大自我影响和塑造组织形象而使用的，能被组织控制和操作的公共关系宣传手段和沟通方式。而新闻性传播媒介传递的信息，其主要目的是为社会公众服务，不是纯粹地为某个特定社会组织服务，运用成本较高，限制因素多，不受本组织控制。因此，组织在公关活动中，首先大量采用的是宣传性传播媒介。

宣传性传播媒介可归纳为下列八种：

### (一)各类印刷品

组织用于公共关系宣传的各类印刷品包括：企业年报、单位介绍、内部通讯、信息通报、经验交流、新产品介绍、行业信息、部门动态、工作小结、情况反映、参考资料等。它们的共同特点在于：通过向广大公众的赠送和分发，及时地向社会组织或组织内部通报组织的有关情况，有助于内情外达，外情内达，上情下达，下情上达。通过各类印刷品，还可以及时地向社会组织或组织内部告知有关信息，以扩大社会影响，开辟组织的发展途径。

对于组织来讲，各类印刷品有以下几个特点：(1)印制成本低。组织可以因陋就简，因条件制宜，实施困难较小。(2)自主权较大。因为属于组织内部印刷品，所以所受限制较少，内容可自由选择，灵活多变。(3)传播范围既定。针对性强，传播效果明显，并能及时获得反馈信息。(4)内容易于控制和调节，能较完整地体现一定时期组织的精神和宗旨。(5)能给人以正规感和信任感,并能引起新闻媒介和潜在公众的关注。

目前,凡是具有较强的公共关系意识的组织,无论是政府部门、企业、学校,还是剧院、博物馆,无时无刻不在用印刷精美的各类印刷品为塑造和宣传自己的形象服务,并且印刷品早已成为组织内外部公共关系的重要媒体。

(二)图片资料

图片资料是照片、图表和各类附图宣传材料的总称。它的使用,可以向公众提供具体真实的形象资料,提高宣传的可信度和亲切感,加深公众对组织形象的印象。

图片资料可分为以下几种类型:(1)历史性图片资料。记录某企业创业历史或某一个重要时期的珍贵图片和照片资料。(2)纪录性图片资料。反映某组织(或企业)在一些重大事件,如产品质量翻身仗、产品更新换代等的全过程的照片和图片及文字说明。(3)总结性图片资料。真实形象地反映一个组织在一定时期(如一年)中所取得的显著成绩、所做的主要工作、所取得的主要经验的图片报道及照片资料。(4)新闻性图片资料。及时、准确、真实地反映组织最新发生的重大事件的图片资料。(5)介绍性图片资料。详尽介绍和说明本组织的机构设置、厂房设备、人员等情况的图片资料。

利用图片资料作为公共关系宣传媒介,有三点必须注意:一是图片或照片一定要真实自然,否则就会失去公众对图片资料的亲切感和信任感;二是应配有精练的、恰如其图的文字说明,以此衬托图片效果;三是要注意装饰性图案、图片和资料性图表的搭配使用。

(三)幻灯及投影

在公共关系工作中,幻灯的主要功能在于形成较好的、能吸引公众的宣传气氛。这是因为幻灯画面在声音和音乐的配合下容易调动观众的情绪。从这个角度讲,通过电脑放映出鲜艳、生动、丰富的幻灯画面,比起单纯、静止的图片展示效果要好得多。幻灯这种形式在特定场合,如展销会、汇报会、展览会中,更能受到观众的欢迎。

幻灯一般从制作到放映要经过编(编脚本)、写(写解说词)、画(绘制幻灯片)、讲(讲解幻灯片内容)和放(放映幻灯)五个步骤。它的制作放映过程比起录像来要简单、省力、省经费,因而起着录像不能起的作用,对公共关系传播工作有重要意义。

当前,幻灯、投影在公共关系传播中的用途主要体现在以下几个方面:

1.会议或演讲的文字、图表显示;

2.展览会或参观过程中有关内容的重点介绍和连续展示;

3.机构和组织概况的影像介绍；

4.旅游风景点及人物风情的系列集锦；

5.产品功能介绍及所提供服务的详尽说明。

(四)录音

录音成为公共关系的一种宣传性媒体，主要是因为录音机具有广泛性和普及性。录音机携带方便，录音内容制作成本低。更重要的是录音还具有以下用途：(1)可配合幻灯放映播放音乐和解说词；(2)可用于会议记录和准确无误地传达会议精神；(3)可用于公众意见的收集和意见信息的分析整理；(4)可用于重大事件的采访和纪实性录音；(5)可用于交换、转录和赠送资料；(6)可用于各种培训教学。

由于录音的播放是对听觉的刺激，它具有以下两个特点：一是常常使人感到亲切；二是收听录音播放不受人们工作条件的限制和影响，如在干活、看报、开车时仍可听录音。

(五)录像

录像兼有录音、幻灯、图片、电影的许多优点，是随着现代科技发展而出现的一种先进的传播方式。它的发展及其在公共关系事业中的用途有着极其广阔的前景。

录像作为一种现代化传播手段有着许多优点：(1)录像片作为一种情报和历史资料，其保存和交换都具有较大的价值；(2)录像片制作过程迅速，可以在最短的时间内连续播放；(3)录像片具有生动、形象、真实等特点，比起图片和幻灯来，更能引起公众的兴趣，对公众有较强的吸引力；(4)录像用于展览、参观、会议、产品介绍和服务说明中，能使这些活动富有生机，获得更好的效果；(5)录像资料经过配音、配乐等艺术加工，可以成为一种艺术品，更好地起到宣传性公共关系媒介的作用。

(六)展览

展览是通过实物、文字、图片和电子媒介来展示组织成就的公共关系传播形式。

一个展览通常同时运用多种传播媒介，包括音响、文字、图像的综合功能。展览活动中的公共关系功能一般有双重意义：一种是利用公共关系工作来加强和扩大展览的效果；另一种是利用展览来传播公共关系信息。

展览会的类型可以从以下几个方面来认识：

1.从展出地点来看，有室内展览和露天展览。一般开放时间较长、展品较精细、展品价值较高的展览要在室内进行，这样既不受天气变化的影响，又可以保证展品的完好无损；通常在露天举办的展览如花展、灯展和农产品展览，其特点是不受空间限制,参观展览的观众多,社会效益好。

2.从展出对象的内容来看,有专题展览与综合性展览两种。前者的优点是内容重点突出、深刻,展示了组织(或企业)在某一方面的成就和经验;后者的优点是内容全面,整体性强,展示了组织(或企业)的整体形象。当然,综合性展览在人力、物力、财力的花费上要大一些。

3.从展览的规模来看,有大型展览、小型展览和微型的袖珍式展览。微型的袖珍式展览主要指的是组织(或企业)的门厅和橱窗展览。这类展览省工省时,并且可以勤换勤改。

展览作为一种宣传性公共关系传播媒介,具有以下几个特点:(1)展览形式比较容易引起公众的兴趣和新闻界的重视。(2)展览作为一种非常直观、生动、形象的传播方式,通过实物展示和示范表演相结合,有很强的说服力,能给公众留下深刻的印象。(3)在展览过程中,容易形成组织与公众之间的直接双向交流,给组织(或企业)提供较好的双向沟通机会。(4)参观者的代表面宽,针对性强,还能起到公共关系广告的宣传、传播作用。

要搞好展览活动,对公共关系工作有如下的要求:(1)科学地制定展览活动的方案和规划。(2)预先估计参观者的范围、类型和人数,做好接待准备。(3)突出展览的特色和重点,避免平铺直叙和毫无新意。(4)做好解说和接待人员的培训工作,尤其要注意培养他们的公关素质。(5)预先估计展览的经费预算。(6)做好和展览有关的辅助工作,如会徽设计制作,广告牌制作,纪念品的准备,各类印刷品的装订,等等。

展览活动有许多技巧,其中包括:(1)在展览入口处竖立大型广告牌,写明展览内容、时间、主办单位,在门口设立签到处。在前厅贴出展览会各展室平面图。(2)在显眼的位置上设立咨询台,配有参展单位的业务负责人和公关人员专门从事和观众的直接对话、答疑和双向交流。(3)提前准备好配合展览的说明书、解说词、图册及各种宣传小册子,以赠送或出售的方式散发给参观者,扩大展览的影响,吸引更多的观众。(4)预先邀请有关知名人士、特殊公众和新闻记者出席,并对他们进行详细的讲解和操作表演。(5)做好展览会的相关服务,如设立小卖部、公用电话、茶水点等。(6)为报社、电台、电视台准备有关展览的图片、稿件、消息、报道、录音等材料。(7)在展览出口处设咨询台和留言簿,征求参观者的反馈意见和想法。

正因为展览过程能给人留下较深的印象,所以在一些工商企业中,常常把销售与展览联系起来,通过展销会形式,扩大企业或产品的影响,打开销路。

(七)各种会议

从公共关系工作所涉及的会议种类来看,有座谈会、汇报会、研讨会、总结会、交流会、协商会、洽谈会等。从参加会议的人员来看,又可分为内部公众会议和外部公众会议。

会议有独到的传播作用。首先,组织的一些重大方针、决策和规章可以通过会议形式进行民主讨论和传达;其次,组织能够利用开会的机会及时收集公众的意见和建议,得到信息反馈;最后,会议是极好的内外部公众与组织之间进行双向交流的机会,为内求团结、外求发展的公关工作提供了机会和场合。

但是,如果会议冗长空洞,浪费了大量时间和精力而毫无成效,是起不到信息传递作用的。因此,要在公共关系工作中彻底改变会风,使之真正起到宣传性传播媒介的作用。

怎样组织好会议?日本效率协会曾提出12点建议,是很有启发意义的。其建议如下:(1)事先对会议目的及讨论方式要心中有数;(2)不要随意开无目的的会议;(3)控制参加会议的人数,无关者尽量不要参加;(4)严格遵守时间,一次会议以不超过两小时为宜;(5)主持人负有维持讨论秩序和作出明确决定的责任;(6)要避免插入与会议内容无关的议题;(7)主持人每隔三至五次发言应作一次简要小结;(8)把会议开得生动活泼,使大家感兴趣;(9)发言要求简明扼要,每次不超过一分钟,一次谈一件事;(10)会议结束时,主持人要让全体与会者确认会议的结论;(11)主持人应对会议记录负责任;(12)必要时,主持人应责成有关人员写出会议简报分发与会者。

对一些会期较长、议题较大的比较重要的会议应该注意以下几点:(1)尽可能了解与会代表的个人情况,并通过会议中的小型联谊活动,增进与会者之间的感情,在外部公众参加的会议中尤其应这样;(2)编制与会代表的通讯录,以便备查;(3)向代表赠送精美但不要过于贵重的纪念册、纪念卡或其他小物品。

(八)公关纪念品

一般说来,纪念品总是同其他一些活动同时出现的,如各种会议、庆典、参观活动、展览会、联谊会等,都是散发纪念品的好机会。纪念品作为一种宣传性媒体,能够起到使公众加深对组织的记忆,勾起对组织的情感的作用,对组织形象的塑造有很大作用。

在一些公关活动中,错误地将发放纪念品当做发放礼品,物品越来越贵重,金额越来越高,并出现了各部门之间、各种活动之间相互攀比纪念品的现象,这是和公共关系工作的宗旨相违背的。

作为公关工作宣传性媒体的纪念品,应该具有以下特点:(1)象征性,是指纪念品应具有明显的个性,使人们从纪念品中感到会议或某项活动的意义;(2)纪念性,是指纪念品应该使公众能够产生对参加某项活动的荣誉感和留恋感;(3)保存性,纪念品的价值在于保存,应该具有长期保存的特点。

## 三、人际传播媒介

人际传播，指的是个体与个体之间的沟通交流。它是最常见、最广泛的一种传播方式。人际传播的作用体现在两个方面：一是体现在各种公关活动中；二是体现在日常的人际交往中。前面所讲到的宣传性媒介中，实际上许多方式都离不开人和人的接触。人际传播的形式分为面对面传播和非面对面传播两种。前者一般通过语言、动作和表情等媒介进行交流，后者则通过电话、短信和书信等媒介进行交流。

人际传播范围虽小，但它是人与人之间的直接交流，因而有着自身的不少优点。

第一，面对面的交流，可以防止信息失真。人际传播具有直接性、有效性、准确性。它更接近真实的语言环境，可以有效地消除信息干扰现象，将信息准确地传递给公众。

第二，人际传播能够立即得到信息的反馈。当面交谈可以观察到对方的反应，对方也可以及时提出问题进行商讨、反问。人际传播不仅体现出双向沟通信息的特点，而且表现出它的及时性特点。

第三，人际传播有一定的直接性，给人较强的直观感。如演讲，可以运用生动的语言和各种动作表情，把演讲者的观点和情感传播给公众，给人留下所传信息的深刻印象。

通常可以把人际传播内容归纳为如下五个方面：

### （一）日常交往中的人际传播

#### 1.见面与介绍

见面往往给人以重要的第一印象。在公关活动中与客人交往，见面时应互相致意，如握手、鞠躬、微笑、点头致意。互相介绍时可直截了当或主动递上名片。介绍他人，注意先把年轻的介绍给长辈，把职务较低的介绍给职务较高的，把男士介绍给女士。

#### 2.接待来访

接待来访客人要仪表整齐、风度优雅、态度谦恭、语言和善。先注意倾听来访者的意见、想法、要求，然后逐条作出反应，切忌打断客人的话或中途借故离席，更不能边工作边接待客人。

#### 3.参加活动

不论在任何公共场合都要穿着整洁，仪表端庄，举止大方。在参加会议、典礼、迎来送往活动时，不能交头接耳，东张西望，东奔西窜，以免失去礼貌或引起客人情绪和场面上的不安定。

4.言谈举止

言谈举止是一个人内在素质的外化，会在与其交往的人们心理上引起一种感受，或是尊敬感、愉快感，或是厌恶感、鄙夷感。公共关系活动中言谈举止是否得体，直接影响到组织形象。因此，要有这方面基本功的训练。

(1)言谈

公共关系交往中人际传播的基本形式就是交谈。与公众间轻松愉快、充满情趣、朴实自然的交谈，有助于加深了解、交流思想、沟通感情、发展友谊，也有助于增加信息、丰富经验、树立本组织形象。

①在一般情况下，听者总是先接受说话人，然后才肯接受说话人陈述的内容。在开口对人讲话时，态度必须诚恳。对熟悉的同龄人可以不必过多客套，而对妇女、老人和初次见面的人则应彬彬有礼、分寸适当。

②要使自己的言谈易于被别人接受，就要力求说话简明扼要。繁琐冗长的陈述会使对方心烦意乱，晦涩混乱的表达会使对方如坠万里云雾。而一个人垄断话题、滔滔不绝，别人很少或根本没有说话的机会，也将使他人不愉快。此外，还应注意使自己的言谈尽量符合对方的特点，适合对方所处的文化层次。

③在与人交谈时，应当注意不要有伤害他人感情或有损他人体面的失言现象，比如无意中触动别人的烦恼、不幸或禁忌。一旦这种情况发生，切莫惊慌失措，喋喋不休地做解释，以免使他人火上浇油，最好的办法是诚恳地道歉一声，然后迅速转移话题。

(2)举止

举止体现着一个人的修养和风度。良好的举止特征，会在人际传播中给对方留下良好印象，从而有利于组织与公众之间的沟通。

在社交场合就座时，歪歪扭扭地往沙发里一靠，并跷起二郎腿，这种举止是不尊重他人的表现。坐、立、行的姿势正确雅观，能反映一个人的气质和修养。

在与他人交往时，还必须学会控制自己，在集体场合或别人家里毫无顾忌、无节制地吞云吐雾、旁若无人地纵情大笑；无论到哪里，都把物品碰得乱响；还有的人在与人说话时唾沫横飞或声音震耳，都是不文明的举止。

注意聆听，这对于自己的形象同样是重要的。应该在聆听时全神贯注地听别人讲话，将注意力始终集中在别人的谈话内容上；耐心地听，不要轻易打断别人的话题，更不要随意与不同意见者争吵。善于聆听的人才能有知心朋友。

以上内容可以从理论上归结为人际传播中的身势语言和情态语言。

身势语言指人们身体部位作出表现某种具体含义的动作符号。中国有许多成语属于身势语言，如措手不及、手舞足蹈、手忙脚乱、拍手称快、捶胸顿足、袖手旁观、握手言欢等。

在公共关系交往中,需注意对方的身势语言,以了解对方的内在心情或理解对方传递的细小信息。同时,也要注意自己的身势语言。

情态语言指人脸上各部位动作构成的语言。人们常说:眼睛是心灵的窗口,喜怒哀乐,丰富而复杂的情感都可通过眼睛反映出来。情态语言除了眼语,还有用口、舌、齿、鼻、耳、腮、头、颈等部位的动作构成的语言,它们在具体场合表达着各种丰富的情感。在中国的成语中,左顾右盼、暗送秋波、眉来眼去、挤眉弄眼、瞠目结舌、不屑一顾等都属于情态语言。这种情态语言在人际传播中是每时每刻都在发生的。

(二)报告演讲中的人际传播

报告实际上是一种演讲形式。所谓演讲,是由演讲者、演讲内容和演讲听众三大要素构成的,它通常是演讲者就某一问题向一定范围的听众发表讲话。在公共关系活动中,可通过演讲或报告方式向公众宣传本组织的宗旨、活动、成就等。

美国公共关系专家卡特利普认为,出色的演讲作为一种信息传播的形式,具有下列几方面的优势:能使演讲者与活生生的听众进行面对面的直接接触,是一种最直接、最有说服力的传播手段;能为演讲者和听众提供双向沟通的机会,使双方保持有效的信息交流; 有助于表明组织参与社区建设和社区活动的愿望和要求;能提高演讲者个人和其代表的组织的声望;可以向公众宣传组织的观点;能为信息传播提供权威性的资料来源。

要取得演讲的好效果,演讲者必须了解自己的听众。如听众的年龄层次、知识结构、社会背景、意见态度、行为特点等。在演讲前要认真准备,如确定演讲的主题和内容,搜集演讲素材等,准备必要的图表、照片、录音、影视资料等辅助媒介。

从演讲内容来讲,应该充实、丰富,而不能空洞无物;必须条理清晰、逻辑严密,而不能杂乱无章,颠三倒四。还应该掌握演讲技巧,譬如,用词明确、通俗易懂;偶尔穿插小幽默,活跃场内气氛;根据听众情绪变化,调节演讲节奏等。

(三)谈判会谈中的人际传播

谈判是人们交换意见、相互磋商,以取得在某一问题上某种程度的一致,满足谈判需要的行为。谈判是公共关系活动中大量出现的形式。

一般谈判过程大致可分为六个阶段:导入阶段、概说阶段、明示阶段、交锋阶段、妥协阶段、协议阶段。

谈判是一项具有很强的艺术性的工作,有许多细节问题要引起重视:做好谈判前的准备工作,尤其是有关资料的搜集和背景情况的调查;力求创造诚挚、合作、轻松、认真的谈判气氛,善于调节和处理僵局;认真倾听对方的意见,了解对方确切意图或发现问题等。

（四）信函、柬帖中的人际传播

1.信函。信函作为组织与社会公众之间沟通的一种形式，是公共关系中人际传播的重要媒介之一。虽然它只是寥寥数语，却常常直接体现着一个组织的政策和形象，体现着一个组织的整体文化素质。一封优美流畅、热情洋溢的信函，会在组织与公众之间架起一座无形的桥梁。

一封优美的信函在起到传达信息作用的同时，还应运用广告心理学的原理，引发对方产生自我需要和浓厚兴趣，并且使其产生与组织合作的愿望。要实现以上效果，应该做到：(1)说话态度诚恳，避免出现消极、不愉快的词语；(2)多为对方着想，让对方在书信中体验到你的关心，产生一种强烈的自重感；(3)文笔流畅洒脱，字里行间要洋溢着亲切活泼的气氛；(4)在你的书信语言里融进和蔼的微笑，将情感与所表达的内容贯穿在信函中。

2.柬帖。柬帖也是社交场合中经常使用的一种人际非面对面传播媒介。它以柬帖上的简洁文字表达出组织或个人的意向，或者通告组织的事务。它具有简洁和庄重的特点，常用于重大事件或庄重的场合。公关柬帖一般有四种：一是庆柬；二是吊柬；三是请帖；四是通知书。

柬帖作为一种庄重的公关传播手段，首先，要求美观而精致，文字书写应力求简练，措辞典雅而准确；其次，对时间、地点和人名应反复核对，做到准确、清晰，要求绝对不能有错别字、漏字和其他差错；最后，发送柬帖要适时，太早容易被遗忘，太迟又会被贻误。

（五）专题公关活动中的人际传播

在组织策划的各种公共关系活动中，活动的组织者，即组织的公关人员或参与活动的内部员工，负有和公众沟通的责任。对公共关系活动项目实施的过程实际上就是和公众联络交往的过程。

无论在公关活动中采用什么媒体，通过什么手段，都离不开人和人之间的人际交往，公关人员或组织工作人员的素质高低对公关专题活动的效果影响极大。专题公关活动中的工作人员的一举一动、一言一行都直接代表着组织形象；专题公关活动的成功或失败实际上是组织和特定公众之间人际交往的成功或失败。无论是大型活动还是小型活动，户外活动还是室内活动，都离不开公关人员的辛勤工作。这就需要公关人员精神饱满、诚恳热情、兢兢业业、全心全意地和公众交往，以起到引导公众、吸引公众、宣传公众、说服公众、感染公众的作用。

## 第三节　网络传播媒介

### 一、网络时代的公共关系

随着时代的发展，多媒体技术已得到广泛应用。多媒体把文字、数据、图形和声音等信息媒体作为一个集成体由计算机来处理，把计算机带入了一个声、文、图并茂的应用领域。

网络是在地理上分散布置的无数台独立的计算机通过通讯线路互联构成的信息传播系统，它包括局域网和远程网。网络技术的出现大大提高了计算机软硬件技术数据的使用效率，扩大了人类知识财富和信息的共享水平。电子信箱、可视图文信息系统、图文电视广播系统以及成千上万的网站，都极大地丰富了大众传播的渠道和内容，并为公共关系传播提供了具有崭新特征的新手段。

网络传播媒介在今天已成为组织（或企业）公共关系最重要的传播手段而被更多的组织所采用，网络公关的时代已经到来，这将是公关事业发展的新的里程碑。传统的公共关系传播手段早已被概括为三大传媒，即新闻性传媒、宣传性传媒、人际传媒。随着科学技术日新月异的发展，信息产业的进一步崛起，各类组织素质的进一步提高，会有越来越多的社会组织通过登入互联网，通过网络传播信息、展示形象、沟通联络、参谋咨询。电子政务、电子商务的兴起将使公共关系事业进入一个全新的发展阶段。

### 二、网络传媒与新闻传媒

网络传媒与新闻传媒的传播过程和效果是有差别的。

其一，新闻传媒（或大众传媒）是有组织的传播媒体，一般具有较强的权威性；网络传媒出自于有组织和无组织的无数主体，其信息的权威性和真实性不如大众传媒。

其二，网络传媒在传播信息中比大众传媒具有更及时、内容更广泛的优势；但由于它的主体的庞杂使得信息选择具有不确定性。

其三，网络传媒适合于特定组织与组织之间、特定组织与特定公众之间的双向沟通和信息交流。

其四，网络传媒和大众传媒的功能不可能完全相互取代，只能是互补关系。

在组织选择传播媒体进行公共关系工作时必须注意到上述差别。

### 三、网络传媒的特征

应该看到，与传统的三大公共关系传媒相比较，网络传媒具有无可比拟的新的优势和功能。

(一)网络的交互性特点

通过网络所实现的组织之间或组织与公众之间的双向沟通是其他媒体所无法比拟的。也可以说,借助于科技进步,尤其是传播、沟通技术的发展,公共关系才一步一步地走向科学化,网络可最大限度地满足双向对称的公共关系目标。组织可以利用电子邮件、新闻组、时事讨论组等方式与公众对象进行经常性的双向交流和沟通。网上进行的组织和产品或服务形象调查,可迅速广泛地了解公众的意见和建议,并作出及时的反馈,这样还可大大降低组织的通讯成本、调研成本、市场拓展成本等,使组织与公众对象的双向沟通和信息交流成为便捷、省时、经常化的行为,这无疑对推动公共关系事业的发展起着良好的作用。

(二)网络的针对性特点

公共关系的发展,要求其有越来越强的针对性,有的放矢地选择公众对象目标,是提高公共关系活动效果的前提。网络恰好满足了组织公关工作的这一要求。网络传播的特点是一对一的、理性的、非强迫的、循序渐进的,这些特点都使得公共关系的针对性增强了。组织(或企业)可以传播对自己最有价值的信息,公众则可以选择对自己最有价值的信息。通过网络沟通,目标公众一目了然,其需要、愿望、想法、观点都可在网上一览无余,网络传播的针对性将使公共关系工作更具有时效性和目的性。

(三)网络的辐射性特点

信息时代的传播是最具有传播色彩的,它使公共关系功能发挥到极致;传播的瞬时化、系统化、规范化、科学化、文化化、个性化的新特征通过网络得以充分地显示出来,"地球村"的时代真正到来了。互联网无所不及,可以联络全球的组织和公众,没有了时间和地域的限制,组织把自己的信息传播到全球的每一个角落,只要你有信息的供给和需求,就会有人来浏览你的网页,与你沟通、与你联络、与你洽谈。网络极大的传播辐射力将把组织(或企业)带到一个无比广阔的活动舞台上,使组织(或企业)形象扩散到四面八方,使本组织广结人缘,在尽可能大的范围内提高知名度,从而获得更多的发展机遇。

(四)网络的资料性特点

公共关系工作要依赖于丰富的公众对象的资料,做到胸中有数,才能投公众所好,有的放矢。而网贴具有很大的储存量。组织可以通过留言板、时事讨论组等方式与目标公众建立信息联络,一方面根据所得资料,建立顾客数据库,掌握现在公众和未来公众的基本情况,为组织的公关战略决策提供有效依据;另一方面将有关本组织产品和服务的信息资料不断发布出去,为潜在公众提供参考依据,这一切为征询性公关提供了极好的手段和途径。

（五）网络的可视性特点

如今的多媒体技术把文字、数据、图像、声音等信息符号作为一个集成体由计算机来处理，把计算机带入了一个声、文、图集成的应用领域，并打破地理界线，大大提高了计算机软硬件及数据的使用效率，扩大了人类知识财富的共享领域。不仅如此，网络技术的进步，还使信息变得生动活泼、有声有色、丰富多彩，极大地提高了信息内容的可视性，使人们愿意接受，为公关信息的传播和利用提供了更为广阔的发展空间。网上浏览成为一种美的享受，这样就使目标公众对组织信息的接受变成轻松愉快的事情了，这将有力地增强公关传播的效果。

（六）网络的时效性特点

网络传播具有很强的时效性，网络信息可以在瞬间跨越千山万水，跨越国家和民族的屏障，使信息及时传播、及时沟通、及时反馈，对组织的公关决策有特殊重要的意义。尤其是当组织处理一些紧急的公共关系事务时，及时性就成了最关键的因素。网络则满足公关的这种要求，使最需要传播的信息迅速发布出去，并使最需要了解这些信息的公众能快捷地得到信息。这一切将真正体现公共关系是时间的艺术这一特征。

（七）网络的包容性特点

新兴的网络媒体，以其技术上的独特优势，可以包容其他公关传媒的所有特点，有关组织的新闻报道可以上网，企业及产品广告可以上网，组织的宣传品可以在网上演示，组织的以人际传媒为手段的各种公关活动也可以在网上再现。尤其是企业完全可以借助网络，进行企业形象的宣传。网络传播的内容所具有的包容性可以融企业文化、企业理念、企业产品、企业服务为一体，全方位、多角度地传播企业形象，从而开辟企业网上市场竞争的新战场，有效利用网络公关的新手段。

（八）网络的经营性特点

公共关系的最终目的是通过传播、沟通手段来协调关系，塑造形象，从而达到实现组织特定目标的目的。公共关系为企业市场营销铺平道路，创造条件，对于营利性组织，公共关系的这一最终目标是无可置疑的，这一切反过来成为企业公关发展的动力。在市场经济条件下，网络恰恰成为企业宏观经营目标和社会目标的最佳手段。政府上网最有利于增强政策过程的透明度，展示良好形象，协调公众关系。此外，网络媒体还具有其他公关传统媒体不具有的经营性功能。企业可以直接通过网上信息传播，提高顾客的品牌忠诚度，培植自己的顾客群，从而直接销售自己的产品。我们不难看出，公共关系的目标系统“传播信息、沟通感情、改变态度、引起行为”这样一个从量变到质变的潜移默化的“说服”功能，将在当代传播技术——网络传媒的发展中得到极好的融合。

## 第四节 广告性传播媒介

广告是公共关系的重要工具之一，许多公关活动虽然不是仅靠广告就可以推行的,但巧妙地应用广告,有助于公关活动的推行。

在公共关系活动中所利用的广告，称为公共关系广告，也叫做形象塑造广告。

公共关系广告与一般商业广告是不同的。公共关系广告不仅包括某些特定的商业性广告,如企业广告,更重要的是它具有超商业广告的意味,比如近年大量出现的公益广告。不仅企业可以采用,而且各类社会组织都可以采用。

### 一、广告的基本概念

(一)广告的涵义

广告,是组织(或企业)用付费的方式运用大众传播媒介,传递商品和服务信息,吸引和影响公众或消费者,以达到销售目的的一种艺术手段。

之所以称广告是一种艺术手段,是因为它不是运用逻辑方法,而是运用艺术的手法塑造产品或组织形象。它的制作过程,要运用绘画、摄影、音乐、文学甚至戏曲等多种艺术原理和艺术手法,以美的声音和形象打动人心。

作为商业广告,仅仅是指狭义上的广告;作为公共关系广告,则是广义上的广告。而后者在当代对人们社会文化、经济生活的影响和作用,表现出日趋扩大的态势。

广告包括以下几个要素:

1.广告主,也称为广告客户,可以是企业、团体、组织机构,也可以是个人。

2.广告内容,即广告所传播的信息,如产品信息、服务信息、供求信息。

3.广告媒体,指广告信息的传播载体,如广播、电视、报纸、刊物等。

4.广告费用,广告客户所支付的广告媒体使用费或广告设计制作费等。

(二)商业广告的功能与作用

商业广告的功能与作用,归纳起来,可以分为以下几个方面:

1.传递信息,沟通产需。这是广告的基本职能。沟通产品的生产者与消费者或用户之间的联系,把产品或服务的信息传送给潜在的顾客,公司(或企业)的供产销活动才能顺利进行。

2.激发需求,扩大销售。要使潜在购买力变为现实购买力,潜在的消费者变为现实的消费者,靠什么去吸引顾客或公众呢?广告宣传是最有效的途径。

通过广告宣传，即使原来不想接受某种产品的组织或个人也有可能改变主意。

3,指导消费,方便公众。有许多产品,即使有说明书,消费者在购买以后,仍然缺乏对产品性能和结构的了解,在使用和保养方面往往遇到许多麻烦。通过广告对产品知识的介绍,可以从公众和消费者利益出发,更好地指导消费,延长产品寿命,给消费者带来方便和利益。

4.促进竞争,活跃经济。同一产品的多个厂家,多种品牌、类型只有在广告中才能进行对比,使消费者挑选自己称心如意的产品。这种广告宣传所带来的一个明显结果,就是生产同类产品的不同厂家被推到了竞争的前台,迫使他们改进产品规格、品种、质量,同时改进广告宣传,这实际上起到了一种促进竞争、活跃经济的作用。

5.传播文明,宣传艺术。一则优秀广告,实际上是一件艺术品,它不仅可以真实、具体地向人们介绍商品,而且还可以传播健康向上的观念和生活方式,起到丰富人们文化生活的作用。

(三)商业广告的目的与要求

对于一个组织(或企业)来说,广告总要达到一定的目的。广告的目的大体可以分为以下几种:

1.显露。有些企业做广告的目的,就是为了给公众留印象,通过将企业的名称、产品的品牌和商标传送给可能的用户公众,使大家知道这个企业或产品的存在,以便为今后的企业营销打开通道。

2.认识。有些企业做广告的目的,不仅仅是让大家了解这个企业或产品的存在, 还希望看到这个广告的公众能够认识这家企业, 记住这家企业的产品和服务,以便同他们取得联系。

3.态度。有的企业做广告,其目的在于改变目标听众或观众对于企业或产品的原有态度,从而使他们更倾向于购买该企业的产品。

4.销售。无论什么广告,其最终目的都是为了增加销售。但有些广告,增加销售的目的表露得更为直接一些,甚至是直接为达成某项销售而做广告,如邮购广告。

(四)广告设计的原则

1.真实性。所谓广告内容的真实性,就是指广告对产品的描述,必须与产品的本来面貌完全一致。广告里承诺的各项义务,企业必须完全做到。广告内容失真,或有意做虚假广告、欺骗广告,就会失去顾客对企业的信任,最终导致企业经营战略的失败。

2.思想性。广告借助于文学、美术、音乐、戏曲等艺术形式,通过报纸、杂志、广播、电视等宣传工具,天天与公众见面,这就必然对人们的思想意识、生活方式和社会风气产生很大的影响。因此，广告必须具有正确的思想性，成为精神文明传播的有力工具。

3.针对性。广告应抓住人们的心理活动，解除顾客在购买产品时可能产生的疑虑，为打开产品销路扫除障碍。广告的针对性还包括根据不同地区和不同顾客的爱好，设计广告图样和选择广告媒体。

4.创造性。广告的构思必须富有创造性，语言要生动、有趣、亲切、幽默；广告的形式切忌千篇一律和一成不变；广告的图像要美观大方，有吸引力。

广告创作中要把握以下几个要点：

1.创意。这是表现广告主题的构思过程，是指创设意境、塑造广告形象的过程。好的广告创意，不仅能激发消费者的购买欲望，而且还能取得良好的社会效果。

国际广告协会曾提出"优秀广告"的五条标准：给消费者一种愉快的感觉；显示具有首创、革新、改进的精神；展示产品及服务的真正优点；有明确的质量承诺；有潜在的推销力量。

2.形象。运用语言艺术、绘画艺术、音乐艺术、雕塑艺术、装潢艺术，调动多种艺术手段来塑造广告形象，才能达到预期目的。

3.布局。要求做到均衡、集中、动向、统一。

4.手法。具体创作手法包括：写实、示范、对比、衬托、权威、警句、比喻等。

(五)广告的种类

广告的种类很多，根据不同的标准可以做出不同的划分(见图8-5)。

商业广告
- 根据内容划分——介绍性广告、提示性广告、说明性广告、分类广告、比较性广告。
- 根据目的划分——商品广告、企业广告。
- 根据媒体划分——报纸杂志广告、音像广告、邮寄广告、户外广告、展示广告。

**图8-5　广告分类**

从广告使用的媒体来说，广告的传播途径是多种多样的(见图8-6)。

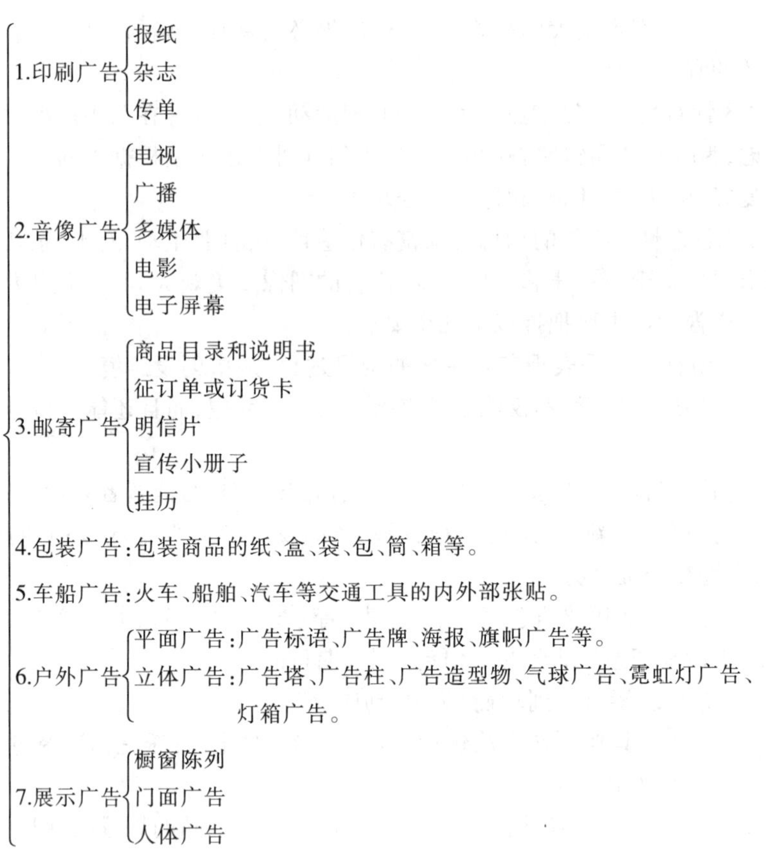


**图8-6　广告媒体分类**

## 二、公共关系广告的特征

### (一)公共关系广告的界定

从广义上讲,广告总是或多或少带有公共关系工作的性质;从狭义上讲,广告一般是指以推销产品为目的的商业性广告;从特殊性上讲,广告中可以专门区分出一类公共关系广告。这类公共关系广告,目的并不是直接推销什么商品或服务,而是希望公众知晓他们的信息,接受他们的观点,了解他们的风貌,识别他们的形象,这就是公共关系广告。

公共关系广告同一般商业广告相比,其特殊性质表现在下述几个方面:

首先,传播目的不同。公共关系广告不是为了推销某种产品或服务,而是为了宣传企业的观点和政策,树立企业的形象。

其次,传播手法不同。公共关系广告不能简单采用商业广告的艺术夸张手法，而只能以信息的真实性和客观性为基础，选择有利时机，把信息及时、准确地传递给公众。

再次，传播效果不同。公共关系广告不像一般商业广告那样有直接的、可度量的传播效果，公共关系广告的效果是战略性的、全局的，因而其效果是无法直接度量的。

最后，应用范围不同。商业广告仅被营利性组织即企业采用，而公共关系广告则可被各种社会组织采用。如今，营利性组织、非营利性组织和政府机关也开始用公共关系广告建树形象，传播观念。

节日之际向公众贺喜的广告；对社会公众或团体机构表示谢意的广告；向公众或组织致歉的广告；宣传企业经营目的和经营思想的广告；向特定公众披露企业一段时期中的经营情况的广告；向公众展示企业技术和装备实力的广告；向公众说明企业将要采取的某项关系公众利益的重大措施的广告等都属于公共关系广告。

(二)公共关系广告的作用

公共关系广告对组织(或企业)的作用体现在以下几个方面：

1.反映组织情况。通过及时地向公众反映组织的工作情况和成就，引起公众和社会对组织的重视，提高组织的社会地位和扩大组织的社会影响。

2.阐明组织贡献。通过详细阐明组织为社会、为公众利益所做的贡献，说明组织为公众和社会服务的宗旨和决心，求得社会的信任和赞誉。

3.消除公众误解。通过公共关系广告的沟通畅导和说明，加强与公众的沟通，使组织与公众、组织与协作单位之间的某些误解和隔阂得以消除，促成各方面的谅解和理解。

4.改进员工关系。通过公共关系广告，使员工了解组织(或企业)，有利于提高员工的自信心。

(三)公共关系广告的主题

公共关系广告的主题可以从下述几个方面来确定：

1.组织声誉主题。通过广泛宣传组织的历史、规模、产品、政策方针、扩建计划、商标、服务设施、分配制度、职工福利、管理制度等，树立组织的良好声誉。

2.员工关系主题。通过宣传组织内部公共关系工作中的新情况、新动向，保持与内部员工的沟通。

3.特殊活动主题。通过宣传和报道公共关系专题活动，如周年庆典、陈列展览、新厂建成、设备投产等，引起公众对组织的兴趣。

4.社会服务主题。说明组织的重大贡献，包括对社区、本行业、国家的贡献。

5.观念宣传主题。通过宣传某个观念和思想，倡导良好的社会风气。这一般被称为公益广告。

## 三、公共关系广告的类型

### (一)实力广告

用广告的形式向公众展示组织机构的实力,作为企业来说,主要展示生产、技术和人才、规模等方面的情况。如介绍企业的技术装备、人才阵容、产品的制造工艺、生产流程、质量检测手段、企业管理特色等,以使公众对该企业产生信任感(见图8-7)。

这类广告要求用实实在在的数据、图片说服公众,不能有丝毫虚构和浮夸。

### (二)信誉广告

信誉广告包含两个方面的内容:一是以向公众宣传组织的价值观为主;二是以向公众宣传组织已有信誉和已形成的形象为主,实际上这是一种狭义的形象广告。

信誉广告一般选择组织的主张、政策、服务水平等内容来进行设计。好的信誉广告,可以使组织形象连同它的声誉、观念和广告口号一起深植于千家万户心中,其作用是不可低估的(见图8-8、图8-9)。

### (三)情感广告

这种广告是通过企业同消费者、组织同公众的直接沟通,由公众(个人或团体)公开表达对组织(或企业)的产品或服务的赞誉和信任的一种广告形式。情感广告强调和实施了公众与组织之间情感的双向交流,真实地反映了公众对组织的态度,通过情感广告,将组织和公众通过大众传播媒介紧紧地联结在一起。在这类广告上,出现的虽然只是一个人、一家人、一个群体,但它所起到的感情碰撞和感染作用是其他广告形式无法达到的。因此,情感广告实际上起着远距离、大面积的公众与组织沟通和理解的作用。

情感广告的生命力建立在真实之上,时间、地点、人物、事件都要有根有据,丝毫不能虚构,否则,就要引起相反的广告效果(见图8-10)。

### (四)祝贺广告

祝贺广告是以向各类公众贺喜为内容的广告。祝贺广告对受贺组织来说,通过对它的成立或开张、实力规模、服务方针等方面的介绍,有利于提高它的知名度。对祝贺一方来说,通过祝贺广告这种形式,一可以广结良缘,改善自己的社会关系环境;二可以在无意中提高本组织的知名度和美誉度。

某个节假日或纪念日来临,某公司新开张,某机构成立若干周年,本组织以同行的身份刊登广告致以祝贺,这是表示对其他组织的重视和尊重,表示愿意和其他组织携手合作的意愿,还表示对正当竞争所持的欢迎态度。因此,祝贺广告有利于组织自身形象的改善(见图8-11)。

(五)歉意广告

用来承认错误、向其他组织或公众表示道歉的广告称歉意广告。一般在出现了由组织自身原因导致的事故、失误、公众的误解、不良的影响等情况下,为了挽回组织形象,取得公众谅解,向公众表示本组织敢于承担社会责任和有错必改的态度就应采用歉意广告。

(六)响应广告

响应广告是对社会生活中某一重大主题或活动,表示响应和支持的广告。通过响应广告,对政府的某项政策措施或社区组织的某项建议,以本组织的名义表示响应、赞同和支持,可以向社会公众展示本组织积极参加和支持社会生活的良好意愿和所做的努力。

积极参与社会生活,以整个国家的利益为己任,关心整个社会或地方社区的进步和发展,并把这些意愿用广告形式表现出来,这是树立良好的组织形象的一个手段(见图8-12)。

(七)征询广告

通过征询公众意见和建议,提高组织记忆度和熟悉度的广告称为征询广告。征询内容一般有组织(或企业)名称、徽记、商标、品牌、专题稿件、答案、对联等。通过向公众广泛征集以上内容的设计、构思、创作,吸引公众的注意力,引起公众对组织的兴趣,从而建树组织形象(见图8-13)。

(八)观念广告

主要指以组织(或企业)的名义,率先发起某种社会活动,或提倡某种有意义的新观念,以此扩大组织的影响。1994年,《中国名牌》杂志社组织策划了高扬爱国主义旗帜的中国政府对中国香港恢复行使主权倒计时活动,产生了深刻的政治意义与深远的历史意义。时间:启动在1994年12月19日(《中英联合声明》10周年)至1997年7月1日,运行925天;焦点:倒计时牌建在祖国心脏——首都北京,具体建在天安门广场的中国革命历史博物馆正中;切入点:倒计时(让它分分秒秒叩动每一位炎黄子孙的心弦);目的:高扬爱国主义旗帜。

观念广告主要是指提倡某种有意义的、代表社会进步的、有创造性的新观念。这种新观念作为广告提出,能使社会公众有一种振奋的感觉,从而熟悉某个组织(见图8-14)。

(九)说明广告

这是指组织(或企业)向公众说明、告知或解释某种事件的广告。一种情况是,当公众对组织的有关情况不了解而产生误解时,为了免遭声誉的破坏,通过解释说明,求得社会公众的谅解;另一种情况是,当组织(或企业)的产品、服务、地址、人员发生变化时,为了让广大公众知道而做的通告说明。

(十)新闻广告

新闻广告又称为记事广告。这种广告通常以新闻报道、专题报道、消息综述、报告文学等形式出现在报纸、杂志、广播、电视上。内容一般包括组织的历史、发展状况、对社会的贡献,或者组织新近发生的重大事件和变化。但这种新闻被媒体刊登是有条件的,那就是要有新闻价值、有创意、有社会价值。这种广告的笔调是记事性的,有时是在介绍某个组织某个方面的情况,有时是娓娓动听地叙述一个有情节的故事,实际上是一种新闻性公共关系广告。

以上十种类型公共关系广告的一个显著特点是,围绕组织(或企业)形象的建树而做广告,或者围绕组织策划的公共关系活动而发广告。这些广告没有太重的商业化痕迹,在当代社会,更容易被公众接受。从这个意义上讲,公共关系广告比单纯的商业广告更拥有公众,正因为如此,许多商业广告已开始带有公关味。

从公共关系广告采用的媒体来说,目前商业广告采用的一切媒体,公共关系广告都可采用。

需要指出的是,公共关系广告往往不局限于一种固定形式,而是多种形式穿插、并用,甚至与企业或产品的商业广告结合运用,为公共关系广告的发展创造了广阔的前景。

制作公共关系广告,要注意贯彻坦白、公平、诚实、科学的原则;广告内容不要太复杂,每项只说明一个意思即可;在广告的文字安排上,要以公众或读者的语言而不是以某种惯用的措辞来说明意思,要做到广告文字简单、亲切、平实,使公众明了和相信广告上的文字宣传;广告举例要清楚,不能使用太多的繁杂数据,以免引起读者的厌烦。

美国克莱斯勒汽车公司有过一次成功的公共关系广告宣传活动,值得借鉴和了解。

1978年,亚科卡担任了濒临倒闭的美国克莱斯勒汽车公司董事长。他清楚地认识到:要挽救公司,首先必须得到政府和公众的援助和支持。从1979年开始,他集中组织了一次以“不是推销汽车,而是树立公司新形象”为主题的大规模的广告宣传活动。在广告中,他一面解释克莱斯勒公司的需要,一面向政府施加财务方面的压力。这些广告的标题是:

失去了克莱斯勒,美国的景况会更好吗?

克莱斯勒的问题是多得谁也无法解决吗?

克莱斯勒的领导部门是否有足够的力量扭转公司的局面?

在自救方面,克莱斯勒是否已做了一切能做的事?

克莱斯勒有前途吗?

以上广告所叙述的,正是公众所想知道的。通过这种自问自答的宣传,消除了公众的怀疑,恢复了公众对克莱斯勒公司重新振兴的信心。

我国近年来,在商业广告中,融进公共关系广告的主题,在促进企业与公众的情感交流和关系融洽上下功夫,取得了明显效果。

例如,广州"鸿运"电扇的宣传主题是"柔柔的风,甜甜的梦";北京奥琪化妆品厂则宣扬"奥琪没有忘记男士们"。这些公共关系广告传递给广大公众的感受就是一种生活的温馨和甜美的柔情,这些广告比那些单纯的商业性推销广告更容易打动消费者的心灵,使公众在感情上对组织产生共鸣和好感,取得精神上的认同,使公众在潜移默化中接受组织的产品与服务。

## 四、公共关系广告的制作程序

公共关系广告的制作程序可以分为以下步骤:

### (一)确定主题

公共关系广告的内容,可根据组织(或企业)在不同时期的主要工作、社会活动的要求以及其他组织的发展状况而定。一般来说,可以包括这些内容:组织(或企业)生产经营何种产品与提供何种服务;组织的历史、现状与未来发展前景;组织能为社会做些什么有益的事情;组织已获得的声望与信誉;组织内部员工的素质如何;组织的整体形象怎样等。

不同的公共关系广告内容,可确定不同的主题和不同目标。一般有:(1)以建立组织信誉为主题的公共关系广告;(2)以公共服务为主题的公共关系广告;(3)以对社会的贡献为主题的公共关系广告;(4)以追求特殊事项为主题的公共关系广告;(5)以表明组织的观点和追求为主题的公共关系广告。

### (二)选择媒体

随着科学技术的进步和市场经济的发展,可供选择的广告媒体越来越多。尤其是公共关系广告媒体正在向多样性、独特性、新颖性、感召性方向发展,有着广阔的开发和应用前景。

选择公共关系广告的媒体,一般应考虑诸多因素,如媒体的性质和特点;广告内容的特性;社会公众的风俗习惯;广告目标的要求;组织自身的实力;当时的社会时尚。

公共关系广告应用的主要媒体是报纸、杂志、电视、广播,还可以扩展到户外张贴品、标语、专栏、广告牌、幻灯、产品样本、传单、小册子、包装纸等。由于当代社会商品经济的不断繁荣,市场竞争愈来愈激烈,公共关系广告必须有多种传播媒体相互作用才能达到传播目的。因此,对公共关系广告媒体的选择,要根据不同组织、不同商品、不同服务项目、不同公众、不同市场、不同目标,结合各种广告媒体的不同特点而确定最优方案。

(三)检测效果

测定广告效果,一是有利于协助编制广告计划及其广告的设计制作的改进;二是有利于改善公共关系广告宣传活动的效果;三是有利于使公共关系广告制作程序科学化、规范化。

目前,国内外对广告效果的测定,一般分为销售效果和传播效果两种测定方法。

1.销售效果测定法。这是从组织(或企业)公共关系广告所取得的最终结果——经济效益提高的角度来衡量和测定公共关系广告效果的。一般采用的是产品销售额增加率指标。

把投入的广告支出与企业得到的销售量增长收入加以比较,用来衡量广告宣传的效果。其计算公式是:

$$广告效果比率E=\frac{销售额增加率(\frac{\Delta S}{S})}{广告费用增加率(\frac{\Delta A}{A})}$$

其中:$\Delta S$为广告宣传之后增加的销售量;

$S$为广告宣传以前的销售量;

$\Delta A$为增加的广告费用支出额;

$A$为增加前的广告费用。

如果$E$大于1,表示广告效果较好;如果$E$小于1,表示广告效果不好。

采用这种方法测算广告效果,只能是一种参数作用,因为这里撇开了商品质量、价格、服务水平等因素,只强调了广告因素。

2.传播效果测定法。传播效果的测定内容包括阅读率、视听率和认知率三个指标。

阅读率主要是针对报纸、杂志而言的,它是指通过报纸、杂志来阅读广告的人数与报刊发行量的比例。

$$阅读率=\frac{阅读人数}{发行数量}\times 100\%$$

视听率是针对电视机、收音机而言的,它是指通过电视机、收音机来收看、收听广告的人数与电视机、收音机的社会拥有量之间的比例。

$$视听率=\frac{收看者、收听者人数}{电视机、收音机社会拥有量}\times 100\%$$

认知率是针对公关广告重点内容的记忆,如企业名称、经营方式、服务宗旨等,其目的主要是为了掌握各类社会公众对企业公共关系广告内容印象的深刻程度。

认知率=$\dfrac{\text{记忆广告内容的人数}}{\text{阅读与视听广告的人数}}\times100\%$

对公共关系广告效果的测定，多采用传播效果测定法，这是由公共关系广告的性质和特点决定的。

**五、公共关系广告图例**

图 8-7　实力广告

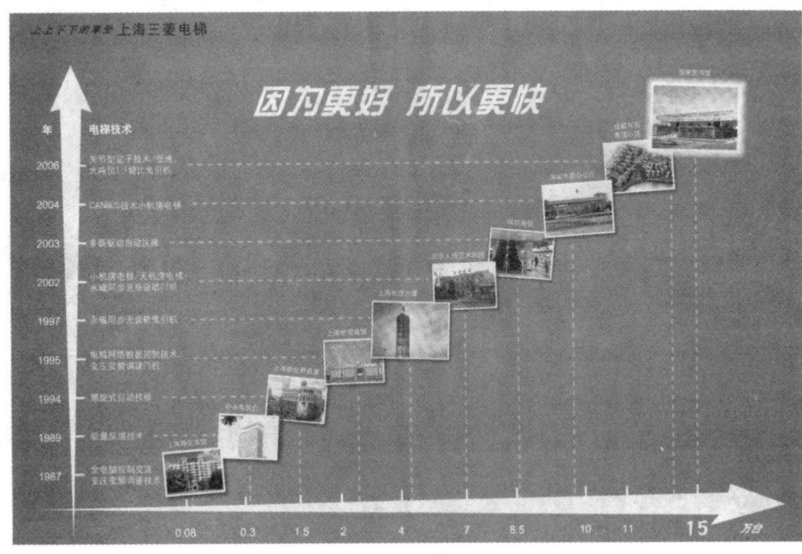


图 8-8　信誉广告

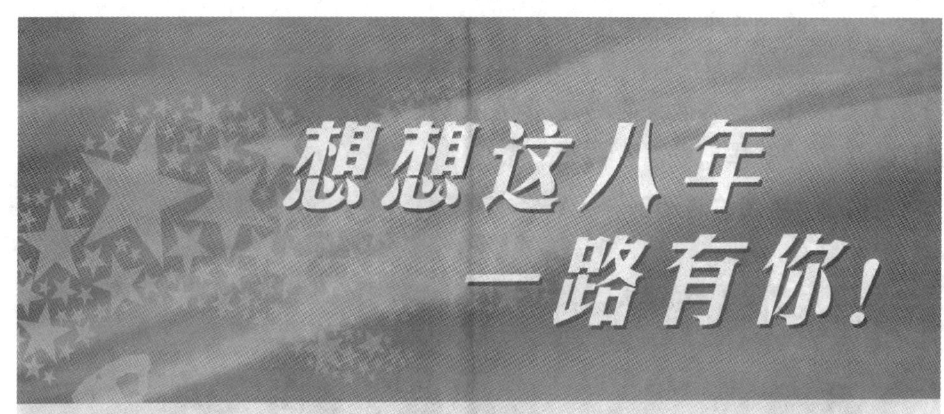


图 8-9　信誉广告

图 8-10　情感广告

图 8-11 祝贺广告

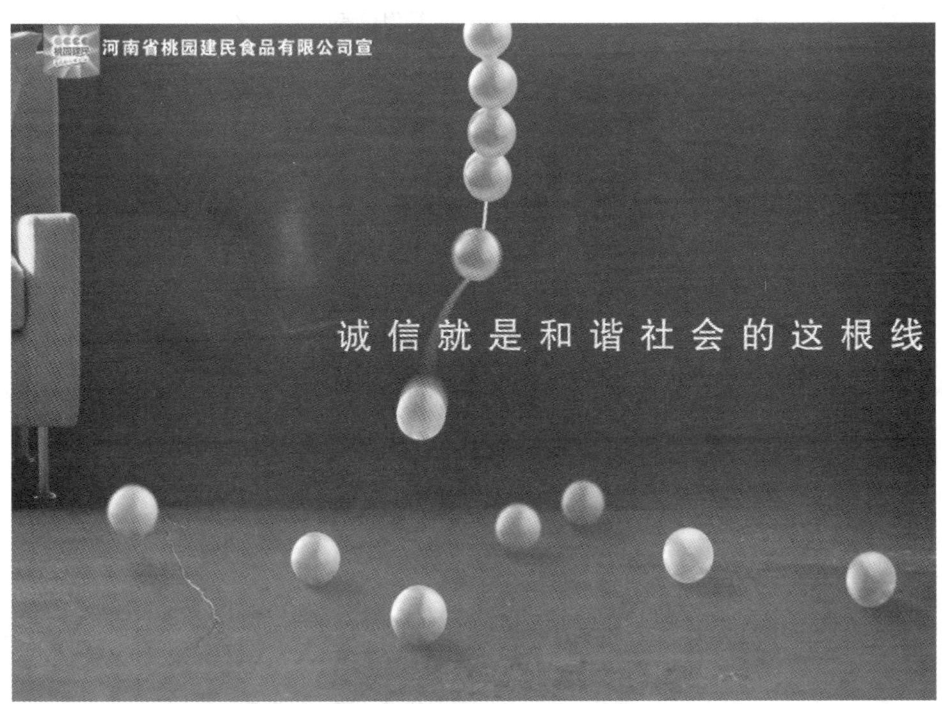


图 8-12 响应广告

图 8–13　征询广告

图 8–14　观念广告

## 本章复习思考题

1.什么是公共关系传播模式?
2.传播可以分为哪些类型?
3.传播有哪些社会功能?
4.沟通有哪些类型?
5.新闻性公关传播媒介有哪些?
6.宣传性公关传播媒介有哪些?
7.公共关系广告的特征是什么?

# 第九章 公共关系评估

**中心内容**

公共关系评估是四步工作法的最后一步，对公共关系活动起着总结、衡量和评价的重要作用。本章分析评价公关活动效果的指标，说明公关活动评估的功能与评估渠道，介绍公关评估的步骤与方法。

**学习目标**

要了解公关活动效果的分类，知晓公关评估的功能与作用，掌握最基本的公共关系评估方法和技能。

公共关系评估是四步工作法的最后一步，对公共关系活动起着总结、衡量和评价的重要作用。

要判断某项公共关系活动的成效，就要运用调查研究的方法，收集公众的各种信息，进行科学、严密、认真的比较、分析、鉴定，以测定公关活动的实施效果；并且准确及时地将分析结果以正式评估报告的形式反馈给组织(或企业)的决策层，使组织及时修改公关计划，改进工作，调整其公共关系战略。

## 第一节　公共关系活动的效果

任何有目的的人类活动，都是以追求既定效果(目标)为先决条件的，公共关系活动也是这样。从循环的角度看，效果既是前一次公关活动的归宿，也是下一次公关活动的出发点。

## 一、公共关系效果的分类

为了从整体上把握公共关系效果，使公共关系这种软性的、战略性的管理艺术的效果得以正确估价，必须多角度地对公关活动效果进行分类。

（一）直接效果和间接效果

一般来说，在空间和层次上越是和公共关系活动密切相连的结果及效果，就越带有直接性，称为直接效果；在空间和层次上与公共关系活动间隔越大，中间环节越多的效果及利益，就越带有间接性，称为间接效果。

应该看到，公共关系活动的效果有直接效果和间接效果，有些情况下是直接效果，有些情况下是间接效果，这两者是相对一定条件而言的并处在相互转化之中。

在现实的公关工作中，要防止偏重直接效果、忽略间接效果的倾向。

（二）近期效果和远期效果

从公关活动效果获得的时间长短角度看，可以有近期效果和远期效果之分。

公共关系作为一种为组织（或企业）塑造形象的艺术和工作，往往带有长期性、持久性和战略性的特征，虽然许多公关活动只能够在远期内见效，但绝大多数公关活动都追求的是远期效果和近期效果的统一，这就要求公关策划要立足目前，把握长远。

处理公关活动近期效果和远期效果的关系的原则是：把公关活动的着眼点放在远期效果上，在公关活动中要考虑到近期效果，更要顾及到长远效果，从公关发展战略的角度来看，应使近期效果服从于远期效果。

（三）显效果和潜效果

公共关系活动的显效果又称直接效果和预期效果，是指某次公共关系活动所应该达到的计划中的效果，其成效是可以评价和观测的。

潜效果又称连带效果和扩散效果，特指某次公共关系活动所引发的在意料中和意想不到的各种效果。

公关活动取得的效果有些是显而易见的，有些则是难以预测的，一般说来，这种预期效果带有不确定性。成功的公关活动，会给组织带来意想不到的成果和新的机会；失败的公关活动则可能给组织的进一步发展留下隐患。

例如，一家企业，在处理一次公关危机时，显效果是挽回了组织声誉，潜效果则可能会因此提高该组织的知名度，为该组织带来新的发展机会。这种潜效果就是有利的效果。

在公关工作中，要学会把握和预见未来，把握和预见某次公关活动可能会给组织带来的有利的或不利的潜在后果或影响，以便使公关工作更趋于科学化。

(四)局部效果和全局效果

全局效果,是指某一公关活动对某一空间范围整体产生影响的效果;局部效果,则是只对这个空间内的较小范围发生影响的效果。

从连续的过程看,公共关系全局效果是一系列局部效果的总和;同时,局部效果又必须服从于全局效果的要求。否则,有可能出现全局效果小于许多局部效果的情况。因此,公共关系目标要强调整体性,高瞻远瞩,把握全局,以免单纯追求局部效果而对全局产生消极后果或不利影响。

## 二、公共关系效果的转化

组织公共关系活动效果的转化可以有三个层次,即组织自身的微观经济效益、社会宏观的经济效益、社会的整体综合效益。现分述如下:

(一)组织自身的微观经济效益

公共关系活动,是现代组织(或企业)增进经济效益的一条新的有效途径。以营利性组织为例,公共关系活动会给组织创造良好的外部环境和公众舆论。这种良好的外部舆论环境会进一步给组织带来经济效益,就是该组织产品市场占有率的上升,销售额的增长,盈利的增加。

从另一个角度讲,公共关系特有的传播功能,有助于企业相互间的横向比较,从而增强企业的竞争意识,使企业提高经营管理水平,从而间接提高企业的经济效益。

(二)社会宏观的经济效益

作为市场经济条件下的公关活动,不但要追求组织(或企业)自身的微观经济效益,而且要顾及到全社会的经济效益。也就是说,在公关活动的效果上,要追求组织自身的微观经济效益与社会宏观的经济效益的统一。

实际上,宏观经济效益与微观经济效益的关系,是全局和局部的关系,一般来说,它们是一致的,但经常发生矛盾和冲突。正确处理这个关系或矛盾,是对组织的公共关系工作提出的较高要求。

社会组织(或企业)以社会和广大公众的根本利益为出发点规划公关工作,受益者既是整个社会,也是社会组织本身。

(三)社会的整体综合效益

社会整体,就是把各行各业都视为社会的有机组成部分,而这每一组成部分所开展的公共关系活动,都不仅给组织自身带来这样或那样的效益,而且也会对社会产生积极或消极的影响。比如给整个社会经济、政治、道德、人际关系、精神文明建设、生态环境等等,都带来不同程度的影响。

广州白云山制药厂的公关口号是“白云山,白云山,爱心满人间”。在这充满温情的口号之中,从松花江畔,到天涯海角,从东海之滨到西南边陲,到处留下了白云山医疗服务队的足迹。他们多年坚持为群众义务治病,为敬老院、孤儿院、军队医院免费送药。爱人者得人心。受感动的人们流泪了,说:“白云山的药不仅治病,还暖人心”,“白云山是社会主义的白云山!”这个案例生动地说明:白云山制药厂不仅仅推销了药厂的产品,而且以真诚的公关活动,为净化社会风气,增强人们的奋斗信念做出了努力,从而获得了综合社会效益。

现代公共关系,更有理由追求整体的综合社会效益,这是由组织(或企业)所应承担的社会责任决定的,也是公共关系本身的真谛。

## 第二节 公共关系评估的功能与渠道

对公共关系活动效果的评估是公关“四步工作法”的最后一个阶段,这是一个总的信息反馈阶段,它既是某一特定时期公关活动的最后阶段,又可能是新的特定时期公关活动的调查与分析阶段。从这个角度来说,评估阶段起着承前启后的作用。

### 一、公共关系评估的作用

在策划和实施了公关活动之后,对于是否达到了目标,实现目标的程度,公关传播的效果,要做到胸中有数,就必须开展公关评估,以便认真收集反馈信息,正确认识和评价公共关系工作或活动的成效。

公共关系活动效果评估的作用有下述几个方面:

第一,通过公共关系效果的检测与评估,分析和评价组织形象的状况,提出报告,为领导层的管理决策提供参考依据。

第二,通过公共关系效果的检测与评估,发现前次或前一时期公共关系活动的缺陷与不足,为进一步改善公共关系活动提供依据。

第三,通过公共关系效果的检测与评估,将已经取得的公关活动成效反馈给内部员工,增强全体员工的公关意识,提高公关人员的信心和公关工作水平。

第四,通过公共关系效果的检测与评估,衡量经费预算,衡量人力、物力的配备与开展公关活动之间的平衡性,衡量公共关系活动的效率。

进一步分析,可以将公共关系评估的功能概括为这样几个方面:

(一)反馈信息,调整传播

评估效果的过程,也是一个信息反馈的过程。在策动传播阶段,公关工作通过运用传播媒介,直接作用于组织公众,引起公众的情绪变化、态度改变及行为转换。然而,公众情绪、态度及行为变化的程度如何,组织的传播活动是否实现了预期的目标,都必须通过来自公众的反馈信息,才能得到准确的回答。

在传播过程中,应当及时地注意收集反馈信息,并根据这些反馈信息及时调整传播活动。如果在传播活动结束以后再来收集反馈信息,那么,一旦发现传播中的效果问题再调整,就会造成人力、物力、财力的浪费,使公关工作事倍功半。

(二)总结经验,分析教训

人类的历史,是一个不断地由必然王国走向自由王国的历史,人类要在自己的实践中不断总结经验,才能有所发现,有所发明,有所创造,有所前进。公共关系工作也是这样,只有不断总结经验,分析教训,才能提高公关工作的水平。

公共关系评估就是为了总结成功的经验,分析失败的教训,找出失误的原因,制定改进的措施,为下一步的公关活动积累经验和提供可资借鉴的材料。

总结经验,分析教训,不仅是提高公关活动质量与活动水平的重要步骤,而且有利于提高公关人员的业务水平,增长知识,丰富才干,拓展思路,提高素质。

(三)向上负责,寻求支持

中国台湾公关学者赵婴先生认为:"公共关系活动费钱费时,管理当局出钱花时间,当然要证明这些支出正当才行。管理当局需要知道每一行动对组织的目的有多少贡献,以及为什么需要这项行动。如果这些问题获得圆满答复,就会继续支持这项行动,甚至扩大支持。如果答案相反,则可能撤销支持,或减少和限制行动。"



公共关系评估的一个重要功能就是通过评估总结,使组织(或企业)的领导者和决策层,看到公共关系活动的作用和效果,认识到公关活动与组织形象、组织的社会效益和经济效益的关系,从而获得组织决策层对公关活动的进一步理解和支持。

## 二、公共关系评估的信息反馈渠道

公共关系活动效果的评估与检测,是接受与收集信息反馈的过程。信息反馈,是现代化管理的一种重要手段,是指将输出的一部分信息通过一定的程序再输送回来。这里讲的信息反馈是将公关活动中的信息,特别是一些重要的信息以最快的速度、最准确的手段、最经济的方法反馈到公共关系部门的过程。

公共关系评估的渠道或途径主要有以下几个方面:

(一)根据大众传播媒介的传播情况来评估

通过观察新闻媒介对组织的报道情况,可以比较有效地分析和概括出组织形象的状况,测量出公共关系活动效果。分析评估的主要内容有:

1.报道的篇幅和时数。篇幅越大,出现频率越高,时数越多,引起公众注意和兴趣的程度就越高,这是从报道的量上进行的判断。

2.报道的内容和水平。报道中,对组织公关工作的成就、经验、发展情况报道越多,效果越好,越能在公众心目中留下对组织的良好印象。这是从质的角度进行的判断。

3.新闻媒介的层次和重要性。发行量大、覆盖面广、具有权威性、影响力强的新闻媒介最能够促使组织知名度和美誉度的提高。

4.新闻资料的使用方法。是正面报道还是负面报道,是全面报道还是摘要报道,是重要报道还是一般报道,是醒目的版面还是次要版面,是黄金时间还是一般时间,这些差别均会使报道的效果产生差异。

5.报道的时机。新闻界报道的时机是否及时、适时,是否能恰好配合组织的实际发展,都会反映出组织公关活动的效果。

6.记者、编辑的反应。指他们对所提供的宣传报道资料是否满意,这取决于组织的公关人员是否能够及时、优质地撰写出受新闻界欢迎的报道材料。

(二)利用广告效果检测结果来评估

虽然公共关系活动效果难以测量,但广告效果却是可以测定的。通过测定广告效果,特别是公共关系广告的效果,可以间接得到公关活动效果的反馈情况。

应该指出,公共关系广告仅是公共关系活动实施的一种具体形式,其效果不能完全反映整个公关活动的成效, 并且公关广告又没有像商业性广告那样的直接效果。在评估公关广告效果的时候要考虑到各种经济的、社会的、心理的因素所带来的影响。

关于公共关系广告效果的检测,本书“公共关系传播”一章已有论述。

(三)利用组织内部的资料来评估

1.组织领导层和管理人员从企业经营管理过程中观察出特定时期内公共关系目标达到的程度与效果。

2. 组织的内部成员以亲身体会及整体的组织行为从各种不同角度的反映,对公关活动的成效作出评价。

3.营利性组织的业务人员及产品销售第一线的人员,可通过他们的经营销售活动,对公关工作的效果进行评价。

4.企业的股东虽然不直接参与企业的经营管理,但他们对企业的发展十分关注,他们在企业之外联系着各种类型的公众,对企业的公关活动的效果会有较客观的评价。

5.组织内部的各种资料,如资金平衡表、统计报表、财务活动分析以及公众的来信、来访记录、企业各种会议记录等,都是检验与分析评价公共关系效果的重要材料。

(四)利用组织内外公众信息来评估

1.消费者与用户的信息反馈。对营利性组织来讲,消费者与用户是其公关活动的主要对象,因为任何企业的公关目标都直接或间接地与消费者和用户相联系,最终是为了取得这些“上帝”的理解、信任和支持。消费者与用户构成营利性组织公共关系活动最敏感的神经系统。

2.相关组织的信息反馈。这是本组织生产经营中的伙伴,他们不仅与组织的生产经营的正常进行密切相关,交往频繁,而且还间接地与大批消费者和用户发生关系,因而反馈的信息面广量大。

3.上级主管部门。这是纵向的自上而下的观察企业公共关系活动及其效果的一个层次,通过这种上下级之间的纵向观察,容易发现组织公共关系活动实施中的问题,并且可以直接从他们对组织行为的支持程度,反映出公共关系的社会效果。

4.社区的公众。这是一条不能忽视的信息反馈渠道,它的特点是组织公共关系活动在地域上的接近性,作为组织的左邻右舍,朝夕相处,往来密切,容易相互了解,从而得到较快的信息反馈。



## 第三节 公共关系评估的步骤与方法

公共关系部门对其活动效果的评估,不同于组织其他部门(如生产、销售、财务部门)对自己活动效果的评价。其他部门可以用精确的量化指标来评估,而组织形象与信誉,是很难用量化指标予以描述的,这就决定了公共关系评估的方法具有特殊性。

### 一、公共关系评估的基本步骤

根据现代组织公共关系活动的大量实践经验,公共关系评估的步骤被概括总结为以下五步:

(一)回顾公共关系活动目标

公共关系活动目标是评价公共关系活动成果的首要标准。实际上,评估结果的过程,也就是考察和评估公共关系目标是否顺利达到的过程。因此,首先要对预先制定的公共关系目标进行认真回顾,进一步弄清公共关系总体目标和分目标的内涵,这就反过来要求公共关系工作必须实行目标管理,这样才能保证其科学性。

(二)进行后期调查研究

在评估效果阶段进行的调查研究,同在制定公关活动计划以前进行调查研究的目的有所不同。后者的目的是了解组织公众的态度和民情民意,并制定相应的改变组织公众态度及民情民意的措施；前者的目的则是了解组织公众态度及民情民意变化的程度及趋势,以检验和评估这项计划是否得以顺利完成。因此,把制定公关计划以前的调查研究,称为前期调查研究;把检验和评估公关计划是否实现的调查研究,称为后期调查研究。这两种调查研究虽然处在公关活动进程的不同阶段,但是它们所使用的方法与手段是基本一致的。

(三)将调查结果与公关目标进行比较

通过调查研究,就可以在分析的基础上,得到有关公关活动效果的全貌。这时,就可以把这种全貌或整体情况,同公关活动计划所制定的目标进行对比,从而确定此次公关活动是否顺利实现了目标。

通过调查结果和公关计划目标的对比，可以清楚地看到公关活动全过程是在有计划、有目标、有步骤的情况下实施的,还是在杂乱无章的情况下实施的,从而导出公关活动效果的最终评价。

(四)向决策部门报告结果

在比较调查结果与公共关系目标的基础上，公关部门要对整个活动过程及其效果进行全面估计,并以书面报告的形式,向决策部门报告结果。

公共关系评估报告,应当精确地描述整个公关活动过程,简洁地概括活动所取得的主要结果及其存在的不足，科学地预测尚未解决的一些问题在今后的发展趋势,并提出相应的解决办法,为决策者把评估分析用于组织战略决策提供充分的信息根据。

(五)提出改进或补救措施

在评估报告的最后,还有两件事情要做:一是根据本次活动的成功经验和失误教训,提出下一步公关工作的改进建议或方案;二是通过评估发现本次公关活动存在的遗留问题，以便认真分析与预测这些遗留问题已经和将要给组织形象带来的影响,并制定补救措施。

## 二、公共关系活动效果的定性分析

公共关系实践要求在系统的思想基础上,有以智能、经验、物理模型为主要工作手段的软评估方法及其相应的评估标准。在实施公关效果评估前,我们的目标是既定的,这就具备了比较公共关系活动前的起始状态和效果,比较效果和目标的可能性。

英国伦理学家、法学家边沁曾在著名的"快乐测量法"中,列举了七项计量快乐程度的标准,公关界提出更换原先的价值规定,对其稍加修正后作为公共关系效果评估的软评估标准。

（一）强度标准

比较起始状态和现实状态，看哪一种活动更能满足公共关系活动所追求的目标。譬如，一家公司以提高其知名度及社会影响为某项公关活动的目标，而在此之前，该公司知名度甚低，不为公众所了解，整体的调查结果表明，社会性公关活动的开展有利于逼近提高公司知名度的目标，因此得出结论，这样的公关活动是有效果的、合算的。

（二）确定性标准

比较起始状态和现实状态，看哪一种活动对实现既定公共关系目标的可靠性系数更大。如某家公司以唤起成员责任感为目标，强化公司领导对员工的感情维系，而在此以前，调动积极性主要是靠经济手段。经过分析，感情维系逼近公关目标的速度慢，但却是稳步向前的；经济刺激逼近公关目标的速度较快，但缺乏可靠性。这是因为员工一般习惯于将各时期报酬作纵向比较，还经常将本公司报酬水平与同期其他公司横向比较，经济刺激方法在逼近公关目标时，有时就会出现游离，甚至背离目标的情况，这样忽进忽退，可靠性系数就受到了影响。

（三）持久性标准

比较起始状态和现实状态，看哪一种活动对公共关系目标实现所维持的影响更长远、更持久，而不是短暂的。仍以上述例子来分析，在正常情况下，经济刺激的时效性远小于感情维系的时效性，后者作为一种精神激励，有持续调动积极性的特点，因而具有持久性。

（四）远期性目标

比较起始状态和现实状态，看哪一种活动能够更快地实现既定公共关系目标。在上面提供的例子中，感情维系的效果往往略落后于经济刺激，也就是说，经济刺激是一种近期目标，而感情维系是一种远期性目标。

（五）纯洁度标准

比较起始状态和现实状态，看哪一种活动在实现既定公共关系目标的同时副作用较小，或者说带来的局部负效果较小。

（六）繁殖性标准

比较起始状态和现实状态，看哪一种活动在实现既定公共关系目标的同时更加便于其他相关有利目标的实现。

（七）广延性标准

比较起始状态和现实状态，看哪一种活动对大多数内外部公众有利，更能影响和改变大多数公众的态度。

## 三、公共关系活动效果的定量分析

现实状态比起始状态的增量(这个增量也可能是负增量),就是公共关系活动的效果,再用这个效果与所付出的“成本”作经验比较,评估结果才能出现。

从定量的角度来分析,公共关系效果是扣除公共关系活动成本之后的“净收益”。

我们可以把公共关系活动的“投入”即成本,划分为三个部分:直接成本,指直接以货币支付的成本;机会成本,指以放弃某种选择所丧失的利益,来确定另一种选择的假定性成本;正常利润,指投入一定资金或物资后承担一定风险所应得到的某个数值的收入。

总成本=直接成本+机会成本+正常利润

例如,一家商场用80000元组织一次专题公共关系活动,这笔开支就无法用于购进新的货物,那么,这次专题公关活动的机会成本,就是放弃用80000元进货而丧失的40000元利润。如果将80000元投入日常进货渠道,商场就可避免公共关系活动可能带来的收益“风险”。既然承担了这种风险,商场就有理由要求得到不低于某个数的报酬(假定16000元),这部分报酬称为正常利润。

根据以上提供的利润构成,该商场用于公共关系专题活动的总成本应为:

总成本=80000元(直接成本)+40000元(机会成本)+16000元(正常利润)

=136000元

公共关系活动的产出,是指公共关系活动后“所得到的补偿和报酬”。我们还可以将这种产出更具体地规定为软产出和硬产出两种。软产出,是指经过公共关系活动后,组织的公共关系状态是否比先前更好;或者作为公共关系活动的结果,组织的公共关系状态是否达到或趋近预期目标,如果回答是肯定的,就表明公共关系活动获得了软产出。硬产出,是指如果经过公共关系活动后,某商场知名度和美誉度大增,顾客量猛增,日销售额有较大增长,我们就可以据此从量化角度分析公关活动给商场带来的直接经济收益即硬产出,从而对某项公共关系活动作出肯定的评价。

## 四、公共关系评估的方法

### (一)公众评议法

这类方法是通过公众的议论、评判,获得对某项公共关系活动成果的把握。如民意测验法、公众意见征询法等。

1.民意测验法。早先是用来测定公众对政治或社会领域中的争议问题的态度的。现在,这种方法已经十分普遍地运用在公关领域中。基本做法是,按“抽查法”的要求,在选定的公众群体中,选择一定数量的测验对象;用问卷、表格等方式，征求他们对一定问题的意见、态度、倾向，再做出统计、说明，借以表示公共关系活动的效果。

2.公众意见征询法。公共关系人员通过与公众代表的对话，征询广大公众的意见和观点。具体分为公众代表座谈会和公众询问法两种。前者可以制度化，并有效地控制与会者的代表性；后者则是以口头、电话等方式，就一定问题随机地向公众提问。

（二）专家评估法

这类方法是由各学科、各领域的专家会同公共关系人员组成专门评议组，对公共关系成果进行评估，接受质询，予以论证。

专家意见法，又称"德尔菲法"，原为一种综合专家意见就专门问题进行定性预测的方法，用于公共关系活动效果的评估，具体步骤为：

1.由主持人拟订调查项目并给出评估标准。

2.邀请公关、管理、心理、传播专家十至数十名。

3.请专家们以不记名方式，独立地就拟订项目发表意见。若意见分散，则将上一轮意见汇集整理，反馈给每一位专家，请他们重新发表意见，直至意见趋于一致。

4.经过统计、处理，得出能代表大多数专家意见的结论，作为专家集体对公关活动效果的权威性评判。

（三）定性评估法

这类方法是运用文字的形式，力求从整体上，也就是从组织自身效益和社会整体效益上，对公共关系实绩、效果进行概括和描述的方法。具体表现形式一般为文字鉴定。

不少人可能认为定性分析法是松散的、无结构的材料收集方法，而实际上，使用定性研究方法的研究者千方百计地对一种状态或实验结果进行观察，他们不把自己局限在数字和计算的范围内，因而具有很多的优点。首先，研究者可以尽可能地接近和深入情境之中，以便观察到更真实、更自然的情况；其次，他们不把自己局限于变量的统计计算上，而是从全局考虑问题。在评估公共关系效果时，一般经常使用以下三种类型的定性研究：

1.定性观察。研究者以"当事人"或"旁观者"的身份进入现场，和其他人一样接触各种公共关系活动。观察者的行为有时是外显的，有时是隐蔽的。研究者的观察要求用一定理论做指导，但不能拘泥于一些概念性的东西之中。

2.定性访谈。这种访谈可以分为结构式访谈和非结构式访谈。前者是事先拟好提问提纲的访谈，后者是不拟提纲，根据情况需要提出不同问题的访谈。

3.小组会谈。在公关目标公众中选取一部分受公关活动影响的人，把他们召集到一起讨论公共关系的措施对他们的影响，这种方法可以使观察者在团体情境中观察公众的反应。

定性评估的结果可以通过定期报告、总结、经验交流材料、工作简报、情况反映等形式反映出来。

(四)定量评估方法

这类方法是通过统计、实验的方法，运用数据形式，对公关工作或公关活动的效果进行的系统、全面的分析，以便从数量上把握公共关系效果。

1.实验法

利用调查法，虽然可以了解公共关系活动是否产生了效果，但不能证明如果没有这些活动，这种效果就不会产生，也就是不能真正地证明引起公关活动效果的原因是什么。要想确立因果关系，必须使用实验法。

一项实验虽然不能提供人们所需要的全部证据，但它能建立时间顺序，也就是因果关系的证据。

在公共关系效果的评估实验中，可以借鉴社会科学中常用的研究方法，下面的模型就是普遍实用的实验设计·

在图9-1中，实验组和控制组是指两群随机选来的被试者。在实验时，对实验组的被试者施加某些影响，即对他们进行一定的运作；而控制组的被试者则未受到这些影响，控制在一定的条件下。A、B、C、D分别是他们在实验前后进行某种测验的成绩，如果A与B的差大于C与D的差，那么就说明实验条件对实验组被试者产生了影响。

| | 实验前 | 实验后 |
|---|---|---|
| 实验组 | A | B |
| 控制组 | C | D |

**图 9-1　实验设计模型**

例如，如果想知道一部有关新能源的影片是否能够增加人们有关能源的知识，就可以进行下面的实验：把一群公众当做实验组，让他们在实验室里看这部有关新能源的电影；把另一群公众当做控制组，带他们到另一个房间去，让他们看一部武打电影(或什么也不看)，两组被试者在看电影的前后都进行有关能源的知识测验，如果这部有关能源的电影有助于增加能源知识，就会发现实验组的成绩比控制组的成绩增加多。

在实际的研究中，很难完全控制实验条件，不能真正地做到随机选择被试者，实验组和控制组条件不等同，实验组和控制组之间有一定的交流等。基于这些原因，在现在的社会科学中，通常使用准实验或非实验设计。在公共关系评估实验中，常用以下四种设计：

(1)前测、后测法。这种设计是针对只有一组被试者而进行的。因为没有控制组，就只能对实验组在实验前后分别测量，然后比较二者的差异，如果实验前后的成绩不同,就说明实验条件对被试者产生了影响。

(2)后测法。随机选取两组被试者,使两者的条件尽量对等,一个做实验组,一个做控制组,在实验前不对他们进行测验,施加一定条件后再进行测验比较,看两者的成绩是否有差异。

(3)复杂的前测、后测法。这种方法是对实验组和控制组分别进行前测、后测法实验,然后把他们的成绩放在一起比较,从中发现实验条件所起的作用。

(4)非均衡控制法。这是在不能随机选取被试者时所使用的一种方法,这种情况在公关研究中是经常遇到的。比如人们可能为改善一个部门内部员工与领导的关系而进行了一系列组织内部的公关活动, 而人们不一定能找到两个条件完全相同的部门进行比较研究,因而只能在非均衡条件下进行实验评估结果。

2.反馈直接统计法

以营利性组织为例。企业的销售额及利润的增减受市场环境和企业内部因素的影响和制约很大,不完全是公共关系活动的成效。但是,在一定时期内借助于公共关系活动的效果还是明显的, 这就可以采用反馈直接统计法来测试公共关系活动的净效果。例如,由于企业知名度和美誉度低,虽有优质的产品但销路受到了限制,一旦加强公共关系活动之后,企业的销售额迅速上升,提高了经济效益,这时即可采取反馈直接统计法,以一定时期的销售额、利润率说明公关活动的效果。又如企业与消费者和社区公众发生了纠纷和矛盾,通过公关活动进行协调顺利解决了,通过统计这些协调矛盾、解决纠纷的次数,也可评估出公共关系的实际净效果。



### 五、公共关系评估的问卷设计

公共关系评估问卷根据研究和调查问题的不同可以有不同的内容, 但一般都包括下面四种类型的题目:

(一)背景题

这些问题主要是用来了解被试者的一些背景资料,如性别、年龄、收入、偏好、何种媒体等。一般给被试者提供选择的项目,如:

你属于什么文化程度?

1.博士　2.硕士　3.大学本科　4.大学专科　5.中专

6.高中　7.初中　8.小学　9.文盲

(二)评估题

这类问题是用来测量信息接受情况和态度的。有关态度的问题,人们研究得很多,因而也就具有许多不同形式的问卷。

1.等级测量法。研究者给出一个问题和几个可供选择的项目,让被试者根据

自己的态度选择其中一个。如:

你认为在某某公司工作怎么样?

(　　)非常好　　(　　)好　　(　　)一般

(　　)不好　　(　　)很不好　　(　　)说不上

选择哪一个项目,就在那个项目的括号里打✓。

2.排序法。给被试者许多项目,让他们根据某种标准将项目排列成序。如:

请你根据熟悉程度将下列公司排列起来:(1)最熟悉;(2)比较熟悉;(3)有所闻;(4)不了解。

(　　)可口可乐公司　(　　)IBM公司　(　　)丰田公司

(　　)施乐公司　(　　)海尔公司　(　　)娃哈哈公司

3.多项选择法。对所提问题事先拟好若干答案,调查对象可选择一个或数个答案。如:

你经常选择什么样的市内交通工具?

自行车(　　)　公共汽车(　　)　私家车(　　)

摩托车(　　)　出租车(　　)　通勤车(　　)

4.对比选择法。在问题下面列出多项两组比较性答案,调查对象根据自己的意愿选择最佳答案。如:

你最喜欢哪种类型的饮料?

果汁型(　　)　易拉罐装(　　)　含酒精(　　)

可乐型(　　)　瓶装(　　)　不含酒精(　　)

5.两极选择法。在问题下面列出两项相对立的答案,要求调查对象选择其一。如:

你在电视里看见过本公司的广告吗?

是(　　)　否(　　)

(三)信息题

这类题目主要是了解被试者对某一问题知道多少, 知道些什么, 怎样知道的,什么时候知道的。这种题目一般采用多项选择的形式,如:

你知道奔驰牌轿车是哪国生产的吗?

1.美国　2.德国　3.日本　4.法国　5.瑞士

你在什么地方经常看到海尔电器的广告?

1.报纸　2.电视　3.大型广告牌

4.大型活动场所　5.宣传小册子　6.网络

你最早知道公共关系的概念是什么时候?

1.1994年　2.1998年　3.2002年　4.2006年

(四)自我知觉题

这种题目主要是向被试者询问他们对某一事实或他自己行为的看法，用来测量对问题的认识水平、包容水平、信息保持量等,如：

你经常注意公共关系活动的情况吗?

(　　)经常　(　　)很少　(　　)有时　(　　)不关心

## 本章复习思考题

1.公关活动效果有哪些分类?

2.公共关系评估可选择的渠道有哪些?

3.评估公关活动效果的标准有哪些?

4.公共关系评估的方法有哪些?

# 第三编

# 应用领域

# 第十章 公共关系形象

## 中心内容

因为当代社会最具有代表性、最典型、最广泛的组织形式是企业。本章组织形象均以企业形象来代表，其他类型组织形象的塑造据此就有了理论依据。

本章论述了企业形象的时代意义和基本特征；企业形象构成的内外要素；塑造当代企业形象的基本手段和方法。重点探讨公共关系如何实现塑造组织形象的基本职能。

## 学习目标

学习本章，要求认识公共关系形象的时代特征，了解组织内在、外在形象方面的构成要素，掌握企业形象识别系统和顾客满意系统的导入以及企业文化建设这三种塑造企业形象的基本方法的理论和应用。

一个优秀的民族，要有自立于世界民族之林的能力，一个国家要有自强不息的精神。一个当代组织（或企业）同样应具备这样的创新、进取的能力和精神，才能在激烈的竞争中一往无前，这是组织（或企业）形象塑造的目的。

塑造良好的组织形象，是时代的要求，是科学技术和市场经济高度发展的要求，也是每一个组织的愿望和奋斗目标。在社会主义条件下，塑造良好的组织形象，更是物质文明建设和精神文明建设相结合的要求。

塑造组织形象，要靠组织正确的经营战略、优质的产品和服务，在当代社会还要靠组织的公共关系艺术，靠这种内求团结、外求发展的现代经营管理方式。根据公共关系塑造形象、协调关系这两大基本职能，本章专门论述塑造组织形象的问题。

为分析和叙述之便,以下组织形象均用企业形象来代表。

## 第一节 企业形象的基本概念

形象有三种指称:一是外观形状,二是艺术形象,三是抽象的形象概念。组织公共关系形象主要指在公众心目中形成的抽象概念，但其塑造过程离不开调动艺术手段和完善外观形象的努力。

形象是公众对于社会组织(或企业)的总体评价,是主体和客体的统一。首先,形象是一种总体评价,这种总体评价是各种具体评价的总和;其次,形象来源于社会组织(或企业)的表现,是组织(或企业)客观现实的外在评价;最后,形象的确定者、评价者是公众。

企业形象是企业内外部公众对一个企业的全部看法和评价、整套要求和标准。

企业形象是企业的表现与特征在公众心目中的反映。良好的企业形象是企业的巨大财富和竞争力。企业形象已成为当代企业与公众联结的纽带。



### 一、塑造企业形象是时代的要求

一个人要想受到别人的欢迎,并且为众人所接纳,必须具有良好的形象。一个人的形象是在他天赋条件的基础上,经过后天的努力塑造出来的。作为一个组织(或企业)也是如此。

随着时代的发展,科学技术对经济的推动,使当代经营活动中的企业经营环境发生了深刻变化,具体表现在:

(一)追求差异化

过去企业间的竞争条件往往取决于价格，随后各企业在质量和技术的差异性上又大大接近了。直到今天,在高科技、高质量的竞争中,要使企业在群雄中脱颖而出,就必须靠塑造企业形象来实现。

(二)去除陈腐印象

随着时代的变迁,消费阶层逐渐有向低年龄层转移的现象,并且消费者的观念也发生了变化。追求时尚,追求新颖,追求个性,几乎是每一代年青人的特点。一些仅仅以老的企业标志或老字号为信用保证的做法，如今已成为企业开拓市场、招徕新消费群的障碍了。因此,为了去除陈腐的旧形象,给人以耳目一新的感觉,就需要重新塑造企业形象。

(三)企业的国际化

由于对外开放战略,大量的合资企业应运而生,一些外向型企业开始把触角伸向国外,产品的市场战略已面向全球了。这就需要企业不能满足于过去的国内市场形象,而要设法建立起适应国际间经营的新形象。

(四)企业经营多元化

以往的企业常常是靠一种主力商品起家,企业的各种外显性形象要素如名称、标志、广告等便以表现企业的主力商品为主。随着企业规模的扩大,各种企业集团的建立,经营的多元化已成为企业在竞争中永远立于不败之地的经营战略。在同一个企业里,既生产相关产品,也生产不相关产品,如果公众对企业的印象只停留在主力产品上,就不利于引起消费者的重视。因此,需要建立多元化经营的新的企业形象。

(五)企业的合并

随着经济的发展和改革的深入,企业集团的建立,股份制企业的运行,破产制度的推行,资本重组已成为企业扩大规模,提高生存能力,占领目标市场的新战略。重组后的企业,无论归属于哪家企业或以谁为主,都面临着如何调整原有产品品牌,改变原有的广告宣传基调,重新塑造重组后企业形象的问题。

(六)市场态势的变迁

发达的市场经济是伴随着产品和服务的卖方市场向买方市场的转化而出现的。当买方市场已经成为企业经营的主要制约性因素时,形象原则和信誉原则也就成为企业经营活动的首要原则,企业的知名度和美誉度也就成为无法用货币衡量其价值的一种战略性财富。企业要想构建一种有利于自身发展的社会关系环境,除了在形象塑造上下功夫,已难有其他选择。

(七)企业运营环境的变化

在当代社会,企业的运营环境发生了两大变化:其一,当代企业不仅是在一种经济或市场环境中运行,而且是在一种社会文化环境中运行;其二,当代企业面对的已不再是单一的产销关系,而且是面对市场、社会、内部员工的复杂关系。在这样的复杂环境中,企业的生死存亡和兴衰发展,都不得不依赖于企业在公众心目中的形象,不得不依赖于企业内外部公众对企业的理解、信任和支持。

形象虽然是一个抽象的概念,但通过种种物质的、社会的、精神的表征作用于公众,形成公众对某个对象的形象感受,它就转化为一种客观存在的、具体的、有价值的东西,转化为一种外在的力量,一种诉求力、吸引力、竞争力。

良好的企业形象,有利于得到公众对企业的信任和赞许,从而建立对企业产品或服务的消费信心;有利于为企业造成一个最佳的社会关系环境,从而获得广泛的支持;有利于保留和吸收大量人才,增强企业内部的凝聚力;有利于变不利条件为有利条件,使企业在面临困境时转危为安。因此,企业形象已成为企业的一种财富,成为当代企业与公众联结的纽带,成为企业经营战略的一个重要组成部分。

企业形象是一个完整的有机系列,它不是个别要素形象,而是涉及到经济、技术、管理、社会、文化、心理等各种要素的总和。它不仅来自于有形的、看得见、摸得着的外显性事物,而且来自于长期为公众所感知和记忆的企业行为所表现出来的内在精神和素质;不仅来自于通过过去努力所形成的静态形象,而且来自于通过公共关系活动所呈现出来的动态形象。

我们可以把企业形象分为物质表征形象、社会表征形象和精神表征形象三部分;可以把企业形象分为动态形象和静态形象两大类;也可以把企业形象归纳综合为外在形象(实体形象或硬件形象)和内在形象(精神形象或软件形象)两大类。本章从外在形象和内在形象的角度分析企业形象构成要素。

### 二、塑造形象应是公共关系的最高目标

塑造形象既有手段的含义又有目的的性质。

从手段的角度看,良好形象的塑造,有利于得到社会公众的认可和支持,给企业带来良好的竞争环境;从目的的角度看,良好形象的塑造,要经过长期不懈的努力和奋斗,经过精心组织的公共关系活动。因此,塑造良好的形象不仅是创造良好的公共关系的条件,而且是公共关系的根本目标。

把塑造形象作为公共关系的最高目标,可以使公共关系工作避免表面化、一般化、短期化的倾向;可以使公共关系摆脱庸俗化的危险;可以使公共关系的理论和实践走出误区;可以使公共关系的研究向更深层次和更高水平开拓;还可以使公共关系事业发挥出推动社会进步的积极作用。

### 三、企业形象对企业的意义

第一,良好的企业形象,可以得到公众的肯定和支持,赢得公众对企业的产品和服务的好感,创造良好的消费信心。如果企业能够在公众心目中树立一种诚实、公道的形象,社会公众或顾客就会产生一种信赖该企业产品或服务的心理倾向,因而更容易在激烈的竞争中选择该企业的产品和服务,使这个企业在竞争中立于不败之地。

第二,良好的企业形象,能为保留和吸引人才创造一个良好的条件。商品经济条件下,竞争的实质是人才竞争,良好的企业形象为人才的活动创造了适宜的社会环境条件,会使该企业的领导和员工产生强烈的归属感和认同感,不但可以稳住企业内部的人才,使他们为企业的发展尽心尽力,一展宏图,而且还可以吸引企业外部的人才。

第三，良好的企业形象，有助于企业之间的良好合作，使企业获得一个较好的外部社会环境条件。如果企业能以一种让人信赖的形象出现，银行就会乐意提供贷款，保险公司就会乐意提供担保，供销单位就会乐意建立稳定的供销关系，这对企业来说是一种巨大的资源和优越的待遇。

第四，良好的企业形象，有助于增进政府、主管部门及社会各界对企业的了解；容易获得社区公众和组织的谅解和关注，减少企业在经济活动中不必要的纠纷和摩擦。因为企业的生存和发展需要“天时、地利、人和”条件，所以形象好的企业可以得到各方面的支持，尤其是当企业经营处于不利情况的时候，各方面的谅解和支持对企业来说更是无价之宝。

第五，良好的企业形象，有利于带动整个企业及社区的精神文明建设，促进企业内外部环境的优化，促成良好的社会风尚和融洽的人际关系，使人们受到潜移默化的熏陶和影响，反过来为企业发展创造良好的社会环境。

### 四、塑造企业形象的三个环节

塑造企业形象包括企业形象的形成、改变、强化这三个步骤，也称三个环节。

#### （一）企业形象的形成

一个新的企业在没有同社会各界建立广泛联系时，几乎没有知名度。如果一个企业的知名度太低，公众很少有人了解它，这个企业在开展业务时肯定会遇到许多困难和障碍。一家大公司的董事长到珠宝商店订购钻石时，对营业员说：“把账单送到我办公室去。”结果没有人理会他，因为人家根本就没有听说过这家公司的名字。这件事促使这位董事长第二天就下令广告部门为之筹划公司广告。可见，企业形象在公众心目中的形成是企业公共关系的基本工作。如果这个工作做不好，就谈不到企业形象的进一步深化。

#### （二）企业形象的改变

这里所说的企业形象的改变，主要是指当企业形象出现危机时，怎样改变公众的错误印象或挽救企业的错误行为所引起的后果。

随着当代科技的发展和大众传播媒介的发达，没有任何一个国家、一个企业可以封闭自己，在这种情况下，难免会出现有害的信息，使公众产生误解，损害企业形象。同时，任何一个企业也不可能在社会、经济活动中不出现失误，使企业形象受到危害。因此，形象危机的问题就出现了。

作为一个企业，有必要通过公共关系活动来挽救、矫正和改变企业形象危机，使之得到改善。

#### （三）企业形象的强化

在企业有了一定的基础形象以后，就要千方百计地用精湛、独特、优质的产品和服务强化这种形象。具体地说，就是要提高企业在社会公众心目中的美誉度,在此基础上建立社会公众对企业的信任感,使企业的良好形象牢牢地树立在公众心目中,为企业的发展构成一个良好的社会环境。

我国天津手表厂的“海鸥”表已经享誉国内了,但厂家并不以此为满足,他们设计了许多公共关系策略进一步强化“海鸥”表在公众心目中的形象。当天津手表厂从报纸上得知我国运动员要启程参加第23届奥运会时，主动馈赠赴美国洛杉矶的我国全体运动员、教练员及工作人员每人一只带有奥运会标记的“海鸥”牌手表。当全国亿万观众坐在电视机前观看我国体育健儿勇于拼搏的场面时,“国手进军奥运会,海鸥飞往洛杉矶”的生动画面出现在荧光屏上,使“海鸥”表深入人心。该厂并不到此为止,仍在想尽一切办法强化“海鸥”表在公众心目中的良好形象。他们向我国首次赴南极考察的全体成员赠送了“海鸥”表,并在南极对该表的质量进行考核,对提高“海鸥”表的知名度和美誉度,强化公众对天津手表厂形象的熟知起到了积极作用。

### 五、塑造企业形象的原则



一个企业要让它的形象在公众心目中深深扎根，就要通过公共关系活动创造和提供让公众认知本企业的条件,通过精心设计、努力完善、广泛宣传等艰苦的工作过程,将企业形象牢固树立在公众心目中。

塑造企业形象应遵循以下六条原则:

一是高标准原则。对本企业的内部管理和产品质量高标准、高要求,尽最大的努力创名牌产品和优质服务质量。靠质量第一、物美价廉、优质服务去赢得公众。

二是整体性原则。企业虽是国民经济的细胞,但也是一个自成系统的整体,为了提高本企业的知名度、美誉度和信任感,企业的一切努力都要从整体利益、长远利益出发,切忌急功近利、竭泽而渔的短期行为。

三是形象性原则。为使本企业的形象及产品和服务的形象深植于公众的记忆中,可通过企业识别系统精心设计代表本企业及其产品的标记,要求简洁、鲜明,形象具有特性,令人易辨易记。

四是求实性原则。有人认为,诚实是塑造企业形象的主轴。产品的货真价实,购销手段的光明正直,贸易往来的公平合理,信守合同,珍视信誉,才能提高企业的信任度。

五是灵活性原则。不墨守成规,不满足现状,不死抱过去的老框架,针对新情况、新问题不断调整自我,富于开拓创新精神,这是当代企业塑造形象的新特点。

六是透明度原则。企业领导层的活动要让组织成员明了,企业应该让社会公众知道的内容要让公众知道，这样才能不断获得内外部公众的认知、理解和信任，得到公众的监督，促进企业形象的完善。

## 第二节　企业形象的基本内容

企业形象是一个完整的有机系列，任何一个企业都有它的外在形象和内在形象两个部分，或称为实体形象和精神形象、硬件形象和软件形象。

### 一、企业的外在形象

一个企业，首先以它的外在形象展示在社会公众面前。企业外在形象是企业境况的第一个标志，企业的名称、标语、建筑物、装饰、服务车辆、文具以及产品标签和企业标志等，都属于把企业形象传播给外部世界的外显性视觉对象。这些象征物在公众心目中能引起有意识和潜意识的想像。

(一)企业的名称

一个企业的名称能以某种方式或在必要的地方创造和传播企业形象。企业的名称是企业成功后的荣耀或失败冲击的载体。对企业内外部公众来说，企业名称是企业特性的第一来源，是企业形象的基本载体。

优秀企业的名称可以在全世界范围内重复进而成为一种国际词汇，如国外的美国国际商用机器公司(简称IBM公司)、施乐公司、松下电器公司、可口可乐公司、丰田汽车公司和国内的健力宝集团公司、海尔集团公司、上海大众汽车有限公司等的企业名称对广大公众来说就像自己亲戚的名字那样熟悉。

企业名称是给公众最初的、最基本的概念和印象，公众对某个企业的兴趣最初是从它的名称开始的。

一般情况下，企业命名是和以下因素相联系的：与其他名称的明显差别；与所生产产品密切相关；力求简短，易于发音、辨认和记忆；不违背当地风俗习惯；适应于消费者或服务对象等社会公众的心理。

一个企业的名称，可以和企业的职能、产品、服务特性联系起来；可以和这个企业的地理位置、归属部门、行业联系起来；可以和企业的信念、愿望、宗旨联系起来；可以和已经出名的产品或服务特色联系起来，实现为塑造企业形象服务的目的。

企业的经营状况好坏不取决于名称本身，但好名称有利于企业的发展，而陈旧的名称可能妨碍企业公共关系目标的实现。一般在下述五种情况下应改换名称：如果旧名称不再准确地描绘企业的活动；如果旧名称与其他企业的名称混淆；如果名称无特色或使用不便；如果名称有地理上的局限性；如果外部因素对旧名称产生了不利的影响。

我国安徽省合肥市有一家生产沙发及各种家具的小厂,原来的厂名为“合肥藤棕厂”。由于这个厂名的影响,他们外出联系业务或与其他单位搞联合总是碰钉子,别人不是表示不信任,就是对该厂看不起。这个厂的决策层意识到:必须改掉这个厂的厂名。当然,他们同时在技术改造、产品更新、市场需求导向方面做了大量工作,厂名改为“安徽东方家具厂”以后,使这个厂起死回生,获得成功。

(二)企业的建筑与装饰

企业的建筑群落,包括办公楼、厂房、员工宿舍、文体建筑设施的外表风格及其装饰构成企业形象的综合性、概括性象征。

企业的建筑群落传播给内外公众,是公众对企业整体形象的第一印象和最初现实感受,因而成为企业外在形象的重要内容。

有人说,企业的建筑群落及装饰往往像无声的语言,像一首凝固的交响乐,好像在时刻向公众默默地诉说企业兴衰成败的历史故事。

企业的建筑是企业经济实力的最有说服力的表征;其建筑风格展示了它的创新意识和企业精神;同时以它特有的设计构思、色调对比、装饰美化、位置对比显示着企业的独有个性;另外,建筑物还可以反映出企业的经营特色、产品类型;建筑艺术的选择,能反映出主体意识的价值取向,成为鼓舞和召唤企业内外公众的无形力量。



矗立在纽约的36层高的美国电话电报公司总部是一座新型的、与众不同的建筑,不仅保留了曼哈顿岛早期的建筑风格,而且体现了当代建筑发展的趋势,展现了该公司创新应变的能力。

对于一家商业企业或宾馆来说,建筑物外观的独特造型,与相邻商业企业或宾馆建筑外形的显著差别,这对于给公众以深刻印象,识别商店或宾馆的位置,树立企业声誉有更为重要的作用。

青岛电冰箱总厂正门大楼主体的设计中,在一侧装饰了一个几层楼高的巨型冰箱形象;广州华夏百货公司建筑物的巨型玻璃幕墙壁都给人以鲜明的时代感和深刻的个性印象。

(三)企业的设备装置

设备是人们在生产活动中所需各种机械和装置的总称。

对于一个工业企业,其设备主要包括:

生产设备,指直接改变原材料属性、形态或功能的各种工作机器和装置,如各种机床、高炉、反应塔等。

动力设备,指用于生产电力、热力、风力或其他动力的各种设备,如发电机、空压机、蒸汽锅炉等。

传导设备，指用于传送电力、热力或其他动力以及传送固体、液体、气体的各种设备，如电力网、传送带、上下水管道、煤气管道等。

科研设备，指实验室用的各种测试设备、计量设备、仪器仪表等。

运输设备，指用于载人和运货的各种运输工具，如卡车、拖车、电瓶车等。

管理设备，指生产管理用的各种计算机和其他办公自动化设备。

企业设备技术状态的好坏，直接影响着企业所生产产品的数量、质量以及企业的经济效益，并且一个企业的设备阵容越好，其在公众心目中的外观形象就越佳。当代社会，一流设施、一流产品、一流服务三者是相辅相成的。无论是工业企业，还是商店宾馆，现代化的设备会令人耳目一新，使人流连忘返。

(四)企业的产品商标

产品的品牌与商标对一个企业的外在形象有直接的影响。商标是企业产品的文字名称、图案记号或两者相结合的一种设计，它表示一商品区别于它商品的独特性质。商标有着指导消费者选购、树立企业和产品声誉、促进市场销售、保障生产经营者合法权益的作用。

商标实际上是一种特殊的品牌，它可以是整个品牌，也可以是品牌的某一部分，如品牌名称或品牌标志。商标的本质特征就在于它是受法律保护的，即某一品牌或其中的一部分一旦在工商行政管理部门注册登记后，便获得专用权，任何人不得侵犯、使用。因此，商标实质上是一个法律用语。

商品的品牌、商标一经注册使用，经过反复的广告宣传，逐渐为公众所熟知，就会成为企业形象的象征，成为企业强有力的推销手段。许多企业，利用新闻传播媒介，长期宣传本企业的商标，这是对企业形象的一笔战略性投资。好的商标，家喻户晓，成为企业的一笔无形财富。所以有人说，如果可口可乐公司所有的工厂在一夜之间全部焚于大火的话，第二天便有众多银行向可口可乐公司贷款。这就说明商标信誉对企业形象的重要意义。

(五)企业的广告

广告是广告主有计划地通过媒体向公众传递企业、商品或服务的信息，以促进销售的大众传播手段。

当代广告是密切联结企业与公众、生产与消费的信息桥梁，是生产者、经营者、消费者之间的信息传播行为。在当代社会，企业的广告有多种功能，如指导消费，刺激需求；加速流通，扩大销售；参与竞争，促进生产；沟通商情，活跃营销等。成功的广告还能为企业在公众心目中树立一种难以磨灭的良好形象。

随着市场经济的发展，越来越多的企业创造了成功的广告，而越来越多的成功广告又造就了大批成功的企业。成功的广告能为企业形象增色添彩，帮助企业赢得声誉，赢得公众。

随着市场经济的发展,公共关系广告进入了社会经济生活,许多企业通过这种新型的广告形式宣传企业的一贯宗旨和信念,宣传企业的历史与成就,以此塑造本企业在社会公众心目中的形象,沟通企业与社会公众的关系。

产品广告让位于企业广告,商业性广告让位于公共关系广告,通过广告树立一种鲜明的企业形象,而不仅仅是推销某种商品,这已成为广告业发展的大趋势。因此,广告对塑造、传播企业形象作用非凡,已成为企业形象的最佳象征。

(六)企业的办事效率

办事效率反映了一个企业的管理水平、工作秩序、服务态度和企业员工的基本素质与精神风貌,因而成为企业形象的一个外在标志。

企业办事效率集中表现在企业管理和组织过程的效率以及企业的销前售后服务的全过程中。对商业企业来讲,办事效率集中反映在销售服务之中。

速度意识、时间观念是当代市场经济的客观要求,是当代企业家的必备素质,也是当代社会公众对企业的要求。快捷的办事效率、紧张的办事节奏、简练的办事程序能够给公众赢得时间,给企业赢得机会,从直观感受中,给公众留下良好的印象,因而成为企业形象的一种象征。

以快速的服务工作使顾客满意是每个企业都应该追求的。无论工业企业的办事机构,还是商店、宾馆的服务机构,工作人员或服务人员都应该做好随时准备为来访者或顾客服务的姿态,才能给公众一种良好的感受。

(七)企业的经济实力

企业的经济实力集中反映在资金实力上。资金实力的状况又受到三种情况的影响:一是物资,二是货币,三是债权。

企业资金主要由固定资金、流动资金和专用基金三大部分构成。对于一个企业,是否能做到千方百计地保证生产所必需的流动资金;是否能加速资金周转,提高资金使用效率;是否能提高生产设备利用的效率,是企业能否实现再生产过程,是否有发展后劲的重要条件。

尤其是在股份制经济发展的条件下,企业的资金实力及财务状况,成了公众最为关注的内容,因而构成企业最具有说服力的实力形象。它明确无误地向公众显示了企业的发展现状和前景,成为企业境况的最重要、最直接的晴雨表。

对于一个长期亏损、经济效益低下、资金实力虚弱或负债累累的企业,在公众心目中就很难树立起好的形象。因此,企业的经济效益是企业的生命。企业的资金实力又是企业经济效益的货币表现,是一个企业最具有说服力的实力形象。

(八)企业的商品包装

包装是企业产品生产的最后一道工序,也是商品的外衣,构成企业的外在形象。在当代经济生活中,由于科学技术的日益进步,产品种类繁多,新产品日新月异,消费者购买商品难以比较和选择,因而往往重视产品的外形设计和包装。包装已成为企业形象和风格的象征,是企业的微缩景观。

包装的作用有:保护商品;便于运输、携带和贮存;便于使用;美化商品,促进销售;等等。

(九)企业的工作环境

整洁、优美的工作环境,不仅给人以舒适感,而且还能培养出员工以厂为家、热爱企业的主人翁精神,使人感到愉悦,感到振奋。因此,企业车间内外、工作室内外是否整洁,各种设备的排放是否有序,各种杂物的堆积是否整齐,厂区卫生状况是否良好,都在内外公众心目中留下很深的印象,并深深地影响着他们的行为方式和工作习惯。企业的工作环境是企业外在形象的重要组成部分。

当代企业的优美环境应包括四个方面的内容:一是厂区的绿化、美化,办公室的风景化和员工宿舍区的花园化;二是厂区内的各种雕塑、点缀设计等;三是厂区内废气、废水、废渣的处理情况;四是生产车间内部整洁有序。

优美的环境,可以引发人的兴奋,提高工作效率,还可以给外部公众留下美好的印象。在外部公众看来,脏乱不堪、秩序混乱的企业是没有能力生产出高质量产品的,因为在这样的企业里工作的员工是不会有责任心的。

综上所述,企业的外在形象,即实体形象,是由大大小小的多方面要素互相呼应,互相制约,互相影响,逐步积累形成的一种客观形象。

## 二、企业的内在形象

企业形象,不仅来自于有形的外显性事物,而且来自于企业行为所体现出来的内在素质和内在精神,不但有能够为公众直观感知到的象征性内容,而且有经过长期努力形成的一整套管理制度、服务规范、质量保障、技术水平、信誉保证、企业精神等内在基础性的内容,这是企业外在形象的根源,构成企业内在形象。

企业内在形象主要由以下要素构成:

(一)企业的产品质量

商品生产的历史,就是质量竞争的历史。产品质量的好坏,是企业素质高低的反映,是衡量企业经营管理水平的重要标志,是企业竞争的强有力后盾。因此,可以说质量是企业的生命,是企业生产经营的永恒主题,是企业形象的实质性内在要素。

狭义的质量就是指产品质量, 广义的质量还包括产品质量形成过程的服务和工作质量。产品质量,是指产品适合一定用途、满足使用要求所具备的特征和特性的总和,它通过产品的性能、使用寿命、可靠性、安全性、经济性等五个方面反映出来。

由于竞争的需要和科学技术发展的要求，当代企业对产品质量极为重视，一些发达国家提出了“以质量求生存”的口号，把产品质量问题提到了有关“国家存亡”的高度。

产品质量的概念，虽然表现为产品所具有的各种质量特性即一种客观属性，但主要是对客观属性的一种主观评价，因而构成企业精神形象或内在形象的重要要素。

“可靠、耐用、高效、经济、好用、好修、好看”七项要求，综合地、形象地说明了消费者对产品质量的要求。

由于竞争的需要和科学技术发展的要求，国外对产品质量极为重视。在管理学界，早就提出了“全面质量管理”的理论和方法，开创了质量管理的新阶段。在我国，曾把1991年确定为“质量、品种、效益”年，并提出了“质量兴国”的口号。

可以说，产品质量是构成企业形象的实质性内在要素，是企业精神形象的生命。产品质量的好坏，直接关系到企业的生存和发展。

（二）企业的服务水平

服务水平，又称为服务质量，一般包括服务态度、服务技能、服务及时性等所体现的服务效果。

有关学者认为，产品从工厂生产出来，实现本身价值的过程是第一次竞争，产品的送货服务、安装、咨询等则是第二次竞争。第二次竞争比第一次竞争对公众更有吸引力，更能使公众倾心。

工业企业的销前售后服务，商业、服务企业的优质服务，都会使公众体会到企业的整体优秀性，因而使服务成为企业重要的内在形象要素。

传统经营的核心观念就是赚钱、盈利，虽然有时也采取一些手段取悦顾客，但都是一种暂时性和应付性的措施。当代社会的经营思想有了重大变化，已从消费导向的经营策略，变成了以人为中心的营销策略，公共关系的发展反映了这个重大的转变。它的一个主要论断，就是企业经营要以服务为主导。当今世界上生意兴旺的工厂、商店、餐厅、宾馆等，其成功秘诀之一就是这条原则。

对当代企业来说，服务质量的好坏直接关系到它的形象和生存。日本的一位企业家曾说过：现在的顾客与其说是要买东西，不如说是要服务，就交易成功率来说，周到的服务大于商品的质量与价格。为了在竞争中求生存，日本商业企业的服务方式简直到了眼花缭乱的地步。他们把出售商品与文化娱乐活动结合起来，与饮食服务结合起来；把现场出售商品与送货上门结合起来，在竞争中赢得顾客信誉。

对旅游业来说，优质服务更为重要。在美国曾轰动一时的畅销书《追求卓越》

中,作者是以这样一个小小的例子开头的:一次他到华盛顿办事,在预计停留的最后一天晚餐后,他们又决定多住一个晚上,但是这时他们已经退掉了原来的旅馆房间。没有办法,他们只好信步走到以前曾经住过的另一家旅馆——四季旅馆,当他们穿过大厅走向柜台的时候,心里还在不安地考虑怎样和柜台小姐商量一下,请求她们无论如何给安排住一个晚上。他们预料到可能会遇到冷面孔,因为这时天色已晚。但是出乎意料,当他们到达柜台时,柜台小姐抬起头,微笑着向他们问好,并且叫出了他们的名字。这时作者才恍然大悟,明白了为什么四季旅馆才开业一年,就已经赢得了四星级的评价。

当代的经营家们把产品的概念不仅仅理解为产品的实体本身,他们还认为一个完整的产品应该等于对顾客的多方面满足,这样它就不单纯是产品的实体本身,而应当是产品实体加销前售后服务等(见图10-1)。德国的沃坦机床厂,可以做到在30小时之内到达中国进行修理工作;日本的丰田汽车公司在国内外设立了1万多个销售技术服务网点,其中国内4000多个,国外6400多个。

图10-1　完全意义上的产品

美国有一家生产洗衣机等电器产品的美泰公司,它的广告上有一行醒目的文字:“运行十年,保无故障。”这个保证是有根据的,该公司向保险公司支付了一笔保险金,将10年的保单连同产品一起交给顾客,写明若10年内该产品发生了非使用不当造成的故障,则由保险公司向顾客支付约为产品价格一倍的赔偿金。这种说保就保的行为,为该公司的形象增色不少。

(三)企业管理水平

企业管理就是对企业的生产经营活动进行计划、组织、指挥、监督和调节。其目的是尽可能充分地利用人力、物力、财力,取得尽可能大的经济效益,完成企业的任务。对于生产活动的管理,叫做生产管理;对于经营活动的管理,叫做经营管理。对商业企业、服务行业、旅游业的管理就属于经营管理的范围。

企业管理水平的高低综合表现在这样几个方面:合理的管理体制、完善的规章制度、稳定的生产秩序、完整准确的原始数据、科学的管理手段。

衡量企业管理水平的标志有以下几点:(1)是否能科学地调节和控制企业生产要素之间的数量比例;(2)是否能有效地调节生产过程中各生产要素之间的时间节奏;(3)是否能合理地调节生产过程中各生产要素的空间位置。

英国著名的公共关系专家弗兰克·杰弗金斯在他的《公共关系与成功的管理》一书中指出:“公共关系是管理的重要职能。”企业管理水平的高低直接影响到企业和公众之间的公共关系状态，不仅如此，还影响到企业的工作效率、企业的发展和经济效益。如果一个企业有一流的管理，对人力、物力、财力的管理有条不紊，并采用了现代化的科学管理方式，这样的企业在公众心目中的形象一定是良好的。否则，管理混乱，会给公众造成恶劣印象。

(四)企业的技术水平

企业的技术水平体现在企业技术装备的情况和技术力量的阵容上。当代国际市场的竞争，正在从机器设备、工具等物质产品的竞争转变为知识、信息、技术、软件等一类知识工业产品的竞争。企业的技术开发能力和技术力量阵容越来越成为企业形象重要的内在标志。

现代化企业的特点是多种科学技术的综合运用。有雄厚技术力量和较高技术水平的企业能使人产生一种信任感，使公众对它们的技术改造、新产品开发、技术更新的能力坚信不移。相反，技术水平差的企业，会使公众产生一种防御性的戒备心理。

随着新技术革命的兴起，企业的技术人才阵容越来越成为企业形象的重要标志。因为：

1.新技术革命必将引起社会产业结构由物质生产型转向知识-物质生产型；社会的产品价值，将由过去主要由物质生产部门创造，转向主要由知识-物质生产部门创造。这个转变对人才提出的挑战是：不仅要求培养大批高水平、高质量的专门人才，而且要求所有员工都应达到高、中级技术水平，只有这样，才能吸收和消化新兴科技知识信息，才能推陈出新，创造出超一流的技术。今后国际经济市场的竞争，将主要不再是机器、设备、工具等物质产品的竞争，而转变为知识、信息、技术、软件等一类知识工业产品的竞争。

2.新技术革命必将引起劳动结构由体力型向智力型、从机械智力型向创造智力型的转变。这个转变对技术人才提出的挑战是：不仅要有大批富于创造、敢于创造、善于创造的专门人才，而且同样需要全体员工成为富于创造、敢于创造、善于创造的人。

3.新技术革命必将引起产业管理体制的改革，集中庞大的企业结构逐步转向分散、小型的企业群；大公司、大工厂等纵向组织结构和集中的金字塔式的管理模式，逐步转向小公司、小工厂横向组织结构的水平网络式管理模式，这就要求企业有能适应未来科技和经济结构所需要的综合性技术人才。

(五)企业的信誉

经济活动中的信誉包括两个层次的含义：商品信誉和企业信誉，由企业活动和公众评价两方面的要素构成。

按照公共关系学的观点，商品信誉是较低层次的信誉，指消费者对商品生产者和经营者的信赖关系，在多次商品交换中形成，是企业经济技术素质的综合反映。商品信誉的指标通常为商品的质量、价格、性能、规格、创新程度等。

企业信誉是较高层次的信誉，指企业外部所有公众对企业生产者和经营者的信赖关系。企业信誉在公众与企业的经济、技术社会交往等过程中产生，不仅是企业经济技术素质的反映，同时也是企业作为社会“公民”，履行和承担社会责任的标志。

当代市场经济的迅速发展，使企业与公众之间的相互联系与相互依赖大大加强，加之大众传播媒介和当代沟通技术的迅速发展，促使企业通过市场和传播媒介与整个社会联成一体。企业间的竞争形成了一种由产品竞争、售后服务竞争向企业信誉与形象竞争转变的趋势。公共关系和社会舆论的好坏，已成为企业兴旺或衰退的至关重要的因素。良好的企业信誉，成为开拓并巩固市场、获取稳定盈利的神秘砝码和推动企业发展的重要保证。

长沙远大空调公司（简称远大公司）有“五不铁律”：不蒙骗客户，不偷税漏税，不行贿，不搞恶性竞争，不搞三角债。

在远大公司的网站上，有一个公开的价格表，什么设备多少钱写得一清二楚。对于任何客户来说，都不会有额外的折扣。价格透明，客户可以清楚地知道每一个设备的价格，竞争对手同样也可以轻易知道。这当然给远大公司的销售人员带来很多压力，因为竞争同一项目的时候，竞争对手对远大公司的底牌一清二楚，远大公司认为这是必须付出的诚信成本。

在远大公司，当有客户有意购买中央空调时，远大公司销售人员，公司内部称为售前服务人员，首先会了解客户的具体情况，并请公司的服务工程师共同对客户的使用环境、用途进行评估和测算，然后给客户提出有利于客户的购买建议。在90%的情况下，远大公司销售人员提出的方案，由于注重对方节能、节钱的考虑，机组能耗要小于客户初始设计的方案，换言之，远大公司会建议客户购买更小、更便宜的设备。他们认为，这就是作为销售者和作为服务者的区别。

中央空调这种大型设备的采购，通常都会产生桌面下的交易，回扣之类的事情几乎已成行规。但远大公司规定销售人员不得行贿。他们认为，如果远大公司的销售商有行贿的表示，远大公司产品的质量马上会受到怀疑。一个有道德、讲感情的厂家，不应让讨价还价的人得到额外降价，使相信厂家的人反而多花钱。他们认为，商业行贿对卖方和买方都构成了极大的损害：今天你因为行贿沾了一点小便宜，明天就会因为信誉丧失而吃大亏。

（六）企业精神与价值观

企业精神是企业的行动准则和精神动力，代表着企业员工的精神风貌，渗透在企业宗旨、战略目标、经营方针、职业道德、人事关系等各方面，反映在厂风、厂纪、厂容、厂誉上。

价值观是企业获得成功的哲学精髓，它为企业全体员工提供了共同的努力方向，并且成为指导他们日常行为的共同准则。一个企业之所以成功，往往是因为其员工对本组织价值观念的认可、信奉并照此行动。

价值观念不像组织结构、企业方针、工作程序、战略和预算那样是硬性的，但是，不少组织已从共享的价值观中获得了巨大的力量。如果员工了解了自己的企业主张什么，如果他们知道自己该维护什么样的准则，那么他们很可能作出决定来支持这些准则，他们更有可能感到自己是组织的一个重要组成部分，他们会因为企业生活对他们富有意义而深受激励。

具有成功价值观念的企业一般有三个特点：(1)有一个明确、清晰的哲学来指导企业的行为；(2)企业极为重视价值观念的形成，并将它们在组织内部广为传播；(3)这些价值观被本企业全体员工所了解和共享。

美国杜邦公司“通过化学为美好生活提供更美好的产品”，指出了通过化学工程实现产品创新，是杜邦公司最有特色的价值观念。



### 三、内外公众对企业形象的不同要求

就企业外部来说，社会公众对企业形象的评价，最终取决于企业对社会公众及整个社会的贡献；就企业内部来说，企业员工对企业形象也有一个评价，这最终取决于企业的经营管理状况和企业内部的凝聚力。

#### (一)外部公众对企业形象的要求

如前所述，社会公众对一个企业的印象，不仅来自于看得见摸得着的外在事物，也来自于长期为企业外部公众所感知和记忆的一个企业的行为和表现出的精神特质。一个企业，要受到其外部社会公众的赞誉和喜欢，应该具备以下特质：

第一，对人对事的公正态度与信用，这是企业受其外部公众欢迎的基础。

第二，企业对其产品和服务质量的卓越追求和不断改进、勇于进取的开拓精神。

第三，企业的管理特色和工作效率。独特的管理方式和快捷的工作效率，都可以使企业形象生辉。

第四，企业的规模、实力和人员素质以及其他外在条件，如设备、建筑、装饰、广告等。

第五，端正的经营作风，遵纪守法、诚实正派的社会态度和竞争态度，为社区服务的精神，对一个企业来说都是难能可贵的。

#### (二)内部公众对企业形象的要求

企业不仅有它的外部公众，而且经常和大量地面对着它的内部公众——员

工。一个企业要想发展，除了获得外部公众的支持与合作以外，还必须获得企业内部全体员工的理解、支持和信赖，只有这样，才能团结全体员工为本企业的成功努力奋斗。而内求团结正是企业内部公共关系工作的宗旨。

内部公众喜欢什么样的企业形象呢？

第一，内部员工喜欢的是“自己的企业”形象。这就是说，员工对企业有一种“认同感”和“我们感”。这是企业内聚力的根本。

第二，内部员工喜欢的是“可以依托和归属的企业”形象。员工真正把企业与自己的命运和前途联系起来，对企业有信任感。

第三，内部员工喜欢的是“值得骄傲的企业”形象。激发广大员工的自豪感和荣誉感，是成功的企业形象的条件。

第四，内部员工喜欢的是“融洽的工作环境”形象。员工在这样的“家庭氛围”环境中能产生对事业和工作的愉快感。这是激发员工努力奋斗的内在力量。

以上由认同感产生的“自己的企业”形象，是受内部公众欢迎的企业形象的核心。

**四、企业内外形象的关系**

从以上分析可以看出，一方面，企业对社会的产品贡献、环境贡献及精神、文化贡献的程度和其形象的好坏程度有着直接关系；另一方面，企业风格、企业精神、企业员工的凝聚力和企业的信誉等，成为企业形象的重要组成部分。这种企业内在形象和企业外在形象有时是统一的，有时不一定非常协调(见图10-2)。

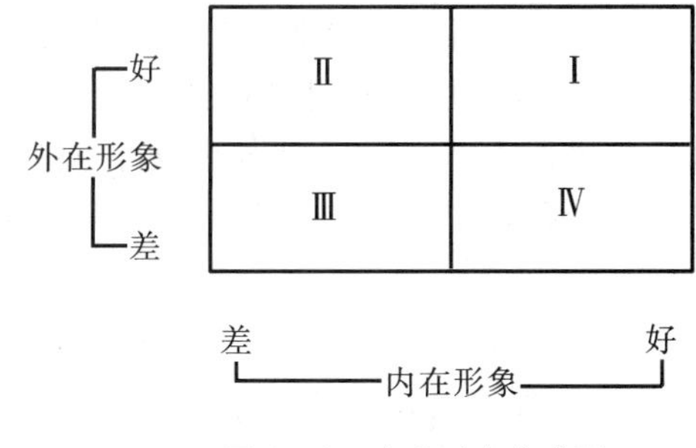


**图 10-2　企业形象合成图**

象限Ⅰ，有的企业外在形象与内在形象高度协调，成为内外形象都好的完美企业形象。比如，某家企业产品开发、社会效益、用户评价、企业管理、企业内部人际关系都取得一定成绩，外在形象和内在形象都受到公众赞誉。

象限Ⅱ，有的企业外在形象较好，但内在形象较差。如某家企业前一段时间经过艰苦努力创出了名牌产品和优质服务，产品品种规格、包装均有改进，但由于内部管理松懈，团结状况不佳，导致内在形象不佳。

象限Ⅲ，有的企业内在形象和外在形象都不好，在差的基础上达到了内外统一。如有的企业外部环境较差，办事效率低下，产品质量不稳定，员工情绪低落，企业内部缺乏凝聚力。这样的企业，其生产经营活动肯定无法有好的效益。

象限Ⅳ,有的企业外在形象差,但内在形象不错。如有的企业内部很团结,领导班子强,企业员工素质也很好,企业精神和企业风格都很突出,但他们不重视外在形象的调整,缺乏公关意识,不大注意与外界公众的沟通,使公众对企业有一种畏惧感;或者因为产品价格、办事效率的影响而使公众对企业产生对立情绪。

从企业形象合成图不难看到,企业追求的应该是象限Ⅰ,即外在形象好、内在形象也好的完美的企业形象。

企业内在形象与外在形象的不统一,在很大程度上是由于各种社会的、经济的、技术的、物质的、人为的原因造成的。但除以上的原因以外,还有一个重要原因是公共关系本身的原因,即沟通不利导致形象差异(见图10–3)。

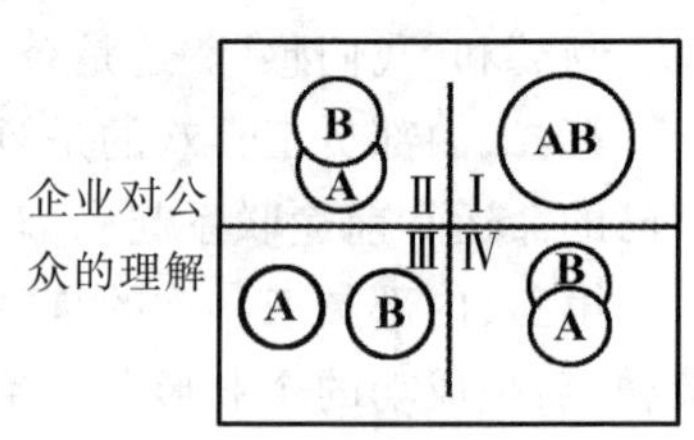


**图 10–3　企业–公众沟通四象限图**

象限Ⅰ:理想区。这种状态说明企业与公众已相互理解,企业内外形象都展现在公众面前,取得了公众的信任和支持(图中A代表企业,B代表公众)。

象限Ⅱ:神秘区。企业对公众有着充分理解,但公众对企业却不太理解,企业形象在公众心目中是一种不真实的形象或不全面的形象。

象限Ⅲ:隔绝区。企业与公众相互隔绝、毫无沟通。在这种情况下,企业的公共关系状态处在一种十分不利的条件之中, 企业形象根本不被公众所注意和了解。

象限Ⅳ:盲目区。公众对企业有充分了解,而企业却不太理解公众。在这种情况下,企业往往对自己的形象的认识存有偏见,很难认识到自我期望形象与实际社会形象之间的差距,这就对企业调整和改善其内外形象造成障碍。

综上所述可以看到,当代企业形象不仅仅是个别要素形象,而是涉及到经济、技术、管理、社会、文化、心理等各种要素的总和。完美的企业形象, 应该是各种要素形象在美的基础上的统一,是内在形象和外在形象在美的基础上的统一(见图10–4)。

追求美好的企业形象,是时代的要求,是当代市场经济发展的要求,也是社会进步的标志。

**图 10–4　企业形象内容图**

# 第三节　塑造企业形象的CI系统工程

由于企业形象由外在实体形象和内在精神形象两大部分构成，公共关系工作就应从这两方面入手为企业塑造形象。

对于一个企业来说，有些形象要素是无法在短期内仅凭主观努力就能改变的；而有些形象要素可以通过有效的公共关系工作来改善。本节将探讨和介绍塑造企业形象的方法，即CI系统工程的建设。

## 一、CI系统工程及其理论意义

CI（Corporate Identity）英文可译为“企业识别”；又称为CIS（Corporate Identification System），英文直译为“企业统一体系”。

“Identity”在英汉辞典中意解：(1)本体；(2)同一性质；(3)统一、一致。

“Identification”在英汉辞典中意解：视为同一、认证、识别。

CIS是企业大规模化经营而引发的企业实施对内、对外管理行为的体现。

CIS的组成包括了三大构成要素：

1.理念统一化（Mind Identity简称MI）；

2.行为统一化（Behaviour Identity简称BI）；

3.视觉统一化（Visual Identity简称VI）。

所谓MI（理念统一化）意指在经营过程中的经营理念和经营战略（包括生产和市场的各环节的经营原则、方针、规划、制度和责任）的统一、一致。

所谓BI（行为统一化）意指在实际经营过程中所有具体的执行行为在操作中的规范化、协调化，以便经营管理的统一（包括规范化经营理念的执行，各级职能部门规范化接受和完成对管理制度的实施，企业收受来自社会对企业的信息反馈、信息整理，以促成企业朝着良性化发展，以及有利于企业的各类公益公关活动）。

所谓VI（视觉统一化）意指纯属视觉信息传递的各种形式的统一，是具体化、视觉化的传递形式，是CI中分列项目最多、层面最广、效果最直接地向社会传达信息的部分。在实践中，人们还给这个系统加入了听觉、触觉等。

其三大要素的构成关系见图10-5。

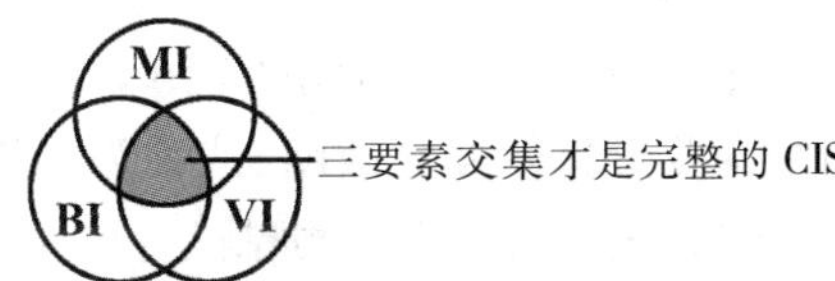


图 10-5　CIS 三要素

CIS是企业经营环境中操纵企业运行的重要手段。其主要机能，是通过企业规范化管理，调动每个员工的主观能动性（社会对企业的认同，是企业自信心和自豪感的基础),使每个员工积极参与企业管理。通过一体化的符号形式划分每个岗位、每个员工的权力、责任、义务。加上通过公众对企业的认同和关注,建立良好的企业形象,达到为企业带来更好的经济效益的目的。

由三大要素(MI、BI、VI)构成的CIS可以理解为广义的CIS,我们可以把可操作性较强的这些部分抽出来,把VI理解为狭义的CIS。这里着重分析狭义的CIS,简称为CI。从系统的角度看,CI是一个系统,它分为基础系统和应用系统两个系统。我们把企业CI导入或建设称为一个系统工程建设,又称为企业形象识别系统工程。

企业识别,是经济发达国家在20世纪70—80年代新开发出来的一种表现企业鲜明个性和经营特色,传达企业的经营方针和精神,旨在改变企业形象,给公众注入新鲜感的一种经营技法。

具体来说,CI就是企业将其经营特色与精神特征经由识别性情报(如公司名称、标志、标准图案和文字、色调、音乐等)与资料性情报(如企业规模、营业额、员工人数、企业历史等),通过各种媒介,以多样的形式传递给社会公众,使公众形成铭记个性印象的一种建树企业形象的新方法。

从20世纪70年代起,世界经济开始进入了一个"印象时代",或称为"感性时代"。随着当代市场经济的发展和人们生活水平的提高,在大同小异、琳琅满目、令人目不暇接的商品货架前,消费者或顾客显得比以往任何时候都更加犹豫不决、吝啬小气。仅靠产品的功能和包装已愈来愈难以唤起消费者的购物热情。消费者的需求从"量的满足时代"到"质的满足时代",又发展到"感性满足的时代";其消费行为已由"目的消费"转为"手段消费"。消费者的购买行为已不再仅仅取决于一般的生理需要,而且还取决于对某个企业、某种产品的综合印象和感知。这种印象和感知,就是公众心目中的企业形象及产品形象。这种形象综合了企业在历史规模、产品品种、质量、产量、企业技术水平和管理水平、价格和服务等方面的信息要素,购买这种商品,能给消费者以某种信任、荣誉、感情、性格、爱好等方面的满足,也称为产品的"第二价值"。正如一位国外营销专家所指出的:"消费者购买商品是为了一种情感上的渴求,或是一种心灵上的认同。"

在竞争企业之间的技术差别和价格差别日益缩小的情况下,消费者对厂家和产品的选择是极为微妙的,有时仅凭一点之差就能决定企业胜负,这个差异就是企业形象的差异。因此,CI系统工程实质上是一种通过公共关系传播手段起作用的企业形象差异化战略,或称为风格化、个性化战略。

CI系统工程的作用机制是:将企业的各种特性要素化作一个简单的视觉符号——商标、厂标、图案文字;化作一种统一的色彩基调;化作一段音乐、一首歌曲;化作一句厂风口号和宣传标语,通过各种公关传播媒体,形成辐射效果,给社会公众造成冲击，使之引起公众关注，熟悉认识，联想记忆，形成对某个企业的特别印象和感受，产生对企业或产品的信赖感和偏爱的心理效应，在选择企业、产品、服务时，产生一种心理定势(见图10-6)。

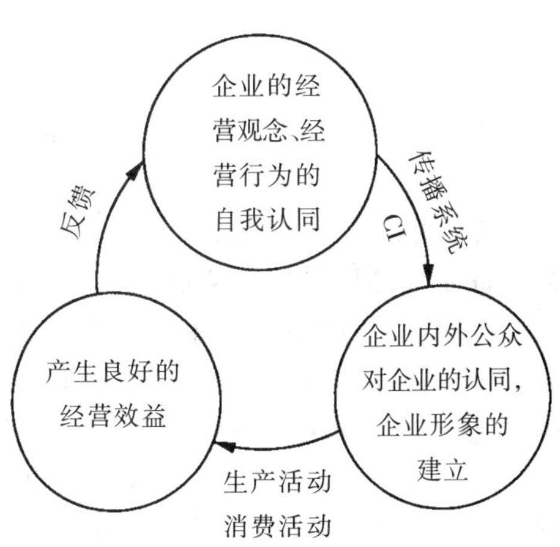


图 10-6 CI运行机制图

CI系统工程从企业形象战略角度来看，又称为CI战略。最早发源于美国，从20世纪60年代末期开始传入日本，70年代后日本企业界开展了一场CI革命，并取得了巨大成功。日本在20世纪70年代经历了两次石油危机，当时主要靠利用工厂自动化渡过难关，但是仅凭生产技术走出困境是不够的，这时日本的许多企业导入CI战略，以便在竞争中战胜对方。通过实施CI战略，日本许多企业取得了良好的经营效果，并逐步走出了困境。于是，到20世纪80年代，日本的CI革命进入了高潮。

CI战略的实质是，企业的经营观念和经营行为经过企业内部的自我认同后表现出的经营实态，以信息传递的方式让社会公众识别和认同。

## 二、CI系统工程的适用范围

CI系统工程可以适用于以下几种情况：

1.企业的知名度过低，在同行业外在形象的竞争力方面，明显处于不利地位；

2.企业规模较小，企业员工士气低落，急需振奋企业精神；

3.企业名称陈旧，易被误认、误解，不易识别、记忆，成为树立企业形象的障碍；

4.企业的产品、商标、厂名形象之间出现明显不合理的分歧现象，缺少能代表企业整体形象的统一标志，使该企业形象在公众心目中出现混乱；

5.企业通过经营多元化或合并、改组、整顿，必须重新统一企业形象，重塑企业形象，以便开创企业经营的新局面。

## 三、CI系统工程的基础系统

企业识别的CI系统工程由基础系统和应用系统两大系统构成，其中基础系统的设计和开发是最重要的工作。

(一)企业识别标志

这是企业用以象征自己特征的标志，这种标志可以使企业印象明确化，使公众从中体验到企业的整体优秀性和鲜明个性。企业识别标志多为各种符号标志。

符号标志的设计特点是以个别代替一般，抽象代替具体，特征代替全貌，单纯代替复杂，通过象形、象征、示意、转借、字母等表达方式揭示企业个性形象。从传播社会学的角度来分析，符号标志的神秘力量在于唤起公众的刻板印象，在这种具有情感性和自我包容性的印象中，人们会不约而同地做出一致反应。更重要的是，由于这种刻板印象扎根于人们心理的无意识深层，因此，还能使思维过程"短路"，从而很快导出行为。正因为存在着这样的心理过程，符号标志才有可能作为"组织化的象征"，发挥其唤起公众感情和诱发公众行为的巨大威力。

在我国，由于长期以来单一的计划经济模式，市场竞争意识不强，企业的形象意识弱。随着改革开放的深入和竞争机制的导入，不少有远见的企业开始认识到企业形象对本组织在激烈竞争中的作用，企业形象识别系统得到重视，企业标志也开始出现在门面设计和广告设计中了。

用图形所做的企业标志设计，从原始情况看，是为了不识字的人而着想的，实际上这是因为视觉较之语言更能简明、清晰、准确地传达企业的风貌、素质、个性等，易于被各种文化层次的公众所接受。实际上使用视觉图形比文字更富有表达力，许多语言说不出的、文字写不出的寓意却能用图形表示出来。因此，企业标志设计的基础实际上是图形的视觉表达特征。

企业识别标志在设计上的要求有以下几个方面：

1.独特性

企业标志要求鲜明性和独立性。好的企业标志是与众不同、富于企业个性特征的，这样才能给人以强烈的视觉印象。企业识别标志如果追求共性或者仿照抄袭，就达不到引起公众关注的目的，不利于形象塑造。

2.通俗性

企业标志设计要求通俗，使设计内涵为广大公众所接纳。由于人们的阅历、素养、文化水平等不尽相同，就要求标志的设计使多种层次的公众都能接受。如果一味追求高深和复杂，那就会曲高和寡，被公众忽视。

3.协调性

企业标志投入使用后，即与企业的各种经营活动、广告策略紧紧地连在一起，成为企业的一个富有价值的特殊不动产。在设计标志时，要定位准确、选择严谨，与企业经营策略、广告策略、包装策略相协调。

4.单纯性

要使企业识别标志具有较强的诉求力，必须讲究单纯。有人在设计企业标志时总想在一个图形中包括众多的含义，以致设计变成了各种形象的叠加，不但使标志本身出现形象紊乱，而且使公众难以识别和记忆。实际上，标志是一个有限的空间，它不可能传达无限多的信息，因此，处理要单纯。

5.概括性

企业标志设计讲究图形的合理处理，现在更多趋向几何图形与符号化。由于过去对标志设计喜欢使用各种具体形象，诸如花草、动物等，这种形态极易雷同与“撞车”，不利于识别。而采用几何图形可以运用几何图形的概括、省略、组合的特点，因而形态多样化，传达能力强，易识易记，展示效果好，制作和应用方便。

6.适应性

企业识别标志的适应性表现在：(1)尽可能适应不同传播媒体的性能与要求；(2)适应消费者的心理要求，避免公众心理上的反感与其他错觉的产生；(3)适应不同民族和地区的观念和习俗，以免引起抵触情绪。

7.艺术性

企业识别标志的设计，应有新颖的创意，有较强的艺术感染力，使其既能美化企业或产品形象，又给人以美的感受，还能在瞬间引起公众注意，使公众产生对企业、产品、服务的联想。

8.严肃性

企业标志的设计要符合国家有关法律的规定，符合精神文明的要求。

9.稳定性

有了声望和影响的企业或产品识别标志一定不能轻易更换，要保持这种标志的稳定性，以免在社会公众或消费者心目中造成混乱，影响企业形象的树立和强化。

国内外许多企业，都已应用企业识别标志作为本企业或产品形象的代表，如上海大众桑塔纳轿车车身及钥匙柄，镶嵌着银白色精致的桑塔纳标志。上海的制高点——现代化的联谊大厦屋顶上耀眼的大众桑塔纳标志高高矗立，显示了该企业雄厚的经济实力、走向世界的雄姿和在竞争中居高临下、一往无前的内在气势，较好地表现了这个公司的形象。

图10–7是一些设计较成功的企业标志。

图 10-7 企业标志举例



(二)企业识别色彩

色彩的产生是一种自然现象,是由于光的照射而显现出来的,光创造了五彩缤纷的世界。光学常识告诉我们,自然界主要的光源是太阳光,另外还有月光、灯光、火光等。三棱镜光谱分析证明,太阳光由红、橙、黄、绿、蓝、靛、紫七种光色组成。各种物体的物质微粒对于光色的吸收和反射有一定的选择性,不同的物质微粒吸收和反射不同的光色。各种物体的反射光作用于人们的视觉器官,人们便看到了各种不同的色彩。研究物体的色彩首先必须与光紧密联系在一起。

企业形象的个性化、差别化是由竞争手段多样化造成的。实践证明,视觉传递最迅速的莫过于色彩。在信息爆炸的时代里,商品群中,人群中,周围环境中,各种媒介中,要表现企业自我,除了图形标志外,最重要的就是色彩。

色彩具有比文字和图像简单、易识、象征突出的特点。色彩对人的情绪和心理具有较强的感染作用,对人的活动具有直接影响。利用色彩的特性进行信号编码和标志设计,使用简便,传递信息量大,适应范围广。

在设计和选择企业代表色时,企业识别色彩除了选择色别、色号外,还要通过搭配、对比、比例等区别来确定个性色彩;要注意主色与背景的比例,主色与邻近标志色彩的对比等问题;还要通过选择鉴别,用标准色号将企业常用的主色与辅色固定下来,并规定某种色彩面积的大小比例,以形成独特的代表色。

企业识别色彩的原理是:在制作企业标志、图案、文字等视觉符号和设计产品包装、装潢、产品说明书以及布置企业环境时,将企业识别色彩贯穿其中,广泛运用于企业各种系统中,这样就可以避免因人而异对色彩的偏好,给公众造成一种对某企业系统的色彩使用习惯的定势。长期一贯地使用企业识别色彩，有利于企业内外公众熟识记忆，引发联想，产生对该企业的亲近感。

在国外的一些大型展览会中，可以看到这种情景：柯达公司的展台是中黄与红色基调，展台上空的飞艇模型和赠品充气模型也是中黄与红色基调，柯达公司的工作人员也相应穿着红色服装。而相邻的富士公司的产品胶卷的包装则是绿白色基调，白衣绿裙的解说员，白绿色相间的产品说明书。色彩在展示着每一家公司或企业的个性。

(三)企业识别音乐

在人们日常所接触到的各类艺术(文学、绘画、戏剧、舞蹈、音乐等)中，音乐和人们的关系最为密切，它可以随时随地为各种年龄的人们所接受，因而也是最为广大群众所喜爱的艺术形式。音乐具有一种神奇玄妙的使人如醉如痴的力量：中国的孔夫子曾因听了韶乐而三月不知肉味。恩格斯则写道："音乐是生活中最美好的一面"，"在一切艺术中，只有音乐才能产生与广大群众的合作，同时在表达力量上，音乐也是优胜者"。列宁这样赞叹贝多芬的《热情奏鸣曲》："我不知道还有什么比这更好的东西了，我准备每天都听这奇妙的非人间的音乐！"在音乐家巴赫、贝多芬的故乡德国，音乐是人们生活中极为重要的部分，在德国西部有1/2的人，每周至少要听8小时音乐，他们把音乐看做是人生最大的快乐。

音乐的魅力表现在以下几个方面：

第一，音乐的"语言"(旋律)比一般的语言更具有感染力，它没有国界，能够冲破民族的界限，表达人类深刻的感受，塑造美好的形象。

第二，音乐具有一种和谐美，每一首乐曲都由不同的乐句按照一定的规律排列组合，部分与部分之间又以各种巧妙的衔接、过渡，形成整体上的均匀和对称。作曲家精心设计的乐曲结构，使人感到一种和谐美。

第三，音乐表达人类的美好情操。任何优秀的音乐作品都是人类优美心灵的流露，它会激发人们内心的共鸣，从种种情绪体验中获得愉快的享受。

第四，音乐是人造的乐园，人生来就喜爱优美悦耳的音乐，但是自然界的蝉鸣鸟叫、风声雨声不能满足高度发展的人类的精神需求。只有音乐才能创造出无比丰富多彩的音响以及美妙动人的旋律，充分满足人的听觉以及心灵的审美需求。

音乐是通过有组织的音(主要是乐音)所形成的艺术形象来表现人们的思想感情，反映社会现实生活的艺术。在各类艺术形式中，音乐艺术最能直接表现和激发人的感情，人们在欣赏音乐的时候，往往有这种感受：音乐仿佛正在倾诉心灵的秘密，以至人们的心也会随着音乐而驰骋，进入一种忘我的境地。

音乐艺术的特点表现在两个方面：一是音乐艺术在反映现实生活时区别于

其他艺术形式,它不描绘事物的具体外貌和动作,而是着力于表达人对外部世界各种事物的感受;二是音乐通过声音的运动,作用于人的听觉器官,可以使人产生联想,并在人脑中形成一定的艺术形象。

很久以前,人们就体会到欢快的轻音乐给人带来的轻松愉快之感,雄壮的进行曲给人带来的精神振奋,宏大的交响曲给人带来的心灵的净化和哲理的启迪。随着当代科学技术的发展, 人们对各种音乐对人的生理和心理影响的认识进一步深化。

音乐能够使劳动者根据同声音相联系的某种情绪、色彩,引起审美快感。音乐能提高人们听觉和视觉神经的敏感性,缩短对声光信号的反应时间,加快心理作用的速度,帮助员工集中注意力,加深记忆力,驱散疲劳,提高他们对工作的兴趣,使员工愉快地奋发工作。

企业识别音乐,是通过确立本企业惯用或特有的代表音乐,以优美的旋律和节奏,用器乐和声乐的艺术表达方式,通过企业内外各种传播媒介传递给公众。经过反复传播,使企业内外公众通过音乐对企业熟识记忆,增进好感,产生对企业厚爱的感情定势的一种CI策略。

将企业惯用音乐融进企业广告和宣传中去,经过反复宣传,特有音乐就会成为特有企业的形象代表,在内外公众心目中建立某企业的独特形象。

除利用乐器演奏形式之外, 还可以用音乐和诗歌相结合的特有声乐艺术形式来塑造企业形象。企业将播放厂歌、厂乐、唱厂歌作为一种习俗仪式固定下来,有利于形成企业特有的氛围和文化环境,振奋企业员工的奋斗精神。对内部公众来说,无论他们在什么环境中,一听到自己的厂歌、厂乐,就会产生一种特有的亲切感和荣誉感。对外部公众来说,通过厂歌、厂乐熟知某企业,在选择产品和服务时,一听到某段音乐或某首歌曲,就立即会想到该企业,从而很快作出心理反应。

北京制药厂(简称北药)是较早创作了厂歌的企业之一。这个厂的厂歌《飞翔吧,双鹤》中的歌词是:“巍巍太行闪耀着光芒,伟大首都双鹤展翅飞翔。我们是生命的卫兵,为人民救死扶伤;我们是健康的天使,把欢乐带给四方。飞翔吧,双鹤;前进吧,北京制药厂!”歌词是从全厂员工中征集出来的。该厂每年举办一次“五月的鲜花”文艺汇演,在这一活动中唱厂歌,赛厂歌,每当走进厂区,就像置身于歌的海洋,工人们骄傲地说:厂歌热给北药人增添了团结奋斗的勇气和自豪感。

有条件的企业,可以创作自己的特有乐曲或歌曲,一般也可以选择一些优秀音乐的段落作为本企业的惯用音乐,在上下班时、举行各种仪式和活动时播放。经过持久的努力,就可以用识别音乐代表企业,用识别音乐显示企业形象,用识别音乐鼓舞内部员工,吸引外部公众,从而为企业赢得活力,赢得荣誉,赢得发展机会。

(四)企业识别口号

企业识别系统除了上述标志、色彩、音乐外，还有企业特有的厂风口号、广告口号。将由企业基本价值观演化而来的企业精神以厂风口号形式确定下来，将企业信念、宗旨、经营特色、产品功能各要素融为一体的广告口号固定下来，在企业的厂区宣传栏、标语牌、板报专栏中广泛应用，并在企业广告中反复播放，能够给内外公众以整齐划一、独特、新颖、创意的深刻印象，造成一种心理和感情上的撞击和辐射，产生对企业的好感。

白云山制药厂的“白云山，爱心满人间”；海鸥洗衣粉的“蓝色的爱，清清世界”；骆驼电扇的“骆驼进万家，万家欢乐多”等等；通过大众传播媒介，给公众带去了生活的温馨和甜美的柔情，使公众产生共鸣和好感，从而接纳企业，接受产品。

**四、CI系统工程的应用系统**

在CI系统方案设计出来以后，就要有意识、有计划地使之应用于企业内部运行的各系统中去，这里需要公关人员的艰苦努力和创造性工作。

企业识别标志和色彩，可以在企业的下列系统中应用：(1)经营系统，包括企业商标、合同式样、财务单据、传票、公关宣传品、企业橱窗、样品货架、公关纪念品、陈列室及展销会、产品说明书、产品目录、企业路牌灯箱、企业广告等。(2)产品系统，包括装潢、包装、标签等。(3)管理系统，包括印刷字体、便笺、信封、名片、办公家具、办公室指示牌、文件夹、专用箱包、工作证等。(4)运输系统，包括运输车、船、传送带、集装箱、周转箱、油罐等。(5)环境系统，包括建筑物与门面装饰、厂区的宣传画、标语牌、雕塑、配套设施。(6)制服系统，包括企业员工的工作服的式样及颜色、厂徽、帽徽、胸卡、纽扣等。(7)用具系统，包括企业自备的水桶、热水瓶、茶具、毛巾、桌椅，甚至垃圾箱等。

企业识别音乐、歌曲和口号的应用范围，在对内环境系统中，有企业内的广播节目、闭路电视、企业内部各种会议、展览、产品展销、文艺汇演、体育比赛、各种仪式、上下班信号；在对外环境系统中，有企业在广播、电视中所做的广告，企业专题节目，各类有助于消费者对本企业产生了解和好感的宣传性、社会性、征询性、交际性公共关系活动等。

通过企业标志、色彩、音乐、口号在上述系统中的广泛应用，利用各种传播媒介交互作用，经过持久努力，将为企业内部建立一种特有的社会生态环境，影响企业内部员工的社会心理气氛，增添内部员工对企业的自豪感。因此，CI系统工程具有在潜移默化中产生影响和规范内部员工行为的柔性威力和柔性魅力，它还可以适应“印象时代”或“感性消费时代”社会公众对企业形象的追求，为企业发展构建一种良好的社会关系环境，使企业增添无穷活力。

CI系统工程的设计和导入，是企业公共关系的一项十分重要的软件工程，精心设计，精心策划，精心组织，精心传播，就能取得预期效果。

## 五、CI系统工程的相应策略

按照公众的心理特点与企业主体意识设计的企业行为，以及所获得的公众对企业良好形象的体验与反应，都必须借助大众传播媒介予以宣传。从某种程度上看，公共关系事业就是一种软性的信息产业，它借助于信息的沟通和传播，以达到转变公众态度，完善企业机能的目的。

在现代公共关系活动中，CI系统工程建设不仅是形象表征的策划，而且还有其配套工程：产品形象战略、公关行为战略、传播行为战略（见图10-8）。

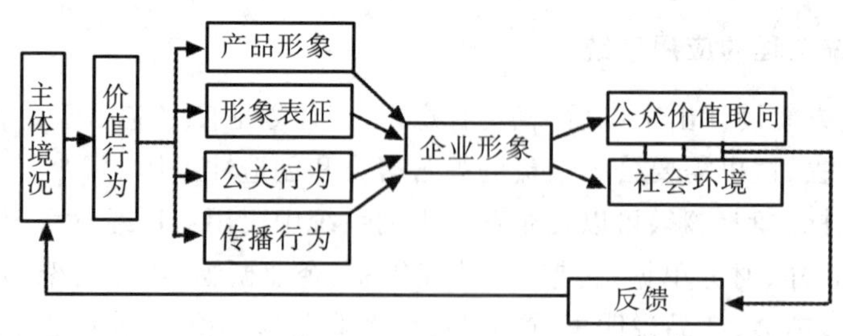


图 10-8 企业形象的深化程序图

归根结底，CI系统工程是筹划企业价值行为的战略。企业形象是企业以自觉性、目的性为特征的意识行为。因此，企业形象的物质表征与价值行为的设计必须科学。

在企业公共关系行为的策划上，可以通过与众不同的公关设计“差异”战略树立形象；可以通过别具一格的优质服务树立形象；可以通过独特的社会赞助策略树立形象；还可以通过“逆反心理”战略树立形象；等等。如果没有公共关系活动的构思和传播手段的配合，企业的形象表征，包括企业的标志、色彩、音乐、口号都只能成为空洞无物的表征。因此，CI系统工程是产品形象、形象表征（狭义的CI战略）、公关行为、传播行为的统一。

按照心理学的基本原理，公众的心理体验必须被时时强化，进行反馈，大规模宣传，才不至于自然消退。向公众提供大量正面的、可靠的信息，是消除种种不实信息干扰的主要机制。因此，在CI系统工程建设中，除了形象表征和公关策划，还要借助于传播媒介扩散和强化企业形象。

CI系统工程的策划和企业富有成效的公关活动结合起来，将有力地提高企业知名度和美誉度，塑造良好形象，促进企业发展。因此，CI系统工程是塑造企业形象,使企业内外环境适应于企业运行和发展的一种公共关系战略。

## 第四节 塑造企业形象的CS战略

社会环境的变迁,经济和科技的发展,使得企业提供满足顾客需求的商品或服务有了很强的能力;同时,由于消费者知识水平的提高,价值观念的改变,生活质量的变化,使得企业现有的商品和服务内涵越来越难以令顾客满意。顾客是谁,顾客在哪里,顾客需要什么,竞争者在做什么,顾客的满意程度如何,怎样使顾客更满意?这些问题都是靠一种新的战略手段——顾客满意战略来力求解决的。

### 一、企业CS战略的含义

CS是英文Customer Satisfaction的缩写,译为"顾客满意"。作为现代企业一种经营战略目标和手段,CS常被称为CS战略或顾客满意战略。

顾客满意,即CS,是顾客接受有形产品和无形产品之后,感到需求满足的状态。这种状态用CSI (Customer Satisfaction Index) 即顾客满意指标和CSM (Customer Satisfaction Measurement)即顾客满意级度这样两个标准来度量。

CSM是为了表达顾客满意状态的程度所提出的评估衡量方法;CSI是衡量顾客满意程度的量化指标,通过该指标可以直接了解企业及其产品或服务在顾客心目中的满意级度。

### 二、CS战略中的顾客

在CS理论里,顾客被分为两大类:一类是内部顾客,一类是外部顾客。

(一)企业内部顾客关系

企业内部顾客关系是将企业内部员工、部门、职能、工序之间的关系当做一种相互联系的利益制约关系时的指称。它具体地包括以下四个层次:

1.员工、股东顾客关系

员工、股东是企业的内部公众,同时也具有顾客的性质。企业把投资机会出售给股东,形成了买与卖的顾客关系;企业把就业机会提供给员工,员工付出劳动,企业用工资形式向员工购买劳动,也形成了买与卖的顾客关系。

2.协作者顾客关系

生产、供应、销售三个部门之间也是一种顾客关系。生产部门是供应部门的顾客,销售部门是生产部门的顾客。在市场经济条件下,产、供、销三个部门的货物转移关系实质上也是一种交易行为,只不过这里的货币交换是由企业通过工资、奖金及营业额的形式实现的。

3.职能部门顾客关系

企业各职能部门之间,虽然没有直接的有形产品流动和货币交换行为,但他们总是相互依存的,通过相互提供服务来完成企业内部的协作关系。

4.工序顾客关系

在企业内部的各生产环节上，我们可以把下一道工序看做是上一道工序的顾客。原因在于,只有当第一道工序的半成品被第二道工序完全接受后,第一道工序的员工才能够实现他们的劳动报酬。如果第一道工序的半成品不能被第二道工序接受,第二道工序也就不能继续他们的工作。因此,工序之间实质上也可以看做是顾客关系。

企业内部顾客关系的处理，关系到企业的整体功能是否能够运转和发挥，CS战略所研究的顾客满意,首先应落脚在内部顾客的满意上。

(二)企业外部顾客关系

企业外部顾客关系，是将那些购买或可能购买本企业产品和接受本企业服务的单位或个人,都称为企业的外部顾客。

企业外部顾客是企业CS战略所主要针对的顾客,其范围、构成和功能都比内部顾客要复杂多变,其对企业的重要程度也大于内部顾客。

企业外部顾客按其与企业的关系类型可分为以下三种:

1.购买者顾客

购买者顾客是指那些已经和企业发生了购买关系的顾客。这类顾客的性质实际上已转化成了消费者或用户关系。

2.协作者顾客

协作者顾客是指那些与本企业有业务往来关系的团体或个人以及与企业有协作和支持关系的团体或个人,比如企业原材料的供应商、产品的经销商等。他们之间的关系实际上也是一种商品交换关系,因此,也是一种重要的顾客关系。

3.影响顾客

影响顾客是那些随时受到企业产品或服务影响的顾客。这种影响可能来自于企业社区,也可能来自于购买顾客、协作顾客和社会关系。影响程度与企业的知名度和美誉度有关,和企业形象宣传和传播有关。

企业外部顾客按其与企业的关系程度可分为以下两种:

1.忠诚顾客

忠诚顾客是指与企业及其产品或服务有稳固联系，即长期购买本企业产品或接受本企业服务的稳定顾客。在公共关系中,将这类顾客称为顺意公众。培养忠诚顾客,形成忠诚顾客群,是顾客满意战略的重要任务。

2.游离顾客

游离顾客是指那些与企业及其产品或服务处于游离状态的顾客。这类顾客有时购买本企业产品,有时则购买其他企业的产品,是处在一种流动状态的顾客群,是企业公共关系的独立公众或中立公众。

## 三、顾客满意的特征

在CS理论中,顾客满意的概念有其特殊的含义,也就是说,顾客满意有以下几个特征:

1.结果性特征

顾客满意是顾客在消费了企业提供的产品和接受了企业服务之后所体验到的满足状态,事件在前,感受在后;产品和服务接受行为在前,体验在后。也就是说,这种满意不是凭空产生的,而是以消费事实为依据的,带有结果性。

2.感受性特征

顾客满意是一种对某企业及其产品或服务的满足程度。这种满足实质上是一种心理感受或体验。这种心理感受或体验又是个体与总体的对立统一。顾客满意是以个体心理感受为出发点的,但又必须以顾客总体满意为归结。当个体满意与总体满意发生冲突时,个体满意服从总体满意,顾客满意的落脚点则是总体顾客满意。

3.规范性特征

顾客满意是建立在道德、法律和社会责任基础之上的,有悖于道德、法律和社会责任的满意行为不是顾客满意的本来含义。

4.相对性特征

顾客满意总是相对的,在一种产品和另一种产品的比较中、在一次服务和另一次服务的对比中获得某种感受和评价。没有绝对的满意,因此,顾客满意目标无止境,是一个不懈追求的上升过程。

5.差异性特征

顾客满意具有鲜明的个性差异。这是由于顾客(或消费者)性格和气质的个体差异决定的。甲十分满意的产品和服务,乙可能比较满意,丙则可能是十分不满意。因此,不能追求统一的满意模式,而应因人而异,因不同群体而异,在顾客总体满意的大前提下提供有差异的满意服务和个性化的产品。

## 四、顾客满意的内容

通过对内外顾客心理需求的考察,我们可以看出,顾客满意的内容包括以下五个部分:

1.理念满意

理念满意是指企业经营理念带给内外顾客的满足状态。它具体包括经营宗旨满意、经营哲学满意、经营价值观满意等内容，它是顾客满意的思想和观念保障。

2.行为满意

行为满意是指企业全部的运行状态带给内外顾客的满意程度。它包括行为机制满意、行为规则满意、行为模式满意三大基本内容。

3.视听满意

视听满意是指企业可视性和可听性外在形象带给内外顾客的满足状态。它包括企业名称满意、标志满意、标准色满意、标准字满意、企业音乐或广告音乐满意等。

4.产品满意

产品满意是指企业产品带给内外顾客的满足状态。它包括产品质量满意、产品功能满意、产品设计满意、产品包装满意、产品品位满意和产品价格满意等。

5.服务满意

服务满意是指企业服务带给内外顾客的满足状态。它包括服务及时性满意、服务配套性满意、服务技能性满意、服务完整性满意和服务情绪性满意等。

**五、顾客满意的层次**

CS战略中的顾客满意可分为三个层次：

1.物质满意层

物质满意层是指顾客在对企业提供的产品核心层的消费过程中所产生的满意。物质满意层的支撑者是产品的使用价值，如产品的功能、质量、设计、包装等。它是顾客满意中最基础的层次。

2.精神满意层

精神满意层是指顾客在对企业提供的产品形式层、服务形式层和外延层的消费过程中产生的满意。精神满意层的支撑者是产品的外观、色彩、装潢品位和服务态度、服务及时性等。

3.社会满意层

社会满意层是指顾客在对企业提供的产品和服务消费的过程中所体验到的社会利益的保证和维护程度。社会满意层的支撑者是产品和服务及其提供者所体现的道德价值、政治价值和社会生态价值。

**六、CS战略的导入**

CS战略导入的主要目标和任务，是建立一整套企业顾客满意体系（或系统），以形成科学、健全的顾客满意机制。

(一)企业理念满意系统

企业理念满意系统由以下六个方面构成:(1)企业希望自己成为什么样的企业;(2)企业最基本的价值观念或行为宗旨;(3)企业希望社会对其努力如何期望和评价;(4)企业在顾客心目中要建立一种什么印象;(5)企业经营如何反映顾客的价值观;(6)每位管理者或员工在企业理念中的定位是什么。

以上六个方面是企业理念所要涵盖的基本精神。当这些精神一一确定并进入企业理念系统时,企业理念也就完备了。

(二)企业行为满意系统

企业行为满意系统强调的是行为的运行和效果带给内外顾客的满意状况。行为满意系统的导入有五层含义:(1) 企业建立一套系统完善的行为运行系统;(2)这套行为运行系统能够被全体员工所认同和掌握;(3)这套行为运行系统在运行过程中对每一个员工是公平和公正的;(4)这套行为运行系统运行的结果可以带给顾客最高级度的满意;(5)这套行为运行系统能保障产生最佳经济效益和社会效益。

企业行为满意系统具体包括感觉系统、传播系统、决策系统、目标系统、反馈系统。

(三)企业视听满意系统

企业视听满意系统具体包括企业名称满意、标志满意、标准字满意、标准色满意、视觉整合体系满意、企业音乐满意等。

(四)企业产品满意系统

产品满意是CS战略的核心内容。企业产品满意系统的建立,主要有以下七个要求:(1) 以顾客需求为导向开发产品;(2) 以对顾客负责的精神抓好产品质量;(3) 以方便顾客为出发点完善产品功能;(4) 以高新技术为依据改进产品设计;(5)以形象意识为指导优化产品包装;(6)以消费心理为基础提高产品品位;(7)以顾客购买力为参照制定产品价格。

(五)企业服务满意系统

服务满意是顾客满意系统的重要环节,也是当代顾客关注的首要问题。企业服务满意系统的具体要求是:(1)树立顾客至上的观念;(2)建立完整的服务指标体系;(3)建立完备的服务质量考核体系;(4)建立完善的顾客意见反馈系统;(5)建立高效的服务质量快速反应与补救系统。

### 七、CS战略的核心作用

CS战略的基本指导思想是: 企业的整个经营活动要以顾客满意为指针,要从顾客的角度,用顾客的观点,而不是企业自身的利益和观点来分析和考虑顾客需求。

CS战略的基本方法是：将顾客需求作为企业开发产品的源头，在产品功能及价格制定、分销和促销环节的建立、销前售后服务系统的建立等方面以便利顾客为原则，最大限度地使顾客感到满意。在从产品开发到把产品送到顾客手中，再到对顾客实施售后服务的全过程中，及时跟踪研究顾客购买和消费的满意度，并依次设立改进目标，调整企业经营行为，以老顾客的满意带动新顾客的满意，以现在顾客的满意带动潜在顾客或未来顾客的满意，从而不断扩大企业的顾客队伍。

CS战略的重点是顾客价值观的实现，即明确“顾客希望怎样”、“企业该如何做”；CI战略的重点是企业的市场定位，明确“我是谁”、“我做什么”。CS战略偏向顾客满意，强调行为效果，实质是情感战略；CI战略偏向企业个性形象塑造，落脚点在识别，实质是差异化战略。

CS战略把顾客所引发的对企业的信任和忠诚视为企业最重要的资产。为了获得和保持这种资产，企业将顾客的需要摆到一切考虑因素之首。1991年底，日本一项有关“产品、服务的顾客满意度”的调查显示，在所有的行业中，满意度平均超过50%的只有运用CS战略较广泛的汽车业一个。中国宝山钢铁集团是我国最早导入CS战略的企业。从1995年下半年起，该公司进一步确立“用户是我们的衣食父母”，企业要“全心全意为用户服务”的思想，树立全部工作以“用户满意”为准绳的指导原则和行为规范，推行CS战略实施细则，使第二年的用户满意指标大幅度上升。



## 第五节　塑造企业形象的企业文化

企业文化这一概念，是美国管理学界在研究了东西方成功企业的主要特征之后，于20世纪80年代初期提出来的。它最早的提出者是美国波士顿大学教授斯坦利·M·戴维斯。提出企业文化这一概念的背景是整个世界经济的发展，市场竞争的日益激烈，企业的生存环境日趋复杂和充满矛盾。企业经营管理仅仅依靠计划、组织、控制等“刚性”手段，已经不能使企业在激烈的国际竞争和市场竞争中取得长久的优势地位，因此，管理者的研究重心从20世纪60年代和70年代的营销策略规划、财务控制等方面，转向发掘企业管理的灵魂。

### 一、企业文化的概念

企业文化的核心特征是汲取传统文化的精华，综合当代先进的管理思想与管理理论，为企业员工树立一整套明确的价值观念、工作态度、行为规范，并利用它来帮助企业进行有效的管理。

企业文化是指一个企业具有的价值观念体系及其相应的文化教育活动的总和。

企业文化包括相互依存的两个方面。就其内在本质来看,是指企业员工的价值观念、道德规范、思想意识和工作态度;就其外在表现来看,是指企业各种文化教育、技术培训、娱乐体育活动等。

从价值观的角度来理解,企业文化是抽象的,它属于意识形态范畴。但从行为规范来看,企业文化又是具体的,它是一套非正式的行为规范,通过意识和心理的韧性约束、文化微妙性的暗示、集体共识的感受来具体指导企业员工的言行。因此,企业文化是通过集体共识和管理艺术技巧的魅力操纵企业经营活动的。

从广义的角度来理解,我们可将企业文化分为硬文化和软文化。前者是指企业的物质状态,如机器、设备、技术水平和效益水平;后者是指企业在历史发展过程中形成的,具有本企业特色的思想、意识、观念等意识形态、行为模式以及与之相适应的制度和组织机构。

从狭义的角度来理解,企业文化特指企业软文化,包括企业哲学、企业精神、企业民主、企业道德、企业风尚、企业目标、企业制度等无形的意识形态及与之相适应的文化机构。

狭义的企业文化又可分为理念性文化和制度性文化。前者包括思想、观念、精神等范畴,后者是给予企业员工的行为以一定的方向、方式的,具有社会性、强制性的表层文化。

《美国企业精神》一书的作者认为:在未来的全球竞争时代,企业只有培养出一种能激励员工在竞争中获得成功的行为文化,才能立于不败之地。企业文化是增强企业内部员工的信念、理想和凝聚力,使企业在竞争中取胜的一种无形的力量或一只看不见的手。

企业文化是适应现代管理而出现的。如何吸引企业员工、团结企业员工是当今企业家面临的共同问题,同时也是企业内部公共关系工作的难点,是塑造企业内在形象的关键。

在一个企业里,建立一个共同的目标和价值观,并将其深植于每个员工的头脑中,使之成为每个员工的个人目标和价值观,使企业员工团结一致,为实现企业的目标而奋斗。这个目标和价值观,就是企业文化。企业文化是企业的精神支柱和灵魂。

哈佛的《企业管理百科全书》指出:企业是社会的一个器官,是一个经济、技术和心理的复合体。这个复合体之魂,就是企业文化,它外化为企业形象,内化为企业行为。企业文化的企业哲学、企业精神、企业风尚、企业道德等,规范着企业职工的经营作风、行为方式、价值取向、思维模式、人格特征。

## 二、企业文化的内容

企业文化的具体内容包括以下几个方面:

### (一)企业哲学

企业哲学是企业形成独特风格的源泉。企业哲学是指企业在创造物质财富和精神财富的生产经营实践活动中表现出来的世界观和方法论,即企业的价值观。企业哲学是企业文化的遗传密码,是企业进行总体信息选择的综合方法,是企业人格化的基础。

企业哲学对每个企业来说不是千篇一律的,有其鲜明个性。但是企业哲学在现代必须包括几个共同的观念:系统观念、物质观念、动态观念、效率观念、风险观念、竞争观念、人才观念、市场观念等。

图 10–9 企业哲学

作为企业哲学的共同价值观的形成,是建设有本企业特色的企业文化的中心环节。这种共同的价值观应该包含以下内容(见图10–9):

1.文化认同:包括优秀文化传统的继承及企业良好风尚的树立、员工的归属感和共同的行为准则。

2.认识求同:指在企业发展方向、竞争策略、企业建设诸方面有一个共同的认识,以协调步调。

3.动作协同:在取得了共同认识的基础上,全体员工齐心协力,心心相通,彼此支持,各部门共同进取,汇成一股合力。

有了以上三个条件,共同价值观就形成了。

### (二)企业道德

企业道德是通过舆论、习惯和社会教育等多种方式潜移默化形成的,调整企业之间、员工之间关系的行为规范的总和。它是以善良与邪恶、正义与非正义、公正与偏私、诚实与虚伪等相互对立的几对道德范畴为标准评价企业及员工各种行为,调整企业与员工之间关系的。它一方面通过舆论和教育方式,影响员工的心理和意识,从而集中形成员工内心的信念;另一方面又通过规章制度等形式在企业中确立起来,既表现为一种评价标准,又是一种行为标准。

通过企业道德可以调整三个方面的关系:一是调整企业与企业之间的关系;二是调整企业与员工之间的关系;三是调整企业内部员工与员工之间的关系。

（三）企业风尚

企业风尚是企业员工相互之间的关系所表现出来的行为特点。它是企业员工的愿望、趣味、情感、传统、习惯等心理和道德观念的表现，是企业精神和企业道德的集中体现，是企业形象的主要要素。

（四）企业精神

企业精神是企业文化的核心，是企业的行动指南和精神动力，是整个企业及其员工精神风貌的概括和反映。企业精神渗透在企业宗旨、战略目标、经营方针、职业道德、人际关系等各方面，反映在企业的厂风、厂纪、厂容、厂誉上。培育企业精神是造就企业内部凝聚力和向心力的重要途径。

图 10-10　企业精神

企业精神除了受社会经济制度、历史文化传统的大环境影响和制约以外，还受到企业个性和企业家风格的影响（见图10-10）。

从实践出发，综合各类企业精神的基本内容，大约有五种类型（见图10-11）。

A.抽象目标类：提纲挈领地反映企业追求的精神境界或经营战略目标。

B.团结创新类：提炼团结奋斗等传统思想的精华或拼搏创新的群体意识。

C.产品质量、技术开发类：强化企业立足于拳头产品、优质产品或开发新技术的观念。

A抽象目标类
团结创新类B
E文明服务类
a　e　b　d　c
产品质量、C
技术开发类
D市场经营类

图 10-11　企业精神的五极构图

D.市场经营类：注重企业外部环境，强调拓宽市场，争创一流经济效益。

E.文明服务类：优化为顾客、消费者、社会服务的群体意识。

在企业精神的五极构图中，五种单一型的企业精神内容，构成混合型企业精神的五种要素，它们相互交叉组合，形成了a、b、c、d、e五个凝结点。如我国常州自行车总厂提出“敢于攀登(B)、质量求精(C)、工艺创新(C)、服务文明(E)”为内容的“金狮精神”，由B、C、C、E构成常州自行车总厂的企业精神的凝结点在c上。

（五）企业民主

企业民主是企业全体员工参与企业管理和经营的一种表现形式，它的内涵包括民主意识、民主权利、民主义务等几个方面。在不同的社会制度下，在不同的企业中，企业民主的表现形式是不同的。

（六）企业目标

企业目标是代表一个企业的方向和未来的、企业员工通过努力才能实现的期望值，是激励员工努力的精神力量。企业员工、班组、车间目标是企业目标的基础，而企业目标是车间、班组、个人目标的前提。必须将个人目标、局部目标和企业目标统一起来，企业目标才能最终实现。

(七)企业制度

企业制度是企业在生产经营、管理活动中形成和确立的，带有强制性的，保障一定权利的各项规定的总和。它包括企业的厂规、厂法等一系列规章制度、技术操作规程、业务准则、工作标准等。

### 三、企业文化的一般特征

企业文化是经济意义与文化意义的混合体。它具有以下几个特征：

(一)社会性

企业文化是社会文化在企业中的特殊形态。无论单个企业之间差异性有多大，也不可能脱离社会制度、社会经济、社会文化、社会道德的大背景来建立一套超越时空的企业文化。

企业文化是人、社会、文化的三位一体，是社会政治的、经济的、文化的、心理的、道德的各种背景反映的自然结果(见图10-12)。

图 10-12 企业文化

(二)差异性

不同社会、不同民族、不同地区、不同企业的文化各有不同。

企业作为特定的经济组织和社会组织，区别于其他社会组织，必然有其文化独到的一面，这是受地域的、民族的、社会的差异影响的。除了这些导致企业文化之间差异的外部环境因素之外，企业文化在不同企业之间的差异性还是由企业的生产性质、产品方向、服务对象、技术水平、生产能力、发展历史、传统习惯等因素的差异所决定的。

(三)历史性

企业文化的历史性特征包含以下三层涵义：

第一，企业文化是在排除原有文化的不合理性、创造新文化的运动过程中发展起来的。

第二，无论企业的装备和产品怎样换代，人员怎样变动，企业文化具有不能割断的延绵性。

第三，企业文化熔企业优秀传统和新时代精神为一炉，具有继往开来的时代特征。

(四)可塑性

企业文化是一种氛围。这种氛围不是僵化的、绝对的,而是可变的、灵活的,具有很强的可塑性。正确的引导,精心的培植,积极的建设,企业精神、企业风尚、企业道德、企业民主才能被塑造出来。但这绝不是一朝一夕所能做到的,而要经过不懈的努力。

## 四、社会主义企业文化的特征

(一)社会主义企业价值观

社会主义企业价值观应该是一种以为用户和消费者提供优质产品、优质服务为荣的企业价值观。它的特征如下:(1)以用户和消费者为中心规划工作,处处为顾客着想,主动听取用户和消费者的意见;(2)对商品和服务质量一丝不苟;(3)企业内部有争创一流服务水平的你争我赶的企业气氛;(4)企业上下有为人民服务的思想和为社会做贡献的工作态度和热情。

(二)社会主义企业信念

社会主义企业信念应该是以人为本的企业信念。

人是企业最重要的财富,是企业经营的核心,是企业成功的根本。社会主义以人为本的企业信念的特征应该是:(1)将依靠全体员工办企业作为企业管理的宗旨;(2)有一套发挥工人、干部、技术人员积极性和创造性的管理体制;(3)尊重和关心员工,有企业管理者和劳动者亲如一家的组织气氛;(4)重视员工的培训和人才的选用,力求"最好的员工,最好的培训,最佳的待遇";(5)企业从员工的根本利益出发关心他们的全面发展。

(三)社会主义企业精神

社会主义企业应该建立奋发向上、开拓创新、艰苦创业、勇于拼搏的企业精神。这种企业精神的基础是:员工的共同理想、企业目标、价值标准、管理风格、道德规范等。

奋发向上、开拓创新、艰苦创业、勇于拼搏的企业精神是和中国目前的国情,和中华民族的传统文化,和社会主义企业的本质特征相联系的。

(四)社会主义企业道德

"重合同,守信用"应该成为社会主义企业道德,成为调整社会主义企业之间、员工之间的关系的行为规范。它的具体要求是:(1)恪守合同,按时履约;(2)热情服务,不搞推出了事的短期行为;(3)注重职业道德,不搞假冒伪劣商品;(4)不以牺牲其他企业的利益为代价换取本企业的利益;(5)员工之间行为注重诚信,互相信任。

（五）社会主义企业作风

企业作风是企业精神面貌的外观，是企业员工较固定的行为模式。社会主义企业作风可以概括为“紧张、严细、文明、和谐”八个字。这种企业作风的特征如下：(1)企业员工有一种紧迫感和责任感，有“时间就是金钱，效率就是生命”的速度意识；(2)企业里有一种过硬的、严格的、细致的工作作风；(3)企业里有一种文明、健康、向上的好风气；(4)企业里形成了融洽的人际关系和团结一致的好士气。

## 五、企业文化在塑造企业形象中的作用

企业形象是一个整体概念，包括产品形象、管理形象、实力形象、外观形象等等。但这一切都离不开人的努力，企业的产品质量、服务水平、精神风貌等内在形象，实际都是人的形象。如果企业不去培育员工的进步的价值观、高尚的情操、向上的进取精神，企业的形象就苍白无力。企业形象的塑造，归根结底要归结为一代新人的塑造，这正是企业文化的中心内容。

企业的外在实体形象虽然对企业整体形象有重要的影响，但通过企业文化建设塑造起来的企业内在精神形象却有较强的生命力和影响力。这是因为：第一，企业文化造就的是高素质的优秀的企业人，正是这样的企业人在为企业形象增添光彩；第二，企业文化造就的是企业员工共同的价值观，这种价值观一旦形成，就具有深远的意义；第三，企业文化强调的是企业在长期发展过程中生长和发育起来的高层次的精神活动，一旦形成也是较为巩固的。

无论是社会组织、企业或团体，都可以在建设自己的企业文化、培育自己的企业精神、树立自己的企业作风的过程中，塑造出自己的良好的企业（或组织）的内在形象。同时，用这种精神和作风，通过不懈的努力，塑造出更加美好的企业外在形象，从而展示给社会公众一个完整的、美好的企业（或组织）形象。

企业文化是企业在生产经营活动中，为谋求自身的存在和发展，在企业内部将各种力量统一于同一合力方向上所形成，并为员工所认同的一种群体意识，它具有鲜明的民族特点、时代特征和企业个性。

企业文化是通过独特的途径塑造企业内在形象的，这个途径就是企业内部的凝聚力的加强。因此，企业文化对企业内部的公共关系起着重要作用。

企业文化对于企业内部公共关系的意义在于：它对企业全体员工有潜移默化的凝聚力、感召力、引导力、约束力，并通过此途径增强员工对企业的信任感、一体感、归属感和荣辱感。

企业文化是建立在企业员工共同价值观的基础之上，不是通过硬性强制，而是通过软性引导；不是通过权力，而是通过思想；不是通过单纯的规章制度，而是

通过信念、宗旨和行为规范，以“一只看不见的手”操纵着企业内部的公共关系状况。这种软性控制和软性管理，虽然没有强制的性质，但它在每位员工个体的心理上所产生的影响比硬性控制和硬性管理更为有效、更为明显、更易于被人接受，更能改变一个人的态度乃至行为，有着不可低估的促进企业内部团结、激发企业内部力量的柔性魅力和柔性威力，是其他方法所不能代替的。

我国的有关学者指出：企业文化所指的文化，不是指知识修养，而是人们对知识的态度；不是利润，而是对利润的心理；不是人际关系，而是人际关系中体现的为人处世的哲学；不是俱乐部，而是参加俱乐部的动机；不是社交活动，而是社交方式；不是运动会的奖牌，而是奖牌折射出来的荣誉感；不是新闻，而是对新闻的评论；不是舒适优美的环境，而是对工作环境的感情；不是企业管理活动，而是造成那种管理方式的原因。总之，企业文化渗透在企业一切活动中，是企业整体的人生。

北京吉普汽车有限公司，为了学习国外现代化管理的先进经验，请来一位外国专家改造工厂。他到工厂以后，一不看车间，二不看产品，而是和总经理一起走遍了全厂的厕所。然后提出了一项令人感到意外和不解的改造企业的计划：拿2万元先改造厕所，再拿2万元粉刷车间的墙壁。有人对此态度不积极，认为这位外国专家没有把好钢用在刀刃上。外国专家便自己掏钱买除味剂，使厕所卫生大为改观。接着，车间的墙壁被粉刷一新，破车皮焊接成的铁凳子换成了漂亮的折叠椅，员工换上了天蓝色的统一服装。

说来也怪，经过这段时间的工厂改造，这个企业的工人渐渐开始讲究起来了，工作服洗得干干净净，车间内横七竖八的堆积物排放得整齐有序，车间周围的环境也有人爱护了，随地吐痰的现象不见了。文明管理、文明生产的环境使工人也文明起来了，一些习惯于说粗话的人开始彬彬有礼，说起“你好”、“谢谢”、“请”、“对不起”、“再见”这些礼貌语言。一种新的企业风貌和团结、求实、进取、拼搏的企业精神在这个公司悄然兴起来。这个公司在内外公众心目中的精神面貌大为改观。

学术界把企业文化划分为五个层次：第一层次为环境文化；第二层次为娱乐文化；第三层次为制度文化；第四层次为经营文化或广告文化；第五层次为精神文化（见图10-13）。精神文化建设是企业文化中最核心最深层的问题，不可能一下子解决，而要经过长期的努力。上述案例表明北京吉普汽车有限公司的企业文化建设在刚开始时，处于“环境文化”阶段。目前从建设环境文化入手，逐渐深入地建设企业文化，符合我国的现有条件

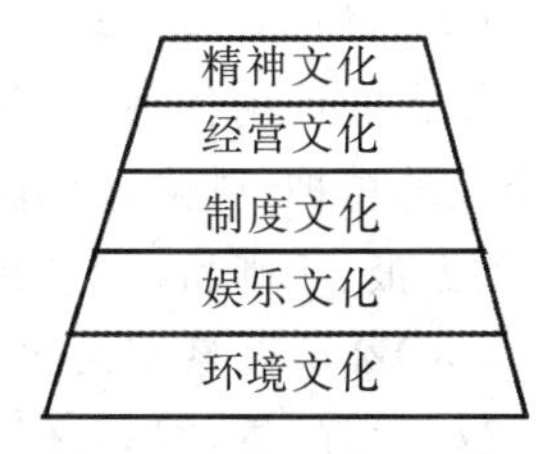

图 10-13 企业文化层次图

和国情。

## 六、建设社会主义企业文化的途径

根据我国社会主义初级阶段的国情，我国现行企业生产经营活动和员工的现有文化素质、业余爱好、兴趣特长、风尚追求等日常行为方式的特点，企业可以通过以下几种途径创建自己的企业文化：

### （一）生产技术型文化活动

在企业日常的生产经营活动中，由企业倡导或由员工自发组织，围绕企业生产问题开展群众性技术活动。如企业中进行的技术革新、业务交流、操作表演、合理化建议、民主管理、劳动竞赛、评比表彰、质量管理等一系列综合性和群众性的技术活动。

### （二）生活福利型文化活动

企业可以从物质生活、福利待遇等方面关心员工，以提高企业的内聚力和吸引力，在员工心目中形成一种以厂为家的气氛。比如提高员工的经济收入，增加工资、奖金和不同工种的补贴；改善工作环境和生活条件，美化和绿化、净化厂区，重视废水、废气、废渣治理；建立完备的退休养老保险制度，为员工开办方便的服务设施和服务项目等。

### （三）文体娱乐型文化活动

企业公共关系组织可以策划举办各种文体活动以及带有文化娱乐性质的庆典仪式与传统民俗风情活动。如企业召开的体育运动会、厂庆活动、车间部门之间、集体与集体之间、个人与个人之间的比赛、节假日旅游、周末俱乐部、员工游艺舞会、盆景艺术比赛及联欢晚会，其他各类象棋、围棋、美术、书法、钓鱼、影评等员工兴趣小组。

### （四）教育培训型文化活动

指企业为了造成一种人人钻研技术、力求成才、奋发上进的气氛而组织的以培养现代化技术、管理人才为目的的培训教育类文化活动。如企业组织的各种形式的科普讲座，新知识、新学科讲座，各种形式的培训班、学习班、辅导班和政治、文化、技术夜校等。

### （五）舆论宣传型文化活动

指企业利用各种宣传媒介，在企业中造成一种本企业特定的舆论环境，以宣传企业的精神、风格、价值观、企业制度和新人新事。可以利用的媒介有墙报、专栏、黑板报、印刷品、广播、闭路电视、标语牌、厂区雕塑、企业报刊、广告画册等。

### （六）公共关系型文化活动

这里指的是各类有创意、有吸引力、有时代特点的公共关系专题活动。如“我为企业献计策”活动,“企业在我心中”活动,“企业历史与前景”专题活动,“优秀企业人”评比表彰,各类主题演讲活动,等等。这些活动的组织,可以由公共关系部门策划筹备,由企业的工会、妇联、共青团等组织出面。有创意的文化活动,可将企业的静态文化转化为动态文化,静态形象转化为动态形象。使企业及其员工在一段时间内沉浸在某种文化氛围之中,提供激励因素,提供“兴奋灶”,从而推动事业发展。

(七)制度创新型文化活动

企业制度创新应包括:(1)企业经营机制的创新;(2)企业管理体制的创新;(3)企业各项规章制度的创新。这种文化活动,主要是通过各类座谈会、诊断会、合理化建议、经验交流会、学习考察等形式进行的。

同各类技术工艺的发明创造一样,各类制度也需要发明创造。制度创新对企业的生存和发展具有特别重要的意义,对企业文化建设也具有特别重要的意义。企业的制度性文化建设是企业总体文化建设的保障,在建设现代企业制度的过程中,需要企业通过文化创新去探求新的发展之路,而这种创新又需要调动每个企业员工的智慧和创造性,发掘企业内部的人力资源。

制度创新型文化是企业深层次的文化建设,它实际上又包含两个层面:一是制度建设,二是制度创造。它们已成为现代企业文化资源发掘和企业文化资产积累的重要途径。

(八)习俗礼仪型文化活动

企业文化建设实际上渗透在企业一些细微的习惯和行为特点中。企业的习俗礼仪,能对人们的行为方式产生广泛和重要的影响。

注意日常工作中所有仪式的统筹安排,从聘用、离职到付给报酬,从会议形式到文件书写格式,从说话方式到主持一个退休晚宴的方法,都可以对文化赋予一种具体的、有凝聚力的形式。

有成就就要表彰,而这种表彰又会反过来激励人们去获取新的成就。一种企业文化,如果想维持兴盛局面,就需要用一些仪式来体现价值观念。而企业文化活动的一个重要功能就是,通过有新意、创意、有艺术感染力的文化形式,把日常枯燥乏味的、司空见惯的事情变得生动起来,变得有意义起来。而习俗礼仪型文化活动就起着这样的重要作用。

## 七、中外企业文化建设实例

近30年的改革开放,给我国社会主义建设事业带来了生机。随着公共关系事业在中国的发展,企业文化建设受到了越来越多的企业的重视,建设企业文化,振奋企业精神,成为当代许多企业的工作目标,这必将对塑造美好的企业内在形象起到良好的作用。

北京制药厂在企业文化建设方面取得了显著的成效。

北京制药厂办有自己的“双鹤轻音乐团”,成立了足球队、篮球队、乒乓球队、围棋队、桥牌队。同时,厂里还有职工业余体协、振兴京剧协会、钓鱼协会、摄影、篆刻、书画、雕塑等十个兴趣小组。厂里经常通过闭路电视向大家播放员工自编自演的电视剧和生活小品。北京制药厂的文化生活,使人流连忘返,也使员工产生了一种爱厂如家的情感。

北京第一汽车制造厂,是较先倡导建立企业精神的大厂之一。领导班子是一个得力有为的集体。在市场竞争激烈、产品亟待更新的关键时刻,厂里组织工人连续作战,要求在最短的时间内安装完毕新生产线。大年初一,我国最隆重的节日,工人们都没有休息。全厂干部由厂长带领,全体到生产现场,给工人们拜年,真诚地感谢大家为企业所做的牺牲和努力,并同工人们一起吃了大年初一的饺子。车间里洋溢着亲密、真诚、团结一心的家庭气氛。长期以来,工人们没有感受过这种气氛了,他们没有因为过年加班而不满,反而因为受到尊重多出许多兴奋与欢乐。

企业里形成的家庭氛围,在潜移默化中,慢慢地滋润着员工的心,企业里的信任感悄然地增长起来。某天深夜,该厂一位女工的孩子突然生重病,在手足无措的情况下,这位女工想到了厂领导。于是,怀着惴惴不安的心情拨通了厂长家的电话号码。很快,厂长的车到了,厂长也亲自赶来了,送孩子进医院,挂号,买药,联系医生。孩子病重,需要输血,厂长伸出了自己的胳膊……后来,这位女工连续被厂里评为先进生产者。

北京第一汽车制造厂就是以“创新、为公、求实、奋进”的企业精神为基点,通过企业文化建设,创造了一个团结奋进的家庭氛围,使工人把企业真正当成自己的企业、自己的家,因而调动了广大员工的积极性和无私奉献的可贵精神。

在我国,许多企业通过企业文化建设,将由基本价值观演化而来的企业精神以口号形式生动地表现出来。如“白云山人精神”是“爱厂、兴利、求实、进取”;“万宝精神”是“开拓、拼搏、创新、科学、主人翁”;“南方大厦精神”是“真诚、效率、多思、奋发”。上海石油化工总厂的“金山精神”是“艰苦奋斗的创业精神,振兴中华的团结进取精神,严格管理的科学求实精神,公而忘私的献身精神”;首都钢铁公司的企业精神是“开拓前进,当家做主,顽强拼搏,主动创造,只争朝夕”;兰州炼油总厂的企业精神是“奋发进取,为国争光的志气;艰苦奋斗,勤俭办厂的传统;严字当头,科学文明的作风;献身石化,爱厂如家的感情”。

在日本的资本主义发展史中,成千上万个企业倒闭了,松下电器公司却由3个人的小作坊发展为屈指可数的遍布世界各地的跨国的大型企业集团,它的经验之一就在于企业文化建设。

松下幸之助的一句名言是:“松下首先是制造人的,同时也制造产品。”松下电器公司首先强调“事业在人”,“要生产优良的产品,必须首先培养优秀的人才”。这个基本思想,贯穿于松下电器公司整个经营管理活动中。

松下幸之助提倡“为社会生活的改善、世界文化的进步尽产业人的职责”,并确定了著名的松下七精神,即:产业报国的精神;光明正大的精神;和谐一致的精神;奋发向上的精神;礼节谦让的精神;顺应开化的精神;感谢报恩的精神。60年来,通过每天严格的“朝会”制度,组织员工天天朗读一遍,并且每天轮流有一位员工在“朝会”上发表演讲,通过具体事例和亲身体会,谈自己对公司的纲领信条、精神和使命感的体会,催人向上。

新工人进厂,首先用半个月的时间进行企业精神教育。通过天天的重复确认,长期的感染熏陶,使员工树立起“为企业和社会做贡献”的使命感。松下电器公司十分重视人才培养,他们把员工的知识结构比作一个火箭,底座是企业精神和思考能力,箭身是理论知识和专业技能,弹头是创造精神和实践能力(见图10-14)。他们特别重视培养每个员工的使命感和责任感、吃苦精神、遵章守纪观念和操作技能。

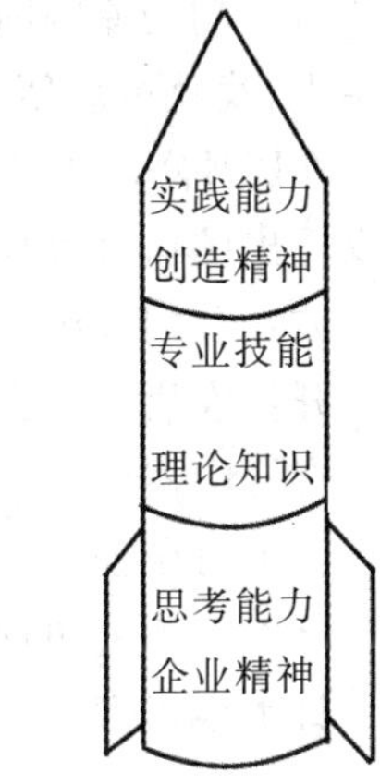


图 10-14 员工知识结构

松下把公司比喻为一条船,全体员工都是船员,在商品社会的汪洋大海中,必须发扬同舟共济的精神;松下又教育每个员工把自己看做一个交响乐队中的一员,个人的演奏不一定是最好的,但是只要和大家协调一致,就可以组成最好的谐音。他们十分重视培养每个员工和公司的连体感、依赖感和信任感。员工之间相互团结友爱。他们严格要求每个员工都遵守各项规章制度,认为只有这样,才能培养出优秀的企业人,才能生产出优质的产品,才能树立松下电器公司的信誉。

日本住友商事是个大企业,其有400年历史的社训在企业里到处张贴。日本松岛机械厂是几十人的小厂,也有会旗社歌,每个月举行一次升旗合唱。日产汽车的一家工厂从领导到每一个工人都有一个徽章,上面英文的意思是要把质量搞到顶峰。各式各样的爱厂、敬业、求好、互助、竞赛、表彰、案例介绍等活动,在日本工厂里比比皆是。各种条则、标语、口号、决心书随处可见,大口号有“一亿脑两亿手,共同建设新日本”,具体口号有“看到不整洁而不动手清理是不应该的”。日本钢管扇岛厂的高炉炉台上矗立的标语是:“男子汉值得自豪的岗位!”生动、具体、目的性强、感召力大。

美国国际商用机器公司的基本价值观通过三大宗旨体现出来：尊重每一个人；提供最佳服务；追求杰出工作。其口号是“IBM就意味着服务”。一位日本经济学者在回顾日本战后经济高速发展的过程时说：“为了重建战后经济，在50年代，我们放眼全世界，寻找最有成就的公司当样板，结果我们选中了美国国际商用机器公司（IBM）。”

曾被喻为“企业管理天才”的IBM公司创始人汤姆斯·约翰·沃特森在分析公司获得成功的原因时说：“你们可以接收我的工厂，烧掉我的厂房，然而只要留下这些人，我就可重新建起IBM公司。”

在IBM公司的办公室里，今天仍然可以看到精心制作的横幅，上面书写着沃特森提出的口号：思考。

波音公司提出：我们每一个人都代表公司。

开拓农机公司提出：世界各地24小时服务。

奇异电器公司提出：进步是我们最重要的产品。

百事可乐公司提出：胜利是最重要的。

日本三菱公司提出：诚实、注意和睦、公私分明。

日本丰田汽车公司提出：好产品、好主意。



## 本章复习思考题

1.什么是企业形象？它的价值表现在哪些方面？

2.企业外在形象的构成要素有哪些？

3.企业内在形象的构成要素有哪些？

4.什么是塑造企业形象的CI系统工程？

5.企业形象识别系统的内容有哪些？

6.简述企业文化的概念和内容。

7.怎样理解社会主义企业文化的特征？

8.建设企业文化的途径有哪些？

9.政府形象应有哪些组成要素？

# 第十一章 公共关系类型

中心内容

处理好各类公众关系，为组织的发展创造最佳社会关系环境，是公共关系的重要职能。根据内外有别的原则，公众可以分为两大类型：外部公众与内部公众。本章着重分析组织对外、对内两大公众关系类型，以便科学地掌握内求团结、外求发展的公共关系目标的实质和具体实现途径。

学习目标

学习本章，要求熟知组织面对的公众类型；掌握组织外部各类公共关系的特点和处理各类公众关系的一般方法和途径；掌握组织内部公共关系工作或活动的基本方法和手段。

任何一个组织(或企业)的公共关系工作，从具体工作任务来讲，一是塑造形象；二是协调关系。处理好各类公众关系，为组织的发展创造最佳社会关系环境，是公共关系的重要职能。根据内外有别的原则，公众可以分为两大类型：外部公众与内部公众。本章着重分析组织公共关系工作中的各种公共关系类型。

## 第一节 组织外部的公共关系

任何一个组织，为了正常的生存和运转，必然与社会上各种不同的经济、政治、法律、服务、科研、教育部门，与各种各样其他组织发生不同程度的联系。这种联系，在某种程度上既影响到本组织的命运，又作用于整个社会，因而是不可忽视的。

组织外部的公共关系是指与其运行过程发生一定联系的所有外部关系的总和。具体包括：消费者关系、社区关系、媒体关系、竞争关系、政府关系、经销商关系、供应商关系等。

## 一、消费者关系

### （一）消费者关系的重要性

作为当代社会组织中的工业、商业企业、旅游服务业等都存在着消费者关系。消费者的需求是企业一切活动的中心和出发点，也是企业生存和发展的前提条件。改善企业与消费者的关系，对于企业，尤其是工商企业的生存有着十分重要的意义。

以消费者为中心的生产经营及服务，是企业经营思想和服务宗旨成熟的表现，也是当代市场经济发展的必然结果。

在市场经济不发达和单一的计划经济体制下，工商企业并不需要迎合消费者的需求，一样可以生存下去。由于市场经济不发达，卖方市场占主导地位，各种商品供不应求，消费者为了满足自己的需求，有时甚至为了维持生计，不得不去以他们不满意的价格，忍受他们不满意的待遇，购买他们不满意的消费品。因此，在商品供不应求的情况下，工商企业用不着维系同消费者的关系，反而是消费者要去讨好工商企业。即使工商企业同消费者关系十分恶劣，企业的生产经营活动仍然可以进行下去。

随着市场经济的发展，到20世纪60年代中期，“顾客就是上帝”的观念开始被日本企业界接受时，日立公司广告课课长和田可一就对《朝日新闻》的记者谈到：“在现代社会里，消费者就是至高无上的王，没有一个厂商敢蔑视消费者的意志，蔑视了消费者，一切产品都会卖不出去。”这以后，日本所有成功的企业，都实践了这一观念。

在我国工商企业中，“顾客至上”的原则还未得到完全的落实。个别企业只追求利润，不顾消费者利益，假冒伪劣商品还时有出现，服务态度生硬，价格乱提乱涨的情况还未得到消除，损害了消费者的利益，也损害了企业形象。因此，在我国工商企业的生产经营活动中，加强和改善企业与消费者的关系，特别是学会用公共关系科学手段处理消费者关系，有十分重要的理论和实践意义。

通过公共关系工作，正确处理企业与消费者之间的关系，会给企业经营活动带来很大影响。这是因为公共关系不但可以改善企业形象在消费者心目中的地位，而且可以通过企业形象的刻意塑造改善产品形象在消费者心目中的地位。良好的企业形象能使公众(或消费者)产生一种厚爱的心理定势，良好的产品形象反过来又加深公众对企业形象的认识。这样就对消费者的购买决策产生重大的影响力(见图11–1)。

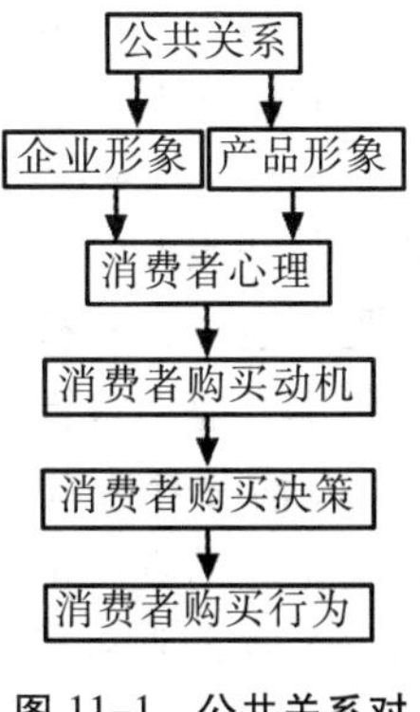


**图 11–1　公共关系对消费者的影响**

(二)消费者类型

企业与消费者的关系，不仅仅指与市场上生活资料消费者的关系,也包括生产资料的消费者,还有精神产品(如科研成果、思想产品)的消费者。实质上它是各种产品(包括物质产品和精神产品)的生产者、供应者与消费者之间的广泛联系。

企业的消费者从营利性企业角度,可以划分为工业、农业等物质生产部门产品的购买者,以及商业、旅游和通信邮电等服务部门的服务产品的消费者。

根据消费者的人口结构,又可以划分为男、女、老、少。

由于每一类消费者都有自己特殊的利益和需求,因而,从辨认公众的角度来讲,任何企业的消费者关系的处理,都必须首先明确:哪些消费者与本企业的关系最为密切,他们对本企业的看法如何、要求如何,以及怎样满足他们的需求。

工业企业的消费者最关心产品质量和销前售后服务的标准；商业企业的消费者最关心商品的规格品种是否齐全,价格是否合理,服务态度是否令人满意;旅游业的消费者(顾客)最关心的是服务是否热情周到、旅馆设备是否健全。

(三)消费者关系的目标

企业处理消费者关系要达到的基本目标应包括以下四个:

1.熟知与企业最密切的顾客和消费者。弄清他们需要什么,如何满足他们的要求,从而使企业产品适销对路,企业服务富有特色,适应顾客和消费者的要求,在消费者心目中建立服务和产品的良好形象。

2.强化企业声誉,提高知名度和美誉度。帮助顾客和消费者了解企业的宗旨、产品性能及服务方式,争取他们的信任和好感,并且及时反馈消费者信息,随时改进产品和服务。

3.建立相对稳定的顾客和消费者队伍。通过对消费者进行的消费教育和引导,疏通本企业产品的畅销渠道,扩大本企业服务的影响范围,实现消费者稳定化、系列化。

4.不断取得顾客和消费者的理解和支持。通过经常检查向顾客和消费者做出的宣传和说明是否符合实际,不断分析顾客意见、改进工作,取得消费者的谅解和支持。

(四)企业同消费者沟通的方式

企业需要采用多种方式同消费者进行沟通,常用的沟通方式有:

1.口头联系。企业可设立消费者来访接待室,欢迎消费者上门反映他们对企业产品和服务的意见;企业还可以派出专业人员直接走访重点顾客,征求消费者意见。通过各种机会和场合,通过无中间环节的人际交往和口头联系,向消费者宣传本企业的宗旨、政策乃至产品的使用方法和服务项目。

2.消费者通讯。通过定期或不定期、一家或几家企业出版这种小刊物,及时介绍企业的发展情况、推出新产品情况、选购和使用消费品的知识等,为消费者提供了解企业和产品的途径;还可以通过消费者热线电话,及时回答消费者提出的问题。

3.印刷手段。主要包括各类印刷品、宣传小册子、产品说明书以及直接向顾客散发、邮寄的各种资料、画片等。

4.视听手段。利用广播、电视播放有关本企业的新闻记录片、广告片,资助放映电视节目等;或者创造条件让新闻记者采访企业,在报刊上宣传企业产品及服务。

5.组织消费者参观。通过联系各类社会团体,组织各类消费者到企业参观,让他们亲眼观察厂内的生产环境、工人的劳动情景、产品生产过程,以加深对企业形象的了解。

6.信函联系。当收到消费者给企业的来信之后,无论是关于哪一方面的内容,都要有善意的回信。对了解产品情况、询问产品使用方法和挑选方法,抱怨买不到产品,投诉买到的产品有问题的各类信函都要一一给予回答。必要时还可在回信中给消费者寄一些新产品介绍的广告或说明书。

7.广告和公告。用大众传播媒介上出现的广告和设在厂区或消费者居住区的公告栏,向消费者介绍新产品的性能和用途,宣传一种新的更完美的生活方式。

8.组织专题公关活动。通过组织消费者同乐联欢会、消费者建议有奖征询等新颖的专题活动,增进企业同消费者的感情。

(五)赢得消费者信任的途径

1.提供优质的产品或服务

这是建立良好的消费者关系的物质基础。消费者关系是由于消费者对产品或服务有消费愿望和消费行为而产生的,没有良好的产品或服务,就不可能有良好和稳固的消费者关系。

消费者选购产品,实际上希望得到四个方面的满意:(1)购买到喜欢的商品;(2)受到良好的待遇;(3)获得心理上的满足;(4)得到商品和服务质量的承诺保证。

要搞好企业同消费者的关系，首先，要以优质产品吸引消费者。优质产品是维系消费者关系的最根本因素。其次，要千方百计搞好优质服务，包括对消费者或顾客以诚相待，做好产品的销前售后服务等。最后，以企业的信誉赢得消费者。

美国凯特皮公司在它的广告里说："凡是买了我们产品的人，不管在世界上哪一个地方，需要更换零配件，我们保证在48小时之内送到你们手中，如果送不到，我们的产品就白送给你们。"他们说到做到，有时为了把一个价值只有50美元的零件送到边远地区，不惜动用一架直升机，费用竟达1000~2000美元；有时实在无法按时在48小时之内把零件送到用户手里，就真的分文不收，把产品白送给了用户。由于该公司讲信用，因此，经营50年盛而不衰。

2.重视与消费者的信息交流

加强企业与消费者之间的信息交流，是赢得消费者信任的重要途径。

一方面，企业要通过各种途径及时向消费者传播企业的有关信息。如企业的政策、方针和经营状况；产品的性能、规格及价格；产品使用方法及销售方式，维修及售后服务的具体方法；企业的各类服务项目；等等。

另一方面，企业要注意收集消费者信息。这些信息包括消费者类型和规模；消费者爱好；消费者对商品性能、种类、包装、质量、价格的评价和要求；消费者对服务态度、服务项目、服务水平是否满意；消费者对企业或产品形象的评价；等等。

通过对以上信息的收集、整理、分类，有助于企业与消费者之间的沟通和理解，帮助企业做出与消费者关系的正确决策，改进企业产品和服务，赢得消费者信任。

3.妥善及时处理消费者投诉

消费者投诉是每个企业都会遇到的问题，也是一些企业管理者最感到头疼的问题之一。从公共关系的角度讲，消费者投诉是好事而并非坏事，因为：(1)消费者将不满发泄到企业管理者身上，比在社会上发泄和宣扬对企业有利。(2)消费者虽然心中不满但仍愿意同企业打交道，就等于给了一次让企业改正错误的机会。(3)消费者投诉等于向企业提供了某种促使企业改进工作的信息。

处理好消费者投诉，应注意以下几点：

第一，态度要诚恳。遇到消费者投诉，不管对方是否有理，企业都应心平气和、婉转地加以疏导，耐心地问明情况。即使对方方法不妥，企业也应该抱着诚恳的态度，决不能顶撞、争吵，以防止把问题闹大。

第二，处理要及时。对消费者的投诉，反应要敏捷，处理要及时。决不可掉以轻心,拖延扯皮。要及时表明态度,采取措施,提出处理意见。对不能很快处理的投诉问题,也要做好解释、说服工作。

第三,分析要全面。对消费者投诉的内容和问题,应该有较全面的分析,如果发现投诉具有普遍性,应该尽快通过大众传播媒介或公关活动在较大范围内予以说明。如果提出的问题比较重要,就应该认真研究解决问题的对策。

4.重视对消费者的宣传

一些知名企业,都非常重视让消费者了解自己,他们千方百计地创造条件接近消费者,利用各种条件和机会向消费者宣传本企业的形象和产品,培育消费者对本企业的厚爱心理,变中立公众为顺意公众;从而扩大企业的知名度和美誉度。

德国的奔驰汽车公司有一个斯图加特工厂。当公众或消费者走进工厂大门时,置身于一个宽敞明亮的接待大厅,这里每年接待14万人参观。大厅中设有接待室、订货部、取货部、电影厅和餐馆等。此外,还有汽车博物馆,着重展出奔驰车的发展史;出版的《奔驰情况》宣传画册,全面介绍了公司现状;电影厅放映的电影,形象地说明奔驰车的性能和优点,它同时用9种语言讲解,可供各国观众选择收听。当消费者前来参观时,来宾由讲解员带领,分批乘坐汽车参观各个车间。临别时还赠送精致的小卧车模型。这种接待,既是营业,又是公共关系宣传。这种精心安排的参观,使消费者建立了对奔驰公司的信任感。由他们之口,信息将通过第二步传递,让更多的公众或消费者知晓奔驰公司的情况,接受奔驰公司的产品和服务。

由此可见,企业在处理消费者关系时,一定要掌握主动权,通过各种媒介和途径把自己的形象展现在公众面前,给公众留下一个美好的印象,使他们愿意接近企业,并且还可能成为企业形象的义务宣传员,消费者的好感就由此而建立起来了。

5.积极维护消费者利益

维护消费者的合法权利,保护消费者的利益是当代企业公共关系工作的重要内容。

消费者的基本权利主要有以下几条:(1)获得商品和服务安全、卫生的权利;(2)了解商品和服务的权利;(3)自愿选择商品和服务的权利;(4)监督商品和服务的价格和质量的权利;(5)对商品和服务提出批评和建议的权利;(6)购买商品和接受服务受到损害时索取赔偿的权利;(7)其他为社会公认并与国家法律不相抵触的权利。

消费者利益的保护问题目前已成为人们普遍关心的社会问题。在我国,从客观上讲,由于经济活动中存在着生产者与消费者之间在利益上的差别和矛盾,加上历史遗留下来的一些轻视消费者、轻视消费者利益的恶习,使得个别企业并没有把消费者看做自己的"上帝"。以次充好、以假乱真、坑蒙拐骗、敷衍搪塞、推出了事的现象时有发生，使消费者受到不应有的损失，这对建立社会主义企业信誉、产品信誉、服务信誉极为有害。

因此,企业要建立良好的消费者关系,除了提供优质的产品和服务、建立沟通网络以外，还应教育每个内部员工熟悉国家制定的一系列保护消费者利益的法律、法规,在日常的生产、销售、服务活动中,自觉维护消费者的正当权利,尊重消费者,同一切损害消费者利益的行为作斗争,以得到消费者的信任和支持。

## 二、社区关系

社区是一个社会学概念,即人们共同生活的一定区域,如村落、城镇、街道等等。组织的社区关系主要是指组织与周围相邻的工厂、机关、学校、商店、旅馆、医院、公益事业单位以及居民的相互关系。这些社会单位虽然与组织不发生直接利益关系,但对组织的生存和发展具有重大影响。

### (一)社区关系的意义

社区是组织生存和发展不可缺少的外部环境的重要组成部分。国外的公共关系专家指出:社区既可以使组织得到最有价值、最有影响的称誉,也可能使组织遭到危害性最大的指责;它可以使组织由此获得各种优惠和特权,也可能让组织受到多方面的限制。

处理好社区关系的目的,就是为组织在社区树立一个合格公民的良好形象,争取得到社区组织和公众的爱戴、合作和支持。

社区关系的重要意义表现在:

1.社区是组织生存和发展的基础。组织的生产经营活动依赖于周围的各种社会服务和交通运输、水电煤气供应、治安保卫、消防部门等;组织员工及其家属的日常生活也依赖于周围的商店、邮电部门、学校、幼儿园、医院及其他社会公益事业部门。

2.社区关系是公共关系的综合体现。社区为组织提供所需的人力,组织内部许多员工,就是当地社区的居民,从这个意义上讲,社区关系是组织内部员工关系的延伸;社区是组织(或企业)最稳定的消费者或顾客,是其依靠的衣食父母;组织(或企业)作为法人也是社区成员,必须服从社区政府的领导,遵守地方的法律规章,争取地方政府的支持。

3.组织对社区的影响具有二重性。从组织经营活动对社区的影响看,其影响有积极的一面,如增加周围居民的就业机会,繁荣社区的经济文化生活等;但也有消极的一面,如噪音、废气、废水、废渣,污染环境,损害居民健康,甚至酿成严重纠纷。因此,需要组织认真处理社区关系,一方面注意维护社区利益,另一方面要得到社区公众的充分理解和通力合作。

(二)社区关系的内容

社区关系的内容很广泛,主要包括:

1.组织与社区环境的关系。社区环境包括自然环境、政治环境、经济环境、文化环境等，社区环境是社区范围内影响组织生产经营活动的各种环境因素的总和。社区中的组织首先要做一个合格的公民,同时造福于社区,促进整个社区环境的改善。

2.组织与社区政府的关系。组织所在地的政府对组织生产经营活动影响很大。诸如提供土地、电力、道路、水源等生产和生活必备条件;制定扶持组织发展的各项具体的税收、财政、金融等经济政策;利用国家机器,维护组织安全和正常生产经营秩序;调解组织与当地居民、团体和单位的严重的矛盾和冲突等。

3.组织与社区内其他组织的关系。社区内所有的组织,无论是工业、商业、金融保险业、邮电运输业,都是社区的经济支柱,建设和繁荣社区是它们的共同目标。但是,它们之间的关系又是矛盾的,这是因为社区中的企业,它们都是相对独立的经济实体,都有各自的特殊利益。如竞争对手、协作企业的利益分配、工商之间供销业务的协调等,这些关系贯穿于组织整个运行过程之中。

4.组织与社区内事业单位的关系。社区内的事业单位包括医院、学校、游乐场所(剧院和影院)、幼儿园。这些单位是组织赖以生存的重要公众。这些关系处理不好,就会出现入托难、看病难、上学难等一系列问题。

5.组织与社区居民的关系。在一定程度上讲,组织员工与当地居民存在着一种地缘关系。组织有义务帮助居民致富,兴办各种各样的企业和服务业,繁荣社区的经济和文化,使社区居民安居乐业。

(三)搞好社区关系的途径

搞好组织同社区的关系,应该做好以下几项工作:

1.主动加强与四邻的交往

组织应主动加强与社区公众的交往，通过邀请相邻单位负责人以及有影响的居民代表参观本单位,或参加联谊活动的机会,把企业的基本情况,包括固定资产、产品及其在社会上的地位等情况与之通报,并经常将本企业的宗旨、生产经营项目、员工情况、经营状况告诉相邻单位,表明与社区公众友好相处的愿望。

2.保持与社区的信息沟通

社区公众虽然共同居住于一个相对固定的地理范围,但毕竟属于多层次、多种类的分散群体,组织只有建立有效的沟通网络,才能及时了解到公众的意见和态度,及时调整自身行为,并使组织的意见和态度迅速准确地传播给公众,以增加社区公众对组织的理解和信任。

组织可以通过寄送出版物、举办展览会、征询调查、民意测验等方式，一方面把本组织的信息发布出去，另一方面把社区公众的意见收集进来，增进组织和社区的相互了解。

3.努力使组织成为社区的骄傲

组织要充分显示出自己的优势，比如产品的质量、组织的福利待遇、内部凝聚力、知名度和美誉度等，使得社区的公众引以为荣。

4.热情为社区建设出力

积极参与和支持社区的公益活动，利用组织的人力、物力、财力等方面的优越条件，为社区的建设和发展出力。在力所能及的条件下资助社区的大专院校、中小学、幼儿园等文教事业单位，资助社区道路、桥梁、水暖管道、电力通讯设施、商业网点的建设，向社区公众开放组织的浴池、游泳池、球场、舞厅、俱乐部等服务设施和娱乐设施。

5.积极为社区排忧解难

当社区中出现特殊情况，如火灾、车祸、急病时，组织应该急人所难，为社区提供应急支持。为社区活动提供场所，为社区企事业单位解决资金短缺、技术力量不足、物资缺乏等燃眉之急。

6.保护社区的利益

首先，应设法保护社区的空气、水源、土地不受本组织行为的损害，并且在工作中注意防止影响居民身心健康的环境污染、噪音、恶臭、烟尘等公害。多搞一些美化社区环境的工作，如建造街心花园、喷水池，种植花草树木等。

其次，应全力维护社区的安定，协助公安部门打击不法分子，维护社会治安，遵守社区的法律、法规，保护社区内安宁的生活环境、工作环境和生产环境。

7.参加社区组织的各项活动

组织应热情参加社区的活动，包括组织的负责人代表组织参加社区的联谊活动、庆典活动，并派出人员参加社区组织的体育比赛、文艺演出、智力竞赛、植树活动、美化环境活动等，以便同社区保持良好的联系。

美国俄亥俄州某陶瓷厂，一夜之间被大火烧个精光。在失火的第二天清晨，工厂的员工及其家属，还有镇上的许多居民都不约而同地聚集在废墟上，清扫残砖碎瓦。在短短的两个月内，大家出资出物出力，竟将一座新的工厂从废墟上重建起来。原来这家工厂自成立时起，就奉行友善政策，为社区居民做了大量好事，成为社区居民生活中不可缺少的重要成员和益友。

## 三、媒体关系

新闻界是沟通组织与社会的媒介，它包括报纸、杂志、广播、电视等传播媒体及其记者、编辑。从一定意义上说，新闻界是左右社会舆论，对社会、经济、政治有独特影响和作用的特殊公众。

### （一）媒体关系的意义

报纸、杂志、广播、电视这四大新闻支柱，以其传递信息的迅速，受众数量巨大，影响波及面广的特点，正日益成为影响和传播社会舆论的权威性机构。西方一些国家把新闻界和立法、司法、行政三大权力同等看待，称为“第四权力”。记者、编辑、节目主持人、专栏作家等新闻工作者见多识广，消息灵通，能言善辩，思维敏捷，影响和操纵着社会舆论，被称为“无冕之王”。

对一个组织来说，媒体关系具有双重作用。一方面，新闻媒体是组织和社会公众之间的信息沟通工具，组织可以通过新闻媒体向社会公众传播各种信息，宣传本组织的方针、政策；而新闻媒体又具有使组织获取有关信息，了解公众态度的作用。另一方面，新闻媒体本身就是一类公众，并且是特殊公众或被追求的公众。他们对组织的态度和评价直接影响到组织的形象和声誉，进而扩散、影响到其他社会公众的态度。因此，组织必须十分重视媒体关系，认真处理媒体关系，在许多关键问题上，首先取得媒体公众的理解和支持。

媒体关系在公共关系中占据核心位置。因为从传播学的角度讲，在社会关系中，媒体作为守门员，用来控制流向其他团体的信息。媒体工作者并不是那种只受组织的影响，而不影响他人的团体。他们像其他人那样寻找、加工信息，然后把信息传递给其他公众。因此，新闻媒体的传播行为同时又有利于其他组织或公众寻找和加工信息。

### （二）媒体关系的功能

组织与媒体的关系主要有以下一些基本功能：

1.新闻界通过记者、编辑的采访，索取社会、政治、经济活动资料，收集经济和社会活动新闻，对组织经营活动和产品质量进行褒贬分析，从而影响组织形象。

2.新闻界通过报纸、杂志、广播、电视等宣传工具，大造社会舆论，把组织状况形象地摆到社会公众面前。

3.新闻界运用报纸、杂志、广播、电视为企业发广告，介绍新产品，传播新技术，宣传组织已取得的信誉和成绩，扩大组织及其产品和服务的社会影响。

4.新闻界运用电视台为组织召开新闻发布会，传播组织的重大信息，提高企业的知名度。

5.新闻界通过报纸、杂志、广播、电视反映公众意见，对组织提出批评，促使其改进工作。

(三)处理媒体关系的原则

正确处理媒体关系应遵循“三要、四不要”原则。

“三要”是指:一要以礼相待。对待各类新闻媒体机构,态度要热情友好,为他们的采访和调查工作提供帮助和必要的服务。二要以诚相待。为新闻媒体提供真实可靠的信息和材料,实事求是地对待宣传材料,既不能夸大事实,也不能掩盖真相,更不能违反职业道德,随意杜撰和制造假新闻。三要平等相待。这里有两方面的含义:一是要对各家前来采访的新闻机构和记者一视同仁,而不论其规模大小和名望高低;二是要对那些曾经报道过本组织失误和问题的新闻机构和记者,同曾经报道过本组织成绩的新闻机构和记者一视同仁。

“四不要”是指:一不要无理干涉。应尊重新闻人员的职业尊严,积极配合记者、编辑的正常采访和报道,不要以各种借口阻挠、干涉新闻媒体的工作。二不要以“利”相交。不要对新闻媒体提出过分要求,以物质交换或其他利益冲突为条件要求记者、编辑写报道、消息。三不要急功近利。平时就应该和新闻媒体建立一些沟通网络。不要平时不烧香,临时抱佛脚;平时应该加强联系,广结良缘。四不要杂乱无序。同新闻媒体打交道,要有计划、有安排、有步骤地进行,有准备地为记者、编辑预备必要的文字材料和其他必要的服务,有计划地为记者、编辑的采访活动做出周密的安排。

(四)处理好媒体关系的途径

组织应该通过什么手段和途径利用媒体关系为塑造良好的公共关系形象服务呢?

1.撰写新闻稿

组织绝不能坐等新闻记者的采访,而应该经常地向新闻媒体提供本组织具有新闻价值、合乎新闻学原理、符合新闻传播规律、反映本组织成就、经验、问题、事件、人物的新闻稿。

新闻稿可以涉及到以下内容:(1)满足经济界需要的新闻稿。内容包括组织实行的新的经营方针,组织在产品、服务、工作中出现的新设想、新动向、新情况、新问题,如新产品的问世、新技术的采用、新服务项目的设置等等。(2)满足社会需要的新闻稿。内容包括组织的各种庆祝活动、纪念活动、典礼活动和社会活动、文化活动、经验交流活动等等。(3)满足思想领域需要的新闻稿。内容包括组织中的新人新事、新风尚,组织的精神风貌、工作作风等等。

新闻稿要有明确的主题、严谨的结构、严密的逻辑性、广阔的背景、生动的语言、真实的材料、深刻的分析,才能显示出稿件的价值,从而得到新闻界的重视和采用。

2.利用新闻媒体发广告

在市场经济活动中，广告的作用与日俱增，它可以增加商品销售量，促进商品的大量生产和大量分配，其结果使组织的产品成本降低，同时使消费者得到低价之惠；商品广告可以创造商品被选用的机会，使消费者得到更大的享受和满足；可以促进竞争，借以刺激生产，使商品品种增加、质量提高、创造更多投资机会；还可以为消费者提供商品知识，使消费者知道如何购买、使用和维修，从而起到指导消费的功能。尤其是以宣传企业形象、企业信誉为目的的公共关系广告，如果构思新颖、内容精练、说服力强、有人情味，更能起到宣传组织形象，提高组织的知名度和美誉度的作用。

因此，组织要善于利用各种新闻媒体做广告，宣传商品，宣传服务，宣传形象。

3.举办新闻发布会

举办新闻发布会或记者招待会的最大特点是消息发布的形式较正规、隆重且规格高，能够得到公众的重视，激发公众的兴趣。记者通过对自己关心的问题的提问，有利于更好地挖掘消息；采用新闻发布会方法可以较深入地加强组织同新闻记者之间的双向沟通，是搞好媒体关系的一个重要方法。

4.邀请新闻界参加本组织的活动

当组织有重大活动时，应发出请柬或派专人邀请新闻界参加，给他们一个了解组织的条件和机会。同时，还可以邀请新闻界人士来组织参观访问，创造条件增加他们对组织各方面情况的感性认识，提供宣传报道的第一手资料。平时要多同新闻界联系，让他们对组织有所了解，一旦组织有了重大事件，特别是发生有损组织形象的危机事件时，记者就可以比较公正、客观地予以报道。

我国的广州珠江啤酒厂利用外资建厂。珠江啤酒厂只用半年时间就赢得良好声誉并使产品畅销海内外的一个重要原因，就是因为他们始终重视与新闻媒体保持良好的关系。他们利用工厂奠基和正式投产这两个庆典仪式，邀请省、市党政领导、社会各界知名人士以及新闻记者参观工厂的现代化设备与厂房设施，品尝新试制的啤酒，赠送有关资料，并认真回答他们提出的各种问题。

对于广州珠江啤酒厂的这两次活动，新闻界都给予了及时的大量报道，使得珠江啤酒在用户心目中留下了良好的印象。随后，他们又在国际广播电台和广东电视台做广告，进行宣传，同时在十几家报纸、杂志上发表文章和图片，向广大公众介绍工厂的优美环境、先进的生产工艺、优质啤酒的特色，并通过各种途径指导消费者科学地鉴别和品评啤酒。从而先声夺人，一举成名，得到了公众的认可和选择。

5.为媒体制造新闻

制造新闻是公关人员为了更好地宣传组织、树立组织形象，有计划地采用公众所喜欢的政策和行动来进行工作，从而推动新闻事实发生。制造新闻绝不是无中生有，瞎编乱造。健康地“制造新闻”要注意以下几个方面：(1)就公众近期内最关注的话题制造新闻。如奥运会前后和举行过程中是经营业务与体育有关企业制造新闻的最佳时机。(2)制造新闻时应注意事件的新、奇、特，把握事件的新闻价值。(3)要事先制造一些热烈气氛，使公众有心理准备，以强化制造新闻的效果。(4)有意识地把企业和某些权威人物或社会名流联系在一起，引起新闻媒体的特别关注。(5)利用传统节日和庆祝活动、纪念日的机会，制造与此相关的企业新闻。(6)和报社、杂志社、电台及电视台等新闻机构联合举办各种活动，增加企业在新闻媒体中出现的机会。

**四、竞争关系**

在当代市场经济条件下，竞争构成了经济运动的大潮，任何一个社会组织都无法逃脱竞争环境。对一个组织来说，其生命和活力更在于竞争，因此，怎样处理好组织外部的竞争关系显得十分重要。

(一)当代社会竞争的特点

伴随着生产力同生产关系的矛盾运动的发展，企业的竞争有了更为广阔的运动领域，企业的兴衰和兼并、联合构成了其运动的基本形式。任何一个企业都不能不考虑竞争环境对自己形成的威胁。纵观当代经济发展，企业竞争有了以下新的变化：

第一，竞争范围日益扩大。由于市场经济的迅速发展，市场日益扩大，由当地市场扩展到全国市场，国内市场又发展到国际市场。商品生产者和经营者越来越多，并且他们的素质也越来越高，这就意味着当代企业所面临的竞争对手越来越多，整个社会的竞争力越来越强，竞争形势越来越险峻。

第二，市场性质逐渐变化。以往有利于商品生产者和经营者的卖方市场已经被有利于消费者的买方市场所取代。生产力不断发展，社会消费水平不断提高，可供消费者选择的商品种类及商品经营销售活动中的售前、售中、售后服务的内容日趋增多，这就导致了市场需求往多样化发展，使市场需求的变化比过去任何时候都难以把握。

第三，竞争重点不断转移。如今的竞争形式已大大突破原有范围，竞争内容更为复杂，竞争手段更为新颖，技术和价格的竞争开始向非技术、非价格竞争转移。品种的繁多、式样的激变、质量的提高、包装的改观、服务的改进、推销的完善、广告的新颖等等，都意味着竞争对企业的素质要求越来越高。

实际上，每个企业都面临着同行竞争环境，都有自己的竞争对手。这种竞争对手是指同行业中与自己有直接利害关系，并威胁自己生存和发展的对手或争夺用户与消费者的对手。

当代企业竞争应妥善地处理好与竞争对手的关系。如果违背市场经济道德，处心积虑、不择手段地对付自己的对手，恶意中伤或贬低竞争对手，只会引起公众的反感和其他竞争对手的不满。因此，当代条件下的竞争，绝不是你死我活的，而是通过公共关系的各种方式和科学方法，沟通与协调同竞争对手的联系，在竞争中适当地合作与配合，避免和减少摩擦，使竞争朝着正确轨道发展。

(二)竞争关系的焦点

企业与竞争对手之间的竞争关系，最为敏感的焦点有以下四个：

1.价格。一般情况下，在产品质量、性能基本接近的情况下，价格是否合理、是否低廉就成了取得竞争优势的重要因素。因此，不论工业企业还是服务业，都要千方百计减少费用开支、降低产品成本，在价格竞争中占有优势。但是，完全依靠价格竞争是不行的，因为相互打压的恶性价格竞争会导致两败俱伤，还因为降价与盈利要产生矛盾。当代的竞争形势变化莫测，该降时降，该涨时涨，只有审时度势，灵活地掌握策略才是上策。占领当代市场的秘诀应该是价格、技术、心理、服务的多因素组合策略。

2.合作。竞争并不排斥合作。随着市场经济的发展，企业之间的竞争和合作日趋频繁，任何一个企业都不可能有一成不变的竞争对手和合作伙伴。它们可能在这个问题上是合作关系，但在另一个问题上又是竞争关系；在这个时期双方是合作关系，另一个时期双方又成了竞争关系。因此，企业之间，尤其是竞争对手之间，如果有可能合作，就要尽量改善关系。这样做有以下好处：其一，互相摸底，知己知彼，在比较中了解对方的优劣之处和自己的优劣之处；其二，尽量改善双方的竞争关系，有利于使本企业建立良好的社会关系环境，一旦有事，可以得到更多社会公众的支持。

除了竞争对手之间在业务上谋求合作以外，还可以在非业务领域扩大合作范围。如举行社会活动，企业领导之间的交流、面谈，邀请对方领导参加各种庆典活动，互派人员学习、观摩等等。

3.广告商标。广告商标是企业外在形象的要素之一。它往往成为竞争关系恶化的导火线。这是由于在广告商标上做手脚，损人利己是企业最不能容忍的行为。因此，设计、发布广告时应注意：第一，不准公开攻击对方产品；第二，要实事求是，不要自吹自擂，不做华而不实、哗众取宠的广告。使用商标也是如此，要有自己的特色，不能侵害竞争对手的经济利益和形象。不能假冒他人产品商标，推销劣质产品；不能在商标图案或文字上故意混淆一般产品与名优产品的区别。否则，正常的竞争关系就会受到伤害。

4.技术。企业间的技术竞争也是当代企业竞争的一个核心点。技术竞争也要讲经营道德。竞争对手之间,特别是同行业、同类产品的竞争对手之间,往往存有戒心,互相保密,甚至不惜采用各种手段收集对方的技术、产品情报。企业应处理好开放与保密的关系,该保密的保密,该开放的应该敞开大门。欢迎竞争对手学习参观,而不能欺骗对方,把对方引向歧途,达到自己的目的,因为这是和当代企业道德观相悖的。

(三)竞争关系中的不道德行为

企业竞争,往往出现相互为敌的现象,或针锋相对;或不惜血本杀价,互相倾轧;或向较弱的对方提出苛刻要求。这些不道德行为综合起来有:

1.假冒、仿冒他人的名称、标记、徽记,假冒、仿冒他人的商品包装、装潢、说明书;

2.谎报商品产地、商品来源,或者对商品产地、商品来源做出足以使人误解或混淆的宣传;

3.谎报商品出售的原因和目的,或者对商品出售的原因或目的做出足以使人误解的宣传;

4.对商品的质量、原料的构成、制造方法、价格、用途、效用,以及对技术、服务质量、规格、技术标准、价格等,亲自做出或指使他人做出虚假的或足以使人误解的宣传;

5.采用赠送礼品、垄断选票等手段弄虚作假,使自己在优质名牌商品或优质服务中中选;

6.贿赂他人推销商品或服务,或用不正当手段为自己搜集经济、技术情报;

7.接受他人贿赂,推销他人商品或服务;

8.使用与商品质量、性能、运输等要求无关的日用品做包装,增强自己产品的竞争力;

9.不标明生产单位名称、地址,使自己在竞争中处于优势;

10.亲自或指使别人制造、散布有损于他人商业信誉、企业信誉、商品信誉、服务信誉的不真实情况;

11.引诱或胁迫他人不履行与竞争对手订立的经济合同;

12.引诱他人泄露对方的技术机密,侵犯对方的经济权益;

13.在广告中针对对方产品,制定相应的攻击性目标;

14.采取挖墙脚的办法,不择手段地挖走对方科技人员;

15.利用对方出现的失误,大肆渲染,大造舆论,投井下石,达到自己的目的。

(四)正确处理竞争关系

对立统一规律是宇宙间的普遍法则。这种法则也是当代企业经营的正常形态。企业与企业之间，只有建立既竞争又合作的关系，才能使自己适应环境，维持自身的存在与发展。企业应该把竞争对手的存在看做是一种鞭策力、一种压力、一种企业发展的动力。正确处理竞争关系，在竞争中互滋互补求团结，在团结中你追我赶求发展。

竞争环境是任何一个企业都无法摆脱的。竞争对手无所不在，无处不有，企业在处理这类比较棘手的问题时要保持冷静、谨慎的头脑，努力创造良好的竞争气氛，避免陷入违反法律和道德的不正当竞争的泥潭。

日本松下电器公司创始人松下幸之助先生，总结创业60年的竞争历史时，曾深刻地指出："竞争的本身是一件好事。由于存在着竞争，为了不败给对方就要发挥智慧，努力工作。但必须排除那些过分的竞争，因为那是一种罪恶。尤其是资金雄厚的大企业，以及在同业界中起统率作用的企业，更应力戒于此。规模较小的企业即使有些稍稍过分的竞争，而统率性的企业如果毅然贯彻正确的竞争路线，同业界也不会造成一片混乱。如果统率性的企业率先开始过分的竞争，其结果就会给同业界造成如同世界大战一般的大混乱，使同业界陷入极端的疲惫之中，还会使自己的信誉极大的衰落。"

美国纽约的梅瑞百货公司是这样处理同行关系的：如果你在该公司里没有买到自己想要的商品，那么，你可以到公司的咨询服务亭去询问，它会指引你去另一家有这种商品的商店购货，也就是推荐你去自己的竞争对手那里，成为他们的顾客。这种一反"同行是冤家"之常态的做法，不仅向竞争对手表示了一种友谊，而且也获得了广大顾客的普遍好感，使得这家公司生意十分兴隆。



**五、政府关系**

政府是国家权力的执行机关。它对全社会各部门、各行业乃至各企业和各阶层人士进行统一管理。管理者和被管理者，必然发生联系。因此，企业和政府之间存在着不可分离的关系。

（一）政府关系的意义

在西方经济发达国家，私营企业的生产目的是获取最大限度的利润。企业一般不愿受政府的干预，但每个企业都必须紧紧地依赖于政府。这是因为资本主义国家的政府，掌握着国家政权，拥有管理、协调经济的职责，往往通过法律、经济、行政手段干预经济。第二次世界大战以来，组织（或企业）都采用公关技巧处理他们与政府的关系。

资本主义国家的组织（或企业）往往采用以下几种形式和政府沟通：

1.经常分析政府的政策、法令，研究与组织有关的政治环境、政治事件等，把政府官员的活动情况掌握在组织有关部门的视野中。

2.组织领导人以个人身份参加政府活动,加强与政府官员的私人交往。

3.争取选民支持,通过选民督促他们选出的议员对组织做出有利的支持。

4.利用大众传播媒介,向政府和社会公众报道组织的情况,争取舆论支持。

5.主动协助各级政府解决社会经济问题,包括资助地方社会公益事业,争取政府的好感和信任。

我国是社会主义国家,在经济体制改革的推动下,组织同政府的关系已不同于旧体制下的类似行政的隶属关系, 特别是各类企业已成为自主经营的经济实体,使得企业与政府的关系出现了许多新的特点。但是,企业与政府的关系仍是企业必须认真对待的重要关系。

在我国社会主义条件下,政府对组织(或企业)的存在和发展具有重要作用:

1.政府作为国家权力的执行机构,通过对政策的制定和执行,制约和影响着组织的活动。

2.政府是最具有社会影响力和经济实力的社会组织,它对其他社会组织(或企业)的支持、援助和赞赏,往往能使其获得优越的竞争条件和有利的发展环境。

3.各级政府都有一些具体部门对各行业组织的业务活动进行指导、控制、调节和监督,各级组织(或企业)都要接受政府的集中统一领导。

(二)处理政府关系的原则

企业与政府之间的关系,往往集中体现在国家利益与企业利益、全局利益与局部利益、长远利益与短期利益这三种利益关系上。要正确处理好企业与政府的关系,就要遵循以下几条原则:

1.坚持以国家利益为重,以大局为重

任何一个组织(或企业)都有义务执行国家的各项方针、政策,遵守国家的法律制度。在处理国家利益与本组织利益的关系问题上,应该以国家利益为重,以大局为重。不能只顾眼前利益,不顾长远利益;只顾局部,不顾整体。

2.接受政府管理,熟悉政府的政策、法令

我国经济改革的目标是建立社会主义市场经济体制, 任何一个组织 (或企业)都要在政府宏观调控下开展生产经营或其他活动,组织(或企业)要熟悉和了解政府颁布的各项政策、法令,以便制定出既不违背国家政策、法令,又切合本组织目标的最佳的公共关系战略方案。

(三)政府关系的类型

在目前情况下,作为一个自主经营的经济实体,企业主要处理好以下类型的政府关系:

1. 涉及到企业重大人事变动事项和发展前景规划的所在地党委和政府机关;

2.涉及到企业有关厂房扩建、道路占用、运输工具管理、经济诉讼案件、聘请常年法律顾问等事务的公安和司法部门；

3.涉及到有关企业进出口业务的报关验关手续、海关；

4.涉及到企业照章纳税、财经纪律、财税部门对经济活动监督、各项资金的运用与管理等工作的税务、财政、审计部门；

5.涉及到有关企业登记、注册商标、合同管理和纠纷、药品和食品的卫生防疫检查的工商行政管理和卫生防疫部门；

6.涉及到企业业务类原材料、燃料、电力供应的物资、电力部门；

7.涉及到企业产品质量、物价管理、消费者利益的保护等事项的物价、质量、计量监督检查部门；

8.涉及到环境监测、三废排放、三废治理事项的环境保护及环境卫生部门等。

（四）协调政府关系的途径

1. 组织要及时了解国家和政府对发展经济的长远规划和宏观调控计划，学习掌握有关的政策、法规，关注这方面的发展动向和趋势。

2.组织要经常向政府主管部门汇报工作情况及生产经营情况，如实申报统计数据，据实反映重大事件，使政府了解企业的发展状况、所获成就、面临问题和困难。

3.组织要利用机会，邀请政府领导人或有关人员来组织内部视察和指导工作，以便及时反映本组织的呼声和要求。可利用的机会有开业典礼、新产品试制成功、技术鉴定会、质量评比会、总结表彰会等重大活动。

4.组织要熟悉政府机构的内部层次、工作范围和办事程序，有目标地与相应的主管部门建立经常性联系。

5.组织要积极响应政府号召，完成政府交给的本职工作和经营任务以外的任务，如社会公益事业、植树造林、美化环境、保护生态平衡、治理三废及其他与社会主义精神文明建设有关的活动，在政府心目中树立良好的组织形象。

6.组织要积极为政府提供合理化建议和意见，凡涉及到长远发展、政策方针、经济增长、社会安定等方面的好办法、好建议，都可向政府提出；凡涉及到有关政府形象的大问题，都应将群众的意见、群众的反映如实通报政府，以支持政府工作。

7. 当组织内部因主客观原因导致工作失误或造成损失或造成不良影响时，要主动向政府汇报情况，接受政府的监督及其对事件的调查、处理。

## 第二节　组织内部的公共关系

良好的组织形象，卓越的组织成就，来自组织内部全体员工的共同努力和不懈奋斗。只有求得组织内部的团结，然后才能求得组织的发展。因此，组织内部的公共关系协调，是组织公共关系的重要基础性工作。

### 一、行为科学与组织内部的公共关系

(一)行为科学简述

行为科学是研究人类行为规律的科学。运用在企业中，它是对生产中工人的行为及其原因进行分析研究，以便调适企业中的人际关系，激发内部士气的一门科学。它有三大基本内容：人的本性和需求、行为和动机、人际关系。

实际上，行为科学就是研究如何调动人的积极性的一门科学。行为科学理论中的许多观点，不仅是管理学和管理心理学的理论基础，也是公共关系学这门"人和"艺术的理论基础。

科学管理作为人类知识的一个分科而对其进行系统研究已有100多年的历史。100多年来，美国泰罗制的形成，法国法约尔对管理组织与职责划分思想所做的贡献，以及德国的韦伯对行政机构结构模式的特性研究，都为丰富现代科学管理理论做出了重大贡献。然而，著名的霍桑实验的开始，萌发了行为科学理论。

1.霍桑实验与人际关系学说的诞生

霍桑是美国一个城市的名字，1927—1932年，以哈佛大学著名心理学家梅奥为首的一批学者，在美国西方电气公司所属的霍桑工厂进行了一系列实验。他们的实验和观察表明，员工的士气、生产的积极性主要决定于社会因素、心理因素，决定于员工与管理人员以及员工与员工之间是否有融洽的关系；而物理环境和物质刺激却只有次要意义。

在管理科学研究的历史上，霍桑实验第一次把企业中人际关系问题提到首要地位，并且提醒人们在处理管理问题时要十分注意人际关系的因素，这无疑对公共关系学理论的完善有很大的促进作用。

2.人性假设与行为科学理论

人性假设是西方现代管理学的一种研究和实验的方法。对人性的各种假设实际上反映了假设者对管理对象(即人)的评价。根据假设而设计出的种种相应的管理模式，反映了行为科学理论的发展过程。

(1)"经济人"假设与X理论

"经济人"的假设是从所谓"享乐主义"的哲学观点出发，认为人的一切行为

都是为了最大限度地满足自己的私利。美国工业心理学家麦克雷格在1957年提出了两种对立的管理理论:X理论和Y理论;并且主张Y理论,反对X理论。X理论就是对“经济人”假设的概括。

X理论的基本观点认为:多数人天生是懒惰的,他们都尽可能逃避工作;绝大多数人希望奉命而为,怕负责任,没有抱负,贪图安逸;对多数人必须用强迫、控制以至惩罚、胁迫的办法驱使他们工作。

持X理论观点的管理者,只注重人的生理需要和安全需要的满足,把金钱当成一种主要的激励工具,并且把惩罚视为重要的管理手段。

(2)“社会人”的假设

“社会人”的假设认为,人们在工作中得到的物质利益,对于调动人们的生产积极性只有次要意义,人们最重视在工作中与周围人的友好相处。良好的人际关系对于调动人的生产积极性是决定性的因素。这个假设是霍桑实验的主持者梅奥提出来的。

根据“社会人”的假设,在企业中应该实行“参与管理”这样一种新型管理方式,即在不同程度上让员工参加企业决策的研究和讨论。

(3)“自我实现的人”假设与Y理论

“自我实现的人”的概念是马斯洛提出来的。他认为,人类需要的最高层次就是自我实现。所谓自我实现,指的是人都需要发挥自己的潜力,表现自己的才能,只有这两个需要满足了,他们才会感到最大的满足。

麦克雷格总结并归纳了马斯洛的人性观及其他人的类似观点, 提出了与X理论根本对立的Y理论,它实际上是“自我实现的人”假设的高度概括。

按照Y理论提出的管理原则,就是目标一致和自治,管理的任务就是创造条件,使企业中每个员工和组织的目标融合一致,为实现组织目标而齐心奋斗。

(4)“复杂人”的假设与超Y理论

“复杂人”是20世纪60年代末、70年代初提出的假设。这种假设的提出是由于以前各种假设虽然有各自合理的一面,但是并不适用于一切人。因为人是很复杂的,不仅人和人之间有差异,而且一个人本身在他不同的年龄、不同的时期、不同的地点、不同的外部环境下会有不同的表现。人的需要和潜能,随着年龄的增长,知识的增加,地位的改变,以及人与人之间的关系的变化而发生变化。

根据“复杂人”假设提出的应变理论说明,没有一套适合于任何时代、任何组织和任何个人的普遍有效的管理方法。因此,要在实践中根据具体的组织和个人的不同情况,灵活地采取不同的管理措施。

3.人的个性差异理论

个性是人的心理特征和品质的总和。个性的心理特征是指在个人身上所表现出来的本质的、经常的、稳定的心理特征。

个性既代表了一个人所具有的一定的意识倾向性（这种倾向性体现为个体的信念、理想、世界观等），又体现了人与人之间在能力、气质、性格等方面存在的个别差异。

人的个性是一个社会范畴，它是许多学科研究的对象。在组织内部公共关系工作中，考虑到员工的个性特点，善于引导，善于协调，是增强组织内部团结的有效方法。

(1)能力差异

能力是指直接影响活动效果、使活动得以顺利完成的个性心理特征。

心理学家认为：一个人的能力是在遗传素质的基础上，通过生活实践而形成和发展的。遗传素质是能力形成的自然前提，但要变成能力，还必须有后天的环境与教育。

一个人的能力是通过某种活动的效果反映出来的。能力的集中表现是个人的智力结构水平。智力泛指人们运用知识技能的能力。人的智力一般包括：研究能力、思维能力、表达能力、组织能力、自制能力、交往能力、自学能力等等(见图11-2)。

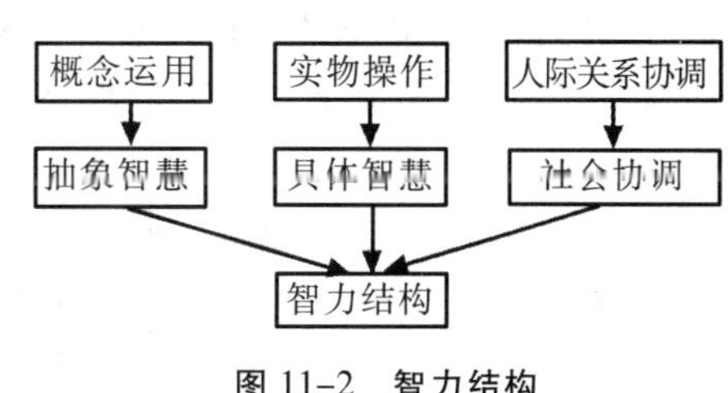


**图 11-2　智力结构**

在现实生活中，一个人完成某项任务绝不是单凭一种能力就可以胜任的，而是需要若干种能力共同发生作用。心理学上把完成工作或任务所必备的一些特殊能力的组合，叫做才能。

人与人之间能力上的差异表现在量、质和发展时间三个方面，即智商不同、类型不同、发展过程早晚不同。影响能力差异的原因有三个因素：环境和教育因素、主观心理因素、遗传生理因素。

(2)气质差异

气质是指人的典型的、稳定的心理特征，是一个人在情感发生的速度、强度和外部表现以及灵活性上的特点的总和。

气质虽然也具有可塑性，但它是个体一出生时就具有的、先天性的心理特点。气质是性格的内在基础，也是每个人行为的动力基础。气质的外部表现给每个人的个性抹上了独有的色彩，具体表现在人的运动速度、节奏和步态、语言、面部表情和体态语言、手势等人的各种活动之中。

早在公元前460—377年，古希腊医学家希波克拉特就根据人体内的体液比例提出了气质类型学说。如果占优势的体液依次为血液、黏液、黄胆汁、黑胆汁，那么,气质类型就相应地表现为多血质、黏液质、胆汁质、抑郁质。以后,巴甫洛夫在20世纪30年代创立了高级神经活动类型学说,科学地回答了气质的本质;提出了神经过程是两种对立的状态——兴奋与抑制过程不断斗争的结果,哪种过程占主导优势,就决定了神经活动的类型。巴甫洛夫据此把高级神经活动归结为四个基本类型:兴奋型、安静型、活泼型、抑制型。

在一个组织中,个体气质在交往和活动中存在着明显的差异。这种差异影响着人的行为动机、行为方式、外部表现,制约着组织内部人际关系的状况。

(3)性格差异

性格是反映人对主客观环境的一种稳定态度的心理特征。

人的性格特点,经常表现在处理各种社会关系及人际关系的过程中,表现在对个人、集体、社会关系的认识和对劳动、学习、工作的态度之中。

性格是一个人的个性中起核心作用的心理特点,也是一个人对现实的态度与其习惯的行为方式的统一体。有什么样的性格就有与之相适应的行为方式和行动路线。因此,知道了一个人的性格,就可以预见在某种情况下,他将如何行动。

一个人的性格不是天生的,而是从儿童时期开始,不断接受家庭和社会环境的影响、教育的熏陶和自身实践而形成的。

性格的塑造是一个长期的过程,不是一朝一夕所能造就的,但是,人的性格是可以改变的。人们在社会实践中,发挥能动作用,对客观世界会产生新的认识、新的情感,这就形成了新的态度和习惯,从而逐渐形成新的性格特征。

心理学家认为,一个人从不成熟到成熟的过程中,性格将会发生七种变化:①从被动到主动;②从依赖到独立;③从行为局限到多种行为;④从浅薄兴趣到兴趣深化;⑤从目光短浅到目光远大;⑥从把自己放在从属地位到把自己放在平等地位或某种情况下的超越地位;⑦从没有自知之明到自我认识,自我控制。

性格的千差万别并不意味着不能分类。按照个体独立性的程度,可以把人的性格分为顺从型、独立型、反抗型三种;按照理智、情绪、意志的心理机能哪一方面占优势,可以把人的性格分为理智型、情绪型、意志型、中间型四种;按照个人的倾向性,可以把人的性格分为内向型、外向型和内外平衡型三种。

4.行为激励理论

激励理论是行为科学的核心内容。激励,从心理学角度讲,是持续激发人的动机的心理过程。通过激励,在某种内部或外部刺激影响下,使人始终维持在一个兴奋状态之中。

将激励理论运用于组织内部的公共关系,就是通过公共关系媒介激发内部员工的荣誉感和归属感,增强组织内部的凝聚力。

(1)双因素理论

20世纪50年代末,美国心理学家赫茨伯格经过大量的调查分析,提出了激励因素、保健因素理论。这一理论认为:激发人的动机的因素有两类:一类称为保健因素,它起着防止对工作不满的作用。这些因素有企业政策、工资水平、工作环境、个人生活,它只起着保持人的积极性、维持工作现状的作用。另一类称为激励因素,它能够激发人们做出最大的努力。这些因素包括工作表现机会和工作带来的愉快,工作中的成就感,良好的工作成绩所取得的奖励,对未来发展的期望,职务中的责任感,等等。

双因素理论认为:缺少保健因素,员工会感到不满意;有了保健因素,员工并不会感到满意,而是没有不满意。有了激励因素,员工会感到满意;没有激励因素,员工不会感到不满意,而是没有满意。

(2)归因理论

归因理论的提出者魏勒认为, 成就的获得有赖于对过去工作是成功还是失败的不同归因。魏勒认为,人们成功或失败的原因可以归结为:①人们自己的能力;②任务的难易程度;③人们的努力程度;④运气与机会。

魏勒认为:有成就需要的人会把成就归因于自己的努力,把失败归因于努力不够,不甘于失败,坚信再努力一下,便会取得成功;成就需要不高的人认为努力与成就没有多大关系, 他们把失败归因于其他因素, 特别是归因于自己能力不足,成功则被看成是外界因素导致的结果,如任务简单、运气好等。

归因理论认为,如果把成功和失败都归因于自己的努力程度,就会增加今后努力行为的坚持性。反之,如果把成功和失败归因于能力、任务难度、运气机遇这些因素,就会降低自身努力行为的坚持性。

(3)需求层次理论

这是美国心理学家马斯洛在二次大战期间提出来的。这个理论认为:人类有五种主要的需求,即以解除饥渴为主的生理需求;以身体与财产的安全不受侵害为要求的安全需求;以爱与被爱、人际关系、被团体所接纳为内容的社会需求;以自我尊重和社会尊重为目标的尊重需求;以追求自我理想实现、充分发挥自己的才能为目标的自我实现需求。

行为激励理论还包括许多内容,如麦克利兰的成就需要论,亚当斯的公平理论,佛隆的期望理论,斯金纳的行为改造理论等。

(二)行为科学对组织内部公共关系的启示

行为科学理论虽然是属于西方的管理理论, 但是也反映了现代生产组织方面的某些客观规律。行为科学在中国的应用已取得了许多明显的成就。这个理论应用于组织内部公共关系的构造和协调,一定会产生良好的效果。

1.个性理论对组织内部公共关系的启示

组织内部的公共关系工作,实际上是做人的工作,做"人和"的工作。而人是极其复杂的,这种复杂性首先表现在人和人之间在各方面的差异性上。因此,行为科学的个性理论有助于公共关系工作中因人制宜,搞好内求团结的工作。

(1)人的能力差异与公共关系对策

从协调管理的角度来看,对能力较差的人,不轻视他们,而是积极鼓励他们在工作实践中提高才能;在日常工作中,要搞好能力搭配,让能力强的人带动能力弱的人;在报酬的分配上,要使不同能力的人感受到一种公平感,不单纯按潜在能力,而是按员工取得的实绩分配,注意人尽其才,才尽其用,尽量尊重每个人的优点,发挥他们在某一方面的才能,达到团结大多数员工的目的。

从组织内部公共关系工作来看,可以做好以下几个方面的工作:①建立健全组织内部员工基本情况档案卡,详细记载每位员工的学历、经历、特点和爱好,以便对每位员工的能力素质了如指掌;②重视员工能力的培养和提高,通过企业文化建设,利用举办各种讲座、培训班、夜校的途径鼓励员工学知识、学技术;③对能力虽然较差,但在工作中做出努力并取得成绩的员工,要通过广播、企业报刊、表彰会等各种形式予以鼓励,以强化其努力行为;④积极组织各种技术比赛以及业余的文艺、体育、文化娱乐活动,评选优胜者并予以宣传,使员工中部分人的特长及某个方面的能力得到体现,以调动他们的积极性。



(2)人的气质差异与公共关系对策

从协调管理的角度来看, 要根据员工的不同气质类型安排适当的工作和任务。如安排胆汁质的人做应急性强的工作;安排多血质的人做需要有灵活迅速反应的工作;安排黏液质、抑郁质的人做比较稳定、安静、细致、持久的工作,就可以使员工安心本职工作,提高工作效率。同时,注意在同一工作岗位的群体环境中,做好不同气质类型的人员搭配工作,起到气质互补作用,防止人际摩擦和矛盾。

从组织内部公共关系工作来看,可以做好以下几个方面的工作:①通过各种途径详细了解和掌握组织内部每位员工的气质特征, 为合理安排工作和布置任务提供依据;②积极组织各种有助于增进员工了解的联谊活动,如郊游、各类联欢等,让每位员工毫无保留地展示自己独特的风格和独有的个性特征,使员工之间多一份了解,以减少由气质差异所导致的人与人之间的隔阂;③根据气质可塑性原理,在人际间矛盾冲突发生以后,要及时做好沟通畅导和说服工作,通过谈心活动、慰问活动和有助于人生观教育的专题活动,引导员工在潜移默化中改变气质,塑造新的自我形象,在实践中完善自我。

(3)人的性格差异与公共关系对策

从协调管理的角度来看, 通过各种方式了解每位员工都是在什么环境下长大成人的，以便对他们的性格形成基础有所掌握。在工作安排上，要根据员工的性格特点，安排适当的岗位，尤其要做好关键岗位上的性格搭配工作；在表扬或批评时，对不同性格的人要注意不同的策略和方法，防止适得其反。

从组织内部公共关系工作来看，可以做好以下几个方面的工作：①在员工一进入工作岗位时，就要教育他们去个性化，严格遵守组织的各项规章制度，培育企业作风，协调群体行为；②鼓励性格内向、不善于交际的人参加各种集体活动，培养他们的集体荣誉感，在各种文化活动中塑造他们新的性格特征；③当一个人的性格突然发生变化时，要协助管理者细致了解内外原因，对症下药，热情帮助员工解决疑难问题；④关心有心灵创伤、家庭不幸和心理情绪及各种特殊情况的员工的工作、生活和思想变化，尤其是在节假日和各种纪念日，要通过集体公关活动给他们带去温暖，并协助有关部门解决他们的实际困难，以求最大限度的内部团结。

2.激励理论对组织内部公共关系的启示

调动人的积极性是促进组织各项事业发展的首要条件，也是公共关系内求团结的根本目的。激励理论对组织内部公共关系工作具有很大的指导意义。

根据马斯洛的需求层次论，为了满足组织内部员工的生理需求，就要合理制定厂内的管理制度，完善各项生活福利设施，保证员工的工作、生活、休息几方面都得到合理安排；为了满足员工的安全需求，在公共关系工作中，要将员工的安全生产、劳动保护、利益保障、劳动保险和福利事业放在十分重要的位置，要加强安全生产的教育和宣传，完善安全操作规程，解除员工的后顾之忧；为了满足员工的社会需求，应组织好各种类型的社团活动，并通过各种交谊活动增进青年人之间的了解和友谊，让员工有机会、有条件在相互交往中，体验集体的力量，培养集体荣誉感和归属感；为了满足员工的尊重需求，应通过各种公共关系宣传媒介，如黑板报、光荣榜、专栏、有线广播、表彰会，大力宣传员工的工作成绩和先进事迹，给取得优异成绩的员工以应有的奖赏和表扬，以造成人人学先进的氛围；为了满足员工的成就需求，应在组织内部开展各种生产技术型和教育培训型企业文化活动，通过技术攻坚、岗位技能竞赛和技术比武活动，显示员工的能力和智慧，通过举办各种培训班、进修班、讲座，使员工经常有所进步，以此重新评价自己和自己的工作，看到自己的前途和希望，把组织的前途和自己的未来命运结合起来。

根据赫茨伯格的双因素理论，在组织内部公共关系工作中，只有将物质激励和精神激励结合起来才能调动员工的积极性。既重视员工的物质利益，如住房问题、劳动保障问题、医疗问题等，又重视员工的高层次的精神追求，给他们以学习与上进的条件和机会，鼓励他们在生产和业余生活中显示自己的才华。特别是要通过各种公共关系手段强化员工的自尊心和创造精神，从公共关系学意义上认真办好企业墙报、专栏、橱窗，并通过会议、广播、先进事迹报告会、先进工作者演讲会等形式激发员工的荣誉感，通过组织各种专题公关活动使员工看到工作的价值和意义，激励员工为实现共同理想而奋斗。

根据魏勒的归因理论，在公共关系工作中要发挥传播手段的作用，通过强大的舆论宣传力量，表扬那些通过努力和奋斗，在艰难的条件下取得工作成绩的员工的先进事迹，表扬员工在工作中所做出的努力，以使员工明确组织在强化什么行为，使组织内部充满生机和活力。

## 二、组织内部公共关系的主要内容

组织内部的公共关系有三大基本任务，即关注和协调员工的物质利益；重视和满足员工的精神需要；协助和贯彻员工的思想教育。通过以上工作，促进组织内部管理者和员工关系的协调与沟通，达到内求团结的目的。

### (一)关注和协调员工的物质利益

组织中员工的物质利益包括工资待遇、福利待遇、劳动条件和工作环境，这些物质利益的满足和不断改善，是组织内部良好的公共关系状态的物质基础。在公共关系工作中，要认真收集与沟通这方面的信息，并做好参谋咨询工作，协调有关领导和部门做好关系到员工切身利益的各项工作。



1.公共关系工作要为员工劳动所得的合理化提供决策信息

满足员工的物质利益要求，必须处理好国家、集体、个人三者之间的利益关系。在保证国家利益的前提下，兼顾集体和个人的物质利益。在组织(或企业)与内部员工的物质利益关系方面，各项收入的分配和使用要合理，各种用途应保持一定的比例。在员工间的物质利益关系上，要充分体现社会主义按劳分配原则，体现奖勤罚懒，奖优罚劣，多劳多得，少劳少得，将按劳分配和按要素投入贡献分配相结合。由于各种原因，在处理上述几对关系中会产生一些矛盾和问题，公共关系工作就要及时收集员工在报酬分配上的状况、问题和想法，将员工的意见与要求反映给领导部门，同时把组织的经营状况、国家对组织收益分配的政策规定信息传递给员工，缓解组织和员工、员工和员工之间在分配上产生的矛盾。

2.公共关系工作要为员工福利待遇的改善提供建议

组织内部员工福利待遇的不断改善，不仅是保证员工物质利益的一个重要方面，更重要的是通过关心员工的切身利益，解决员工的实际困难，沟通员工与组织的感情，激励员工为本组织的目标而奋斗。员工的生、老、病、死、衣、食、住、行都是应当予以关注的。以上因素中，有些虽是小事，但它对员工的心理和感情影响是不可低估的。

实际上,任何一个组织在员工福利待遇方面都有许多工作可做,有些仅是举手之劳,却往往忽略了。组织内部公共关系工作的一个重要任务,就是要了解下情,并为员工福利待遇的改善提供可行性方案和建设性意见。

3.公共关系工作要为改善劳动条件、劳动环境、劳动安全做努力

安全、整洁、舒适的劳动条件和劳动环境,可以保证劳动安全,提高劳动效率,加深员工对组织的感情。在企业生产过程中往往存在着高压、高空、噪音、粉尘、震动、有毒物品、腐蚀性物品以及燃烧、爆炸等不安全因素,组织内部的公共关系工作要把协调、沟通、促进劳动条件和劳动环境的改善作为自己的重要目标;应十分关注员工对安全生产和文明工作的要求和意见,并协助组织领导和决策层,建立健全劳动管理的各项规章制度、操作规范,进行生产经营安全的宣传和教育,结合生产和经营开展劳动保护活动;应协助劳动保护、安全生产、文明环境的检查、评比、宣传活动。

(二)重视和满足员工的精神需求

精神需求既包括人们自由发挥自己的主动性、创造性的需求,又包括人们对各种精神产品的需求。这是一种高层次的需求。

发挥精神激励的作用是发掘组织内部活力的重要途径。精神激励的特点是引导、教育员工热爱本职工作,寻求有意义的生活,增强工作的责任感,保持高昂的工作和劳动热情。公共关系工作在这方面有以下作用:

1.通过公共关系活动,提高员工在组织中的地位,增强他们的责任感

尊重员工在组织中的地位,实际上是尊重员工个人的价值。在我国社会主义条件下,员工是主人,他们的积极性、智慧和创造力的发挥是组织(或企业)活力的源泉。公共关系工作的职责是:促使组织领导层在政治上充分信任员工,尊重他们的主人翁地位;关心、体贴员工,给员工发表意见的机会;让员工了解组织(或企业)的政策、发展方向、规划;沟通组织(或企业)经营管理的重大决策和关系到员工切身利益和组织前途的重要信息。

2.通过公共关系活动,发现和开发人才,提高员工的自信心

世界经济发达国家普遍认为,当今企业之间的竞争,实质上是人才的竞争。美国国际商用机器公司是由一家只能制造简单机械的小公司发展成的能生产名列该行业前茅的高效能电子计算机的公司。该公司的成功之道,包括在三个信念之中,其中第一个信念就是尊重每一个人。他们认为,只要尊重员工,尽量使其才智得到发挥,便会使公司得到实惠。

发现和开发人才,是组织内部公共关系的重要内容。通过举办各种生产技术型、文体娱乐型公关活动,提高员工的文化、技术、业务水平,发现员工中的人才;

通过平等机会，合理举荐人才，既可以在组织中形成开拓性的竞争环境，又可以提高员工的自信心，使他们感到学有所用，使他们的才华得到施展。

3.通过公共关系活动，促进组织内部团结，增强员工的自豪感

组织内部的团结是组织中人际关系融洽的表现，是组织富有生命力的象征，是组织的各项工作顺利进展的保证，也是组织内部公共关系工作的根本任务。

增强组织内部的团结，最主要的是通过公共关系活动，使广大员工的个体目标与组织的整体目标自觉地保持一致，使每位员工从自身利益上关心组织的命运。它可以通过各种公共关系专题活动，沟通员工之间的感情，激发大家对组织的好感，增强组织内部员工的"我们感"和凝聚力。在组织内部人际关系出现摩擦时，通过集体活动沟通畅导，引导员工向前看，化解矛盾，恢复员工间的信任。

（三）协助和贯彻员工的思想教育

在新的历史条件下，应将思想教育工作和公共关系活动紧密结合起来，求得组织内部的团结气氛。当代组织思想政治教育的基本方法可以概括为"灌输、转变、调节、激励"八个字。

灌输，主要是利用各种舆论工具向受教育者系统地传播先进的思想、观念和理论。

转变，主要是纠正受教育者已经形成的某些不正确的思想和行为。

调节，主要是调节组织内部的环境气氛，调节人际关系和人的心理状态。

激励，主要是激发受教育者的积极性、能动性和创造性。

组织内部员工的思想教育，要遵循实事求是、平等相待、正面激励、积极引导的原则，并采用一系列符合时代特征的科学方法；同时，要探讨新方法、新途径。这就客观上要求把日常的思想教育工作融入企业文化的创建之中，汇于丰富多彩的公共关系活动之内，并和企业管理、党团活动结合起来。

将公共关系手段引入思想教育领域是行之有效的（见图11-3）。

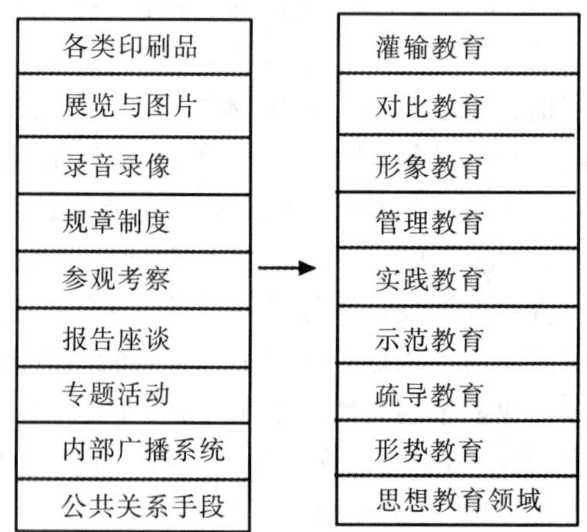


图 11-3 公共关系手段引入思想教育领域

### 三、组织内部公共关系活动方式

公共关系活动和企业管理工作是不同的，公共关系要运用传播手段收集信息、传播信息、沟通畅导；而不能像其他职能部门那样，具体地解决员工的物质和精神方面的问题和要求。

国内外一般的组织内部公共关系活动方式(或手段)有下列几种：

(一)组织自办报纸、刊物

这类报刊的主要对象是组织内部的员工，通过定期出版组织自办的厂刊、厂报、简讯，报道组织各类活动的消息、情况、资料。这类小型报刊一般要求形式活泼、内容简短，照顾到员工的兴趣；围绕组织的中心任务和工作，图文并茂，观点鲜明，贴近组织的环境和员工的工作、生活。

(二)组织的墙报、黑板报

墙报和黑板报是组织内部公共关系活动的最常用手段，具有因地制板、灵活简便、省时省力、形式多样、刊出及时、图文并茂、受众集中等特点。可以利用这种形式表扬好人好事，批评不良行为，宣传政策方针，传播最新信息，反映员工呼声，公布竞赛结果，等等。

(三)组织内部广播系统

组织内部的广播电台，是传播信息最快、受众面较大、影响较广的公共关系宣传媒介。广播喇叭一般在组织内部各人群集中的部位设置，广播时间可选早、中、晚各一次，内容灵活机动，主要反映本组织的近期情况，还可以通过听众点播节目、专题征稿选播、听众信箱等丰富多彩的形式吸引内部公众，使广播接近实际、接近生活。

(四)组织自设闭路电视

这是一种声像具备的信息传播媒介。通过闭路电视，可以播放组织新闻、员工自编自演的文艺节目、技术竞赛实况、一些和本组织有关的优秀电视片。

(五)员工手册

组织编写的内部员工手册，内容可以包括组织的发展历史、战略目标、组织机构、技术条件、装备设施、产品介绍、经营特色、规章制度、重大事件等等，通过这种方式，使员工了解组织的基本信息。尤其是老员工退休后，员工手册可成为永久的纪念品；新成员到来时，员工手册可以成为他们认识组织的第一个媒介。

(六)各类座谈会

由于员工本身的岗位不同、工作性质不同、自身条件不同，同一组织内部这个群体与那个群体之间，这部分员工同那部分员工之间的具体利益、意见和要求各有差异，通过座谈会的形式，可以沟通干群之间、员工之间的感情。组织还可以安排一些专题座谈会，如青工座谈会、女员工座谈会、技术人员座谈会、后勤人员座谈会、管理人员座谈会等，以听取不同方面的要求和建议，求得员工间的相互理解和沟通。

（七）合理化建议制度

国外一些有开拓性的组织普遍采用这种制度。这种制度给组织的发展带来了明显的效益。合理化建议的收集，有利于改进组织内部的管理，提高员工参与管理的民主意识，增强员工的主人翁责任心。对员工的合理化建议要及时处理，并建立奖励制度，对被组织采用的合理化建议应给予鼓励。对建议采纳后取得较大成效的，应给予重奖，对暂时不能采用的建议，要对员工做出解释性说明并表示谢意，以保护员工关心组织发展的积极性。

（八）意见箱、意见簿

这类设施可使内部员工广开言路。员工由于各种原因，一般不愿意与有关人员面对面交谈，某些情况下，他们不愿意暴露自己的姓名。因此，可通过意见箱和意见簿来提意见、诉委屈、发牢骚、谈问题。这种背对背的形式，往往可以收集到组织在一般公开场合听不到的意见。

（九）集体活动

组织内部的各种集体活动，给平时分散的员工创造了相聚的机会，有助于组织上下之间、员工之间融洽关系，增进了解，联络感情，促进友谊。组织内部可以利用节假日，组织各种规模的文体活动、庆祝活动、旅游、节日会餐等，还可以组织各种兴趣小组，调动员工的积极性。

（十）展览与陈列

可通过固定或流动、室内长期和室外短期展览形式，陈列与组织的历史、贡献、人物、产品、服务、技术、装备有关的实物，宣传组织的精神、荣誉和好人好事。可以是综合展览，也可以是专题展览，可以有内容稳定的长期展览，也可以搞配合重大活动的短期展览。

## 四、企业内部运行机制与企业内部公共关系

（一）企业内部运行机制与企业活力

任何机器都是按照自己的性能在一定的技术和工艺的联系中运转的，社会主义经济机体同机器一样，经济运行的内部联系和运行方式是由社会主义经济机体本身规定的。

我国经济体制改革的根本任务就是要建立有中国特色的、充满生机和活力的社会主义市场经济体制，促进社会生产力的发展。这个生机和活力的基础就在于企业的生机和活力。这是因为，整个国民经济的生机和活力，就像一个生命力十分旺盛的生物体一样，它是由千千万万个各种不同形态和功能的活细胞组成

的,生物体的盛衰强弱归根到底取决于细胞的活力。细胞作为生物体组织的基本单位,它本身就是有生命的,能够呼吸、吐故纳新,对外界的刺激有反应。如果细胞的活力衰退了,生物体也就必然衰老以至死亡。在旧的经济体制下,作为经济细胞的企业缺乏活力,处于抑制下的呆滞状态,整个经济活动僵化而缺乏活力。因此,企业作为生命体而自行活动,是整个经济机体充满活力的关键。

企业要真正成为充满活力的生命体,就必须时刻不停地与外界交换着物质、能量和经济信息。为此,企业应具有以下几种能力:一是自我改造、自我发展的能力;二是对外界刺激的自动反应能力;三是对自己的生存条件有适应和选择能力;四是具有抗干扰的自我组织能力。

(二)建立企业内部机制的公关对策

公共关系作为一门内求团结、外求发展的经营管理科学,其特点是运用传播手段,使内外环境适应于企业,并使企业适应于内外环境。因此,公共关系工作在健全和完善企业内部运行机制方面有独特的功能,集中体现在企业内部以下几种机制的建立上。

1.运用公共关系手段,建立企业内部对市场的反应机制

市场是企业竞争、生存和显示活力的客体,企业只有根据自身生产和发展的需要,从市场上获取资金、信息、资源、技术和劳务等各种生产要素,生产出具有竞争力的产品,才能显示出活力。市场与企业是水和鱼的关系。对市场缺乏反应能力,是一些企业产品滞销、陷入绝境的根本原因。

企业内部对市场的反应机制是指企业快速了解市场,收集信息,把市场信息迅速反映到决策者之中,决策者做出产品调整决策的一整套相互连接、互为依存、相互促进企业经营的有机和内在的联系。在信息时代,企业能否建立有效的信息管理系统,开展有效的信息管理及信息资源开发工作,是企业能否适应市场环境的重要条件。从企业经营管理的角度来看,企业系统本身就是一个信息系统。企业的生产和经营活动一般是先收集资料,通过不同的载体和方式作出记录,然后进行信息处理,再根据信息进行分析预测,在预测基础上做出决策,最后按决策进行各项生产经营活动的有机过程。

公共关系的基本特征之一是信息传播活动,它在企业内外、上下、左右的活动中掌握大量的信息,是企业决策的重要信息源。公关人员可以从以下三个方面为企业提供信息:

一是通过日常的征询性公关工作,通过与政府部门、业务主管单位、消费者和用户、银行和税务部门、相关企业、新闻部门等公众双向交流的公关活动及联系,收集这样一些信息:国家有关各项经济计划和产业政策的变化情况;社会公众对企业战略与决策的反应和支持程度;市场营销活动的政治、经济、法律、文

化、科学技术等因素的综合分析;消费者和用户的购买行为与购买动机;消费者和用户需求的发展变化;对本企业产品和服务的印象和重视程度;与本企业经营活动密切相关的商业销售企业、原材料供应企业,各横向联合企业的合作态度、支持程度;企业竞争对手的经营管理水平、市场营销战略与决策目标以及在市场竞争中的地位与作用;等等。

二是通过各种大众传播媒介,迅速地获取社会和市场环境变化信息,监测社会环境。新闻媒介具有发布信息的权威性、及时性。通过分析新闻媒介在一定时期内报道的重点和舆论导向,捕捉一些重大信息,经过公关人员观察及有关经营管理技术人员分析、研究,寻求企业经营环境变化规律和趋势,参与企业重大规划及预测、决策的制定工作。

三是建立稳定的公众联系制度。建立产品用户信息档案、未来用户信息档案、相关企业信息档案,通过长期努力,稳定地获取各种现在公众和未来公众的态度资料和信息,为企业的经营决策服务。

通过以上三条途径,企业的公关部门就有可能帮助企业建立一套灵敏有效的市场环境反应系统,提高企业对复杂、多变的外部环境的反应能力,从而逐步建立企业对市场的反应机制。

大面积、多渠道、多侧面、多手段地收集环境信息,并分析监测,提供决策依据,同时兼有信息档案、人际沟通、态度反馈、信息搜索等综合能力,是企业公共关系工作所具有的独特功能。只要高度重视,它将为企业带来重要的战略性资源,其潜力是无穷的。

2.运用公共关系手段,建立企业内部活力的激励机制

激励,从行为科学角度来讲,是持续激发人的动机的心理过程。通过激励,在某种内部或外部刺激的影响下,使人始终维持在一个兴奋状态之中。激发人的动机的心理过程是:需求引起动机,动机引起行为,行为指向目标。这说明,人的行为都是由动机支配的,而动机则是由需求引起的,人的行为都是在某种动机的策动下为了达到某个目标的活动。

激励机制运行的过程,实质上就是由各种刺激条件所组成的刺激变量引起机体变量(有机体的需要、动机等),产生持续不断的兴奋,从而引起积极的行为反应;当目标达到之后,经过反馈又强化了刺激,如此周而往复、延续不断的过程。

要建立企业内部的激励机制,就要建立一套企业内部的激励系统。这个系统涉及到企业每个员工、每个部门。在提高员工能力方面,有政治、技术、业务文化的培训,有工作扩大化、丰富化等措施;在提高员工工作愿望方面,有思想教育、工作激励、精神激励,有包括工作方法、工作岗位、工作环境在内的工作合理化设计以及合理安排劳动和休闲,有提高健康保健水平和减少员工生态波动、情绪波

动、个人生活对工作的影响等一系列手段。归结到一点,就是运用一切措施,持续地创造激励因素,尽可能地调动每一个员工的积极性。

企业内部的激励系统分为物质激励和精神激励两大子系统。物质激励系统包括:工资激励、奖金激励、福利激励、实物激励、岗位激励、条件激励、保障激励、环境激励、保健激励、时间激励、服务激励等。精神激励系统包括:榜样激励、关怀激励、进步激励、信任激励、成就激励、尊重激励、荣誉激励、支持激励、培养激励、赏识激励、目标激励、团结激励、对比激励。企业内部的公共关系工作也要从这两个子系统入手,策划激励机制的运行动力问题。

从物质激励角度入手, 企业的公共关系工作应该担负起员工物质需求信息的收集者、传播者、反馈者、咨询者、解释者的功能。作为信息的收集者,可通过各种形式,广泛听取企业内部员工对关系到物质利益问题的反应和建议,使员工的愿望和态度有正常的反映渠道;作为信息的传播者,可通过各种媒介将员工的愿望和要求传达给决策部门和领导层,将决策部门和领导层的决议、精神传达给企业员工,促成企业内部的沟通和理解;作为信息的反馈者,可通过各种形式,把企业内部某一项关系到员工物质利益的重大决策和方针的反馈意见, 及时反映给有关部门,推进企业决策进程的科学化和合理化;作为信息的咨询者,可通过各种形式,向企业提供符合实际的、切实可行的、建设性的关于物质利益关系方面的咨询建议,供决策层参考;作为信息的解释者,可通过各种形式,把企业的经济实力、经营状况及成绩和困难告诉员工,并通过各种媒介做好解释说明工作,使员工明了哪些物质利益是合理的,哪些是不合理的,哪些是近期有条件解决的,哪些是暂时无法解决的,沟通畅导,以理服人;使广大员工理解企业,信任企业,团结一致,为企业的振兴而努力。

以上公共关系的物质激励作用,可以归结为这样几个方面:(1)可为员工劳动所得合理化提供决策信息;(2)可为员工福利待遇的改善提供建议;(3)可为改善劳动条件、劳动环境、劳动安全提出方案;(4)可为解决企业内部物质利益矛盾和纠纷出谋划策。

从精神激励角度入手,企业的公共关系工作可以充分利用人际传播媒介、宣传性媒介做好员工的精神激励工作。在这方面,可以考虑从以下几个途径入手激励员工:

首先,充分利用人际传播媒介,通过定期的丰富多彩的集体活动,给平时分散的员工创造相聚的机会,有利于企业上下之间、员工之间融洽关系、联络感情、促进友谊、增强内部团结。

现代化大生产向专业化、协作化的方向发展, 生产社会化的程度也越来越高。为此,在生产中要发挥群体组织的作用,把许多人组织成一个合力,使之产生一种新的力量。如果对一个群体组织协调不当,就会产生涣散乏力、相互摩擦、能量抵消、凝聚力不强的后果。因此,怎样协调内部关系,激发员工的合作精神,是企业内部激励机制的关键环节。

实际上,任何一个群体中,都存在着相互联系的三个组成要素:活动、相互作用和感情。一个组织能够持续存在,必须有各种活动。只有通过活动中的相互作用,才能产生群体间的感情,从而形成凝聚力。

企业可以定期组织一些有意义的文体活动,如庆祝活动、节日会餐、旅游、文艺演出、各类体育比赛等,以创造机会让员工相互接触,增进感情,并使他们重新认识他们的相互关系,认识他们的企业,认识他们的岗位和工作。

其次,充分利用宣传性媒介,在企业内部造成表彰先进、鼓励杰出的强大舆论环境。如通过企业自办的报纸刊物,宣传企业倡导的精神和价值观,宣传在企业中忘我劳动的普通员工和管理者中的优秀事迹;通过企业办的车间黑板报、墙报进行评比、表扬,激励员工的奋斗精神;通过企业广播系统和闭路电视,及时宣传企业里的新人新事;通过各类报告会、演讲会、座谈会、交流会等形式,激发员工内在的自信心和尊严;通过一些展览活动,展示和宣传企业对社会的贡献、企业的艰苦创业历史、企业的优质产品、企业员工的发明创造等等,激励员工的集体荣誉感。

最后,策划公共关系专题活动。根据时代特点、社会热点、员工的兴奋点和企业的具体情况,以寻找新的激励点为目的,公关部门策划一系列活动,使企业员工在一段时间内沉浸在某种氛围之中, 可以避免因工作单调乏味而带来的效率下降、情绪低落等情况。如"企业当年新闻人物评选"活动,"我为振兴企业献一计"活动,"青工生产技术大比武"活动,"为离退休职工送温暖"活动等,都可以在企业各职能部门配合下,精心安排,精心组织,达到对企业员工精神激励的目的。

3.运用公共关系手段,建立企业内部员工行为的约束机制

建立企业内部员工行为的约束机制,就是要建立一种科学、合理、有效的对企业管理者和被管理者、决策者和执行者有关行为进行必要的控制、规范、引导、监督和调节的机能,使不合理行为受到牵制和警示。

影响企业内部员工积极性的不合理行为集中表现在以下几个方面:福利待遇不合理,利益分配不合理,决策程序不合理,用人制度不合理,劳动组织不合理,管理制度不合理。这些不合理行为和企业外部大的政策和经营环境有关,而这些不合理行为又直接影响到企业领导行为的合理化和企业普通员工行为的合理化。

利用公共关系内求团结的职能,运用公共关系原理,建立一整套企业内部员工行为的约束机制,主要从以下三个方面入手:

一是需要建立对企业内部利益分配活动的监督体系。分配问题是企业中最为敏感的问题，分配行为的不合理，是造成企业内部丧失活力的直接原因。因此，需要建立一种监督体系，实行对分配行为的全过程监督，保证分配行为合理化。

二是需要建立对企业内部生产经营决策活动的沟通网络。企业决策关系到企业的兴衰。股份制、股份合作制和各种形式的企业经营承包责任制，作为一种利益共同体，把员工的经济利益和企业的效益紧紧联结在一起，要求企业无论是在决策的调查研究阶段、归纳综合阶段、制订方案阶段以及在决策的具体实施过程中都应广泛听取各方面的反应、建议。建立一个广泛的沟通网络，约束不合理的决策行为，体现员工的企业主人翁地位和参与管理、决策的权利。

三是需要建立企业内部用人制度的平等竞争的环境。市场经济是智力经济，市场竞争是人才的竞争，必须建立一套平等竞争的用人制度，公开、公正、公平地选拔使用管理人员和决策层，建立企业上下一心、干群一致的融洽气氛。

具体来讲，可以通过下述公共关系媒介，实施对企业内部行为的约束：

一是利用企业内部的各种公关媒介，公开向员工公布奖金分配方案、奖金来源、奖金考核情况、奖金留存情况、奖金分配政策依据等；公开向员工公布企业招聘干部的任职条件、干部聘任程序、评议考核结果、在职干部的政绩、干部录用结果等。通过各种传播媒介和企业员工沟通联系，使重大问题受到企业内部舆论的监督，从而约束在用人、分配、决策等环节中的不合理行为。

二是利用企业内部的各种公关媒介，宣传企业管理制度和各项操作规程，定期公布劳动纪律、产品质量、物资消耗、成本预算等内容，并公布对职工的奖罚情况。在产业工人相对集中的大中型企业，恢复严细的管理制度，严明的劳动纪律，严肃的惩罚制度，严密的奖励措施，以此约束少数员工的不合理行为。

三是利用各种企业内部的公关媒介，造成对公正与偏私、正义与非正义、正确与错误、合理与不合理等这样一些观念和道德范畴进行评价的舆论环境，表彰和宣扬员工中忘我劳动、无私奉献、出谋划策、分忧解难的先进事迹，使广大员工通过传播媒介知道企业提倡什么，反对什么，表扬什么，制止什么，从而通过企业精神、企业道德、企业作风建设来约束企业内部的不合理行为。

原广州花园酒店总经理曾向管理人员提出“员工第一”的口号。他认为，只有把员工放在第一位，尊重他们的劳动和尊严，使他们处处感受到自己作为“花园”不可或缺的一分子的“主人翁”价值，认识到“花园”的荣辱与他们的工作形象和经济效益都息息相关，这个酒店才能成为成功的酒店。

根据这一思想，花园酒店最高决策层制定出一系列协调员工关系、激励员工士气的措施。比如：每月固定一天为员工日，届时高层管理人员一起下厨为员工炒几道拿手菜；酒店公共关系部定期邀请员工亲属出席“酒店与员工家庭亲善会”,征询意见,争取“后院”的理解和支持;哪位员工工作有成绩,就会收到总经理签发的嘉奖信;每一位员工生日的当天,都会收到总经理赠送的生日贺卡;酒店设立意见奖,最高管理层对有建设性的意见保证在三天内作答,并给予奖励;等等。

袁先生是知名的美籍华裔人士,全美酒店管理业的六大明星之一。他认为,优质服务和产品是酒店成功的要素,而服务和产品是由员工提供的,所以员工就是酒店最宝贵的财富。这位精通公共关系技巧的总经理走马上任刚刚半年,便使广州花园酒店的形象和经济效益都得到很大的提升。这便是“员工第一”带来的效应:2000名员工的内聚力使酒店整体的内聚力和外张力大大增强了。

### 五、企业内部股东关系的处理

股东关系是组织内部公共关系的重要组成部分。在现代化企业,尤其是在当代企业制度中,股东的地位和作用日趋重要。企业与股东的关系日益受到人们重视的主要原因,是由于第二次世界大战以后,西方发达国家持有股票的人数急剧增加,许多资本主义企业鼓励员工购买本企业的股票,以此作为加强员工责任心与合作精神的激励手段。股东人数的剧增使企业不得不倾注极大的精力处理与股东的关系。

在我国,随着改革开放事业的不断发展,近年来社会集资兴办的工商企业也在迅速发展,并且已经成为不容忽视的社会生产力。在农村,随着商品生产逐步繁荣,原有的农民家庭式经营已经不能满足需要,众多股份合作企业的兴办,集聚了农民手中的零散资金,进而带动技术、人才、生产资料等生产要素的合理组合,形成了新的社会生产力。在城市,上市公司越来越多,股份制改造使众多企业焕发了生机,有些企业实行员工入股分红制,把企业员工的经济利益同企业的兴衰紧密联系起来;还有一些企业实行全体员工入股联营制,凡是本企业员工,不论固定工、临时工,一律入股。入股员工均为企业股东,企业为全体股东所有,员工既是劳动者,又是股东。股东代表大会执行原职工代表大会的权利。当然,社会主义性质的股份制,还有许多理论和实践问题需要探讨,但这种形式作为深化我国企业改革的试验,充满着生机和希望。

由于股东与企业的利害关系最密切,股东既是企业的支柱,又是企业活动的最积极的赞助者,因此,如何改善和处理好企业与股东的关系,对于股份制企业经营的成败具有极大影响。处理组织内部股东关系的最大目标,就是树立本企业在股东心目中的良好形象,鼓励股东热爱本企业,积极关心企业经营活动,努力为企业的发展而工作,而不是袖手旁观,坐等分享红利。

为了促进企业与股东之间的联系与沟通,公关部门可以采用以下几种方式:

(一)年度报告

它包括财务、生产、销售、人事行政等计划及其他情况的报告,向股东说明企业的生产经营及财务、人事情况等,具体分为:

1.财务状况的报告,也称营业收入报告。介绍企业债务、流动资金情况、设备的资金支出、销售收入与费用的比率、年度营业状况及与上年度比较的盈余和利润、投资、运营资金、现有财产、税额、收入分配等。

2.生产情况的报告。即存货、工厂设备、制造作业状况、原料、公用设施、新产品、分部或分厂、运输、工资和成本的增长、新设备及设备完善、储存设施等。

3.销售情况的报告。即产品销量、广告、推销、定价、订货方法、货品的供应与分配、服务措施、用户关系等。

4.人事情况的报告。即企业的领导班子、行政人员状况、员工福利计划、组织变动、工会关系、员工工时与工资、退休金和保险、安全生产状况及家属待遇等。

(二)图片说明

它包括工厂全景、办公室、生产设施、产品品种、规格、企业新建筑及行政人员照片,通过这种宣传性媒介为本企业宣传形象,增强广大股东的信心。

(三)年度投资者会议

定期举行年度投资者会议,在面对面的意见交换中,既可以密切股东或投资者与管理人员的关系,又可以使股东或投资者有机会了解企业更多的情况,以争取到更多的投资和赞助。

(四)各类印刷品

将企业的财务、生产、销售等情况及企业的服务设施、产品开发等编印成各类小册子或宣传品,有利于向股东解释和说明情况。

## 本章复习思考题

1.组织外部的公共关系包括哪些内容?

2.简述消费者关系及其沟通方式。

3.简述社区关系的意义及内容。

4.简述媒体关系的原则和方法。

5.怎样正确处理竞争关系?

6.简述政府关系的类型和协调政府关系的途径。

7.简述行为科学对组织内部公关的启示。

8.简述组织内部公共关系的内容和活动方式。

# 第十二章 公共关系应用

## 中心内容

公共关系在当代社会的各行各业、各个社会组织乃至政府、国际事务中得到了广泛的应用。公共关系的基本原理、技巧和方法在各行各业中是普遍适用的。本章分别论述商业服务业公共关系、政府公共关系、市场营销公共关系、国际公共关系。

## 学习目标

学习本章,要了解各类营利性组织和非营利性组织面对公众的特点,了解并掌握各类不同性质组织的对内、对外公共关系工作(或活动)的基本方法和途径。

公共关系在当代社会的各行各业、各个社会组织乃至政府、国际事务中得到了广泛的应用。公共关系的基本原理、技巧和方法在各行各业中是普遍适用的。本章分别论述商业服务业公共关系、政府公共关系、市场营销公共关系、国际公共关系。

## 第一节 商业服务业公共关系

商业企业在产品从生产者转移到消费者的流通过程中,起着纽带和桥梁的作用。当代社会的专业化分工使为顾客(或消费者)提供各种服务的第三产业繁荣兴旺。商业服务业的公共关系具有十分重要的意义。

## 一、商业企业的公共关系

### (一)商业企业公共关系的基本特征

所谓商业企业,是指专门从事商品流通、产品经销的经济实体,包括批发商、代理商、经销商、中间商、进出口商、零售商,具体包括百货商店、贸易货栈、超级市场、杂货店、各种专业商店等。

随着社会的进步和市场经济的发展,商业企业的公共关系日显重要。这是因为:

首先,在当代社会中,商品交换关系的畅通与稳定对商业企业是生死攸关的。因此,需要建立纯交换关系外的另一种良好关系来保持和促进交换关系。

其次,良好的公共关系有利于争取消费者的支持和理解,有效地占有市场,以适应当代社会卖方市场向买方市场转变的客观要求。

最后,商业企业和消费者双方,需要通过良好的公共关系,实现商品的经营者和消费者的双向沟通,使企业及时了解消费者需求的变化趋势,适应消费者以满足基本需求为主转向满足选择需求为主的情况,在激烈的市场竞争中得以生存和发展。

商业企业的公共关系工作是指在提供适销对路的商品和优质服务基础上,增进与其他企业及消费者的信任与协作,树立商业企业良好服务形象和信誉所采取的一系列公关决策与行动。

公共关系在商业活动中具有重要作用,表现在:

1.随着市场经济的发展,商品流通规模的日益扩大,工商之间、企业之间、部门之间、城乡之间的经济交往愈来愈频繁,各种社会联系也愈来愈复杂,客观上要求科学地处理和协调各种关系。

2.商业企业经营管理的任务,主要是认真搞好市场调研和决策,扩大购销、降低费用、提高经济效益。商业的调研、决策、购销活动都需要公共关系作指导。

3.在商业企业中发展公共关系,用健康的公共关系取代庸俗的关系学,杜绝以权谋私、行贿受贿、拉关系、走后门等不正之风,可以促进社会风气的好转,促使商业企业文明经商、优质服务。

商业企业公共关系的任务有这样几个方面:让公众和顾客了解企业的经营方针、营销特点和最新信息;调查分析公众团体和舆论界对本企业经营的花色品种、质量、价格、规格、经营作风、服务特色等方面的印象和态度;及时向上级有关部门提出合理化建议和各种市场信息,为树立商业企业的信誉和形象服务。

### (二)商业企业与消费者的关系

商业企业同消费者搞好公共关系的核心是提高服务质量,最大限度地满足消费者的需求。

1.消费者需求的特征和规律

在社会中生活的每个人，都是有各种需求的消费者。一般把人们为了达到生存、享受、发展三个方面的满足而产生的有实际购买能力的对生产资料和消费资料的客观需要和欲望称为消费者需求。根据不同的角度，消费者需求可进行多种分类。从购买的目的来看，消费者需求可分为生产性需求和消费性需求；从需求的主体来看，消费者需求可分为居民需求和集团需求；从每个人的需求来看，基本上可分为生理性需求和心理性需求；从消费者可能被满足的程度来看，消费者需求可分为潜在需求和现实需求；从消费者可能被满足的时限来看，可分为已实现的需求和被延迟的需求。

消费者需求的特征，主要表现在以下几点：

第一，发展性。随着科学技术的进步、生产的发展和消费者购买能力的提高，人们对商品和服务的需求也在不断发展。在消费结构中，高档次、高质量的商品比重增加；过去未曾消费过的商品现在进入消费；过去的紧俏热门商品现在变为滞销；某些新产品的问世，使人们过去潜在的欲望变为现实的购买行为，体现出了消费需求的发展性。

第二，多样性。我国是一个地域辽阔、人口众多的多民族国家，每个消费者的收入水平、受教育程度、年龄、职业、性别、民族、籍贯和生活习惯的不同，自然会产生各种各样的爱好、兴趣和选择，从而对商品和服务的需求也是风格各异、千差万别的。

第三，时令性。消费者需求会因时间和季节的不同发生变化。在一些商品上表现并不明显，在另一些商品上表现却十分明显，如冬令衣帽，夏季时装，节日的烟、酒、糖等。

第四，伸缩性。消费者在购买商品的数量、等级方面的需求是随着购买力水平和商品价格的变化而变化的。一般的规律是：基本日常生活必需品的消费需求的弹性较小，那些选择性较强、受购买力和商品价格等因素影响较大的商品，其弹性较大。

第五，可诱导性。指通过生产部门或商业部门的工作和人为影响而使消费者需求得以引导和调节。这是因为消费者的购买行为要受到商业广告、推销者宣传、公共关系活动、流行时尚、某种情感等因素的影响。

第六，层次性。人们的需求尽管多种多样，很难截然划分，但大体可归纳出一个顺序。恩格斯曾将人类需求划分为生存需求、享受需求、发展需求三个层次，由此指出了人类消费需求的一般发展进程。美国著名心理学家马斯洛于1954年提出了人类需求五层次说。按照马斯洛的学说，人类有五种基本需求，即生理需求、安全需求、社会需求、尊重需求、自我实现需求。马斯洛需求五层次说指出，人们在其关心安全需求之前，必须满足生理需求，依此类推，按需求强度来说，越是低层的需求越是不可缺少。按需求的阶段性来说，人们的需求是没有止境的，旧的需求满足了，新的需求又将产生。

第七，时代性。消费者的需求受所处时代的风气、环境、时尚、制度的影响，追随时代潮流，紧跟时代步伐。时代不断前进，人们的需求也随着时代的发展而变化。

2.消费者购买过程的心理行为

消费者在为满足需求而采取购买行为之前，有一系列的心理活动过程。这些心理活动既有认识过程、情感过程，又有意志过程。消费者对商品的认识过程是一个从感性到理性、从感觉到思维的复杂过程。但是，在很大程度上，消费者的购买行为，仅仅是感情起作用的结果。消费者的购买过程，一般分为五个阶段(见图12–1)。

图 12–1 消费者购买过程的心理行为

引起需求是购买过程的起点，由此而引发购买动机；收集信息是指人们在引起需求以后，会积极收集有关信息，为购买决策准备资料；比较选择是指人们对所要购买的商品进行比较、分析和研究；购买决策是产生购买行为的意志过程的关键阶段，一般受包含个人行为因素、经济因素、环境因素、社会因素在内的许多因素的制约和影响；买后感受是消费者实际使用后，通过个人及家庭成员和亲友的评判，对购买商品进行使用检验之后得出的感受。买后感受具有较强的反馈作用，不仅影响购买者以后的消费行为，而且影响他人的购买行为。

消费者的购买行为虽然千差万别，但根据消费者的性格，可将其购买行为分为以下六种类型：

一是习惯型。这类消费者的特点是根据过去的体验和使用习惯反复购买某些品牌的商品。原因在于他们对这些商品非常熟悉和信任，并且在购买时行动迅速，不必经过仔细选择和比较。

二是理智型。这类消费者的特点是，购买前就已经对所要购买的商品进行了比较、分析和研究，购买时冷静、慎重，善于控制自己的情绪，不易受广告、宣传和时尚的影响，喜欢精心挑选。

三是经济型。这类消费者的特点是对价格反应特别敏感，善于发现别人不易觉察的价格差异，喜欢购买廉价商品。

四是冲动型。这类消费者的特点是易受商品外观或广告、宣传、时尚的影响，购买时多从个人兴趣出发，喜欢追求名牌和新产品。

五是想像型。这类消费者的特点是易受情感动机支配，以丰富的想像力来衡量商品的意义，重视商品外表造型、色彩和名称，并且注意力容易转移，兴趣经常变换。

六是不定型。这类消费者的特点是缺乏商品知识和购买经验，心理尺度尚未稳定，其购买多是尝试性的，或是奉命购买，或是顺便购买，对商品没有固定的偏爱。

消费者购买的具体动机大体有：

一是求实心理。讲求商品的实际使用效果，核心是实用、方便，并特别重视商品质量，希望所买到的商品经久耐用，这是消费者最普遍、最基本的一种消费心理。

二是求安心理。要求商品性能安全可靠并保证维修，在使用时不会引起副作用，不会给消费者带来危害等。

三是求新心理。主要表现为追求时髦、新颖。通常都具有追求新产品、乐于使用新产品的心理倾向。

四是求美心理。随着传统生活方式的变化，人们对商品不仅要求经久耐用，还要求商品造型美、包装装潢美等。

五是求名心理。这是消费者出于一种"占有欲"，追求名牌商品、名胜地产品以及吉利的商标等心理。

六是求速心理。消费者普遍要求节省购物时间，希望能够迅速成交的心理。

七是好胜心理。这种心理常表现为追求高档产品，并力求超群、胜人一筹。

八是仿效心理。这种心理常表现为攀比，要求买到与别人一样喜爱的商品。

九是观望心理。为选择称心如意的商品等待观望，见机购买。

3.处理消费者关系的方法

提高商业企业服务质量是搞好消费者关系的核心。商业企业的服务质量主要包括：经营品种的适销对路；服务方式的方便灵活；营业时间的科学安排；服务项目的多种多样；服务态度的热情周到；服务作风的文明礼貌；商品陈列的美观整洁；服务过程的迅速准确。

具体来说，应从以下几个方面入手，搞好商业企业同消费者的关系：

第一，捕捉市场信息，搞好售前服务。商业企业搞好售前服务的关键是通过市场调查，掌握准确信息，进行科学预测，了解消费者的需求趋势，购进适销对路的商品。它可以通过建立缺货登记簿，预约登记；加强广告宣传，积极说明引导；精心设计商品的陈列与展示等途径进行。

第二，提高服务质量，搞好售中服务。提高服务质量，首先要求经营人员要有热情诚恳的态度，较丰富的商品知识，娴熟的售货技术和文明礼貌的语言。被誉为“经营之神”的松下幸之助在他的一本书中写道：“对买卖来说，每天经手商品，就像自己多年来费尽心血养育的女儿。顾客购买商品，等于娶了自己的女儿，因此商品与消费者之间就成了姻亲。如果能这样想，那么自然就会关心顾客的需要，会重视商品是否合顾客的心意。如果每天都能抱着这种态度做买卖，就能跟顾客建立起超越买卖关系的相互信赖感。一旦到了这种程度，必然会受到顾客的欢迎，进而使生意日益兴隆。”

第三，完善经营措施，搞好售后服务。良好的售后服务可以增强顾客的安全感，赢得消费者的信任。实现售后服务的关键是切实实行保修、保换、保退，并建立服务档案，经常与客户保持联系，经常检查商品使用情况，特别是由于商品质量或故障导致顾客重大损失时，要诚恳致歉，迅速弥补损失。

美国有一家生意兴隆的百年老店西尔斯商店。几十年前，在谈起他们的经营诀窍时，西尔斯说：“我的店生意兴隆，不过是把大家都公认的经营准则‘货物出门，概不负责’改成‘货物出门，负责到底，保证满意，否则退款’罢了。”他制定了一条规矩，店员决不许与退货的顾客争执。有时明知顾客退换的是穿旧的鞋，不慎用坏的工具，他也甘愿上当受骗给予退换。有人对西尔斯的做法表示迷惑不解，西尔斯却说：“即使这个店偶尔被少数人钻了空子，这也没有什么关系。我们正是指望那些来退货的顾客再买一些以后不再退货的商品呢！”由于实行了与众不同的经营准则，西尔斯商店以良好的售后服务赢得了顾客的信赖。这家商店经历百年换过好几代人，但仍然兴盛不衰。西尔斯商店的经理们在开会时，总有一把椅子是空的，椅子的靠背上赫然写着“顾客”两个字。

（三）商业企业与货源的关系

货源关系，即商业企业同生产企业之间的关系，是商业企业要处理好的最重要的关系之一。商业企业要想努力满足消费者需求，取得好的经济效益，就应该支持和促进生产的发展，为生产企业搞好服务。

1.积极为生产企业提供信息

生产企业的产品在进入流通领域之后，是否受到顾客欢迎，哪些方面需要改进，哪些方面与同类产品尚有差距？这些信息绝大多数要靠商业企业提供才能获得。同时，只有商业企业把产品质量、设计、规格、性能等信息反馈给生产企业，生产企业才能不断根据消费者需求改进产品生产和设计，这样，商业企业也才能得到高质量的适销对路商品，去满足消费者的需求。这种商业企业和生产企业的信息交流关系就是一种公共关系。

作为商业企业，可以通过洽谈业务的机会，通过顾客座谈会、定期交换资料等形式，向工厂提供信息，帮助生产企业克服困难，提高经济效益。

2.和生产企业共担风险

商业企业同生产企业的关系是建立在共同枯荣的物质利益基础上的，双方的运营状况良好，不仅给自身，而且也给对方带来效益和发展。同时，双方可能会在进货品种、数量、价格、质量等方面产生矛盾和纠纷。如何妥善处理工商之间的矛盾，从长远的共同利益出发并共担风险是十分重要的。尤其当生产企业发生暂时困难时，如果商业企业能够帮助排忧解难，共渡难关，一定会赢得生产企业的真诚合作。这样，当商业企业遇到困难时，生产企业也将鼎力相助。

(四)商业企业之间的关系

在商业企业之间的关系中，主要有两类关系需要认真处理。

1.零售企业与批发企业的关系。批发企业要树立为零售企业服务的思想。批发企业要根据情况降低批发起点；主动帮助零售企业调整库存；采取送货上门等方式为零售企业提供方便；坚持实行退换货制度；定期或不定期征求零售企业的意见和建议。零售企业也要积极为批发企业提供零售市场信息，体谅和理解批发企业的困难。

2.商业企业之间的同业竞争关系。商业企业之间的竞争是一种利益根本一致的竞争，在竞争中应坚持“互利互惠，平等竞争”的原则。避免相互封锁和拆台，提倡相互学习、相互鞭策和激励。



## 二、服务行业的公共关系

服务行业分为广义的和狭义的两种。广义的服务行业包括工矿企业的生产过程、产品的投放市场以及售后服务等；狭义的服务行业是指宾馆、旅游、商店等服务性行业。这里重点论述的是狭义的服务行业中的宾馆服务业的公共关系。

作为新兴第三产业的当代西方服务业一般包括以下部分：旅馆住宿、修理、消遣娱乐、医疗保健、法律事务、教育、交通运输、公用事业、批发零售、公共管理、金融、房地产、食品、餐馆、咨询和各种中介服务。

(一)当代宾馆服务业的发展

随着社会的发展、经济的繁荣和科学技术的进步，我国的宾馆服务业得到了较大发展。但是，同工业发达国家相比，还有很大差距，其中服务项目少、服务水平低、服务质量差是重要的因素。因此，利用公共关系这门科学和艺术强化软件管理，是促进宾馆服务业发展的有效途径。

事实上，宾馆服务业的每一步发展都离不开公共关系。20世纪80年代以来，我国国内出现了一批国际一流水平的高级宾馆和酒店。带有中国特色的公共关系活动在这些宾馆最早出现，在对外开放的前沿深圳和广州首先流行起来。于是设置专门机构,安排专人从事公共关系实务的,先是服务业(主要是大酒店),接着是工商企业,然后是政府部门。

当代社会,经济、科技高速发展,信息量猛增,传播速度加快,组织之间、企业之间的社会经济交往日益频繁,部门之间的直接、间接联系趋向密切。为了取得事业上的成功,为了从事政治、经济、军事、外交、法律、旅游活动,许多人不断在国内外奔走,开展对话、沟通、协商、谈判、联络、考察等全方位社交活动。随之,交通运输业得到长足发展,宾馆日益兴旺,服务行业生机勃勃,欣欣向荣。

(二)宾馆服务业公共关系的任务和途径

宾馆以向顾客和旅游者提供吃、住、玩、乐、购物等方式进行综合服务。在旅游业扩展、宾馆不断增多的情况下,宾馆服务业面临的最大挑战是同行业之间的激烈竞争。公共关系是宾馆在竞争中取胜的重要手段。

宾馆公共关系的主要目标,是要树立宾馆的良好形象,内求团结,外求发展。具体来说,就是内求一流人员,一流服务,外求扩大客源,扩大声誉。为此,要从以下几个方面入手做好公共关系工作:

1.待人以礼,宾至如归

礼貌,代表着一个国家的文明程度,反映了人民的道德素养和社会风尚,是一个国家和人民基本素质的外在表现。宾馆是一个国家文明礼貌状况的窗口。当一个旅客来自异国他乡时,总会有种种不适之感,他们会提出许多问题,对于这些问题,尽管宾馆服务人员不一定能够全部予以解决,但只要笑容可掬,和蔼可亲,高度重视,问题就算解决了一大半,旅客的不适之感就会消失。

在菲律宾马尼拉最大的旅馆——普拉萨旅馆,每个房间都有一份给旅客的公告,上面写着:“我们的未来,在于为你们服务。”在埃及和马耳他的一些宾馆里,上自总经理,下至每一位工作人员,对旅客笑容可掬,彬彬有礼。旅客刚到宾馆门前,服务人员就敬礼致意,主动打开大门;进入前厅,值班经理便迎面走来,握手问好;旅客刚填好住房登记表,行李便被送到房间放好。宾馆24小时全天服务,昼夜不停。旅客需要什么,只要在房间按一下电钮或拨个电话,马上就有人来解决。

2.科学管理,高速运转

宾馆的管理科学化,最重要的是实行目标管理,即将管理目标层层落实到每一级组织、每一个人,使每一个人的工作任务心中有数,并将目标实现的程度和奖惩制度结合起来。

中国香港的利园酒店,管理工作层层把关,大小事都有专人负责。每天一早,客房部便将统计表、住客情况表、主要活动表一一送到各部门。每天上午,各部门召开碰头会,接着各部门经理参加总经理召开的碰头会。会上,对前一天的酒店工作做小结,并布置当天工作和讨论酒店有关重大问题。达到内部协调、沟通、一致行动的目的。

3.巧妙策划,吸引游客

宾馆公共关系工作的一个重要任务,就是通过精心策划,把旅客的活动项目安排得丰富多彩,不仅使现有旅客能够感到吃得好,住得好,玩得好,而且能够吸引大量新客人。

(三)宾馆服务业公共关系的内容

1.树立宾馆形象

宾馆服务业要获得成功,必须争取到客源。争取客源的办法是树立自己的形象。树立形象的方法很多,其中一项重要任务就是搞好对内、对外的公共关系宣传。宾馆可以利用新闻媒介和散发公共关系小册子的方法吸引顾客。在宣传中,应着重介绍本宾馆的地理位置、电话号码、客房数量、设备规格以及餐厅、游乐、购物、会议场所、车队等方面的服务设施和项目。宾馆在选择公众对象时,要把所有的本地旅游者作为潜在公众,把有影响的人物、团体作为特殊公众,把一些观光团、旅游团作为首要公众。

与此同时,还要策划好对住店旅客的宣传。住店旅客是宾馆的现在公众,通过对他们实行周到的服务、详尽的宣传,使他们了解宾馆,从而成为宾馆形象的传播者。

2.提供优质服务

服务行业是以服务质量求生存的。宾馆服务业的质量之所以难以保证,从理论上分析,是因为在这个行业里,生产和消费几乎是同一时间、同一地点发生的,受个人的性格、气质、情绪影响很大。因此,在服务质量中,最关键的是内部服务人员的服务态度和全面周到的服务。

3.加强与旅客的沟通

在宾馆服务业的公共关系工作中,不仅要向旅客进行多种多样的宣传,而且还要做大量的征询性公关工作,以便随时了解旅客的意见和想法,及时通报情况,改善服务工作。调查,可以通过让旅客填写宾馆餐厅、客房和商店内的意见卡、调查表等方式进行,及时了解客人对服务的满意程度和其他意见;并对调查结果进行认真分析、总结。

我国无锡太湖饭店的客房里,客人都可以收到一封总经理给客人的征求意见信。信中声明:"您的建议将由我本人亲阅。"信封上有"秘密"两字。这被称为总经理的热线。通过它,太湖饭店总经理和一百多名来客直接沟通情况,随时改进工作,使饭店服务水平不断提高,吸引了大批旅客。

4.认真处理旅客投诉

投诉是指公众由于服务质量不好而产生埋怨情绪时，写信向有关部门或新闻媒介反映情况的一种形式。

凡遇到投诉，首先，必须做好有关人员的接待工作。接待者应该表明这样的态度：即投诉者的投诉是出于对本企业的爱护。其次，应及时与有关部门联系，调查事实真相，并向投诉者表明处理态度，不宜久拖不决。最后，如遇到重大问题或全局性问题，应该把处理结果和过程公开，以维护本企业的信誉。

## 第二节　政府公共关系

这里讲的政府，即政府机构，是指建立在社会经济基础上的上层建筑的核心部门，主要指行使行政、立法、司法、国防、外交等职能的政治机构，它对国家各方面事务行使着指导、管理、服务、协调、监督、保卫等基本职能。政府公共关系已经愈来愈显示其重要性。

### 一、政府公共关系的由来

政府是国家权力的执行机关，是对社会进行统一管理的权力机构。但是，任何一个政府都不可能脱离社会、脱离公众而行使自己的权力。因此，政府和人民之间的双向沟通就成了一个重要的议题。

任何一个国家的政府都希望得到人民的支持和拥护，都希望人民理解政府的政策和行为；任何一个国家的人民也都希望政府了解他们的意愿，制定对人民有利的科学政策。

现代政府有意识的公共关系活动开始于美国。在第一次世界大战期间，美国政府为了向公民解释政府战争期间的政策，让人们相信美国参战是正确的，从而做好筹集资金、征兵工作，成立了“公众咨询委员会”。

在20世纪30年代西方经济大萧条时，政府公共关系得到了发展。在经济困难、人心浮动的情况下，美国政府进行了大量的公共关系活动，使人们相信政府有能力改变这种状况。尤其是在罗斯福当政期间，通过一系列政府公共关系技巧，显示他与众不同的形象以及他所主张的“新政”活动。

罗斯福宣誓就职时第一次邀请了残疾人和妇女代表，并在他的政府中任用了第一个进入内阁的妇女——弗朗西丝·珀金斯担任劳工部长。他使用的“新政”一词在他之前就有两个人使用过，但都没有给人们留下印象，而罗斯福依靠公共关系人员和新闻界的力量，使“新政”在广大公众中迅速得以传播开来。罗斯福在演讲中说：“我向你们宣誓，我为自己宣誓，要执行有利于美国人民的新政。”第二天,各主要报刊刊登了罗斯福支持者的一幅漫画:一个农民扶锄而立,仰望天空中的一架飞机。飞机上坐着罗斯福,机翼下有一行醒目的大字"New Political Party"(新政)。不久,这两个字就成了一种家喻户晓的政治口号。罗斯福还首次举行了白宫记者招待会,开创了政府公关的新形式。

第二次世界大战以后,政府公共关系在世界范围内逐步得到了重视。

## 二、政府公共关系的作用

当代社会的政治、经济、文化、制度、观念以及种种法律的实施,均对政府公共关系提出了迫切需求。政府公共关系已经成为国际上公认的当代社会行政管理的重要职能。为了使政府机构与广大人民群众达到上下、左右的沟通和相互理解,争取公众的信任、支持和合作,客观上需要开展政府公关活动。

在我们社会主义国家里,政府公关活动的展开,对于推行政令、宣传爱国主义、协调国际关系、服务人民群众、塑造人民政府爱人民的形象,都有重大作用。

### (一)塑造感召公众的政府形象

公共关系是塑造形象的艺术和手段,政府公关的首要作用是塑造具有感召力的、令人信服的政府形象。

社会发展到当代,政府形象已成为国家政府或地方政府重视的焦点。

第一,政府形象是政府和社会公众关系融洽程度的重要标志。因为社会公众的支持是一个政府的政策法令和行政管理措施得以贯彻执行的必要条件。政府有了一个良好的形象,才能取得社会公众在各方面的信任、理解和支持。

第二,政府形象是各族人民团结奋进、社会稳定发展的重要因素。良好的政府形象,往往会使各族人民在心理上产生信赖感、依托感,从而把人民群众的力量凝聚起来。

第三,政府形象影响到其在国际关系中的地位和作用。良好的政府形象能提高一个国家和民族的国际地位,充分发挥该政府在国际事务中的作用。

第四,良好的政府形象,能在突发事件和危机发生时,在政府的某些决策失误给公众的利益带来损害时,取得社会各界公众的合作和支持,取得社会公众的谅解和理解。

良好的政府形象至少包括四大要素:高效、廉洁、民主、公正。就是说,一个具有良好形象的政府,要有科学的管理、高效的办事速度;要有民主的决策和执行程序,保证决策的实施符合广大人民群众的利益;要有廉洁的"公仆"作风,不谋私利,全心全意为人民服务;要有公正的办事态度,这样才能得到人民群众的拥护。而公共关系正是塑造能感召公众的政府形象的有效手段。

（二）促进政府与人民群众之间的联系

我国从中央到地方各级人民政府代表的是人民的利益，是以全心全意为人民服务为宗旨的机构。

我国各级政府所面对的最重要的公众对象就是广大的人民群众。同人民群众的公共关系，一方面要解释和宣传我们的国策、方针、形势、任务，以取得人民群众的理解和信任，调动亿万人民群众的积极性，团结一致，同心同德；另一方面要认真了解民情，听取广大人民群众的意见和要求，以取得沟通和合作，获得广大人民群众的支持，共同克服前进中的困难，推动各项事业前进。

对于我国政府机关加强同人民群众的公共关系，最重要的是：一要坚持全心全意为人民服务，一切从人民利益出发，即以公众利益为出发点的原则；二要加强政府工作的透明度和公开化，重大事情和人民群众商量，重大决策让人民群众知道；三要继续拓宽、疏通同人民群众联系的渠道，使政府同人民群众的联系制度化、经常化；四要严肃处理政府机构中少数侵害公众利益的腐败或不法行为，使政府真正成为廉洁奉公、不徇私情的人民政府。

政府的公共关系是在政府对外代表国家、对内管理社会的各项国事活动中进行的，无论是处理政府机构之间的公共关系，还是处理政府与其内部工作人员之间的关系，都涉及到政府与广大人民群众的关系问题。因此，政府公共关系对全社会有重大影响。运用公共关系双向信息沟通功能，可以使国家政府机构和各级地方政府机构随时了解人民群众的生活状况、思想感情、意见要求，并把政府的有关方针、政策、决定等信息及时告知人民群众，使政府的行动取得广大人民群众最广泛的理解和支持。

政府与社会公众的沟通和交流是一种经常性的活动。包括政府对外信息发布和信息收集两个内容。

政府对外信息发布是通过各种信息传播媒介和渠道，将政府的各项活动及信息向社会各界公布和传递。比如政府各界领导人的选举，法律的制定，预算和财政支出方案的制定及实施情况，机构人员的任免和变动，重大工程建设项目及其他有关的经济、财政、税收、物价、内外贸易方面的重大决策，各地发生的重大事件及政府采取的措施，国防、外交方面的重大决策，等等。

政府的信息收集包括认真听取人民群众对政府各部门工作的意见和要求；了解和收集各界公众对政府颁布的各项政策、法令的意见；了解人民群众对政府领导人及工作人员的评价；注意外国舆论对本国政府各项政策措施的报道和评论；收集各种社会、政治、经济信息。

通过宣传性公共关系发布政府信息，再通过征询性公共关系收集公众信息，将有力地促进政府和公众的双向沟通，使政府的政策和行动更加科学，有利于政府各种机能的运转。

(三)协调各国政府之间的关系

政府之间的公共关系,是发展和平、友谊的有效工具和手段。不论在任何国家和地区,没有和平的环境,就不可能有真正的人类发展。而政府之间的公共关系是沟通和平关系、建立和平形象的一种润滑剂。

当今世界是一个开放的世界,任何一个国家都不可能闭关自守,必须通过政府之间的公共关系途径,确保本国建设和发展所需要的和平的国际环境,发展政府之间的友好合作关系。

政府公共关系的职能可以概括为六大目标:(1)宣传立国理想,激发和培植人民的爱国精神;(2)根据民众和国家利益的要求制定施政纲领;(3)提高国际形象和地位,促进政府与政府之间、人民与人民之间的友好交往,创造一个和平的国际环境;(4)推行政府制定的方针、政策、法令;(5)促进民族团结和政府和睦;(6)激发和调动社会团体与民众的积极性,共同治理国家。

**三、政府公共关系的形式**

政府公共关系的形式是由它的基本任务决定的。如前所述,在我国,政府公共关系的最主要职能就是与公众的沟通,保持和增进政府同人民群众的紧密联系,树立良好的政府形象,使人民群众感到政府是自己的政府,政府可亲、可敬、可信。因此,如何加强同人民群众的联系就成了政府公共关系的最重要课题。

目前,我国政府机关加强同人民群众联系的方式很多,如政府向同级人民代表大会及常委会报告工作,接受人民代表的监督,同民主党派和各界代表协商大政方针,都是增强与人民群众联系的有效形式。除此之外,还有以下几种形式:

(一)信访工作

信访工作是一项历史较长、应用最广的政府与人民群众联系的形式。在我国,党和政府从建国初期就十分重视信访工作,各地政府都设有信访接待部门,人民群众通过写信的形式可以向政府反映情况、了解情况、征询疑难、批评建议。政府机构和管理决策部门则可以从这条途径了解到民情民意、群众呼声,以改进工作,更好地为人民服务。

在天津市曾发生过轰动一时的“黄金塔”事件。由于近年在农业生产中大量使用化肥,农民逐渐放弃农家肥,结果一方面导致农作物产量下降,质量退化;另一方面导致农家肥愈来愈不值钱,农民不愿意进城积肥,致使城区厕所堵塞,粪便运不出去,严重影响了城市环境卫生和人民生活。信访部门接到反映这一问题的来信后,对此十分重视,协调有关部门,大力宣传施用农家肥的好处,并为农民进城积肥提供方便,很快就解决了困扰城市的“黄金塔”问题。随后,天津市政府又将改造厕所提到议事日程,受到人民群众的欢迎。

（二）直接对话

直接对话是政府与人民群众沟通的一种新形式，通过大众传播媒介现场直播的对话形式更受人民群众欢迎。这种公开对话的形式,充分反映了双向沟通、理解的政府公关意识,具有直观、明确、亲切、平等的特点,最容易被广大人民群众接受。直接对话的形式可以一改某些政府机构神秘莫测和“门难进、面难见、脸难看、事难办”的官僚主义作风,为广大人民群众参政议政创造机会;使政府有关人员的政策水平、办事能力展现在社会公众面前,让人民群众更加信任和理解政府。

在直接对话方面,天津市政府的经常做法是:邀请来自基层的人民代表、政协委员进行定期的公开对话,对话会的实况通过电视、广播向全市人民转播,使全市人民都能亲眼看到、亲耳听到对话场景和内容。在这种对话会上,人民群众有什么需要解决的问题可以通过人民代表、政协委员向市政府提出来,市政府有关负责人也可以把打算办哪些事,哪些事可以办,哪些事还有困难暂时办不了,哪些事正在办,办到了什么程度等事项告诉人民群众,取得人民群众的理解和支持,从而沟通党和政府与人民群众之间的联系。

（三）民意测验

公共关系十分强调双向沟通,凡是真正民主的、平等的、和谐的双向沟通,都能产生强大的社会效应，改善政府形象。民意测验就是一项有针对性的沟通形式。民意测验一般以科学合理的调查问卷为基础。这种调查问卷应尽量做到亲切、真挚、易懂、易答,以提高调查问卷的回收率和回答内容的准确性。

广州市委、市政府先后举办过直接为市长做参谋的“假如我是广州市长”征文活动(后定名为“市长参谋活动”),为政府职能部门出谋献策的“房改方案千家谈”、“菜篮子工程千家谈”等“千家谈系列活动”,讨论广州市风和广州人精神的“羊城新风传万家”和“羊城居委会新形象”等大型公众活动,运用报纸、杂志、广播、电视等媒体,动员了成千上万的市民参政议政,各抒己见,都收到了良好的社会效果,提高了政府对市民的凝聚力。

（四）公开办事制度

公开办事制度,就是公开政府的具体政策、办事程序,包括办事人员的职务、姓名、地址,还包括承办结果和举报办法。公开办事制度是针对“走后门”等不正之风而创立和采取的政府与公众之间增进了解的好办法，也是群众参政议政的途径之一。公开办事制度,增加政府办事的透明度,不仅可以提高工作责任感和工作效率,而且可以有效地监督工作人员中少数徇私舞弊和贪污腐化的坏作风,杜绝“走后门”等人民群众深恶痛绝的不良行为。

(五)新闻发言人制度和记者招待会

政府建立新闻发言人制度，定期或不定期举行记者招待会和信息发布会有着十分重要的功能。

政府机关发布信息一般能起到两方面的作用:一是制造舆论,对人民群众进行宣传教育和引导;二是借以提高政府工作和政府决策过程的透明度。

定期或不定期发布信息,既有利于政府制定的方针、政策、法令得到人民群众的理解、认同、支持,又有利于人民群众自觉遵守和执行各项方针、政策、法令,把政府的号召变成人民群众的自觉行动。

近年来,我国实行的新闻发言人制度,是一项重要的政府公共关系活动,对宣传我国的对外政策,报道国内政治、社会、经济情况,宣传中央对改革开放的决策和措施,提高政府工作的透明度,稳定社会政治局面,鼓舞人民建设热情等方面起到了良好的作用。

实际上,各级政府机关都可以通过各种传播途径,针对本地区发生的重大事件、群众普遍关心的重大问题,阐述政府的看法、观点、政策和要求,达到沟通畅导的目的。

(六)各种宣传媒体

政府和人民群众之间的沟通渠道之一是宣传媒体，特别是在一些集镇、县城、都市,除了运用党报、政府有关印刷品下达指示、传达信息外,还可以运用公共关系宣传性传播媒体中的许多有效途径加强和人民群众的联系。

宣传媒体除了有向公众发布信息、说明情况的功能之外,还有一种重要的舆论导向和鼓舞激励作用。通过这些媒体,可以向公众传达这样的信息:政府支持什么,反对什么,鼓励什么,限制什么。

这类宣传媒体,除了广播、电视、报纸、刊物以外,还有表彰会、现场会、经验交流会、展览、宣传橱窗、专栏、标语牌、系列专题活动。

(七)政府领导人接近人民群众

政府领导人接近人民群众,是加强干群关系、了解人民呼声、克服主观主义和官僚主义的重要活动。和人民群众打成一片,是我党的传统,也是人民政府的重要特征。

政府领导人接近基层、接近实际生活、接近人民群众可以使干部保持艰苦奋斗作风,了解许多坐在政府大院里不可能知道的事情,有利于加强政府和人民群众的感情联络,永远不脱离人民群众。政府领导人接近人民群众的主要途径有:

1.会见群众代表,倾听他们的呼声;

2.建立领导人接待日制度,使人民群众有机会接近领导人;

3.通过专用电话和人民群众直接对话,聆听人民群众的意愿和要求;

4.深入基层单位、农村乡镇、工厂车间，亲自考察；

5.探访群众家庭及公共活动场所，察看民情；

6.接受记者采访或发表广播、电视讲话，就人民群众迫切关心的问题发表意见；

7.亲自批转人民来信，签发处理意见，过问处理结果；

8.当一些重大事件或人民群众生命财产受到损失的灾害发生后，政府领导人迅速赶到现场，亲自指挥处理事故和组织群众抗灾救难。

## 第三节　市场营销公共关系

公共关系是市场经济发展的产物，它的发展与市场营销有着必然联系。市场营销是企业的经营和销售活动的总称，是引导商品从生产者到消费者的企业整体活动。市场营销公共关系是一个十分重要的研究内容。

### 一、市场营销中的公共关系观念

营销是企业经营的中心环节，是联结企业与市场、企业与消费者的纽带。在当代社会，每个企业都必须十分重视市场营销，每个企业家都要有正确的市场营销观念。

(一)市场营销观念的发展

市场营销观念是指从事营销活动的指导思想。这种观念的发展过程是和公共关系观念发展的进程相联系的。

在市场经济不发达的条件下，技术进步缓慢，商品供不应求，企业生产的产品无论其数量多少、品质优劣，均能售出并获得满意的利润。因此，生产是企业经营活动的中心，企业关心的首先是产品的定价合理、质量优良等问题。这一时期企业活动的指导思想是生产观念，也称生产导向。这种观念存在于20世纪20年代以前。这时的营销活动，通常是从方便企业出发，“生产什么卖什么”、“等客上门”。

随着商品生产的发展，市场上的商品越来越丰富，以至于供过于求，产品逐渐出现滞销，生产者之间竞争加剧。企业致力于产品的推销和广告宣传，希望通过刺激销售的策略，诱使消费者购买，市场开始由“卖方市场”向“买方市场”转化，企业的中心工作就是“把生产的东西推销出去”。这种以推销为中心的经营思想，流行于第一次世界大战结束后至第二次世界大战结束这一时期。

上述两种营销观念都称为传统的销售观念。这种观念属于“以产定销”的旧观念，企业未能突破“以生产为中心”这一格局。这时的企业没有什么公共关系意识

（或观念），营销活动的手段就是推销，目标就是增加销售量，获得利润（见图12–2）。

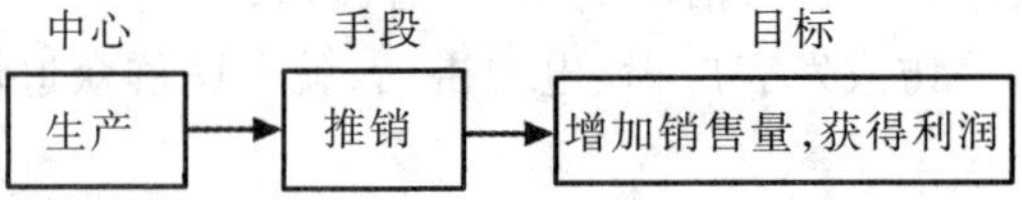

中心 生产 → 手段 推销 → 目标 增加销售量，获得利润

图 12–2　传统的营销观念

我国在较长时期内实行集中统一的经济体制，国家对大部分产品实行统购包销，国家计划下达什么，企业就生产什么，消费者也就消费什么（见图12–3）。随着我国经济体制改革的推进，商品生产的繁荣发展，传统的销售观念不能保证现代企业的持续生存和发展，客观上要求企业更新观念，具有公共关系意识的现代市场营销观念对中国显得尤为重要。

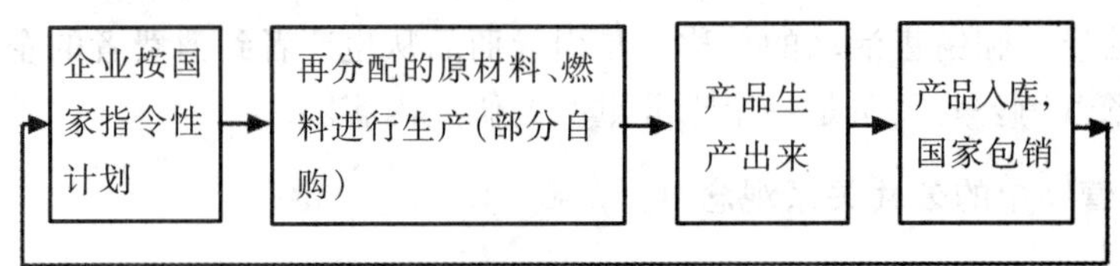


图12–3　我国旧体制下企业再生产过程模式



从整个世界来看，在第二次世界大战以后，特别是20世纪50年代以后，随着第三次科技革命的深入发展和新技术在工业上的广泛应用，社会生产力迅猛发展，生产效率空前提高，产品数量剧增，花色品种日新月异，许多商品开始滞销。由过去的“卖方市场”变成了“买方市场”。工商企业为了在这种形势下生存，不得不改变旧的经营指导思想，由过去的生产观念和推销观念，转变到以满足消费者需求为中心的现代市场营销观念上来。许多企业提出了“顾客至上”、“消费者就是上帝”的口号。其营销活动的中心、手段和目标如图12–4所示。

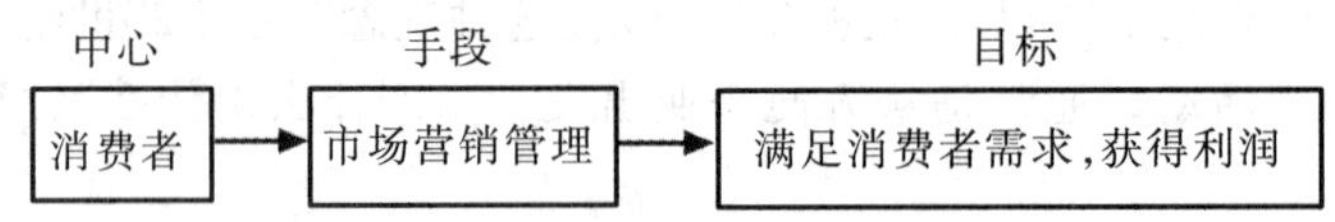


图12–4　现代市场营销观念

在20世纪70年代，西方发达国家的许多工商企业，一方面采取各种现代市场营销方式，为顾客提供大量商品；另一方面为了获得利润，它们又往往采用制造冒牌商品、刊登骗人广告等手段，损害消费者的利益。

汽车的大量增加，包装的过多使用，废气、废水、废渣等废弃物造成了环境的严重污染，引起了社会公众和广大消费者的不满和反抗。现代公共关系理论开始得到普遍地重视和接受，市场营销观念发展为社会营销观念，企业市场营销的目的与责任是保证消费者满意以及消费者与社会的长远利益。

(二)现代市场营销观念的公共关系学意义

具有公共关系学意义的现代市场营销观念包括以下三个方面:(1)企业的营销活动以消费者为中心,满足消费者的需求是企业生存的条件;(2)在满足消费者的需求的基础上获得利润;(3)在满足需求、创造利润的过程中,注意社会的长期效益。

以上三条市场营销观念之所以具有公共关系学意义,是因为:

首先,作为现代企业,应考虑履行对社会应负的责任,不仅追求产品质量和企业利润,更强调通过公共关系活动树立企业的社会形象,这正是公共关系意识的体现。

其次,以公众利益为出发点,以消费者为中心规划企业行为,这更是公共关系意识的体现。企业为了满足消费者的需求,就要研究消费者构成、爱好、心理特点,从而使企业主动接近消费者,重视与社会公众的沟通,这就为企业的发展创造了一个良好的公共关系环境。

最后,现代营销观念激发企业不断创新的精神,是企业不断前进的动力。现代营销观念认识到满足顾客的需求比着眼于生产精美的产品更为重要,而顾客的需求又是随着科学技术的发展和社会的进步不断改变的。另外,顾客的需求又是多方面、多层次的,不仅有生理的需求,还有心理的需求;不仅有对使用价值的需求,而且有感情的需求。这就要求企业不仅要生产和经营产品,而且要塑造和展示形象。因此,现代市场营销观念是具有公共关系学意义的。

## 二、市场营销中公共关系的作用

(一)营销宣传

运用公共关系为企业进行有利的宣传,从而以低廉的成本扩大企业和产品的知名度,开拓目标市场。在企业市场营销活动中,消费者越来越倾向于新闻界对企业及产品的评价报道。因此,企业应争取各种机会把自己新开发的产品或改制的产品、企业的发展计划、人员促销情况、消费者的赞誉等编制成各种宣传品,通过大众传播媒介扩散出去。这种宣传具有巨大的推销潜能。

(二)建树形象

运用公共关系努力塑造具有社会责任感、为社会做贡献的企业形象。公共关系对促使公众把企业看做是遵纪守法,为公众和社会做贡献,注重社会利益,勇于承担社会责任的“好公民”,具有重要作用。因为当代社会已经进入了一个印象时期,企业营销的成功,仅靠产品质量、品种、规格和服务是不够的,还要靠企业的整体形象;仅靠企业自身的努力也是不行的,还要靠社会公众的大力支持和协助。一种好的形象,本身就具有一种竞争力。

(三)开拓渠道

运用公共关系手段,赋予企业浓厚的人情味,促使企业市场营销真正以消费者为中心,保证分销渠道畅通无阻,不断扩大市场份额。通过公共关系手段,建立与消费者的沟通渠道,征询各种不同的公众对本企业政策、方案、产品等方面的意见和态度,不仅提供一流产品,而且提供一流服务,使企业在市场营销的激烈竞争中拥有公众。

(四)挽回声誉

当企业市场营销策略发生失误时,运用公共关系及时补救,可以使企业挽回声誉和经济上的损失。比如一个企业被控在生产过程中造成了环境污染,破坏了生态平衡,或为了赚取利润而在不合格工作条件下生产的食品不卫生、产品质量低劣,或产品广告名不副实,造成了恶劣影响,这些都会给企业营销工作带来不可避免的损失。此时的明智之举是迅速应用公共关系手段,本着实事求是、知错就改的态度,坦率检讨本企业市场营销策略的失误以及其他过失;迅速向社会表明,本企业正在虚心听取各方面的意见;及时邀请新闻界和社会有关部门对企业进行实地调查和考察;把企业正在采取或已经采取的改进措施及时公布于众,有利于取得公众的理解,化不满因素为谅解和协助因素。

当然,公共关系并不能解决困扰企业市场营销的所有问题,它只是起一种润滑剂作用。



## 三、公共关系与消费者行为

在当代市场经济的竞争大潮中，日趋激烈的市场竞争实质上是争夺消费者的竞争。

(一)消费者购买过程的公关对策

图12–5是消费者在购买过程的不同阶段的不同心理状态，以及应采取的公共关系对策。

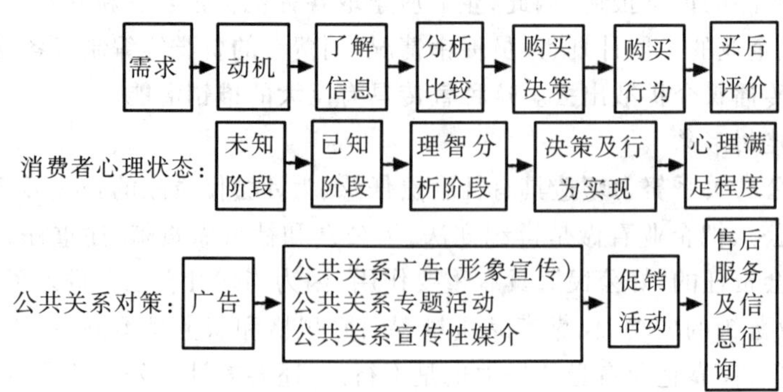


图 12–5　消费者购买过程的公共关系对策

从图12-5可以看出，在消费者对企业产品不清楚即处于未知阶段时，企业应把宣传产品形象作为公关工作重点，特别要注意商业性广告与大众传播媒介的配合使用，以扩大企业及产品的知名度，使社会公众及消费者知晓企业和产品。

当消费者购买动机初步确立以后，一般商品广告的作用就宣告完成，购买者要求了解同类产品不同厂家和牌号的优缺点，开始从感性阶段向理性阶段过渡，此时公共关系广告及企业的各类公共关系专题活动就显得十分重要。这个阶段的公关目标是促使消费者树立企业及产品形象，在抉择时产生一种心理定势。

比较过程一结束，购买者就要做出决定并把这种决定付诸行动，此时企业要以实实在在的销前服务诱导消费者，尽量为消费者提供方便和质量、运输、保修期、使用方法等方面的保证和说明，促使消费者产生购买行为。

购买后的使用过程是满足消费者需求程度的衡量阶段，企业应该通过各种途径，了解消费者需求心理是否得到满足，听取消费者对产品质量及服务改进的意见和建议，同时加强售后服务工作。图12-6说明了消费者购买心理发展过程与企业行为的关系。

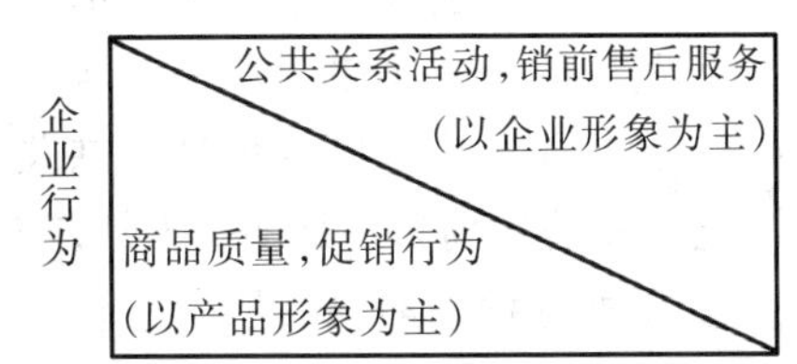


**图 12-6　消费者购买心理与企业行为的关系**

（二）公共关系对消费者行为的影响

当代社会，消费者不仅追求商品价值，而且追求商品的第二价值。商品价值是指商品本身所具有的价值，这是一种客观价值，它是由使用价值表现出来的。当商品进入社会后所产生的价值则是第二价值，称为心理价值或社会价值，有人称为主观价值或价值观。表12-1以服装为例说明了这一问题。

**表12-1　商品的第一价值与第二价值**

| 商品本身具有的价值 | 商品进入社会的价值 |
|---|---|
| 第一价值，解决寒冷 | 第二价值，丰富生活 |
| 客观价值，给人以防寒手段 | 主观价值，追求流行款式 |
| 社会价值，保护身体 | 个人价值，满足不同偏好 |

随着社会的发展，产品的价格、规格等要素退居第二位，而产品的综合形象居第一位，再加上公众对企业形象的要求，使得企业形象和产品形象日趋对消费者的购买心理、购买动机和购买行为产生巨大的影响力，如图12-7所示。

怎样才能通过公共关系手段，促使消费者选择本企业的产品或服务呢？

1.开展市场调查和民意测验，掌握消费者的心理需求企业通过对产品性能、质量、交货期限、合同履约率、售后服务、企业信誉以及对企业基本印象的经常性调查，可以了解和掌握消费者需求动向，洞察企业在同行业竞争中的位置，使企业经常自觉调整自己的行为，以达到建树良好形象的目的。

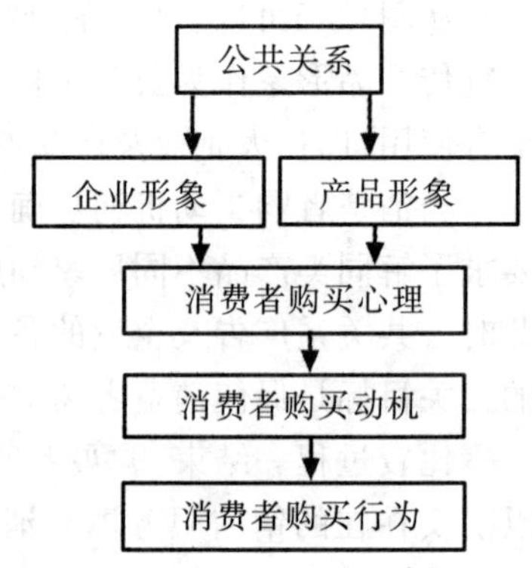

图 12–7　公共关系对消费者的影响

2.传递产品信息，传播企业情况，展示企业形象

企业要利用公共关系手段，主动、积极地把企业形象展示在社会公众及消费者面前。宣传企业形象可利用的公共关系手段有：各种印刷品、小册子、公共关系广告等宣传性公共关系传播媒介及公共关系专题活动等。

3.注重产品的销前售后服务，以实实在在的服务赢得消费者信赖

企业要完善各种销前售后服务工作，在产品销售整个过程中贯彻“用户第一，质量第一，信誉第一”的原则，对产品实行包修、包换、包赔、包质量、包零配件供应，打消消费者的顾虑，使消费者把购买和使用本企业的产品不但看做物质满足，而且当成精神享受，这样，企业才能在市场竞争中取胜。因此，销前售后服务是企业主动争取公众的关键手段。

北京大华衬衫厂享誉海外。这家企业生产的“天坛”牌男衬衫卖到100美元一件。每年大约有500万名欧洲人、美国人和日本人穿“天坛”牌男衬衫。30多年来，大华衬衫厂产品出口一直占产量的80%左右，畅销100多个国家和地区，从未发生过一项索赔和退货等事件。

大华衬衫厂吸引消费者的做法是：

第一，更新换代，不断引导市场。大华衬衫厂十分重视信息的收集，通过多种信息渠道，掌握了国内外100多种衬衫的市场信息资料，仅对衣领的工艺就进行7次改进，包装装潢的设计、商标的图形、原辅材料的使用都花费了大量心血进行研究。款式的更新使得“天坛”牌衬衫在国内外市场上久销不衰，许多国外客户点名在大华衬衫厂加工服装，甚至把本来已决定在别的国家加工的产品转移到北京大华衬衫厂。

第二，质量否决，不搞下不为例。大华衬衫厂的产品、技术、质量标准均是一流的。该厂狠抓全面质量管理，取得显著成效。走进生产车间，在近千台缝纫机中有73台挂着醒目的小红牌，上面写着“质量标兵”。厂工会主席说：“质量标兵是厂里最光荣的人，她们是从全厂1500多名职工中严格选出来的。”他们实行的质量否决制度是把质量分数作为奖金的系数来否决其他效益指标。一旦出现质量问

题,将影响到责任人的奖金乃至工资收入。

第三,如期履约,信守合同。30多年来,大华衬衫厂与外商打交道的合同有上千份,但没有一份合同因企业的问题而影响交货。其中,不乏有许多紧急的、做工复杂的、批量小、搭配繁杂的,只要接了合同,无论困难有多大,必定做到如期履约。

第四,做好售后服务,不做表面文章。大华衬衫厂做好售后服务工作的原则是:"认真对待每一位顾客的意见和要求,确保每一位消费者的利益。"大华衬衫厂每年都派人到全国各地走访用户,经常深入首都市场征求消费者意见。厂内对来信来访有专人接待,认真处理。对顾客退回来不符合标准的产品,不仅实行"三包",而且赔偿由此造成的一切损失。

大华衬衫厂的案例充分说明,要在市场营销的激烈竞争中吸引消费者,必须依靠组织(或企业)的实力形象、服务形象、技术形象,依靠过硬的质量和实在的服务。

### 四、市场需求动态与公共关系营销策略

市场需求是企业无法控制的外部因素,不是随企业主观愿望变化的。因此,在市场营销中,企业应根据市场需求动态的不同变化,采取相应的公共关系营销策略。

#### (一)刺激性营销策略

这是在企业产品或服务无需求条件下,通过公共关系手段,创造需求的策略。产品无需求的原因很多,最常见的原因是产品不对路,投放市场不对路,消费者对产品不了解等。这种情况下的公共关系营销策略应该是:充分利用宣传性公共关系手段,通过新闻传播媒介和广告宣传等,疏通渠道,打通销售关口,同时通过征询性公共关系手段,寻找新的市场,并努力改进产品设计和性能,改变产品无需求的状况。

#### (二)扭转性营销策略

这是在企业产品低需求条件下所采取的促进需求的公关策略。由于企业产品信誉不高,尚未取得消费者的信赖,在这种情况下,应采取服务性公共关系手段,改进企业服务制度和设施,提高服务质量,在售前、售中、售后服务上多花力气,以服务形象带动企业形象,从而改变产品形象。

#### (三)开发性营销策略

消费者有购买企业产品的愿望,但处在潜伏需求情况下,还没有形成购买行为,抱着等待观望心理而持币待购。这个时期的公关策略是:针对消费者的试探心理,通过进攻性公关手段,进行宣传战和心理战,刺激消费者将购买其他企业

产品的愿望转变为购买本企业产品的愿望,从而发生购买行为。

(四)再次性营销策略

这是在市场需求衰退条件下所采取的重振需求的策略。这种本企业产品市场需求逐渐减退的情况是由于消费者需求兴趣转移和竞争者增加等因素所导致的。这种情况下的公关策略是:通过建设性公关手段,重振企业形象,改进产品设计、包装和服务,让新的姿态和形象树立在公众面前,使本企业产品在市场上的营销额回升。

## 第四节　国际公共关系

国际公共关系是指在国际经济贸易及其他国际交往活动中,贯彻公共关系原则,开展公共关系活动,树立国家、政府、企业在国际上的良好形象,建立国际信誉,争取国际社会和公众的了解和支持。

### 一、国际公共关系的发展

国际公共关系从20世纪60年代起得到迅速发展,其原因主要有以下几个方面:

(一)跨国公司的兴起

跨国公司的兴起是第二次世界大战以来国际经济生活中意义最重大的事件之一。这些规模庞大的全球性企业把触角伸向世界各个角落,实行最有效的全球范围专业化分工,把资源开发、产品设计、零部件制造、产品装配、市场销售等环节分布在不同的地区和国家进行,以求最低消耗和最大利润。

跨国公司以本国为基地,通过对外直接投资,在其他国家和地区设立分支机构或子公司,走上了生产和销售国际化的道路。到21世纪初,全世界共有跨国公司40000多家,遍及160多个国家和地区。目前,跨国公司的产值已占世界总产值的20%以上,其贸易额已占世界贸易额的50%以上。

跨国公司的全球性经营,要求全球性的信息交流。它需要在世界各国推销产品和提供服务,树立自己的世界形象,因而导致了先是国际广告业、后是国际公共关系事业的兴旺。

(二)对外贸易的繁荣

20世纪60年代以来,世界各国的对外贸易都有了较大的发展,呈现繁荣局面。进出口贸易额在各国国民生产总值中所占的比重越来越高。外国产品进入本国市场以及本国产品打入国际市场都需要企业形象和产品形象的宣传,从而促进了国际公共关系事业的发展。

(三)国际市场竞争日益激烈

第二次世界大战前的国际市场竞争主要是产品竞争，第二次世界大战后特别是近30年来国际市场的竞争范围和内容又有了很大的扩展，如劳务市场竞争、金融市场竞争、技术市场竞争、信息市场竞争和咨询市场竞争。也就是说，除了产品等硬件竞争加剧外，诸如信息、服务等软件竞争也日益加剧。

国际竞争的日趋激烈，使企业在开拓国际市场中，必须先制定正确的经营策略和公共关系策略。这就需要与国际市场目标公众进行双向沟通，了解外国公众惯用的宣传和传播媒介以及外国公众的消费习惯，使企业行为容易被外国公众接受和理解，最终使之成为企业的朋友和顺意公众。

(四)人民消费水平的提高

20世纪60年代以来，在经济发达国家和一些发展速度较快的发展中及不发达国家和地区，人民生活水平有了很大提高，消费需求和消费结构都发生了重大变化。许多过去被认为是高档奢侈品的商品现在成为日常生活必需品，并且这些商品中的相当一部分是从其他国家进口的。各国消费者在作出购物决定时，都要更广泛、更深入地了解有关各国商品的知识，了解制造这些商品的企业的各种形象要素信息。这一因素也促进了通过大众传播媒介进行的国际广告业与国际公共关系事业的发展。

(五)交通和通讯事业的改善

交通和通讯事业的现代化为国际公共关系的发展提供了物质条件。

超音速大型客机、通讯卫星、全球电视网、现代化的通讯设施等的出现和广泛使用，有力地改变了交通运输的落后面貌，促进了旅游事业、通讯事业的兴旺发达。报刊、电视、广播事业的发展，都大大便利和推动了各国人民之间的相互往来和了解。在此基础上，世界上出现了地区性、洲际性、国际性的公共关系组织。美国公关专家罗伯特·巴伯生动地描绘了国际公关事业发展的历史现象，他指出“国际公共关系就像十几岁的小孩一样，突然以活泼的脚步前进”。

## 二、国际公共关系的基本要求

国际公共关系不是国内公共关系的简单延伸。国际公共关系所针对的，是与国内公众完全不同的对象公众。

其他国家的企业公司、顾客用户、技术合作者、金融信贷机构、政府部门、文化教育单位、民间团体、各国知名人士构成国际公共关系的对象公众。

由于以上公众处在不同的国家和地区，在不同的社会制度、社会文化背景下生活和工作，各有不同的民族、语言、风俗习惯和生活方式。因此，各国各地区公众之间存在着很大的差别。公共关系工作必须建立在对其他将要与之交往的国外公众的了解上。具体应从下述几个方面了解外国公众：

（一）了解外国公众的基本态度及有关的政治、经济、社会情况

国际公共关系的目的是通过有效的信息传播，在外国公众中推广组织（或企业）形象，树立组织信誉，为本组织（或企业）事业的发展创造一个良好的国际环境。国际公共关系的作用在于通过有效的信息传播，改变外国公众的态度，使他们对某组织由冷漠到兴趣，由兴趣到接受，由接受到信任，由信任到厚爱。这就要求组织（或企业）了解外国的政治、经济、社会情况及公众态度，有的放矢地采取国际公共关系措施。

（二）了解并善于运用外国公众经常接触的新闻传播媒体

当今世界各国的公众，主要是通过新闻传播媒体获取信息，了解国内外情况的。为此，国际公共关系的一个重要工作就是了解目标公众所在国家的新闻传播媒体的基本情况，以及新闻机构、法律规定、外国新闻机构在本国的长驻机构及近期活动情况。

目前，发达国家的许多新闻机构都成了跨国性的大企业，在世界各地采访报道新闻，发行报刊，制作和播放广播、电视节目等。

著名新闻机构和媒体有：

美国：美联社、合众国际社、《纽约时报》、《华尔街日报》、《时代周刊》、《新闻周刊》及三大广播、电视公司；

英国：路透社、《泰晤士报》、《经济学家》杂志、《远东经济评论》杂志；

法国：法新社、《世界报》；

日本：共同社、《朝日新闻》、《读卖新闻》。

（三）使自己的信息符合外国公众的语言、文化、风俗习惯

国际公共关系所应用的宣传性媒体应针对不同国家、不同地区的对象公众，运用不同的语言和风格，尽量适应对象公众的政治、经济、社会、文化以及风俗习惯。即使是使用同一种语言的各个国家和地区，也应考虑地理、历史、社会背景的环境差异，注意在接受能力、接受方式和语言应用方式上的不同，尽量使用符合目标公众文化习俗的语汇及表达方式。

同时，在组织（或企业、公司）的名称设计上，也应考虑是否能为世界各国各地区的客户公众所接受，尤其要注意不可触犯当地人民所特有的政治、风俗、宗教、文化等方面的禁忌，避免引起当地公众的反感。

### 三、国际公共关系的基本内容

一个组织（或企业），在对外公共关系活动中，所涉及的内容有以下四个方面：

（一）对外贸易

对外贸易是指一国或地区同别国或地区进行商品交换的活动。从一个国家或地区看，这种商品的交换活动，称为对外贸易。从国际范围看，这种商品交换活动，称为国际贸易或世界贸易。一个国家或地区的对外贸易，是由进口和出口两部分组成的。进口又称输入，指从国外买进商品；出口又称输出，指向国外卖出商品，所以对外贸易又称输出、输入贸易或进出口贸易。

我国当前对外贸易的方式有：

第一，自营出口。即由生产企业直接面向国际市场，直接承担出口创汇任务。

第二，出口代理。即由生产企业自负盈亏，外贸根据企业委托，负责对外推销、报关、出运、结汇，并收取一定手续费，签订合同由生产企业拍板，并承担经营风险。

第三，工贸联营。即由生产企业和外贸联营，成立新的合资法人，对经营的商品从市场调研、原料进厂、投产到出口，双方共同参与，共负盈亏。

第四，作价收购。有一大批企业仍维持过去的外贸公司购销关系，由工业企业生产，外贸公司作价收购，专营进出口业务。

（二）对外技术交流

这是指与外国科研单位或企业、公司进行技术合作而开展的国际公共关系活动。具体方式有技术培训、技术引进、技术观摩、技术研讨、技术洽谈等。

引进国外先进技术，是推动国内技术进步的捷径。通过引进、消化、吸收国外的先进技术设备，不仅可以扩大生产和出口，促进产品升级换代，提高创汇水平和在国际市场的竞争能力，而且还能从中获得国外的先进技术，缩短我国企业同外国的技术差距，增强其自我发展的能力。

（三）参观访问

本国政府、民间组织（或企业）与外国政府、民间组织（或企业）之间为了建立友谊，以达到长期合作而开展的国际公共关系活动，如参观、文艺晚会、电影招待会、座谈会、体育表演赛、舞会等。

参观访问活动一般是由国家组织的政治经济代表团进行，也有的是由企业自己组织参观访问。这类国际公关活动随着对外开放的不断扩大，将会越来越多。通过参观访问，可以进一步密切中外各级组织、各类企业之间的关系，更好地促进技术合作和经济贸易。

（四）友好往来

本国政府、民间组织（或企业）与外国政府、民间组织（或企业）之间的关系往来，如迎送、庆贺、会见、拜访、洽谈、宴请等。这种交往实际上是一种交际性的公共关系活动。通过这种活动，有助于加深中外友谊，传递中外信息。

## 本章复习思考题

1.简述商业企业公共关系的特征和分类。

2.简述政府公共关系的作用和工作形式。

3.市场营销中公共关系的作用表现在哪里?

4.公共关系对消费者行为的影响是什么?

5.简述国际公共关系的基本要求和内容。

# 第四编

# 机构人员

# 第四篇

# 畏人评传

# 第十三章 公共关系机构

中心内容

随着我国改革开放事业的向前推进，公共关系作为一门科学和艺术已受到越来越多的关注和重视，许多组织(或企业)，尤其是一些大型宾馆和公司都已经设立公共关系部门或类似的职能机构。与智力产业及咨询服务业的发展相关的公共关系专业公司也得到了迅速发展。本章论述组织内部公共关系机构的科学设置及日常工作；分析专门的公共关系公司的设立及其运行机制。

学习目标

学习本章，要求了解各类组织内部的公共关系机构和公共关系专业公司的内部结构和运行机制，熟悉公共关系机构的工作范围及职能。

随着我国改革开放事业的全面推进，公共关系作为一门科学和艺术已受到越来越多的关注和重视，许多组织(或企业)，尤其是一些大型宾馆和公司都已经设立公共关系机构。本章探讨公共关系机构的科学设置及日常工作。

## 第一节　设置公共关系机构的原则

社会组织的种类很多，每个社会组织都有各自特定的情况和环境。因此，设置公共关系机构的模式也不尽相同，但有一些可供认识和遵循的一般规律。无论何种类型的组织，在设置公共关系机构时，都有一些应该遵循的原则。

### 一、目标确定原则

目标确定原则,就是根据既定的目标,考虑组织公共关系机构的设置。公共关系机构的规模、方式都要和组织目标紧紧连在一起,为实现组织目标而设置相应形式和特点的公共关系机构。如旅游服务业的公共关系机构就要以建树最佳的宾馆形象为目标而设置;大企业、大公司的公共关系机构则以建树企业形象和产品形象,沟通内部员工和消费者关系为目标而设置。目标的明确性有利于有的放矢地开展公共关系工作。

### 二、精明强干原则

精明强干原则即精简性原则, 要求人数不能过多。公共关系人员要一专多能,精明强干。一般来讲,组织公共关系部门的人数应低于组织内部各管理机构的平均人数。人数较少,有利于克服推诿扯皮的现象,使人人职责分明,提高公共关系工作的效率。同时,精干的人员设置,可以减少人员的摩擦和矛盾,使公共关系机构从自身做起,起到内求团结的表率作用。

### 三、整体协调原则

任何一个机构的科学性、可靠性和有效性,都是通过整体效能来表现的。而要求整体的高效能,必须考虑各个机构的高效能,部分效能好,则整体效能也好。整体效能要求各部门机构的组合要紧凑、合理,职责分明,运转自如,指挥灵活,使所有部门形成一个完整严密的、互相独立又紧密联系的有机体。公共关系的一大职能就是协调、沟通,因此,公共关系机构的设置,既要起到协调组织与外部环境的作用,又要起到协调组织与内部各个部门的作用。

### 四、明确分工原则

这一原则要求在公共关系机构内部要有明确分工, 应合理设置公共关系机构内部各岗位、各科室,具体规定各岗位、各人员的工作内容、任务、职务、权限、责任以及它们之间的关系。做到专人负责、各司其职、人有定事、事有定人,避免人浮于事、权责混乱的现象发生。一般公共关系机构都下设培训部、联络部、调研部等,每个部都有明确分工。

### 五、管理幅度与层次原则

管理幅度,又称管理跨度或管理宽度,是指组织的领导能够有效地直接指挥的部门或个体的数量,是一个横向的概念。管理层次,又称管理梯度,指组织的领导属下不同等级的数目,是一个纵向的概念。如果一个组织的管理层次过多,就会造成信息失真或传递过慢;如果一个组织管理跨度过大,又会造成整个机构内部不协调、不平衡的现象。设置公共关系机构时必须从实际情况出发，依据合理的管理幅度与层次原则，设置适宜的组织管理机构。

建立一个合格的公共关系机构还必须具备以下几个条件：

(一)领导高度重视

这取决于主要领导是否有公关意识，是否了解公共关系的性质和职能，是否有开拓、创新精神。如果一个单位或部门的领导真正将公共关系当做自己工作的参谋与助手，公共关系机构的建立就不存在大的障碍。

(二)有才华横溢的组织者和领头人

一个才华出众、能力很强的公关部主任(或经理)，是公共关系机构的工作是否有效的重要保证之一。一般要求公关部负责人最好是通才式的人物，不仅能知人善任，团结下属，调动每个人的积极性，而且懂管理、懂市场、懂心理、通晓法律和政策，有较强的政策水平。

(三)有训练有素的公关人员

公关人员的素质直接影响到公关工作的效果。一个好的公共关系机构，应该由精明强干的、多种人才组合的、经过一定培训的公关人员组成。这些人本身有较高的知识水平和工作能力，并且具有较强的公关意识、形象意识。

## 第二节　公共关系部的设置

在发达国家的许多社会组织(或企业)中，都设有专门负责处理公关业务的机构，一般称为公共关系部或企业策划部。

### 一、公共关系部的设置类型

从目前国内外的情况看，设置公共关系部主要有三种不同的类型：

(一)部门所属型

这种类型的公关机构附属于组织(或企业)的某一个部门，通常附属于销售部门或广告宣传部门。这种类型的公关部地位和作用很不突出，公关工作只是偶然性稍带的。在我国，杭州长江计算机开发研究所的公关部隶属于该所的生产经营部；广州白云山制药厂的公关部隶属于厂行政办公室；还有的企业将公关部隶属于外事接待部门。

(二)部门并列型

这种类型的公共关系机构与组织的生产、财务、技术、经营、人事等部门平起平坐，处于同一层次。在这种类型中，公共关系工作得到了一定的重视，被提到组织(或企业)系统的二级部门的位置上(见图13-1)。

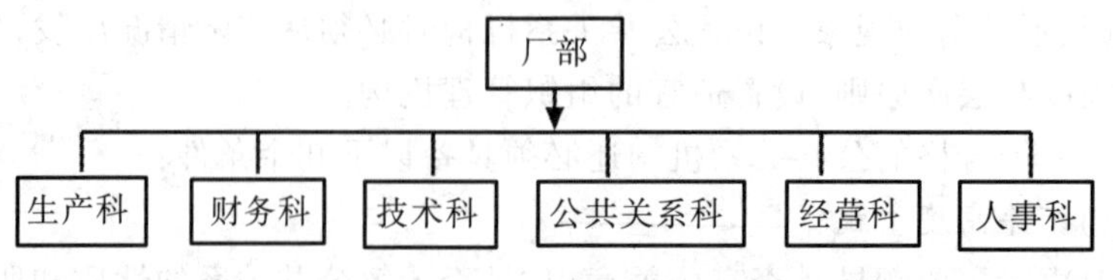


图 13–1 部门并列型公共关系部

(三)领导直属型

这种类型的公共关系部直接归属于总经理或厂长负责领导，是一个有相当自主权的职能机构，有利于公关工作的灵活、主动、高效、全面的开展(见图13–2)。

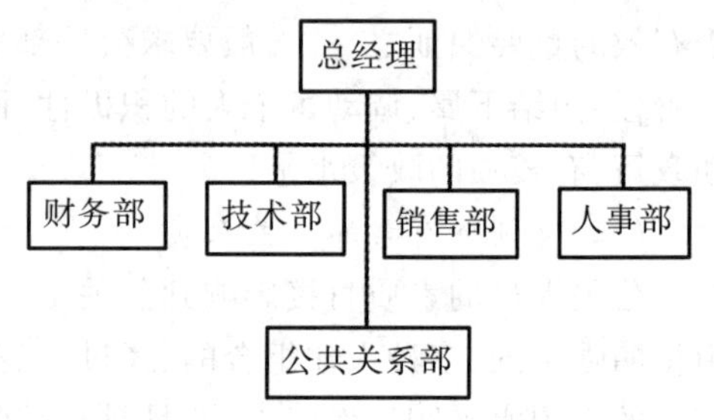


图 13–2 领导直属型公共关系部

在国外，许多组织(或企业)都采用领导直属型方式设置自己的公共关系部。以日本为例，20世纪60年代，公关部以部门所属型居多。随着公关事业的发展和公关职能的科学化，从70年代开始到80年代，则出现了领导直属型公关机构居多的现象。在中国，这种情况也很明显，如广州的东方宾馆、花园酒店、中国大酒店等都将公共关系部直接隶属于组织的最高领导——总经理。

## 二、公共关系部的组织结构

这里主要以国外企业为例，介绍公共关系部的组织结构类型。

(一)大型企业的公共关系部

一般在直接隶属于企业最高决策人的公共关系部负责人下面，设有五大职能系统，分为四个管理层次。其业务范围分别为：

社区关系部：具体业务是从事各项礼宾接待，协调与相邻单位之间的关系，企业向社会各界提供赞助和捐赠等。

企业服务部：重点负责协调公司或企业的股东、金融关系，对外从事广告宣传和咨询服务等业务。

公关调查部：主要从事舆论调查、民意测验、信息收集和新闻分析等业务。

政府关系部：主要从事对政府所制定的政策、法规的研究分析，向政府报告企业的有关情况以及有效地获得政府对企业工作的支持。

编辑服务部：承担对内部员工进行教育和感情联络，处理同新闻单位的关系，出版对外宣传品以及对外传播等业务(见图13-3)。

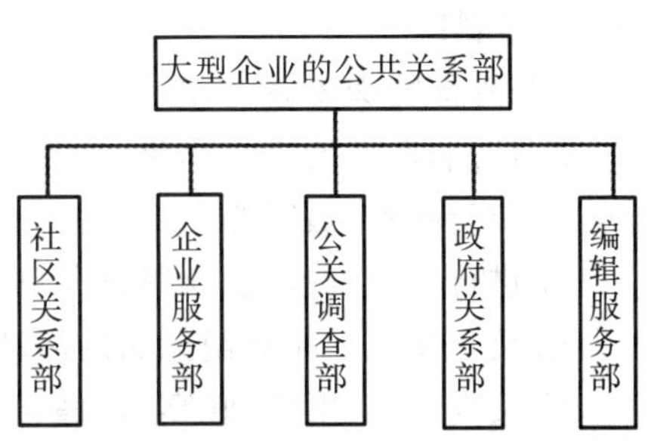

**图 13-3　大型企业的公共关系部**

(二)中型企业的公共关系部

由于企业规模的关系，中型企业的公共关系部在组织结构上比大型企业的公共关系部要简单、精干得多。一般中型企业的公共关系机构主要分为社区关系部、企业服务部、编辑服务部三方面，其中只有专业性较强的编辑服务部又分为员工通讯、媒体关系、对外传播三个部分(见图13-4)。

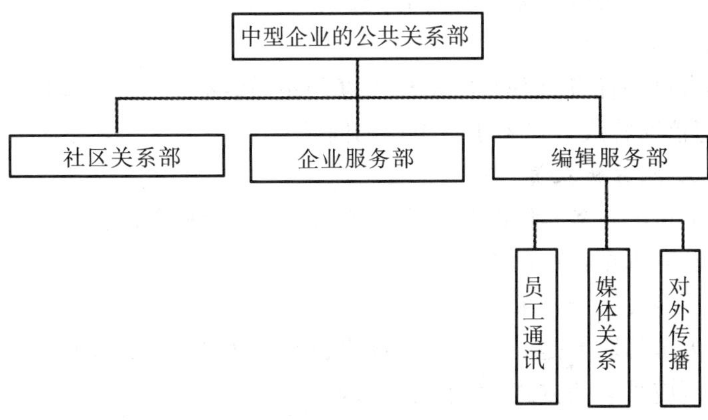

**图 13-4　中型企业的公共关系部**

(三)小型企业的公共关系部

小型企业的公共关系部的结构最简单，公共关系部下设社区关系部和媒体关系部,专门从事处理企业最为敏感的公共关系业务。

## 三、公共关系部的业务范围

企业公共关系部的业务大致包括以下内容：

1.通过一切内部媒介与员工沟通；

2.与新闻媒体、出版机构的合作联系；

3.与立法机构的联系；

4.与社区的联系；

5.与投资者个人及团体打交道；

6.对消费者及潜在消费者的产品促销活动；

7.负责对宣传性印刷品如经理演讲、年度报告、有关产品介绍或企业宣传小册子的印刷；

8.与外部特殊团体的联系；

9.负责非产品的广告形象；

10.负责图片、摄影等支持性服务；

11.进行民意测验、公众舆论和意见研究；

12.负责赠送礼品和纪念品的活动；

13.负责年会、展览、晚宴、开幕式等专门活动的策划和安排；

14.以对公众负责的态度向管理者建议、咨询。

### 四、公共关系部的人员配备

公共关系部大致需要五类人员：

(一)编辑、拟稿人员

这类人员的任务是采写本部门的新闻报道，编辑各种内部刊物、年鉴、年度报告等，写信回答或解释关于本单位的问题。

(二)调查、分析人员

这类人员的任务是随时调查内外公众意见，分析不同公众对本单位形象地位的评价和对本单位产品或服务的态度。

(三)公共关系活动策划人员

这类人员的职责是研究各类公众的心理，分析整个社会环境，确定每次公共关系活动所应采取的方式、安排的技巧等。

(四)公共关系活动的组织人员

这类人员的任务是具体准备、组织、协调、管理和联络公共关系活动。

(五)其他专门技术人员

如法律顾问、摄影师、翻译人员、美工人员等。

在现实中，公共关系部的规模大小主要取决于三个因素：(1)本组织的规模，一般来说，小规模的组织，公共关系部的规模就不能过大；(2)高级管理层对公共关系工作的认识和重视程度，一般来说，上级和领导较重视，公共关系机构就较完善；(3)本组织对于公共关系工作的特定要求。

## 第三节　公共关系公司

公共关系公司又称为公共关系顾问公司，是专门向各种组织提供收费的公共关系咨询或受某一组织机构委托，有偿地为其开展公共关系工作的社会服务性机构。

## 一、公共关系公司的作用

公共关系公司于20世纪初诞生于美国。1903年,美国人艾维·李首创具有公共关系公司性质的事务所。1920年,美国人N.W.艾尔正式开办了公共关系公司。由于公共关系公司在克服西方20世纪二三十年代的经济危机中起到了很大作用,其地位急剧上升。目前,美国约有1500家公共关系公司。许多企业在已有自己的公共关系部的情况下,还愿意出资聘请公共关系公司的专家策划公共关系活动,这充分显示了公共关系公司的重要地位。

公共关系专业公司的优势是:汇集了大批具有各项专业技术的杰出人才,并聘请各界著名专家、学者担任公司顾问。因而,可以对客户的公共关系问题,起到一种专家“会诊”的作用。公共关系公司可以为客户提供的公共关系咨询、联络、设计等服务项目至少有以下内容:

1.一般公共关系顾问咨询,如企业中的公共关系机构如何设置,公共关系人员如何培训,某个公共关系难题如何处理等。

2.与政府机构包括金融、经贸、外事、事业社团等联络以及建立业务关系。

3.与大众传播媒介联络和沟通,如安排新闻界参观、采访,为客户举办记者招待会,代客户撰写新闻报道专稿等。

4.为企事业单位收集、汇编有关新闻报道及市场发展趋势、政府的方针、政策等信息资料并提供准确的分析与预测。

5.策划和组织各类公共关系专题活动,帮助客户规划公共关系战略决策、制定公共关系长短期计划、策动公共关系传播、组织公共关系活动,以便在较短的时间内,在较大的范围里有效地提高企业和产品的知名度和美誉度。

6.组织各种大型会议,包括人员接待和安排、会议程序编制、会场布置、会议材料整理与传播等。

7.为客户设计以提高企业或产品、服务的知名度和美誉度为目的的公共关系广告和以推销产品或服务为目的的商业广告,并协助客户选择合适的传播媒体。

8.为客户撰写新闻稿、演讲稿、企业形象及产品介绍、事件经过说明等文字材料。

9.为企业各类宣传性刊物,如宣传小册子、画册、产品说明书以及厂区环境和室内环境提供设计、美化服务。

10.代客户培训公共关系人员和传播媒体人员,如新闻报道通讯员、企业刊物的记者等。

## 二、公共关系公司的经营类型

### (一)咨询型公共关系公司

一般又称为公共关系咨询公司,其主要业务是提供公共关系智力,帮助客户进行公共关系分析、预测、策划。一个组织(或企业)如果想知道怎样建立公关部,想了解政策、人才、科技、市场等信息都可以向公共关系咨询公司了解、咨询。

### (二)顾问型公共关系公司

这种类型的公司是由享有盛誉的、有专业技术能力和公共关系经验的各类公关专家组成,它包括企业形象专家、政府关系专家、新闻关系专家、金融关系专家、员工关系专家、广告设计师、摄影摄像师、报刊编辑专家、市场营销专家、社会问题专家、心理咨询专家等。这类公司固定或不固定地受聘于其他客户企业。

### (三)专项服务型公共关系公司

这类公共关系公司一般由各个部门和系统主办,如保险业的保险服务公司,银行系统的金融服务公司,新闻系统的大众传播事务所,广告宣传部门的公关广告事务部等。这些专项服务型公共关系公司的特点是能对客户的要求给予满意的权威性答复,对客户要求代办的各类事务,要求组织的各类活动都能集中人力、物力、财力办好。

### (四)综合服务型公共关系公司

这类公共关系公司提供的服务项目比较广泛,比如培训公关人才;举办各类展览会、展销会;组织各类舞会、演出等文化娱乐活动;进行产品和企业信誉及知名度的调查、民意测验;编印企业内部宣传刊物;设计厂标厂名、公关广告;撰写中外文书信、说明书;组织企业参观及其他专项业务。综合服务型公共关系公司规模大、实力强、联系广泛、手段齐全,可以开展灵活多样的以建树组织形象为目的的公关实务活动。

## 三、公共关系公司的机构设置

公共关系公司,其内部结构主要分为以下三个部分:

行政部门。该部门包括公司的总经理、副总经理和一定数量的业务经理人员。业务经理人员的主要工作是具体组织、制定和实施为委托客户服务的公共关系项目。

审计部门。这个部门一般由业务经理人员、业务部门负责人和高级公共关系专家组成。它的任务是在公司承办的各项业务开始时或实施过程中,审查项目的可行性、效益高低和监督实施情况,并负责统筹安排人力、物力、财力,及时为各个项目提供指导和咨询,避免事故,保证质量。

专业部门。各类公共关系公司都根据公司的业务范围和专业特色设置专门的业务部门。每个专业部门可在同一时间内为许多委托客户提供公共关系服务。一般公共关系公司的专业部门的设置包括这样一些机构：财政关系部；形象服务部；调研预测部；公共事务部；政府关系部；产品宣传部；项目研究部；美工影像部；顾客服务部；外事联络部；教育培训部等。

我国国内第一家专门从事公关业务的企业——中国环球公共关系公司于1986年7月在北京成立，以后成立了广东珠海公关公司、上海大沪公关公司等。北京还创办了我国第一家私立公关企业——恩波公关事务所。随着我国对外开放的进展，市场经济的繁荣，公关公司将会得到迅速发展。

成立于1927年、有客户1000家、在全世界设有56个办事处、公司雇员18000人的美国最大的公共关系公司之一——伟达公共关系公司(即希尔-诺顿公司)，于1985年1月在我国首都北京正式设立了办事处，成为进入我国的第一家外国公共关系公司。伟达公司下设17个业务部门：(1)金融关系部；(2)代理及股东分析组；(3)华盛顿办事处；(4)各洲及地方政府关系部；(5)大专院校关系部；(6)环境和客户关系部；(7)市场传播部；(8)旅游观光传播部；(9)工业与科技传播部；(10)组织传播小组；(11)体育发展部；(12)广播电视传播部；(13)群体态度研究部；(14)传播设计小组；(15)美国国际部；(16)银行与金融部门公共关系部；(17)研究与信息服务部。

### 四、公共关系公司的工作准则

公共关系咨询公司所从事的工作，一方面涉及委托单位或个人的形象和名望；另一方面要对社会公众负责。因此，公共关系咨询公司的工作，除了要遵守国家法律和政府法规，遵守职业道德和社会公德之外，还应遵循以下准则：

(一)必须保护委托客户单位及个人的利益

在受聘为委托单位或个人处理公共关系事务时，要尽力保护他们的利益，力求通过公关工作，使客户的利益与公众的利益相一致，只有这样，公共关系工作才能顺利展开。

(二)不干涉委托单位或个人的内部事务，更不能试图控制他人

由于公共关系咨询公司的业务特点，使他们在一定程度上必须了解和掌握委托单位或个人的内部情况。但公关公司不得干涉客户单位的内务，否则将引起委托单位的反感，从而影响公共关系咨询公司的声誉。

(三)不得以任何借口泄露委托单位或个人的秘密

在为委托单位或个人办理公共关系事务的过程中，公共关系咨询公司对有可能了解到的有关委托单位或个人的一些秘密，无论是合作过程中还是在双方合作结束以后，公共关系咨询公司不得以任何借口或形式予以泄露。

(四)不随意浪费委托单位或个人的开支

公共关系咨询公司应合理收费,并尽量为委托单位或个人节约开支,不随意浪费开支,更不允许接受合理收费之外的报酬,以维护公关公司的声誉。

与企业(或公司)的公关部相比,公共关系咨询公司有优势,也有缺陷。

从公共关系咨询公司的优势来看:(1)作为独立的咨询机构,能够公正地对客户业务活动中存在的问题提出批评意见;(2)作为专业公司,具有与客户联系的丰富经验,并能向客户提供所需的多样化技术服务;(3)能够更有效地同新闻媒介联络和沟通,得到他们的协助;(4)有更多的与各种专职人员如印刷商、摄影师、科研及翻译人员打交道的便利条件;(5)有具备各种专业知识和技能的公共关系工作人员。

从公共关系咨询公司的缺陷来看:(1)由于远离客户,联系不方便;(2)缺少与客户密切交流信息的渠道;(3)由于公共关系公司是从外部介入组织的,因而不易得到客户的充分信任;(4)经费来源有限。

## 五、国内外主要的公共关系机构

(一)中国环球公共关系公司

这是中国内地第一家公共关系公司。1985年8月31日,世界最大的公共关系公司——博雅公司与中国新华社下属中国新闻发展公司签订协议,共同为在中国从事贸易的外贸机构提供公共关系服务。中国新闻发展公司为此特别设立了中国环球公共关系公司,独家代理博雅公司及其客户在中国国内的公共关系事务。同时,博雅公司也可以通过环球公共关系公司的介绍,代理中国企业的海外公共关系事务。

(二)中国公共关系协会

该协会1987年6月22日在北京成立,总部设在北京。这是由我国新闻、经济、教育、学术、科技等各界人士发起的、以研究公共关系学理论为基础的,联络、协调、引导、组织各地公共关系事务的全国性群众团体。

(三)国际公共关系协会

该协会成立于1955年,是世界各地从事公共关系研究与实践的专业人员的集合地。现有会员约1500名,来自世界60多个国家。该协会的任务是:通过非正式联系及协会会议,为会员提供公共关系领域的最新研究成果和最新管理技术的信息,使他们了解世界各国、各地的发展状况、前景以及存在的问题,并共同协商解决问题的办法。该协会的宗旨是:交换国际消息、经验和思想,改进技巧及道德标准,切实增进公众了解。

国际公共关系大会每三年举行一次,会址可设在会员国的任何一个国家。第

1届国际公共关系大会于1958年在比利时首都布鲁塞尔举行。根据惯例,每届国际公共关系大会都发行有关进一步发展公共关系业务以及当前公共关系实践内容的"金皮书"。

(四)国际公共关系咨询公司

这是一家全球性的公共关系顾问公司。其目的是为各国的工商企业、政府机构及非营利性组织提供服务。包括为顾客拟定公共关系目标,咨询政策与计划,筹办特别活动,准备宣传品,制作广告,安排传播媒介,调查公众意见以及召开记者招待会等,同时也为客户做市场调查并兼顾客户的产品推销业务。在日内瓦有统计资料服务协会,专为企业、公共关系机构及其他组织与欧洲大众传播媒介建立关系。

(五)泛太平洋公共关系联盟

该联盟1967年建立,成员有澳大利亚公共关系学会、中国台湾公共关系协会、印度公共关系协会、日本公共关系协会、新西兰公共关系学会和菲律宾公共关系协会。除此之外,还有来自澳大利亚、中国香港、印度尼西亚、韩国、日本、新西兰、菲律宾、新加坡和泰国的一些组织。

(六)泛美公共关系协会联盟

这是由中美洲和南美洲的公共关系从业人员团体组成的美洲国家公共关系团体。1966年在波多黎各的圣约翰聚会,并在委内瑞拉的卡拉卡斯建立永久性秘书机构。

(七)欧洲公共关系联盟

该联盟成立于1959年,是欧洲各国公共关系从业者的集合地。它的成员国有比利时、法国、德国、意大利、荷兰、希腊、英国、瑞士、爱尔兰、西班牙、芬兰、葡萄牙、丹麦。欧洲公共关系联盟通过自己的成员组织与欧洲12000多名公共关系人员保持联系,负责沟通和协调各国公关协会的活动。

## 第四节　公共关系机构的日常工作

公关工作有两种类型:一种是日复一日、月复一月、年复一年都要例行的公共关系机构的日常工作;另一种是不定期的、根据某种需要而进行的大型活动。本节所涉及的是前一种情况,即公共关系机构的日常工作。

### 一、接待服务

一个组织的公共关系机构,往往承担着大量的接待任务,像接待来访人员、安排有关部门与来人洽谈或由本部门负责人与来人见面;处理来函、来电;接受记者采访;接待外部公众参观等。

(一)对来函、来电的处理

由于业务上的联系和与社会各类公众的密切关系，公关部门通常要接收很多来函、来电。

1.对来函的处理

应该做到以下几点:(1)对来信进行登记,并尽快告知对方已收到来信,有关问题正在解决或需要商量等，这类回信一般应在接到来信后的24小时内发出。(2)安排合适人选或部门答复有关组织、产品、服务等方面的询问。(3)对表示祝贺、希望保持联系的一般来信,指定一名认真负责、擅长文字的公关人员专职回复。(4)对批评性的来信,要交有关部门迅速处理,来信和复信的复印件须交公关部存档。(5)对反映重大问题,并涉及到本单位人员的来信,要予以保密,并交主管部门处理。(6)对询问有关组织的经济、人事情况的来信,须以总经理或主要负责人名义亲自答复。

2.对来电的处理

电话是一种现代通讯方法,事实上许多业务接洽都是以电话联系开始的,因而打电话的礼貌和技巧就显得十分重要。

公关人员在接到电话之后,首先要以温和的语调耐心询问清楚要找谁,并且尽快将电话转给有关人员。当该人不在场时,可以询问对方是否愿意留下电话号码或姓名,并将有关情况登记在电话记录本上,注明来电时间。如果对方有要求,还应将对方来电想谈之事的要点记下,以便及时处理。

(二)接受记者采访或询问

接受记者采访是公关机构的一项重要的日常工作。采访通常在记者招待会、年度报告会、组织的公关专题活动及某些有记者参加活动的场合进行。而公关机构日常接待的记者,大多是询问一些情况。在采访中,应注意以下几个问题:(1)被采访者要事先了解采访人的基本意图。(2)被采访者要尽可能全面了解有关事实,掌握较多的第一手材料。(3)被采访者在回答提问前要有所思考,回答要切题、简洁、明了,切忌所答非所问或拖泥带水、无休无止。(4)被采访者在回答提问时,要把握分寸,留有余地,不要把话说得太绝对。(5)对不了解的情况,被采访者要婉转地说明不了解,而不要说“无可奉告”。(6)被采访者在接受采访的全过程中,要做到自然、坦诚、有理、有节,力求通过人际接触,使采访者看到被采访单位的基本风格和形象特征。(7)被采访者应在恰当的时候,采用恰当的方式,恰到好处地结束采访。(8)采访结束后,应该商量以后联系的方法,留下双方电话号码。

(三)接待来访人员

对待组织内部各职能部门的员工,态度要和蔼可亲,不论是领导干部还是一般工作人员，在接待时都要一视同仁，平等待人，热情接待，给他们以亲切感。谈话要少说多听，决不应该以家长式口吻接待来客。对来访者提的问题要认真回答；反映的情况，要认真记录；能处理的问题，当场处理。

对外部公众的接待，除了注意上述几点外，还要注意先让来访者坐下来休息，然后端茶倒水，致以问候。有条件的组织，还可递给来访者一本介绍本组织基本情况的小册子。在介绍了自己的姓名与职务之后，递赠名片。然后弄清楚对方的来意，并及时和本组织有关负责人沟通，无论事情能否办妥，都应给来访者一个明确的回答。如果下一次还需要见面，就要约好时间、地点。

## 二、内部交流

内部交流是指一个组织和它内部公众之间的交流。通过这种交流，实现下情上达、上情下达。一方面，把组织领导人的决策通知全体员工；另一方面，把员工的意见、建议反映给组织领导人，形成组织内部完善的信息沟通渠道。

### （一）内部交流的方式

内部交流的方式很多，像召开职工代表大会、业务交流会、对话座谈会；出黑板报、张贴通知和海报；编辑和分发内部交流刊物；等等。

内部交流刊物是指发给组织内部员工传阅的定期或不定期刊物，也可以是报纸。通常在一个组织中，每个员工往往埋头于自己的工作，而对他人的工作不了解，内部刊物的交流能使每个员工明了他自己在组织中所处的地位，正确认识自己的工作岗位。

### （二）日常公函的处理

公函是按公文体编发，来往于组织与各社会组织之间的一种信件。按信件所表明的事项，公函可以分为：

函请——写出希望对方办理事情的要求；

函知——写出要对方知晓的事情；

函送——写出所报送的事项；

函复——写出对方所要求答复的事项；

函询——写出要向对方询问和了解的事项。

公函的写作，一定要整齐、简洁、礼貌、明了、亲切，因为它从一个角度向公众展示了组织形象、工作态度、业务水平。

### （三）宣传资料的编写

1.撰写新闻稿

新闻稿的内容可以是报道、通讯、短消息、评论、情况综述、信息报告等。这些内容宜长则长，宜短则短，可以刊登在组织内部各种宣传性媒体上，也可以送到报社、杂志社、电台、电视台等新闻单位。

为了写出生动、实在、有价值的新闻稿，公关人员要经常深入到基层中去，收集第一手资料，使得新闻稿能反映组织的最新的真实情况。公共关系机构的工作人员应该懂得新闻规律，具有一定观察能力和写作能力，并要勤动笔，不断提高新闻稿的质量。

2.编写组织(或企业)情况介绍

一篇好的概况资料，要求说明组织(或企业)的性质、特点，阐述其历史、现状与未来，讲明它的生产经营规模、经营宗旨与范围；要求图文并茂、内容生动活泼。

当新成员刚刚进入组织时，通过组织情况介绍资料，可以满足他们了解组织历史、现状与未来前景的愿望；当特定公众来访时，递上一份情况介绍，可以很快形成主客双方融洽的感情沟通；当参观者进入组织大门后，发送一份情况介绍，可免去许多麻烦；当组织的领导人或工作人员外出办事时，带上一份情况介绍，可为其带来很多便利；当离退休人员离开组织时，赠送一份情况介绍，可给他们留下永久的纪念。

3.记录组织(或企业)活动

公共关系机构应该对组织(或企业)的重大事件做详细的记录，如组织(或企业)的周年纪念日，某届组织(或企业)领导人的更换，每位负责人的简历及取得的成就，某种新产品的研制过程，某项技术改造成果的取得，某个先进集体的经验，某项竞赛或评比的获奖情况，某项重大决策的出台等等。将这些有意义的历史资料收集、记录、整理并装订成册，形成组织(或企业)的档案，或编出组织(或企业)志。

(四)编发柬帖

组织(或企业)的一些重大活动，如记者招待会、周年纪念会、展览会、公共关系专题活动、联谊会等，都要求公共关系机构发出柬帖，邀请特定来宾；外单位有重大的事件发生时，也要发出柬帖，或祝贺或慰问。因此，编发柬帖，是公共关系机构日常工作之一。

## 本章复习思考题

1.简述公共关系部的职能及设计原则。

2.简述公共关系公司的作用和类型。

3.公共关系机构的日常工作有哪些？

# 第十四章 公共关系人员

**中心内容**

公共关系作为一项知识、技能和艺术要求都很高的工作，需要从业人员掌握、运用许多学科的相关知识，具备多种才能，掌握人际交往的规律和特点，有创造性地运用工作和生活中的技巧和艺术来设计和实践公共关系活动，处理和解决公共关系问题。

**学习目标**

学习本章，要求了解公共关系人员的基本素质，了解公关教育和培训的基本手段和途径，知晓公关人员职业道德的基本内容。

公共关系作为一项知识、技能和艺术要求都很高的工作，需要从业人员掌握、运用许多学科的相关知识，具备多种才能；并要求公关人员经过培养和锻炼，能够预见社会活动，掌握人际交往的规律和特点，有创造性地运用工作和生活中的技巧和艺术来设计和实践公共关系活动，处理和解决公共关系问题。本章主要探讨公共关系人员的素质要求和培养途径。

## 第一节　公共关系人员的基本素质

公共关系人员远不像人们看到的表面现象那样，只要漂亮、和蔼、有魅力就行了，而是要求其在心理素质、工作能力和仪表修饰、言谈举止各方面都有较高的修养。

## 一、公共关系人员的素质要求

素质是个人身心条件的综合表现，是个人生理结构、心理结构及其机能特点的总和，是个人参与各种活动的基本条件。素质一般包括身体条件、气质、性格、能力、智慧、经验、品德等要素。不同的职业对从业人员的素质结构有不同的要求。公共关系人员应具备以下素质：

### （一）良好的个性品质

公共关系工作需要经常和人打交道，需要出席和参加各种类型的社交活动。因此，公共关系人员应具有良好的个性品质，如处理问题时的豁达、开朗、热情、冷静、理智、诚挚、自尊、谦和、耐心、机智、幽默、自信、有毅力，具有同情心和自制力等。

对公共关系人员个性品质的要求具体到个人身上就是：(1)有敏锐的观察能力，以便及时、准确地捕捉组织内外的情况和信息，使公共关系工作有的放矢。(2)有良好的思维能力，一个优秀的公共关系人员需要有较强的逻辑思维能力和清醒的头脑，有一定的分析能力、综合能力、比较能力、抽象和概括能力。(3)有较广泛的兴趣，公共关系人员的职业特点决定了他们不仅对本职工作要有兴趣，对本组织本行业的生产经营活动有兴趣，还要对其他组织及相关行业有兴趣，以便在广泛兴趣的基础上更多地了解公众。

### （二）良好的道德品质

公共关系人员往往代表组织处理和协调与组织内部公众和外部公众的关系。可以说公共关系人员是组织形象的代表，这就要求公共关系人员必须具备良好的品德。

对组织（或企业）的公共关系人员在品德方面的基本要求主要有以下几条：(1)坚决执行党和国家的路线、方针、政策。(2)要有全局观念，能正确处理国家、集体、员工三者之间的利益关系。(3)要有较强的事业心、责任感，具有开拓精神，勇于创新，不断开创公关工作的新局面。(4)要谦虚谨慎，公道正派，团结他人，热爱公关事业。(5)要克己奉公，不谋私利，抑制不正之风和错误思想的腐蚀与影响。(6)严格遵守职业道德，实事求是，以诚待人，讲求信用。

### （三）广博的知识修养

公关工作需要公共关系人员能较好地处理对内、对外错综复杂的关系，没有一定的知识水平，在处理各种内外关系时，是难以做到得心应手的。因此，对公共关系人员所具备的知识方面的要求应该是精通专业、知识广博、多才多艺。

公共关系人员除了掌握本行业的专业基础知识和公关基本理论外，还应具备多种多样的相关知识，包括经营管理学、行政管理学、市场学、广告学、经济学、法律学、社会心理学、社会学、传播学、新闻学、外语、文学、写作、编辑、演讲、美术等方面的基础知识。

## 二、公共关系人员的能力要求

公共关系工作需要处理和对付各种各样的日常事务，需要公共关系人员把自己的知识、经验和才华应用到具体的工作中去。因此，公共关系人员的素质还应包括各种能力。

### （一）信息处理能力

公共关系人员应该学会运用当代科学技术所提供的各种传播工具，及时准确地向公众传递组织的信息，同时多从公众那里采集各类信息，以便为组织的形象塑造战略提供有效依据。

### （二）组织协调能力

公共关系的意识应贯穿于对组织（或企业）中的人流、物流、信息流的管理全过程之中，这就要求公共关系人员具备一定的组织、领导与协调能力，卓有成效地举办记者招待会、新闻发布会、展销会，组织庆典活动和接待外来参观者，等等。

### （三）社会交往能力

社会交往能力的强弱是衡量一个公关人员是否具有适应开放社会要求和做好本职工作的能力的一个重要标准。公关人员要善于建立亲密的人际关系，懂得各种社交礼仪，如宴会聚会礼仪、日常生活礼仪、外事交往礼仪、公共场合礼仪等。

### （四）宣传表达能力

能写会说是公共关系人员的两个基本功。一个合格的公关人员必须具备一定的谈话能力、写作能力、演讲能力等，以便及时、准确地向各类公众传播、解释组织的有关信息。

### （五）自控应变能力

公共关系工作和各类公众打交道，会遇到许多意想不到的矛盾和摩擦，甚至还会出现冲突。这就需要公关人员具有较强的自我控制能力。同时，公共关系工作需要处理各种突然变故和偶发事件，因此，还需要公关人员具有临变不惊、遇事不慌、沉着冷静、机智果断地处理事务的应变能力。

广州中国大酒店公共关系部经理在《赢得公众的信赖》一书中，提到从事公共关系工作的人员，应具备以下几个方面的能力：(1)善于传播——文字能力及语言表达能力较强。(2)写作技巧——要能写精湛的、内容丰富的、有特色的文章，表达要清晰。(3)具有商业业务能力。(4)懂得宣传——学会运用报纸、杂志、电视、广播等传播媒介。(5)有较强的外交能力。(6)有灵敏的逻辑思维能力。(7)

有良好的理解和判断能力。(8)有行政管理的能力。(9)有推销的能力——了解怎样向外界宣传自己的观点或产品。(10)对外界团体和大众的反应要十分敏感。(11)懂得印刷、摄影的制作过程和其他公共关系技巧。(12)有组织与计划能力——能制定近期的和长远的工作计划。(13)能正确评价外界的任何情况。

### 三、公共关系人员的仪表修饰

人的仪表包括外貌、姿态、衣着、风度等。公关人员在与外界的交往中,是以各自所在组织(或企业)的化身出现的,也就是说,他们分别代表着各自的组织(或企业)。组织(或企业)能否使公众产生信任感,在最初阶段,很大程度上取决于公关人员的仪表给他人留下的印象如何。

由于人类审美标准的共通性及对美的共同趋向性,在人们最初的交往中,有秀丽外貌、优美姿态、整洁衣着、洒脱行为的人,无疑更会引起别人的注意,使人有接近的意向。在对方有交往愿望或希望了解的过程中,他们就会通过公关人员的仪表姿态,产生对其所代表的组织(或企业)的最初印象,对其所代表组织(或企业)的状况作出某些推测。

很难想像,一个不修边幅、衣冠不整、举止粗鲁的人所代表的组织(或企业)形象会是环境优美、纪律严明、生机勃勃的。所以,对公关从业人员来说,有好的仪表的确很重要。

有好的仪表, 只是具备了从事公关工作的有利条件, 但如果仅仅依赖于仪表,不注意进一步提高自身修养,在深一层的交往中,就会使他人对其产生徒有其表、华而不实的感觉,从而使本人所代表的组织(或企业)的声誉受到损害。

好的仪表要和好的气质结合在一起,才能形成最佳的公关人员形象。气质实际上是自身修养的外在流露,它是一个人自身修养不断积累的产物。随着人与人交往的不断加深,气质会起到越来越重要的作用。有了好的气质,才能谈吐自如,言之有物。这种以内在气质为依托的外在美才会更具有魅力。把美女和公关画等号是对公关的极大歪曲和误解。

## 第二节 公共关系人员的类型

一般说来,任何公关活动,都离不开以下几类人员:

### 一、编辑、拟稿人员

这类人员的经常任务是采写新闻稿,为有关领导及决策层撰写发言稿、演讲稿,为组织写各种总结、调查、报告等。这类人员必须有较强的文字表达能力并了解传播知识，懂得新闻传播的工作原理和技能，掌握写作的基本功。

### 二、调查、分析人员

任何公关活动成功的基础都在于：准确的调查分析，把握公众的态度。因为只有仔细辨认公众，把握公众对本组织的看法，才有可能进一步通过公关活动，引导公众态度向着有利于组织的方向发展。这就要求公关人员具有调查分析、掌握民情民意的基本功，要求公关人员具有多方面的知识。

### 三、公关活动的策划人员

精心的策划是公关成功的内在要素。荷兰飞利浦公司在1988年奥运会前夕策划进行的“奥运问答送巨奖”活动充分体现了这一点。可谓是运用了恰当的时机、恰当的传播形式，掌握了公众心理，大大提高了飞利浦公司的产品和形象在中国公众中的知名度。它说明：出色的公关活动均出于公关人员富有公关意识和创造力的绝妙设想。

### 四、公关活动的组织人员

公关活动事无巨细，组织人员需要充分了解公关实务的工作原则、方法和技巧；同时必须具有较强的组织管理能力和应付琐碎事务的能力。以开业典礼为例，即使是灯光插头的位置，标语的位置，拍摄的角度，都与活动的整体效果有关，都不能忽视。这就要求公关人员具有一定的组织能力，以便成功地筹备、组织、管理公共关系活动。

### 五、公关活动中的专业技术人员

公共关系既是一门科学，又是一门艺术，还是一门技术。随着社会的发展，现代化的传播手段日趋完善，新的传播媒介不断出现，公共关系机构中需要大量既懂公关理论，又懂公关技术的专业人员，如摄影师、印刷设计师、美术师、编辑、法律顾问、心理咨询专家等。

## 第三节　公共关系人员的培训

公共关系人员心理素质的训练和能力素质的培养主要是通过正规教育和专业培训两个途径进行的。

### 一、公共关系人员的正规教育

公共关系专门人才的培养，应该通过正规化的大学教育和研究生教育这两个层次来实现。根据中国的实际,公共关系机构的负责人至少应该具有公共关系及相近专业的大学本科或研究生学历。

公共关系学专业大学本科教育应该学的课程主要有以下四组:

第一组,专业课程。主要包括:公共关系学概论、公共关系实务、传播学概论、企业管理学、社会心理学、人际关系学、交际与礼仪。

第二组,专业基础课。主要包括:市场营销学、行政管理学、广告学、社会学、新闻学、宣传学、伦理学、社会调查方法、美学概论。

第三组,公共基础课。主要包括:外语、写作基础、法学概论、体育。

第四组,技巧技能课。主要包括:管理定量技术、摄影与采访技术、工艺美术设计、演讲与口才、交际外语、计算机原理与操作。

**二、公共关系人员的岗位培训**

除了通过正规的专业教育培养公共关系专门人才之外,进行岗位培训是提高公共关系人员素质的又一重要途径。

公关岗位培训的基本原则是:缺啥补啥,学用结合,边干边学,在公关工作的实践中掌握公共关系的理论知识和技巧,通过积累工作经验,逐步提高工作能力。

岗位培训的方法是:因人而异,实行走出去、请进来的办法。所谓走出去培训,就是选派一些公关人员或者去参加有关方面举办的公关培训班,或者到高等院校旁听公关专业的有关课程。所谓请进来培训:一是指聘请高等院校的公共关系专业教师来组织(或企业)讲学;二是指组织(或企业)自己可以举办一些不定期的讲座。

当然,公共关系岗位培训和正规专业教育是有所区别的。岗位培训更多侧重于实践技巧的传授。为此,公共关系岗位培训应该抓住以下要点:第一,训练公共关系人员充分认识自己岗位的基本职责。第二,训练公共关系人员如何制作公共关系宣传材料。第三,训练公共关系人员如何处理与外界公众的关系。第四,训练公共关系人员如何筹划公共关系专题活动。

**三、公共关系人员的实践训练**

由于公共关系是一门应用性很强的科学与职业,因此,加强实践锻炼比其他手段更为重要。

虽然学校能够传播公共关系学知识,但却难以造就既懂理论又懂实践的出色人才。广泛的社会经历,与各种人物交往的经验,对社会环境及风土人情的练达,都是在课堂和书本里学不到的。因此,要特别注意在实践中训练公共关系人员。公关人员的实践训练一般包括:

(一)管理实践训练

一个组织的公关人员,作为组织中最高决策者的“耳目”和“喉舌”,必须对组织内各个部门、各个环节的情况了如指掌,必须有计划、有步骤地到各个岗位上进行实践训练,在实践中学会将公共关系的战略思想贯穿于对组织中人流、物流和信息流管理的全过程,进而达到提高管理水平的目的。

(二)工作能力的实践训练

这方面的训练包括:从事各种应用文写作和编写宣传资料的训练,以提高公关人员的写作能力;接受各种谈判、社交、礼仪等方面的实践训练,以提高公关人员的社交能力;模拟组织各种公关活动,以提高公关人员的组织领导能力。除此之外,还应对公关人员进行各种专业技能的实践训练,如广告制作、市场调查、美术设计,包括“琴、棋、书、画”的演练,等等。

## 四、公共关系人员的资格鉴定

请有关人员就下列问题作自我评定,看他们是否适合于从事公共关系工作,每个问题回答“是”或“否”。

(一)性格

1.是否具有幽默感?

2.是否性情温存、和悦近人?

3.待人接物是否从容不迫?

4.能否往来于大庭广众之间而不畏惧?

5.是否经常保持乐观的态度?

6.遇事是否有耐心,愿意等待?

7.面对困境和挫折是否能保持决心和毅力?

8.做事是否喜欢拟定计划?

9.思路是否敏捷?

10.是否健谈?

11.仪表是否端庄?

(二)品德

1.为人是否公道正派?

2.是否具有明辨是非的能力?

3.做事是否有良好的责任感和道德感?

4.是否认为集体利益胜过个人利益?

5.是否相信世界上好人多于坏人?

6.是否关心他人并赢得同事的信赖?

7.能否遵守诺言？

(三)智慧

1.对人对事是否有好奇心和保持浓厚的兴趣？

2.是否精于观察他人的言行？

3.能否当一个好听众欣赏别人的谈话？

4.是否善于处理尴尬局面？

5.是否具有说服别人的能力？

6.写作是否流畅、生动？

7.是否有较强的学习能力？

8.每天是否抽空读书看报？

9.做事是否具有想像力和创新精神？

(四)教育和经验

1.是否大学毕业或研究生毕业？

2.是否懂得经济学的基本知识？

3.是否懂得社会学的基本知识？

4.是否懂得经营和管理的基本知识？

5.是否受过哲学和逻辑学的思维训练？

6.是否了解传播学？

7.是否对心理学有兴趣？

8.是否能够撰写新闻稿件？

9.是否有与新闻界打交道的经验？

10.是否有社会交际或社会活动的经验？

11.是否了解舆论调查和民意测验的方法？

12.是否有谈判的经验？

13.是否了解党和国家的组织机构和基本方针政策？

(五)行政领导能力

1.是否有制订计划方案的能力？

2.是否善于合理地分授职权？

3.能否在工作中用人所长、发挥部属的积极性？

4.是否善于协调不同性格的人一道工作？

5.对不同的意见是否有分析和概括能力？

6.能否正确理解上级意图及接受指示？

7.是否能创造轻松愉快的组织气氛？

8.是否善于主持会议？

9.能否尽快恳切承认自己的错误，并坦然接受惩罚？

10.是否经常善于从不同意见中得到启发？

以上每一问题，答案为“是”计2分，答案为“否”计0分。满分为100分；60分以下者不适宜从事公共关系工作；60~70分为及格，但须努力改进自己的弱点；70分以上者有资格从事公共关系工作；90分以上者有望成为公共关系专家。以上内容作为一种理论设计有可参考之处，不仅可供公关人员自我评定，还可供公关部招聘公关人员摸底时参考。

## 第四节　公共关系人员的职业道德

为了矫正公共关系界出现的某些不正确的公关行为，使公共关系人员的活动有章可循，1989年9月27日全国省市公共关系组织第二次联席会议提出了《中国公共关系职业道德准则(草案)》，全文如下：

**一、总则**

中国的公共关系是在改革开放形势下出现的新生事物，它的诞生和发展对贯彻执行党的基本路线，对我国社会主义市场经济的发展和社会主义精神文明建设起着一定的推动作用。

中国的公共关系从业人员在从事公共关系活动中，以塑造不同的人、团体和社会组织的形象以及他们之间的沟通、理解、和谐、拓展、合作，推进社会主义的公共关系事业为最高境界。由于公共关系从业人员能够借助现代化的大众传播媒介手段直接或间接地与成百万人进行接触，并深刻地影响到公众的思想和生活，因而公共关系从业人员的这种能力必须受到严格的职业道德准则的制约。有鉴于此，凡认同并在下述职业道德准则上签字的所有公共关系组织都应该以本准则所规定的各项原则自律。如果发现某个公共关系组织或个人在履行职责过程中违反了本准则，则将被认为犯有渎职行为而受到相应的处罚。

**二、条款**

(一)每个公共关系从业人员必须使自己的公共关系实践和理论符合我国的宪法、法律和社会公认的道德规范，必须铭记他自身的一举一动都将影响到社会公众对这种职业的总体评价。

(二)在任何情况下，公共关系从业人员必须做到全心全意为我国社会主义事业服务，都应该考虑到有关各方的利益，首先应该考虑社会公众的利益，同时也应该考虑自己所在组织的利益。

(三)公共关系从业人员在进行公共关系活动的时候,力求真实、准确、公正和对公众负责。

(四)从事各种专业公共关系的专职人员应该在借鉴、钻研和实践的基础上努力提高各自的公共关系业务水平。

(五)公共关系教育工作者应该以一种严肃、认真、诚实的态度对待公共关系高等教育和普及教育。

(六)公共关系从业人员不得参与不道德、不诚实或有损于本职业尊严的行为。

(七)公共关系从业人员不得为了个体利益故意传播虚假的或使人误解的信息。

(八)每个公共关系从业人员不应该有意损害其他公共关系从业人员的信誉和公共关系实务。但是如果有证据证明其他公共关系从业人员有不道德、不守法或不公正行为，包括违反准则的行为，应该向自己所属的公共关系组织如实反映。

(九)公共关系从业人员不得利用贿赂和其他不正当手段来影响传播媒介人员真实、客观的报道。

(十)公共关系从业人员不得借用公共关系名义从事任何有损公共关系信誉的活动。

(十一)公共关系从业人员在国内外公共关系事务中应该严守国家和各自组织的有关机密。



## 本章复习思考题

1.对公共关系人员的能力有哪些要求？

2.公共关系人员的类型有哪些？

3.对公共关系人员的职业道德有哪些要求？

# 第五编

# 案例选析

# 第十五章 公共关系案例分析

中心内容

本章共分为四节，分别论述了公共关系案例的理论与案例分析方法。重点通过一个综合案例的分析，说明了公共关系案例分析的方法。

学习目标

学习本章，要求掌握公共关系案例的基本原理、公关案例的写作要求，并掌握公共关系案例的分析方法。

依据具体实例对有关问题进行分析研究，从中找出带有普遍性、规律性的东西，是公共关系学的有效研究方法之一。公共关系案例的分析与研究在学科体系中占有重要位置。

## 第一节 公共关系案例概述

案例法是美国哈佛大学教育管理学院于1908年首创的，是在调查事件的基础上编写案例，一般是一例编写成一案。内容反映管理工作中的各种主要问题，形式多样，长短不一，很多经典案例在实践中有重要的指导作用。

### 一、公共关系案例的概念与要素

(一)案例的概念

案例一词源于医学，又称个案、实例、个例与事例等。

公共关系案例是对某一特定的公共关系活动的内容、情景及过程进行客观评述或介绍的一种材料。

案例方法是社会科学研究所应用的重要方法。案例收集的过程,是调查研究的过程;案例分析的过程,是理论结合实际进行理性思考的过程。可以说,案例方法在理论研究和实际社会生活之间搭起了一座桥梁。

公共关系学作为一门应用性很强的学科,案例的调研、采集、分类、筛选、编写、分析是研究和学习这门学科的基本功。

(二)案例的要素

1.案例的内在要素

一个案例所反映的核心内容,叫内在要素。案例的内在要素包括:

(1)主体要素,即社会组织。公共关系案例反映的正是社会组织的有创意的公关活动或公关工作的基本情况,揭示和总结的是社会组织公关活动或公关工作的成功经验和失败教训。

(2)客体要素,即公众。公关活动或公关工作总是针对特定公众展开的,没有公众就没有公共关系。在案例中要明确指出活动的公众对象、公众的类型、公众的特征。

(3)目标要素,即公关活动所设想的目标和本案例所反映的公关功能的实现程度。即是否达到了沟通信息、联络感情、改变态度、引起行为中的一个或几个目标,是否达到了协调关系、建树形象这两大基本功能。

(4)传播媒体要素。传播沟通是公关活动或公关工作的手段和桥梁,成功的公关活动总是成功地利用了传播沟通手段,失败的公关活动则是未能成功运用传播沟通手段。

(5)环境要素是构成公共关系案例的客观因素。任何一项公关活动或公关工作都是在特定环境中进行的,包括自然环境、社会环境两大部分,也称为公关活动的背景。案例一定要有背景分析,即公关活动是在什么样的情况下展开的。

2.案例的外在要素

一个案例的格式,叫外在要素。案例的外在要素包括:

(1)标题,即案例名称。可用案例要说明的问题作为标题,如“诚招天下客”;可用案例中体现出的活动主题作为标题,如“第七十一次拜访”;可对案例内容作文学化处理,如“星星点灯”;也可对案例主题作冷峻化处理,如“门卫座谈会”。

(2)内容,即案例正文。正文可以分块写作,既可按事件发生的时间顺序分板块,又可按阐述内容的逻辑顺序分板块,还可按互不联系的独立内容分板块。

(3)结尾,即对案例正文的精辟的总结。

## 二、公共关系案例的类型

### (一)按案例篇幅的大小分

按案例篇幅的大小可将公共关系案例分为大型案例和小型案例。但应当指出,案例大小的关键并不仅仅在于案例内容的长短多少,而在于案例所说明的道理的深刻和全面程度。

### (二)按案例涉及的公共关系活动主体分

按案例的主体可分为政府部门的案例、企业组织的案例和非营利性组织的案例。

### (三)按案例的学习功能分

1.“描述-评审型”案例

前者介绍某一公共关系活动的全过程,有现成的方案或计划,要求案例使用者对之进行评审,指出它的优点,也点明它的缺点。这种案例有利于学习者扩大知识面,验证与加深理解公共关系理论。

2.“分析-问题型”案例

后者在情况描述中隐含一定问题,要求案例使用者把这些问题挖掘出来,分清主次,探究原因,拟定对策,做出决定。这种案例有利于提高学习者的分析判断能力。

### (四)按案例内容的覆盖面分

按案例内容的覆盖面可分为单项型案例和综合型案例。

1.单项型案例

单项型案例一般是一事一议,一事一总结,一个问题一归纳。一般只描述一件事,只得出一个有益的或有启发作用的结论。

2.综合型案例

综合型案例一般是从多个方面展开描述和论述,较全面地总结某部门、某单位公共关系活动的全方位、全过程,能得出较多有启发作用的结论。

# 第二节　公共关系案例的收集与编写

## 一、案例材料的来源

公共关系案例材料的来源,通常被分为直接来源和间接来源。

直接来源是以案例编写者的直接经验为基础, 其素材取自于编写者的个人经历。这种案例通常是公关工作者和公关活动实践者根据自己的切身体会,精心提炼总结出来的,其优点是真实、生动、深刻,其缺点是理论性受到当事人素质的影响。

间接来源是案例编写者通过调查活动，了解和收集案例材料。其方法有两种:一是实地调查,二是案头资料分析。因为公共关系的研究者、学习者、爱好者不可能也无必要仅靠自身实践去把握公共关系的规律，他们可以通过阅读等方式学习公共关系。特别是在信息时代,传播技术的高度发达,为他们提供了广阔的公关信息获取渠道。间接来源为编写案例提供了视野更为开阔、内容更为丰富的选择余地,已成为案例编写的重要材料来源。

### 二、案例材料的收集

案例材料的收集,尤其是间接来源材料的收集,实际上是一个调查过程。在收集案例时,要注意三点:

(一)正确选择调查对象

调查对象的情况必须符合案例编写的目的与主题，调查对象有良好的合作意向。

(二)诚恳地与被调查单位接触

案例收集者要承担保密义务,充分尊重对方的要求,消除被调查者的顾虑。同时,也要让被调查单位了解合作是互惠互利的。通过总结案例,可以帮助他们更深入系统地了解自身存在的问题，更透彻地认识以往所开展的公共关系活动取得的效果。

(三)合理选择案头资料

案头资料的来源一般是报纸、刊物、电视、广播、多媒体等大众传播媒体;各部门的内部刊物、宣传品等宣传性媒体。

### 三、案例的编写

案例的编写是很重要的工作。在进行编写时要注意案例的现实性、实践性、客观性、典型性、可读性和系统性。在编写案例之前,要弄清本案例的主题及关键问题;详细研究案例主体要素中的单位与个人的情况;编写中要注意向读者提供更多的背景材料;案例定稿后进行自审、送审及试用。总之,案例既要来源于实践,又要高于实践,更要能指导实践。

## 第三节　公共关系案例分析的基本原理

公共关系的案例分析,是为了探索公共关系活动的规律,研究公共关系的各种形式,探寻这些形式与内容的联系,以把握其本质,总结公关工作方法和技巧。

## 一、案例分析的意义和程序

### (一)案例分析的意义

从具体的案例中推导出一般的原理,揭示案例蕴涵的丰富思想,探寻某一公关理论或实务的普遍意义,这才是案例分析的根本目的。通过案例分析,既可深化对公关理论的认识,又可揭示出公关活动的新规律,还可总结公关实践的成功经验和失误教训。

公共关系案例分析是公关理论联系公关实际的桥梁,是公关知识转化为公关能力的媒介,有着重要的理论意义和实践意义。

### (二)案例分析的程序

1.阅读案例,发现问题。先粗读而知其概貌,再精读而究其细节。

2.确定重点,提出思考。针对案例正文内容提出发人深省的问题,引导人们开动脑筋,发挥想像,通过探索,获得答案。

3.深入分析,得出结论。针对各种公共关系问题,进行全面系统的分析和研究,从现象到本质,从特殊中找出一般规律,从分析中得出结论。

4.验证结论,实践应用。针对得出的结论在实践中应用检验,发挥其指导和参考作用。

## 二、案例分析的方法

### (一)综合型分析

对案例中所有的关键问题都进行深入分析,寻找有力的定性与定量论据,提出解决方案和建议。

### (二)专题型分析

研究者对自己所熟悉的某个方面,作深入而透彻的分析,从而得出满意的答案。

### (三)先锋型分析

其主要特点是根据案例研究的某些需要,率先分析某些具体内容和措施,并得出结论。先锋型分析其实也是一种专题分析。

### (四)信息型分析

这种分析是对案例的一种辅助性或补充性分析。它依据案例之外其他渠道所得的信息,如从期刊、技术文献、组织的总结报告乃至个人或亲友的经历中获取信息,进行分析,以加深对案例的理解。

## 第四节 公共关系案例分析举例

### 新油田 新家园 新希望

——玉门石油管理局吐哈石油会战战略动员公关方案

(一)背景资料

新中国成立50多年来,玉门的石油工人在茫茫戈壁上艰苦奋斗,为国家贡献了大量的石油财富,为中国石油工业创立了不朽功绩。同时,也为全国各地的大小油田输送了无数油田开采、设计和管理人才,使玉门油田成为中国石油工业的摇篮。

在几十年的艰苦创业中,涌现了许多可歌可泣的动人事迹,造就了大批勇于拼搏的玉门人。如今,哪里有油田,哪里就有玉门人。祖国的每一个油田都有玉门人奋斗的英姿。中国工人阶级的榜样——铁人王进喜当年就是从玉门奔赴大庆油田的。

经过常年开发和建设,在玉门第一口油井"老君庙"油矿所在地崛起了一座新城——玉门市。这里已经成为玉门石油工人安居乐业的美丽家园。

随着时间的推移,玉门地下的石油资源储量日益减少,根据上级指示,由于新疆吐哈盆地发现新油田,玉门的工人、干部、技术人员将开赴千里之外的新疆塔里木盆地,参加吐哈石油会战,以开辟新的石油基地,适应中国21世纪经济腾飞的需要。

当玉门石油管理局将工作重点转移到新疆塔里木新油田开发中去的时候,一系列新的问题摆在企业面前:怎样使已赴新疆参加会战的突击队员克服创业困难,适应新的艰苦环境;怎样使玉门基地的干部、技术人员和工人,乐意放弃优越的生活和工作条件,积极报名去新疆;怎样解决新老石油基地人员家属及其子女的具体问题,解除后顾之忧;怎样振奋玉门人艰苦创业、勇于拼搏的企业精神,在吐哈油田的开发和玉门炼油基地的建设中再立新功。鉴于以上问题,玉门石油管理局决定应用公共关系原理,策划一场宣传、动员系列公关活动。

(二)计划正文

玉门石油管理局吐哈石油会战战略动员公关方案

A.总体目标和分目标

总体目标:鼓舞内部员工振奋企业精神,增强创业信心,为中国石油工业再立新功。

具体分目标：

1. 使玉门油矿的内部员工深入理解国家为开发吐哈油田而制定的各项政策；

2.动员更多的石油工人，尤其是技术骨干和青年工人报名参加吐哈石油会战；

3.解除员工家属的忧虑，支持亲人在新油田建功立业；

4.在整个玉门油矿重新振奋起艰苦创业、勇于拼搏的"铁人"精神。

B.系列公关活动主题

主题：

新油田　新家园　新希望

副主题：

让青春和石油都不再沉睡

开发我们的第二故乡

C.公众对象的选择

1.玉门基地的内部员工为优先目标；

2.吐哈油田的突击队员；

3.吐哈油田突击队员的家属；

4.玉门基地的员工家属；

5.政府部门和新闻媒体。

D.系列公关活动项目

第一项：新闻宣传系列

1.举行新闻发布会，向广大员工解释和宣传国家开发吐哈油田的重大意义、方针、政策以及关系到大家切身利益的具体规定和措施；

2.组织一次由玉门石油管理局领导和普通员工及员工家属代表参加的大型对话会，以征询员工的愿望和要求，了解工作中的不足和薄弱环节，回答员工最关心的问题。

第二项：科普教育系列

1.开办"21世纪的能源"科普讲座，从中国的国情出发讲明石油工业在我国经济发展中的巨大作用；

2.组织以"石油连着我和你"为主题的"石油产品展览会"，使人们认识石油和生活的关系。

第三项：文化娱乐系列

1.举办"新疆风情"电影周，集中播放反映新疆自然风光、悠久历史、风土人情、富饶资源、发展现状的记录片、科教片、专题片和故事片，增加玉门人对新疆的了解；

2.组织以“我为祖国献石油”为主题的文艺晚会，集中演出由玉门油矿工人自己编排的，反映他们工作和生活的各种形式的文艺节目；

3.举办“玉门油矿矿史展览”，通过文字说明、图片资料、音像资料展现当年玉门人艰苦创业的历史。

第四项：专题活动系列

1.举办“光荣的玉门人”专题报告会，邀请在祖国其他油田做出成绩的“玉门人”回玉门油田做报告，激发玉门人的自豪感和责任感；

2.组织由已赴新疆参加会战员工的家属及青年工人代表组成的慰问团赴新疆实地参观，并在他们返回后举行报告会；

3.组织玉门市中小学生开展“我给石油工人的一封信”活动，并评选出优秀作品，利用各种媒体广为传播；

4.举行一次隆重的欢送仪式，欢送赴新疆会战的员工，造成艰苦创业光荣的社会舆论。



（三）案例分析

玉门石油管理局吐哈石油会战战略动员系列公关活动是一次成功的企业内部公共关系传播活动。这项活动最大的效果是增强了企业内部员工的认同感和凝聚力，达到了内求团结的目的。这项活动的最大特点是它不同于以往的宣传动员活动，而是经过精心策划和周密组织的，在科学的公关理论指导下的一项具有人情味、艺术性、吸引力的系列公共关系活动。

玉门石油管理局的战略动员活动取得良好效果的关键在于，有一个设计科学、新颖、配套的公共关系活动计划。通过这个计划，可以看出以下几个特点：

1.注重计划的科学性和系统性

公共关系工作不仅具有较高的艺术性，而且具有较强的科学性、系统性，它使企业的公关工作计划化、连贯化、节奏化、规范化。按照公共关系的四步工作法，在处理和解决各种问题时，都要贯彻调查、策划、实施、评估这四个工作步骤，而公共关系计划的编制过程，实际上就是在公关调查和策划的基础上制定公关实施方案的过程。因此，一个完整的公关计划，至少包括分析情境、确立目标、选择公众、设计主题、组织项目、预算经费等几个方面。

玉门石油管理局的战略动员计划较好地体现了公关计划的各项要素。该计划建立在对背景资料的严密分析之上，针对企业面临的首要问题，即吐哈石油会战的战略动员提出了公关活动的总体目标和分目标：把“鼓舞内部员工振奋企业精神，增强创业信心，为中国石油工业再立新功”作为总体目标，而不是立即将动员参加吐哈会战作为总体目标，具有一种居高临下、统管全局、着眼根本的意味。

公共关系目标，实际上就是组织通过公关策划和实施所希望达到的形象状态和标准。总体目标一般着眼于长远;分目标一般侧重于近期,具有明确性、可行性、可控性的特征。玉门石油管理局战略动员计划中提出的四个分目标就较好地体现了以上特点。通过目标的确定,使公关策划乃至计划的制定建立在科学的基础上。

从整个玉门石油管理局战略动员计划来看,该计划结构合理,系统性强,措施配套,是用科学的公关理论指导实践的好案例。

2.注重计划的可行性和实用性

公共关系活动,要始终坚持以客观事实为依据的原则,一切从实际出发,尊重客观现实。这样,公关计划才不会成为纸上谈兵,不会成为超越于现实的空中楼阁。

公共关系原理告诉我们,没有事实,就没有公共关系。公共关系是当代经济活动空前复杂、活跃,信息传播手段高度发达的历史条件下产生的实用性很强的一门学科。它主张以诚恳的态度、实事求是的作风,借助于诚实无欺的对内、对外传播以及完善的工作,向组织内外公众宣传自己的形象,求得内外公众的了解、理解和谅解,以达到内求团结、外求发展的目的。公共关系致力于谋求内外公众的信任与支持,致力于组织(或企业)内外公众之间合作气氛的形成,着眼于实事求是地向公众传播真实信息。如果离开了事实,公共关系就不存在。制定切实可行的公关活动计划就是为了把公关工作建立在事实的基础上,因此,要求公关计划首先要符合组织的实际。

玉门石油管理局的战略动员计划的公关活动项目，就是从该油田的实际情况出发制定的。该项目分为:新闻宣传系列、科普教育系列、文化娱乐系列和专题活动系列等4大系列活动,共计11项具体活动,基本上都是可行的。比如“玉门油矿矿史展览”,只需对已有历史资料加工整理便可展出;“21世纪的能源”科普讲座,可请玉门油田的专家、学者自己上讲台;“新疆风情”电影周可直接调片在玉门市影院、礼堂、俱乐部放映;“我给石油工人的一封信”可通过玉门市已有的闭路电视、广播电台、企业报纸播出、刊出。

从以上分析可以看出，玉门石油管理局战略动员计划避免了华而不实的空架子,着眼于实实在在的工作,防止了一阵风、走过场、形式主义等以往活动中存在的弊端,这是值得肯定的。从科学的公关理论来审视这个公关计划中的各个活动项目,可以看出,每项工作都是实实在在的,每项活动的效果都是可评估的。

3.注重计划的艺术性和感染力

公共关系活动能否取得好的效果，关键在于公关方案的选择和计划的制定要富于创新,讲究技巧。随着社会的发展,无论是社会生活还是人的心理活动都趋向复杂多变。因此,讲求公关的艺术性,是公共关系的生命力所在。

公共关系是一门如何通过人的创造性工作去求得组织内外“人和”的艺术。之所以把公关称为一门艺术,是因为它涉及到人的富有创造性的心理活动。在公关活动中,如何借助有利条件,避开不利因素;如何吸引大量公众参与活动,扩大活动的影响范围;如何防止意外事件的发生;如何使公众在不知不觉中对活动留下持久而深刻的印象;如何达到说服公众、改变公众态度的目标等等,都是我们在制定公关计划时所要考虑的问题。

当代人有当代人的审美情趣。公关活动的感染力,就是使公众自愿介入,自愿参与,这样,才能使活动具有较浓的人情味,使公众亲身体会组织的真诚,使相互沟通进入情感层次,而不是强迫公众改变态度。玉门石油管理局战略动员计划在这方面的策划和设计也是颇具匠心的。

“新疆风情”电影周通过公众喜闻乐见的影视形式,让员工在文化娱乐生活中了解新疆、了解吐鲁番、了解塔里木;“我给石油工人的一封信”,通过中小学生富有理想、富有激情的信件,鼓舞前方、后方的油田员工为石油会战出力流汗;“我为祖国献石油”文艺晚会,又可以使员工在观看反映自己生活的文艺节目的同时,体会到玉门石油管理局的企业氛围和“我们感”,在潜移默化中加深对油田的感情。因此,从艺术性和感染力角度来讲,玉门石油管理局吐哈石油会战战略动员公关计划的制定是十分成功的。

这个计划的不足之处在于:主题“新油田、新家园、新希望”和副主题“让青春和石油都不再沉睡”、“开发我们的第二故乡”虽然设计出色,但在整个公关计划中没有贯穿进去,使人产生一种主题不定的印象。如果能把主题所揭示的内涵贯穿到具体的公关活动项目中去,如举行“让青春和石油都不再沉睡”誓师大会、“开发我们的第二故乡”信息发布会,公关活动的效果将会更明显。

## 本章复习思考题

1.什么是单项型公关案例?

2.综合型公关案例有哪些特点?

3.你从这个案例中学到了哪些知识和方法?

# 第十六章 公共关系案例选粹

**中心内容**

本章共分为两节。第一节是企业公共关系案例选粹，一共精选了五个案例。其案例为：一、奔驰——企业形象重于一切；二、"白沙"——借企业文化飞翔；三、肯德基在中国；四、雀巢咖啡文化传遍全球；五、海尔策划有道，缔造世界级品牌。

第二节是政府公共关系案例选粹，一共精选了五个案例。其案例为：一、改换车位，一举成功——尼日利亚政府的公共关系；二、"炉边谈话"见奇效——罗斯福总统与政府公共关系；三、大亚湾核电站的风波——中国政府公共关系的成功运作；四、上海市申博成功的政府公共关系案例；五、普京政府在人质事件中的危机公关。

**学习目标**

本章通过对企业和政府的经典的公共关系案例进行分析研究，了解和掌握公共关系策划的方法。

## 第一节 企业公共关系案例选粹

### 一、奔驰——企业形象重于一切

创造品牌是企业制胜的法宝。品牌不但是企业产品的名称，而且是产品品质、服务品质的标志。创立知名品牌则是一个全优的综合概念，它要求产品在质量、款式、价格、服务、信誉和市场占有率等方面均有优异的表现。在目前的市场环境中，品牌成为企业的一种非常重要的标志，体现出其背后所代表的深层内涵：谁拥有叫得响的品牌，谁就拥有竞争的主动权；越是知名度高的品牌，给企业带来的无形资产就越大；企业借助名牌可以吸引更多的资金以扩大生产规模，占领更广阔的市场。优秀的知名品牌代表了良好的产品品质、优质的服务、顾客至上的经营宗旨。

著名的国际企业——奔驰公司结合自身具体特点，总结出一套行之有效的企业形象战略方案，使奔驰三角星徽闪耀车坛，百年不衰。那么，奔驰公司是如何制定行之有效的形象战略，从而建立良好企业形象的呢？

(一)奔驰的经营理念和价值观念

1.企业精神——核心价值

作为一个拥有百年历史的著名汽车品牌，奔驰公司已形成了一个核心企业精神——公平、尽责。"公平"是指公平竞争、公平经营，这是每个企业必须遵循的游戏规则。奔驰公司也是在产品质量、花色品种、技术水平、市场销售和售后服务等方面力争上游。"尽责"是指在经营范围——汽车行业，尽到自己作为一个顶级品牌的责任，不仅为了自身的经济利益，也要兼顾社会利益，成为同领域企业仿效的楷模。

2.经营理念

核心理念是很抽象的，往往是企业经营管理者经过多年的经验积累总结出来的精华，以其为中心、为基础具体形成了经营理念。其内容主要包括：

(1)传统理念。奔驰公司是汽车的发明者创立起来的汽车企业，它的发展也充分反映了整个汽车工业的发展，因此，其经营更趋向于采用传统和高效的规则。企业的经营者首先就是要确保这一理念为广大员工、合作伙伴和外界所接受。这是经过几代奔驰人的不断努力才营造出的立身之本。

(2)快乐感理念。人们的需求不会局限在某一需求层次上。随着科技、社会、经济和市场的发展以及人们的生活水平的提高，人们更进一步追求汽车外观优美、内部豪华、驾驶舒适，从而尽显自身价值。根据这一趋势，奔驰公司近年来将能满足消费者自身的快乐感作为经营理念的一部分，并随着时间的推移，重视程度和投入不断增加。

(3)共同责任理念。人类社会的发展为我们周围的环境带来了不可估量的负面影响。汽车排出的废气造成了大气污染，形成酸雨；大量化学制品合成材料的使用和废弃，乱砍乱伐，污水排放造成生态失衡。人类要生存，必须重视环保。保护我们赖以生存的地球是全人类共同的责任。奔驰公司将其作为自身的任务不断改进生产技术、降低污染的可能性、减少废气排放量、采用可多次循环使用的材料生产，以最大限度地保护环境。

3.价值观念

经营理念是企业的基本思想意识形态，企业必须用这些理念来支撑一系列能使顾客感觉到的、实实在在的价值。只有这样，才能做到理论与实践相结合。

(1)传统价值——“安全、优质、舒适、可靠”

“安全”是奔驰公司最为重视的价值，并在这方面成果显著，推出了许多项新技术，如：安全气囊、碰撞褶皱区、乘员安全车厢和ABS、ETS、ASR、ESP等大量的电子辅助安全设备，为汽车安全领域的发展做出极大贡献。

“优质”是企业制胜的法宝。奔驰汽车质量优异举世公认，这依赖于完善的质量控制体系。奔驰产品不仅符合行业内部和各国的有关规定，还制定了一套更为苛刻的标准，确保产品质量万无一失。

“舒适”对于驾驶者和乘客来说是极为重要的。驾驶是一种乐趣，乘坐是一种享受。奔驰产品对于舒适的要求已不限于简单意义上的生理舒适感，近年来更强调一种能使人放松心情、消除紧张的感觉。从车内外各种细致入微的设计理念中反映这种感觉：按照人体动力学设计可自动调整的座椅；充分利用的内部空间；隔音条件良好的车厢；等等。

“可靠”的性能使奔驰汽车的使用寿命普遍比同类产品长。超凡的质量水准和一套完备的售后维修保养措施和专业技术队伍，成为其保持长期性能可靠的坚强后盾。

(2)潮流价值

潮流价值着重强调个性特点。当今社会，人们极为重视自我表现，重视个性体现，从服饰到汽车都追求与众不同。奔驰公司在每种产品系列中根据不同客户的需求，将其进一步细分为不同的产品线。

标准型车身颜色稳重大方，内部与外观协调统一，采用标准配备，价格适中；豪华型车身颜色品种繁多，内饰豪华典雅，囊括奔驰各种豪华配备，尽显车主身份地位；运动型车身色泽鲜明抢眼，内饰与外观色彩反差明显，底盘降低并配有更强动力的发动机和各种动感配备。

(3)社会价值

奔驰公司将首创的三滤催化系统作为欧洲车型的标准配备，成为一个里程碑。各大汽车厂商纷纷效仿，推动了汽车环保事业的蓬勃发展。此后，奔驰公司的工程技术人员又不断努力采用新材料、新工艺降低汽车对人类环境的破坏程度。

(二)奔驰的产品策略——以客户定产品

企业的经营理念需要通过产品、服务和联络系统等形式具体体现出来，否则就是一纸空文，毫无价值可言。奔驰汽车产品系列和产品线的设置，充分反映了其传统、潮流和社会三大价值观念。市场是由那些具有特定的需求或欲望，而且愿意并能够通过交换来满足这种需求或欲望的全部潜在顾客所构成的。整个轿车市场是一个很大的范围,包括了不同阶层、不同年龄和不同需求的消费者。任何一家汽车厂商都不可能提供满足所有这些人群的所有产品，因此对自己企业的定位,对市场的细分和对目标客户的研究至关重要。奔驰公司的每一种系列产品都是根据不同的细分市场的不同客户群体需求开发和设计的。从车身形状、内部装饰到机械、动力系统的配置,无一不是经过详细的市场调查研究分析,从客户的角度考虑而得出的。每一系列的奔驰产品在其问世前就已经拥有了其自身的产品理念。这一理念将指导该产品的生产、销售和售后服务等各个方面。这正是奔驰产品经久不衰、极受欢迎的秘诀。

(三)奔驰的服务策略

1.奔驰公司拥有强大的售后服务网络

售后服务质量优秀是良好销售量的保障。产品售出后,奔驰公司仍然将其视为企业经营活动的重要部分,时刻保持与其主人的联系。奔驰汽车销售到哪里,售后服务网络就建立到哪里,以确保每一辆汽车都得到良好的照顾。

2.定期的维护保养

奔驰公司为售后产品的维护和保养制定了一整套规范和措施。车辆出厂后即装运到客户所在地,由客户亲自验车,然后开至当地奔驰公司授权的维修中心进行交车前检测。维修人员按照规定程序进行调整,使其达到最佳的行驶状态,最后交车给客户。同时,将驾驶需要注意的问题告知客户,并提醒客户下次维修保养的时间,以确保车辆行驶安全。

3.充足的零配件供应

零配件短缺是世界上许多汽车维修业遇到的共同难题，充足的零配件供应是提高维修质量和效率的保障。奔驰公司每一家维修厂都有专门的零件部,并设有一定面积的零件仓库,储存一定数量的常用零件。如遇到特殊需要则可直接与德国原厂零配件部门联络,空运急需的零件。

(四)奔驰的内外沟通传播策略

1.以统一的理念培训“奔驰人”

企业经营理念和价值观念是企业日常运作的指导准则，企业内部从领导层到普通员工都必须将其作为纪律,严格规范自身行为。对基本理念及其最新发展动向的深入了解是行动的基础。因此,对内部员工、合作伙伴和地区销售维修服务人员的培训极为重要。奔驰公司设有专门的培训部门和专业培训人员,并在各个地区建立奔驰专业培训中心,定期开设各类培训课程,如:新员工培训、市场销售综合培训、新车型培训、维修服务技术培训、零件培训等等。通过这些系统的培训和教育,可以将企业经营理念传达给公司每一个相关部门的员工,并可以通过企业员工的言行传达给外界。

2.对外理念传播

奔驰汽车销售网络与维修服务网络一样遍及世界各地，实行世界大型企业普遍采用的分级销售制度，建立了从订车、生产、运输直至交车一条龙高效的管理体系，提高交车速度。“知己知彼，百战不殆”，一个销售机构也必须做到。所谓“知己”，就是了解自己销售的产品，了解奔驰公司每一种系列和型号汽车产品定位和特点。“知彼”则是对市场和目标客户的了解。促销活动是将“己”与“彼”联系起来的桥梁。产品的理念必须通过一系列对外的宣传活动才能传达出去。促销活动和促销方式的组合受到促销目标、市场特点、产品性质和其他营销策略的影响，并演变出高招迭起的商战促销策略。奔驰公司就是利用赞助促销活动、专题促销活动、展览展销活动等手段来体现其对社会的责任感、其产品和创意的无穷魅力、其品质和技术等各方面的实力，从而提高企业信誉，保持企业形象。

3.外观形象设计——标志符号传播

外观形象设计是属于视觉识别系统范畴，是企业经营理念的外在表现，充分体现企业品牌内涵与外延的一致性。奔驰公司对制作招牌、旗帜、标语牌等有严格的程序和标准，以确保其质量符合奔驰品质形象。奔驰公司对商标的使用有着严格的规定，对那些不顾法律约束、盗用奔驰商标的企业和个人及时予以回击，以防冒牌企业的行为损害奔驰企业的形象。奔驰展厅是一个展示奔驰形象的窗口，其内部装潢和展品的摆放都有具体的规定。他们强调一种氛围，使顾客一进展厅就能感觉到奔驰公司特有的待客之道。

4.广告传播

广告是企业形象信息传播最直接、最有效、最常用的方式。广告在传播商品、服务信息的同时，更重要的目的是为了树立企业形象。因为直接促销的目的只是暂时的，只有树立了良好的企业形象，才能真正达到长期促销的目的。奔驰公司对各类广告有系统的规定，从文字图片的排列到内容撰写和表达的方式都必须具有奔驰特色，符合奔驰标准。

5.公共关系传播

公共关系活动是树立企业良好形象的重要手段。企业形象的树立要开展各类相互沟通的活动，使公众对企业产生好感。而公共关系活动正是企业与公众之间的润滑剂，使企业与公众之间不仅可以减少摩擦，而且有助于增进彼此了解。奔驰公司也设有专职公关部门，该部门借助公关手段，随时守望和监视企业内部环境，联络、协调与公众的关系，并通过公共关系组织开展各种社会活动，以提高企业的知名度，塑造良好的企业形象。

奔驰公司使员工们具有了一份自豪感、荣誉感和责任感，促使他们必须为奔驰之星的继续闪耀努力工作,不断以奔驰的准则要求自己,以奔驰的信念指导自己的日常工作。奔驰品牌是"安全、优质、舒适、可靠"的象征,是体现车主身份地位、体现潮流价值和社会价值的标志。

**二、"白沙"——借企业文化飞翔**

在对香烟近乎诗意的描绘里,有一句尤其隽永:"鹤舞白沙,我心飞翔。"

也许有一天,香烟在地球上消失了,但人的精神、意志和思想永远向上飞翔——这就是白沙集团在树立品牌的同时,也在刻意向人们展示它的企业精神。这正如许多品牌研究的论者所指出的:品牌时代的到来,使"企业精神已经比品牌自身取得了更重要的地位,因为消费者所要依赖的是公司本身,而不是产品,公司比产品本身更具体,传达的信息更多"。

"白沙"品牌知名度的迅速提升及其品牌内涵、品牌文化的广为传播,都与其倡导的品牌概念与品牌主题息息相关,那就是一个"飞"字。对"飞翔"的渴望,成为品牌的核心诉求,也成为企业的理想,"白沙"的生产和发展空间随"飞翔"而拓展。

(一)"白沙"确立以"飞"为主题的主打广告画面,清丽优美,勾起人们的遐想

"鹤舞白沙,我心飞翔"的品牌核心理念形成后,白沙集团开展了相应的整合传播。在电视上,在平面广告中,那飞向天穹的白鹤,在人们心里留下深深的记忆,引起人们美妙的想像。一位先生这样心述:蔚蓝的天空下,碧净的湖水边,青葱草苇的古老白沙井旁,两只美丽的丹顶鹤翩然起舞,傲骨如仙一飞冲天,给人以闲云野鹤的自在,又给人如仙如幻的情愫……

在传播"我心飞翔"这个品牌的主题思想方面,白沙集团是不惜投入的。在大城市的繁华地段发布路牌灯箱广告,还在央视媒体上轮番播放这一广告片。而最引人注目的是通过参加与"飞"有关的主题活动,借助重大事件诠释品牌内涵:

——1999年12月11日下午2点,湖南张家界机场,匈牙利特技飞行员皮特·贝森叶驾驶"白沙"号飞机第一次成功地穿越天门洞。随着央视现场直播的镜头,亿万电视观众看到了"白沙"的飞翔梦想。

——2000年10月,"白沙"杯首届金鹰艺术节,"白沙"形象代表——白鹤,与金鹰演绎了一场共赴理想的飞翔梦。媒体52小时的滚动播出,使数以亿计的观众深深感受了"白沙"品牌的文化理念:"鹤舞白沙,我心飞翔"带给人们的是自信、洒脱和对美好生活的向往,体现了"白沙"立足社会、回报社会、向公众奉献精品的宗旨。

——2000年10月3—6日,太湖世界特技飞行大赛,飞行员冲击的目标是迄今人类驾驶飞机超越的最小空间:太湖桥洞。14架标有"白沙"字样的飞机意气风发

地升华着“白沙”飞翔的理念，展示了挑战自我、超越自我的勇气。

这些企业策划和宣传，被人们认为是成功的。其广告效益主要体现在对企业形象的树立上。那几次飞行显然都是有风险的，要求飞行员除有高超的飞行技巧外，还要有过硬的心理素质，这正是对企业追求的一个很直观的诠释。

白沙集团以“飞”为主题的营销策划，被评为2001年十大成功营销案例。评委评价为：“白沙的品牌知名度的迅速提升及其品牌内涵、品牌文化的广为传播，都与其倡导的品牌概念与品牌主题息息相关，那就是一个‘飞’字。”

（二）树立品牌的同时，树立一个昂扬向上的精神理想

不屈不挠，是“白沙”的品牌精神，也是白沙集团不断追求的企业精神。

可以说，“白沙”在树立品牌的同时，在树立着一种昂扬向上的精神理想。

奥运申办成功，由知名企业见证那激动人心历史瞬间的意义，无论对提升品牌知名度、企业形象，还是提升士气，无疑都是意义非凡的。在中国申奥成功、举世瞩目的关键时刻，“白沙”和“海尔”同时出现了！向全国人民祝贺申奥成功！卢平（白沙集团董事长、长沙卷烟厂厂长）描述：“那一刻，我们是真正与全国人民‘心’连在一起的，或许以后人家再看见我们，马上会想到那庄严、光荣、振奋的历史时刻，这种价值是很难估量的。”

“我心飞翔”倾诉的企业精神，与申奥成功的民族心气，几乎是完美的沟通。

诚然，“白沙”能和“海尔”站在一个平台上，也很值得关注。

“海尔”作为一个民族品牌的旗帜，早已蜚声世界，是中国最具有感召力的品牌之一，并且代表着先进的产业方向。“白沙”和“海尔”的并肩出现，是对“白沙”品牌价值的一种肯定。据说中央电视台的标准是：(1)申奥是中国人的大事，所以必须是民族品牌才有资格；(2)该品牌的成长性必须非常好，能与中国国力的迅速成长相匹配。

这显然不是在选“标王”，不是谁出钱多就是谁的。这从一个侧面证明了“白沙”的实力和潜力，证明了这个品牌不仅知名，而且有很好的成长性，有相当的文化品位。这表明几年来“白沙”在树立品牌形象上的付出已经得到社会的初步认可、信任和回报。在市场经济不断发展的今天，只有市场才是认证名牌的试金石，也只有消费者才是评判产品优劣的权威。为此，“白沙”极力推崇“共同的品牌”这个生产和营销概念，进行了一系列“市场意味”十足的改革：

2001年以来，“白沙”实施BPR/ERP项目，以核心业务流程为主线，重组企业结构，实现由面向职能向面向流程的改变，使企业信息流、资金流、业务流三流合一，增强企业对市场的反应速度。其中，品牌、营销、研发是一条流程主线——以品牌为中心，加强营销与研发的联动，整合相关配套资源，使得品牌这条流程宽道短距，为企业实现由做产品向做品牌转变提供机制保障。

目前,“白沙”已拥有2万多个产品专供点和零售网点组成的市场营销网络。

2004年4月,随卢平一同考察西北市场的厂公关部的同志写下了这样一段见闻:“最前线的营销员正在绞尽脑汁,想多创造一些业绩。他们是这一路上令我们深深感动的风景。春节前,西北市场最后一批撤退的是长烟人;春节后,最早一批奔赴市场的仍然是他们。我们是在四月的春天到西北,依然可以感受到那里的寒冷和风沙。可想而知,一年四季驻扎的他们要怎样地忍受;可想而知,以市场为家的他们,那份拒绝思念、承受寂寞的坚强。”

不屈不挠,应是一个品牌最珍贵的生命品质,也是白沙集团不断追求的企业精神。

(三)品牌代表了企业团队的精神,是企业文化的符号

“白沙”的团队精神是:有质量的真诚。

“有质量的真诚”是白沙集团所倡导的一种“信任机制”,给人以信心和亲和力。

关于飞翔,白沙人有系统的说法,即3AHOT是飞翔的条件,FIY HIGHER(越飞越高)是飞翔的状态,BE SHINY(阳光灿烂)是飞翔的方向。

将3AHOT概念演绎开来,就是企业人文精神的全面培养和提升。

对于3AHOT,最简洁的阐述是:要实现飞翔之梦,我们必须具备3个A级能力——学习能力、凝聚能力和创新能力,要有一颗热诚的心,热爱祖国,关爱他人,追求自信、从容、生生不息、越飞越高的生命状态,共同飞向阳光灿烂的金世纪。

有人这样评价:3AHOT的意义在于,它是一种全新的思维方式,一种全新的沟通文化。这种思维方式提供的框架与广阔的空间,可以将各个层次包括经销商、合作伙伴的人力、物力、财力组合起来,有效地配置资源,能够统一思想,凝聚内外力量,减少冲突,降低成本,提高整体作战能力。

“没有动力,就不能飞。”这是企业进行的一次管理沟通活动的主题。事实上,是一贯倡导从新产品的每一个细节都体现人文关怀的长烟新领导班子向员工发出的鲜明的信号:以3AHOT为核心思想,在全新的历史起点上,探索使长烟越飞越高的动力机制。在近几年的实践里,白沙集团显然在充分发掘这种效应。

市场方面,运作“20:80原则”:企业80%的赢利来自于20%的重复购买。而其运作的“服务营销体系”不仅满足了消费者的需求,而且培养出了一批成熟的经销人员。

科技方面,寻求联系市场的理性与感性的最佳结合。他们将人文关怀充分体现在满足消费者的需求上,同时又整合资源,将一切不合理成本早早控制在设计阶段。

人文方面，企业内部以3个A级能力搭建动力平台，营造上下同欲、休戚与共的人文环境。企业对外则形成整体出击的力量，不断打出精彩的文化牌。

(四)“飞翔”的理念转化成全体员工的精神意志，最普通的员工也具有强烈的责任意识

如果说白沙集团将品牌的创造放在首位，那么，他们首先是树人的品牌。“先造就人，再造就产品，不断努力创建员工成才的机制环境。”企业先后运作了品牌经理制、职业经理人制，为员工成才搭建更多的舞台，员工培训成为企业不惜本钱的重点工作。

要营造一个什么样的企业组织文化氛围？他们认为：开放式的、学习型的企业组织文化氛围，对于迅速激发员工创造力是必不可少的。在宽松和相互鼓励的氛围中，人们的创造性能够得到最大限度的开发。相反，在压抑和相互排挤的环境中，人们的创造性思维通道就会阻塞。

一切都是让“飞翔”的理念转化为全体员工的精神意志，形成白沙集团——即使是最普通的员工也具有的对社会、对消费者、对经销商以及对企业自身的强烈的责任意识。

在“白沙”新的高配方产品推出的总结会上，科研中心的职工平实地叙述了配方师老骥伏枥的故事；叙述了科研配方组成员一个月加班82小时背后的点点滴滴；五车间职工讲述了一次又一次的试生产，生产中不断集约热忱、智慧和力量，终于使烟丝经历18道工序才进入卷包车间的过程。……对此，厂报记者有一段精彩的述评，表达出“白沙”品牌传达给消费者人文关怀背后的那样一种责任和热忱：“在铸造精品的时候，我们也铸造着自己，那一丝不苟的工作精神，那通力合作的主人翁积极性，那博采众长的创新精神，那追求至尊品质的人文精神，那宏大或细微的一个又一个场景，我们努力追寻着，因为我们知道，精品来自人品。”3AHOT及企业刻意营造的创业氛围，为“白沙”筑起了飞翔的坚实平台——一个强势品牌的背后，有着以企业精神为核心的企业文化力量的支撑。

## 三、肯德基在中国

1998年，拥有肯德基、必胜客、Taco Bell(墨西哥式食品)三个著名品牌的餐饮系统(此系统为百事公司的一个业务部，百事公司三大业务是软饮料、小食品、快餐）从百事公司分离并在纽约证券交易所独立上市时，世界上最大的餐饮集团——百胜全球餐饮集团便正式成立了。当时所有股东和公司成员可能都没有想到，仅仅过去两年的时间，百胜全球餐饮集团的经营和发展取得了很大的成功。如今，百胜集团在全球拥有3万多家连锁分店，50万名雇员，营业额达到200亿美元，跻身世界企业500强之列。

刚从百事公司分离时，百胜全球餐饮集团既要弥补过去造成的损失，同时又面临着严重的挑战：如何创立企业文化？如何建立三个著名餐饮品牌彼此之间相互协作，而不是竞争的关系？如何树立员工对企业未来发展的信心等。当时，在曾任百事集团总裁、现任百胜集团首席执行官的皮尔逊和诺瓦克的共同主持下，公司在许多方面保持了分离前可行的组织架构，同时为公司未来勾画出新的发展目标。

他们采取了一系列大胆而全新的措施：如肯德基、必胜客、Taco Bell继续各自原有的运营管理，但要发挥互相协调的作用；通过套餐形式，进行三个品牌的联合促销，原料由公司统一采购、配送，控制了资金的平衡支出；首次将一些属于公司拥有的连锁餐厅以特许经营的方式转给加盟伙伴，把部分回笼资金集中用在新餐厅的开发上；高级管理层亲自到餐厅激励员工的士气等。到目前为止，集团的运营边际利润由三年前的11%增加到16%，而且1998年全年及1999年上半年，所有三个品牌的连锁营业额都出现增长，集团出现了蒸蒸日上的新景象。

中国市场是百胜全球餐饮集团全球战略中发展最快、最具有发展潜力的市场之一。中国百胜餐饮集团是百胜全球餐饮集团下属的国际公司在中国成立的协作发展总部。肯德基自1987年在北京前门开了中国第一家餐厅后，已在北京、上海、杭州、青岛、南京、广州、苏州、无锡、天津、福州、沈阳、西安、成都、武汉、深圳、哈尔滨等地成立了19个有限公司。至2000年底，在近80个城市和地区开设了400多家餐厅。到目前为止，肯德基已成为中国最大、发展最快的快餐企业。

某报记者和中国MBA网站(www.mba.org.cn)案例研讨小组两名成员在北京肯德基有限公司的配合下，经过两个多月的努力，终于完成了本篇案例的撰写。采访肯德基这样一个餐饮业特许经营方面的典范，我们最深的感触是：肯德基是一个有明确战略的企业，并且能够将这个战略成功地贯彻实施。同样是以人为本，同样是稳健经营，管理理论是一样的，但做出来就大有不同了。一个完美无缺的经营战略，如果执行不力，最后也会变得一文不名；而确定了恰如其分的经营战略，再辅之以完满的贯彻实施，企业才能百战不殆，长盛不衰。

作为国际餐饮巨头，肯德基值得探讨和深入研究的地方太多了，本案例只涉及到其中一小部分。肯德基为什么做这样的决策？肯德基是怎么执行的？又是怎样推进到位的？这是本案例最关注的三个问题。

肯德基的自身实力、远景战略目标与经营管理三者是高度统一、相互支持的。为了发展中国的快餐业和特许经营业，我们要向肯德基学习，但同时必须从自身实际出发，把它的成功经验与本企业的实际情况相结合，这样才能学有所获。

(一)选址策略

地点是饭店经营的首要因素,餐饮连锁经营也是如此。连锁店的正确选址,不仅是其成功的先决条件,也是实现连锁经营标准化、简单化、专业化的前提条件和基础。因此,肯德基对快餐店选址是非常重视的。选址决策一般是两级审批制,通过两个委员会的同意,一个是地方公司,另一个是总部。其选址成功率几乎是百分之百,这是肯德基的核心竞争力之一。

肯德基选址按以下几个步骤进行:

1.商圈的划分与选择

(1)划分商圈

肯德基计划进入某城市,就先通过有关部门或专业调查公司收集这个地区的资料。有些资料是免费的,有些资料需要花钱去买。把资料买齐了,就开始规划商圈。

商圈规划采取的是记分的方法,例如,这个地区有一个大型商场,商场营业额在1000万元算1分,5000万元算5分,有一条公交线路加多少分,有一条地铁线路加多少分。这些分值标准是多年平均下来的一个较准确的经验值。

通过打分,把商圈分成几大类。以北京为例,有市级商业型(西单、王府井等)、区级商业型、定点(目标)消费型,还有社区型、社区和商务两用型、旅游型,等等。

(2)选择商圈

即确定目前重点在哪个商圈开店,主要目标是哪些?在商圈选择的标准上,一方面要考虑餐馆自身的市场定位,另一方面要考虑商圈的稳定度和成熟度。餐馆的市场定位不同,吸引的顾客群不一样,商圈的选择也就不同。

例如,马兰拉面和肯德基的市场定位不同,顾客群不一样,是两个“相交”的圆,有人吃肯德基也吃马兰拉面,有人可能从来不吃肯德基专吃马兰拉面,也有人反之。马兰拉面的选址当然与肯德基不同。

而肯德基与麦当劳市场定位相似,顾客群基本上重合,所以在商圈选择方面也是一样的。可以看到,有些地方同一条街的两边,一边是麦当劳,另一边是肯德基。

商圈的成熟度和稳定度也非常重要。比如规划局说某条路要开,在什么地方设立地址,将来这里有可能成为成熟商圈,但肯德基一定要等到商圈成熟稳定后才进入。例如,这家店三年以后效益会多好,对现今没有帮助,这三年难道要亏损?肯德基投入一家店要花费好几百万元,当然不冒这种险,一定是比较稳健的原则,保证开一家成功一家。

2.聚客点的测算与选择

(1)要确定这个商圈内,最主要的聚客点在哪儿例如,北京西单是很成熟的商圈,但不可能在西单任何位置都是聚客点,肯定有最主要的聚集客人的位置。肯德基开店的原则是:努力争取在最聚客的地方及其附近开店。

过去古语说"一步差三市"。开店地址差一步就有可能差三成的买卖。这跟人流动线(人流活动的线路)有关,可能有人走到这里,该拐弯,则这个地方就是客人到不了的地方,差不了一个小胡同,但生意差很多。这些在选址时都要考虑进去。

人流动线是什么样的?在这个区域里,人从地铁出来后是往哪个方向走?等等。这些都派人去掐表,去测量,有一套完整的数据之后才能据此确定地址。

比如,在店门前人流量的测定,是在计划开店的地点掐表记录经过的人流,测算单位时间内多少人经过该位置。除了该位置所在人行道上的人流外,还要测算马路中间的和马路对面的人流量。马路中间的只算骑自行车的,开车的不算。是否算马路对面的人流量要看马路宽度,路较窄就算;路宽超过一定标准,一般就是隔离带,顾客就不可能再过来消费,就不算对面的人流量。

肯德基选址人员将采集来的人流数据输入专用的计算机软件,就可以测算出,在此地投资额不能超过多少,超过多少这家店就不能开。

(2)选址时一定要考虑人流的主要动线会不会被竞争对手截住

因为人们对品牌的忠诚度还没到说"我就吃肯德基,看见麦当劳就烦"。只要你在我跟前,我今天挺累的,我干吗再走100米去吃别的,我先进你这儿了。除非这里人特别多,找不着座儿,我才往前挪挪。

但人流是有一个主要动线的,如果竞争对手的聚客点比肯德基选址更好的情况下,那就有影响。如果是两个一样,就无所谓。例如,北京北太平庄十字路口有一家肯德基店,如果往西100米,竞争者再开一家西式快餐店就不妥当了。因为主要客流是从东边过来的,再在那边开店,大量客流就被肯德基截住了,开店效益就不会好。

(3)聚客点选择影响商圈选择

聚客点的选择也影响到商圈的选择。因为一个商圈有没有主要聚客点是这个商圈成熟度的重要标志。比如北京某新兴的居民小区,居民非常多,人口素质也很高,但据调查显示,找不到该小区哪里是主要聚客点,这时就可能先不去开店。什么时候这个社区的商圈成熟了或比较成熟了,知道其中某个地方确实是主要聚客点才开。

为了规划好商圈,肯德基开发部门投入了巨大的努力。以北京肯德基公司而言,其开发部人员常年跑遍北京各个角落,对这个每年建筑和道路变化极大,当地人都易迷路的地方了如指掌。经常发生这种情况,北京肯德基公司接到某顾客电话，建议肯德基在他的所在地设点，开发人员一听地址就能随口说出当地的商业环境特征，是否适合开店。在北京，肯德基已经根据自己的调查划分出的商圈，成功开出了56家餐厅。

(二)远景目标

增长的问题对任何公司都是非常重要的。任何一个成功的企业都要有远景目标，要吸引优秀人才加盟。对社区做出贡献，不能确定战略目标的公司都会很快地被淘汰。

作为一个特许经营企业就更是如此，肯德基的特许加盟者当然都是为了共享肯德基的良好发展远景而加盟的。远景目标的确立，有赖于对公司外部环境的审视，公司使命的确认以及为完成公司使命所需的能力平台的预期。

20世纪90年代初，肯德基中国公司总裁苏敬轼先生一来到中国，就和雇员阐述肯德基的远景目标：把中国肯德基(KFC)品牌做成中国餐饮业的第一品牌，甚至是全世界最受欢迎的餐饮业品牌。苏敬轼先生在公司的发展过程中与各级管理人员一起不断宣传和阐述这个目标。肯德基的每一个新员工，上班第一天就清楚这个目标。这就使肯德基的所有员工有了一个公司发展的共同蓝图、一种共同的远景。所有的人都知道肯德基公司以后将是一个什么样子。

肯德基有实力做这样的远景目标。这是因为：

1.虽然肯德基是第一次来到中国，但以其多年的全球数千家分店的拓展和跨国际的管理经验，有足够实力全面开发中国市场，达成远景目标。

2.肯德基的远景目标是可行的。这是建立在对中国的社会及其结构、市场、客户的严密分析基础上的。作为中档快餐，没有一个成熟的商圈将无法支持其日常运转所需客流量。因而中国各大城市未来几十年内逐渐成熟的商圈数量将决定肯德基的市场发展潜量。基于对中国经济的前景和发展势头的乐观估算，肯德基预测它在中国会有一个广阔的发展空间。

另外，肯德基进入中国市场的时机非常好。当时的中国餐饮业，特别是特许经营餐饮业还远未成熟，作为第一家进入中国的国际特许经营餐饮业巨头，只要抓住时机努力发展，完全能做到中国快餐业第一品牌。

3.肯德基的远景目标是与其特许经营的特点相吻合的。作为特许经营的肯德基与许多其他行业不同，其特点是高度规避风险。因为餐饮连锁业一旦创立了良好的企业形象，便能使所有的连锁店共享由此带来的效益。但相应地，一旦任何一家店出现问题，就会使整个品牌受到影响；所以其抗风险的能力是很脆弱的。

肯德基是要在中国不断开拓新市场的，但既然是特许经营，就必须尽量规避风险，保证品牌不因扩张而贬值，始终是品牌增值过程。即无论怎样扩张，都需要稳健经营。两者的结合,都包含在肯德基要做中国餐饮业第一品牌的远景目标里了。

肯德基经过10余年的发展,已成为中国最大、发展最快的快餐企业;另据全球著名的AC尼尔森调研公司在中国30多个城市的问卷调查显示,肯德基被中国消费者广泛熟知和喜爱,被公认为“顾客最常惠顾”的名牌,名列前10名国际知名品牌的榜首。肯德基可以说是在市场占有率和美誉度上双丰收,这与其远景目标制定上的正确可行是息息相关的。

到现在,中国餐饮业已有很大发展,国际连锁餐饮巨头纷纷抢滩中国,国内餐饮也跃跃欲试,而中国餐饮业的市场潜量还很大。肯德基要做中国餐饮业第一品牌的远景目标依旧适用,指导肯德基迈向新的征程。

在中国肯德基的所有员工眼里,发展到现在的400多家店,只是预期的远景目标的一部分而已,并不是最后的结果。正如一株小苗,经过10余年的培育,扎根长叶,渐成大树,生机勃勃,前程无量。

如果回顾一下苏敬轼先生是在肯德基进入中国之初就定下这个远景目标,不能不说是极具远见的。既定的远景目标,会直接影响企业业务规划、人才管理、业绩管理等各方面。很明显,肯德基的远景目标也预示着其“本土化”策略的势在必行,否则将无法满足肯德基在中国快速成长中人力资源短缺和原材料来源问题。



(三)市场营销

1.标准化服务

肯德基全球推广的“CHAMPS”(又叫“冠军计划”)是肯德基取得成功业绩的主要精髓之一。其内容为:

C:Cleanliness保持美观整洁的餐厅;

H:Hospitality提供真诚友善的接待;

A:Accuracy确保准确无误的供应;

M:Maintenance维持优良的设备;

P:ProductQuality坚持高质稳定的产品;

S:Speed注意快速迅捷的服务。

“冠军计划”有非常详尽、可操作性极强的细节,要求肯德基在世界各地每一处餐厅的每一位员工都严格地执行统一规范的操作。这不仅是行为规范,而且是肯德基企业的战略,是肯德基数十年在快速餐饮服务经营上的经验结晶。

2.市场定位

肯德基以家庭成员为主要目标消费者。推广的重点是较容易接受外来文化、新鲜事物的青少年,一切食品、服务和环境都是有针对性地设计的。这是因为青少年比较喜欢西式快餐轻快的就餐气氛，并希望以此影响其他年龄层家庭成员的光临。另外，肯德基也在儿童顾客上花费大量的精力，店内专门辟有儿童就餐区，作为儿童庆祝生日的区域；布置了迎合儿童喜好的多彩装饰；节假日还备有玩具作为礼品。肯德基一方面希望培养小孩子从小吃快餐的习惯，另一方面也希望通过小孩子的带动，能吸引整个家庭成员都到店中接受温馨的服务。儿童长大了，肯德基可能会变成他生活中的一部分。

肯德基一直想要营造的是一种全家一起用餐的欢乐气氛，强调的是这种附加的价值。这会给人留下一些较深的印象。他们有很多的美好记忆是在肯德基发生的。客人到餐厅里，首先感到吃的味道。东西不好吃，再便宜都没有用。服务再好，装修再漂亮，客人也不会喜欢。肯德基的市场优势为其鸡类食品的独特口味，定位在"世界著名烹鸡专家"、"烹鸡美味尽在肯德基"，这也是肯德基与麦当劳定位上的最大的差别。其60年烹鸡经验烹制而出的炸鸡系列产品，原味鸡、香辣鸡翅、香脆鸡腿汉堡、无骨鸡柳等，外层金黄香脆，嫩滑多汁，以其独特鲜香口味广为顾客称许。肯德基在各种广告宣传里也不断强化其"烹鸡专家"这一卖点。

中国人爱吃鸡，鸡鸭鱼肉中鸡是排第一位的，与其他洋快餐相比，鸡肉类的产品也更符合中国人的口味，更容易被中国人接受。从麦当劳悄悄打破其在全球市场统一的"牛肉汉堡"的菜单，在中国市场推出与肯德基类似的"麦辣鸡"和"鸡腿汉堡"，更可以看出这一点。

肯德基并不满足于目前的成功，而是不断以巨大的人力和财力去寻找适合中国人的口味。肯德基的什么产品是他们喜欢的？他们为什么会喜欢肯德基？等等。调整服务，调整食品，甚至推出新的产品。

所谓"众口难调"，好吃不好吃，每个人都有自己的价值观。怎么样证明？回头率。好吃可能就是如果100人来吃，有80人觉得不错，那就可以认为在定位上已经被接受了。

如新近推出的"芙蓉鲜蔬汤"，是由蔬菜、蛋花、香菇、裙菜、胡萝卜等富含营养的原料精心调配而成。把"芙蓉鲜蔬汤"配以肯德基的主食——鸡类食品，或是沙拉、土豆泥、玉米等其他配餐食品，使得中国消费者在肯德基享受到了更完整、更符合饮食习惯的餐饮选择。这款特意照顾到中国消费者口味，甚至连名字也极具有中国特色的汤类食品，是肯德基通过调查研究，为满足中国消费者的需求精心研制而成，自推向市场之后广受欢迎。

3.重度消费者与轻度消费者

肯德基以回头率划分消费者，可以分重度、中度、轻度三种类型。重度消费者是指一个星期来一次，中度消费者是指大约一个月来一次，半年来一次算轻度消费者。经过调查，肯德基的重度消费者占了30%~40%，对于他们来说，肯德基已经和他们的环境、习惯产生联系了,逐渐成为他们生活的一部分。

对重度消费者,肯德基的营销策略是要保持他们的忠诚度,不要让他们失望。这些重度消费者对肯德基很了解,因为他们经常光顾,甚至肯德基的服务员跟他们都是好朋友。对他们唯一且简单的方法,就是不要让他们失望(质量、服务态度)。

对于轻度消费者,在调查中发现,很多人没有光临肯德基的最大一个因素是便利性。这只有通过不断地开店来实现了。

4.促销

促销是企业促进销售最常用的手段,当代企业中促销一定是连绵不断的。肯德基不断地会有一个比较优惠的产品在销售之中。其目的是提升营业额,提升交易次数,重点拓展某方面市场等。

促销由总部的全年计划统一安排。根据时间而安排不同的产品促销。整个全中国的分店都照着做,时间上可能有些差开,但企划案是一个。比如一段时间肯德基要促销"宠物小精灵"(儿童餐),另一段时间促销辣鸡翅。

促销活动管理是一项周密细致的工作。由上海总部统一安排好,甚至连海报都印好了,到时候给每个分店发一个企划手册。企划手册规则非常详细,例如,哪张海报应该贴在门前的灯箱上,哪张海报应该吊顶等,肯德基各分店照着做就可以了。电视广告等也统一安排好,在相应时间就在这个市场播出。

5.服务

面对市场竞争瓶颈时,一定不能损害消费者利益。例如,肯德基在和同行的竞争过程中,价格战出现了,要不要回应?回应就会牺牲大量的利润,但也会吸引大量的顾客,但这时,你的服务跟得上吗?你的产品跟得上吗?这些都是发展中出现的瓶颈。

顾客排长队,拿不到产品,甚至拿到的东西不符合肯德基的制作标准,因为人太多了,大家都挤着要那五块钱的汉堡,结果你供不上,你还要不要回应?你不做,别人做,生意别人拿走了,你没有顾客。这就像你可以给客人板凳,也可以给他们沙发,在这个取决的过程中,你要什么?你要给客人什么?每天都有这样的挑战。

出现这种抉择、这种瓶颈时,肯德基有一个很重要的原则导向:顾客的利益和需求。这就是尽量不要伤害顾客的权益。遇到瓶颈,肯德基当然要去改变,但更要一切以顾客利益为中心,几千个员工一起去做对的事情。

品牌的建立是需要时间的,品牌的维护是需要投入巨大的努力和面临种种难关的。与所有其他企业一样,肯德基当然希望有利润,但更重视投入。不断地探索需求,不断地投入,才有更大的利润。只是想保有它,到明年可能就什么都没有了。

## 四、雀巢咖啡文化传遍全球

国内大众对雀巢咖啡的认识，也许大都是从它那句家喻户晓的广告语“味道好极了”开始的。其实，很多业内人士也熟悉它的一个经典掌故，那就是雀巢咖啡在诞生之初，曾因过分强调其工艺上的突破带来的便利性（速溶）而一度使销售产生危机。原因在于，许多家庭主妇不愿意接受这种让人觉得自己因为“偷懒”而使用的产品。那是1938年4月1日，雀巢公司开发的喷雾干燥咖啡粉末的工艺正式在瑞士投产，世界上最早的速溶咖啡诞生了。很快地，雀巢咖啡便在法国、美国、英国及其他国家进行销售。

如今，雀巢咖啡已在全球100多个国家销售，每年的消耗量为17亿杯。尽管公司将近24%的营业额、110亿瑞士法郎来自饮品，然而雀巢并非只是一个速溶咖啡、果汁、矿泉水的制造商。1990年，雀巢公司的营业额为460亿瑞士法郎，而在1997年，头10个月的营业额就已高达569亿瑞士法郎。1994年底，雀巢被美国《金融世界》杂志评选为全球第三大价值最高的品牌，价值高达115.49亿美元，仅次于可口可乐和万宝路。它在各个事业领域的营业额分配是：饮品（23.6%），麦片、牛奶和营养品（20%），巧克力和糖果（16%），烹饪制品（12.7%），冷冻食品和冰淇淋（10.1%），冷藏食品（8.9%），宠物食品（4.5%），药品和化妆品（3%），其他制品和事业（1.2%）。它被誉为当今世界在消费性包装食品和饮料行业最为成功的经营者之一。

在中国，雀巢于1990年投产奶粉及婴儿食品。产量从1990年的316吨猛增到1994年的1万吨，销售额达2亿美元，2000年达到7亿美元。本文主要讨论雀巢公司最重要的品牌——雀巢咖啡（它占据了公司营业额的15%）的传播战略。最后，从总体上概括雀巢咖啡公司成功的市场领导者策略。

### （一）雀巢咖啡的国际传播原则

从消费者的观点看，国际品牌意味着一位旅行者在每个国家都能找到同样的产品组成、同样的类型。这就产生了一个疑问，雀巢咖啡是不是一个真正的国际品牌？事实上，雀巢咖啡这一品牌到处是一样的，标签上的图案也可能是一样的，但产品的类型、实际的组成和口味在各国却是不同的。雀巢咖啡有100多个品种，它们的口味根据各国消费者的嗜好而改变，这使得旅行者很难识别产品。因此，或许把雀巢咖啡作为一种国际概念比把它作为一个国际品牌更为恰当，因为它所有基本元素的标准都是一样的。

就食品而言，采取根据各地的口味和偏好而生产产品的策略获得了极大成功，而遵循统一的国际策略往往是不可行的。雀巢咖啡就是一个最具有说服力的例子。如同雀巢公司的经营理念所体现的,它在结构和组织上遵循“权限彻底分散”的原则。这也是雀巢公司里“市场头脑”说法所表达的——就是想法要和市场实况联结在一起,采取的行动和手段都力求合乎当地的需要和要求。雀巢公司的主席兼首席执行长Helmut Maucher强烈感受到:雀巢的各地公司能够准确地做出分析,判断公司在食品方面的各种产品如何适应当地的口味习惯和偏好,并兼顾到各国与食品相关的法规。

然而,要使一个品牌成为市场的领导者,正如雀巢公司在欧洲的执行副总裁Ramon Masip所持的观点,必须成为一个“低成本的制造商”。一个公司要在营销和广告中取得更高的效率,就应该使它的产品与消费者之间信息沟通的方式更为一致和简化。例如,在欧洲,方法之一就是在这样的定位下为整个欧洲开发一种新产品,并且使它在各国的包装和标签都完全一样。雀巢公司根据欧洲市场在未来更加一体化的趋势,就采取了这样的一种新策略:在尽力使新产品达到更大的一致性外,同时也接受品牌呈现在各地的细微差异。

近几年来,雀巢公司已采取了大量的措施,这反映在公司制定的长期计划中。计划的目标有:为雀巢公司最重要的战略品牌——雀巢咖啡制定基本的传播战略;为这些战略品牌制定关于包装和标志符号的方针,以产生更大的一致性;通过减少为每个品牌效劳的广告代理商的数目,以提高同消费者沟通的效率。

雀巢公司的300多种产品(不仅是咖啡)在遍及61个国家的421个工厂中生产。公司设在瑞士日内瓦湖畔的小都市贝贝总部对生产工艺、品牌、质量控制及主要原材料作出了严格的规定,而行政权基本属于各国分公司的主管。他们有权根据各国的要求决定每种产品的最终形成。这意味着公司既要保持全面分散经营的方针,又要追求更大的一致性。为了达到这样的双重目的,必然要求保持一种微妙的平衡。这是国际性经营和当地国家经营之间的平衡,也是国际传播和当地国家传播之间的平衡。如果没有按照同一基本方针、同一目标执行,没有考虑与之相关的所有因素,那么,这种平衡将很容易遭到破坏。

为了正确贯彻新的方针,告知分公司如何实施,雀巢公司提出了三个重要的文件。内容涉及公司战略品牌的营销战略及产品呈现的细节:

1.标签化标准是一个指导性文件,它对标签设计组成的各种元素做出了明确规定。如雀巢咖啡的标志、字体和所使用的颜色,以及各个细节相互间的比例关系。这个文件还列出了各种不同产品的标签图例,建议各分公司尽可能早地使用这些标签。

2.包装设计手册是一个更为灵活使用的文件,它提出了使用标准的各种不同方式。例如,包装使用的材料及包装的形式。

3.最重要的文件是品牌化战略。它包括了雀巢产品的营销原则、背景和战略品牌的主要特性的一些细节。这些主要特性包括:品牌个性;期望形象;与品牌联系的公司;其他两个文件涉及的视觉特征以及品牌使用的开发。

(二)雀巢咖啡的广告及代理商

为了更好地实现品牌传播的一致性,雀巢公司早先就决定大量减少它在全球的广告代理机构。现在,与公司密切合作的代理机构减少到了5个,分别是麦肯、智威汤逊、PubilisFCB、奥美以及灵狮,它们形成了一个国际广告代理机构网络。雀巢公司的总部为每个战略品牌指定了优先考虑的广告机构。有关雀巢咖啡优先考虑的公司是麦肯和智威汤逊。各地分公司可以从这些机构中作出自己的选择。实践表明,如果采用更集中的广告服务,效果将更加令人满意。

从历史的角度来看,雀巢咖啡的广告经历了三个阶段:

1.开始,雀巢欣喜于工艺的突破给传统喝咖啡方式带来的革命,广告自然想到要强调因速溶而带来的便利性,却未曾料到这与许多家庭妇女的购买心理有悖——买速溶图方便?是否表明自己不够贤惠?这可不是男人期望的妻子形象。因为当时处于男尊女卑的20世纪三四十年代,妇女缺乏自信,她们把照顾丈夫和孩子作为生活中的要务。随着时代的进步,妇女的解放,速溶咖啡这种既方便又能保持原味的优势终究大放光彩。20世纪60年代进入日本市场,就立刻受到广大家庭主妇的欢迎,尤其对没有磨豆工具的家庭来说,更是喜爱。此后,当这种优势由于省时省力逐步推广而被削弱时,再过分强调这种便利性显然不会有效了。

2.于是,广告的重点转向表现产品的纯度、良好的口感和浓郁的芳香。因此,各国的分公司都采用了产品导向的广告,强调雀巢咖啡是“真正的咖啡”。这与20世纪五六十年代普遍流行产品导向广告的大背景相一致。

3.当人们逐渐认可“咖啡就是雀巢咖啡”后,雀巢咖啡广告的重点转变为生活形态导向,广告尤其注重与当地年轻人的生活形态相吻合。例如,在英国的广告中,在一对恋人浪漫的爱情故事中,雀巢金牌咖啡扮演了一个促进他们感情发展的角色。

1961年,雀巢咖啡进入日本市场时,当初采取的是产品导向的广告战略。电视广告以“我就是雀巢咖啡”为口号,朴素明了,一时间反复在电视上出现,迅速赢得了知名度。1962年,根据日本消费者以多少粒咖啡豆煮一杯咖啡来表示咖啡浓度的习惯,开展了“43粒”的广告运动,可谓典型的USP(独特的销售主张)策略。广告片中唱着“雀巢咖啡,集43粒咖啡豆于一匙中,香醇的雀巢咖啡,大家的雀巢咖啡”。由于其旋律优美,竟变成了大街小巷的儿歌。

雀巢咖啡这个名称,用世界各种不同的语言来看,都给人一种明朗的印象,和消除紧张、压力的形象结合在一起(在汉语中,“雀巢”给人一种温馨的感觉,和“家”有强烈的相关性)。20世纪70年代在日本,“了解差异性的男人”的广告运动表达这样的概念:“雀巢金牌咖啡所具有的高格调形象,是经过磨炼后的‘了解差异性的男人’所创造出来的。”广告营造了“雀巢咖啡让忙于工作的日本男人享受到刹那的丰富感”的气氛,至今让许多日本人印象深刻。

雀巢咖啡在我国的广告战略可分为两个阶段。20世纪80年代初,首先以“味道好极了”的朴实口号作面市介绍,劝说国人也品品西方的“茶道”。那时候,对于许多年轻人,与其说他们是品尝雀巢咖啡,还不如说他们是在悄悄体验一种渐渐流行开来的西方文化。“味道好极了”的运动持续了很多年。尽管其间广告片的创意翻新过很多次,但口号一直未变。它几乎成了20世纪80年代每个广告人津津乐道的成功范例。

最近,雀巢咖啡投放了新版的系列电视广告,主题是“好的开始”。广告以长辈对小辈的关怀与支持为情感纽带,以刚刚走上工作岗位的年轻人为主角等,表达雀巢咖啡帮助他们减轻工作压力,增强接受挑战的信心。

## 五、海尔策划有道,缔造世界级品牌

公共关系在当代企业发展中日益起着不可替代的作用。青岛海尔集团公司,就是运用公共关系获得巨大成功的一家企业。1984年以前,海尔集团还是一家濒临倒闭的集体工厂,亏损达147万元。而如今它已发展成为拥有6000多名职工,下设7个工厂、4个分公司及2个合资公司的国家一级企业和出口基地。自1985年与联邦德国利勃海尔公司合作生产出中国第一代四星级电冰箱“青岛-利勃海尔”以来,目前已开发出12个系列、百余种规格的“青岛海尔”牌电冰箱、电脑程控式微波炉、微电脑电磁炉等高科技、高附加值系列产品。现在它已成为年产冰箱60万台、固定资产近3亿元、年销售收入25亿元的全国十佳优秀企业之一,正向“中国的松下”目标奋进。

海尔集团不仅在经济管理和现代化生产方面为我国企业的现代化发展开辟了新的前景,而且在企业公共关系实践方面,也做出了新的尝试。

### (一)构筑企业文化

在改革和发展的进程中，当别的企业还在忙于靠行政管理与经济手段树立与维护企业形象时,青岛海尔已经在构筑企业自身的文化大厦。

青岛海尔的企业精神是:无私奉献,追求卓越。围绕这一精神,确定的管理战略是:高标准、精细化、零缺陷;确定的质量战略是:质量是企业永恒的主题;确定的生产战略是:唯一和第一;确定的营销战略是:售后服务是我们的天职;确定的市场战略是:生产一代,研究一代,构思一代。这一系列文化战略目标,组成了严密的青岛海尔文化网络,体现了青岛海尔的整体文化战略意图。为了实现上述战略意图,青岛海尔把公共关系活动确认为企业文化的有机组成部分,并且充分运用公关职能，有力地开展内部和外部公共关系活动，使青岛海尔的企业精神得到充分的发挥。

(二)注重公关意识

在青岛海尔，公关意识已成为一种普遍的文化意识，公关方式已成为一种自觉的工作方式。它影响和改变着人们的思想、情感和行为。

青岛海尔把公共关系意识渗透到企业的各个环节，不仅把公关当做一种手段和功能，而且当做一种无限的价值。“价值就是公关，公关带来价值”是青岛海尔文化与众不同之处。

当你走进公司，首先映入眼帘的正是有着强烈公关特色的巨型徽——青岛海尔；镶刻在公司三楼的“无私奉献，追求卓越”八个金色大字闪闪发光，醒目地显示出强劲的企业精神；走进接待室，身着礼服的礼仪小姐热情地打开闭路电视，让你通过电视了解青岛海尔的发展历程与所取得的成就；在产品陈列室，礼仪小姐以标准的国际公关水准向你介绍几十个品种的“青岛-利勃海尔”系列产品；在奖品陈列室，陈列着无数个国家、部、省级奖杯、奖章、锦旗和奖品。不用介绍，你就能感受到青岛海尔的公关效益。1994年初，海尔集团第一个进驻青岛市高科技园区，投资26亿元创建规模宏伟的“青岛海尔工业园”，该园集科、工、贸于一体，为实现企业持续、快速、健康发展的总目标打下基础。

(三)输送公共关系活动

公共关系活动被青岛海尔当做一种文化价值和经济价值，双重地输送到公司的各个领域和各个环节。

海尔集团总经理张瑞敏先生有句名言：“我们的企业、我们的产品是干出来的，而不是检查出来的。公共关系就是告诉人怎样去干！”

“宁可损失上万元，也不给用户添麻烦。”这是青岛海尔为实现“质量是企业永恒的主题”这一目标而提出的口号。1985年，由于部分职工忽视产品质量，造成了76台冰箱不合格的严重后果。青岛海尔以此为突破口，举办了废品展览会。张总经理命令直接责任者自已用铁锤当众砸毁这76台冰箱。这一举措，使在场的千余名职工目瞪口呆。铁锤不仅砸毁了冰箱，而且彻底砸毁了青岛海尔的产品低劣意识，砸在了每个员工的心头，在员工中引起了强烈的震撼，使青岛海尔从此走上了质量管理的路子。

青岛海尔以质量为根本，制定了“向质量要效益”、“靠质量起家，靠优质名牌发展”的质量管理目标，处处体现“质量至上，用户是我们的衣食父母”，使“假如我是用户”，“下道工序就是用户”的活动深入人心，他们实行了严格的“三检制”，成立了质检处，定员人数占全公司人数的7.8%。

在此基础上，青岛海尔重视职工素质的提高。他们制定了5年教育计划和年度计划，实行全员培训，组织了36次近千人的培训班，参加全国质量管理统考，有913人获得合格证书。公司共成立了32个学习小组，取得了38项成果，其中6项获青岛优秀成果奖，3项获省优质成果奖，3项获国家优秀成果奖。

强烈的质量意识和优秀的质量管理取得了巨大的效果。1989年12月，轻工部主办的全国最优最劣售后服务单位评选活动中，青岛海尔以总投诉率为万分之零点四六、全国同行业第一的优异成绩获"双龙杯"奖。1990年，海尔集团又获"国家质量管理奖"和"全国十佳企业优秀管理金马奖"。如今，海尔已经在国际、国内获得各方面的肯定和公认。海尔冰箱获得冰箱行业第一枚国优金牌；海尔是全国十大驰名商标之一，是家电行业中唯一的消费者最信得过的冰箱商标；海尔在国际竞争中10次中标，海尔是中国家电最先获得国际认证，并获得国际最有权威性的美国、德国、加拿大等各种认证。

(四)以文化战略指导市场营销

青岛海尔以强有力的文化战略指导市场营销，追求完美服务，进而达到扩大产品销路、占领市场并树立良好的企业形象的目的。

青岛海尔紧盯市场，不断改进和开发，不断否定自己。在坚持产品性能高标准的前提下，根据消费区域、消费观、消费层次的不同改进产品，增加功能，提供适应性产品。按照市场细分的原则，海尔每年都不断推出具有市场导向水平的新产品。如大冷冻室冰箱、组合冰箱、宽气候带"小王子"冰箱，最近又推出无霜换代冰箱和最新超级节能无氟新世纪冰箱等。

为了体现"售后服务是我们的天职"，"用户满意才是我们的满意"这一营销战略，青岛海尔投资300多万元成立了"售后服务中心"，配备了44名专业技术人员和国内一流的通迅设备、冰箱检测手段；并利用计算机管理，建立了用户档案、产品维修档案和维修卡、用户监督卡、维修人员服务单等制度，在全国32个省市设立了218个维修点。

海尔集团充分认识到做好售后服务，能起到以一当十、以"后"顶"前"的作用。即做好一个用户的售后服务，就能在十个用户中树立起信誉；能根据用户的反应，及时解决销售前生产中的质量问题，不断提高产品的信誉。为此，他们坚持在售后服务中做到"一、二、三、四"。即一个结果：服务圆满；两条信念：带走用户的烦恼——烦恼至零，留下海尔的真诚——真诚到永远；三个控制：服务投诉率、服务遗漏率、服务不满意率均小于十万分之一；四个不漏：一个不漏地记录用户反映的问题，一个不漏地处理用户反映的问题，一个不漏地复审处理结果，一个不漏地将处理结果反馈到设计、生产和经营部门。

正因为如此，青岛海尔在瞬息万变、冷热冲击的市场上经受住了考验，成为用户"信得过的企业"，"疲软市场上的硬通货"，被誉为"销售无降价，产品无积压，企业无三角债”的三无企业，成为我国唯一的一家集金牌、金马奖和国家质量奖三项国家级桂冠于一身的企业。

（五）开展全面的公关活动

开展全面的信息性、福利性、经营性公关活动，创造无限的经济价值和文化价值。

随着经济改革的不断深入和发展，青岛海尔的公关活动已走向成熟。发布、交流信息性公关活动已成为它们的常规性工作。1989年1月，海尔创办了《青岛海尔报》，至今已出版70多期。《青岛海尔报》把公司的成就、发展远景、先进的管理方法及时地反映出来，发送到全国各有关单位、个人和公司员工手中，使大家经常知道青岛海尔的信息。

青岛海尔坚持一年一度召开辞旧迎新招待会，答谢各界朋友的支持和关怀，把朋友们密切地团结在公司的周围。每逢重大事情，海尔集团均以新闻发布会、记者招待会等形式对外宣传。海尔集团几年来还举行了全国维修工作业务会；举办大专院校人才使用与培训研讨会；举行一、二期工程竣工庆典活动等，都邀请国内外政府、企业、新闻、教育、文艺界要人参加，积极扩大企业对外影响。

经常组织经营性公关活动，宣传企业文化。在各类综合展览会、博览会中，青岛海尔针对自己的实际，总是有选择地参加；经常自办展销会、展览咨询服务会，注意展现企业精神、服务质量、经营战略和产品质量。在服务中，海尔集团从人员选择、服饰礼仪都实行规范化、标准化；在洽谈活动中，事先摸清对方情况，做好材料准备，有计划地使对方满意企业作风，牢记“生意不成情义在”的格言，追求完美形象。一些重要的洽谈成功之后，海尔集团把签字仪式同新闻发布会一起举行，并邀请本地行政官员和有关名人参加，使青岛海尔的良好形象长存于人们心中。

青岛海尔遵循取之于社会、用之于社会的文化原则，经常开展赞助性福利公关活动，与电台、电视台、报社、体育部门、教育部门、文艺部门联合举办各类社会活动，使企业文化和社会文化沟通、融洽，从而创造更大的价值。1988年1月，赴京慰问武警部队；1990年2月，与青岛日报社联合举办“青岛海尔杯”寒假征文活动，赞助中国女子足球队、青岛健美队；1990年9月，与光明日报社联合举办“今日知识界——青岛海尔杯摄影大奖赛”；1991年5月，与青岛市电视台、市工人文化宫举办电视新闻赛、卡拉OK大赛；等等。总之，“远乡近邻都是我们的朋友，欢迎大家到青岛海尔来，使青岛海尔成为你永远信得过的朋友”。尤其是在中国进行南极考察之际，把冰箱赠送给南极考察队，让冰箱随南极考察队经受住摄氏50多度温差、剧烈颠簸等恶劣环境的考验，使青岛海尔的形象矗立在地球的各个角落。

（六）大力开展企业内部公关活动

大力开展企业内部公关活动，强有力地开发人文资源，是青岛海尔企业文化的中心工作。

对每一位新进公司的职工，都要进行最基本的文化培训，让他们知道青岛海尔的过去、现状和未来发展方向，让他们明白青岛海尔的管理特色、经营方法，了解公司的外部环境和内部结构，熟悉每个环节和确认公司的价值观念、行为规范，把握企业的整个精神等等；然后到工作岗位进行业务培训，只有通过这种二级培训才能正式上岗。

青岛海尔认为企业职工"人人是人才"，"作为管理者，你可以不知道下属的短处，但你不能不知道下属的长处"。他们提出管理的内涵就是"借力"，就是把每个职工的积极性、创造性挖掘出来，调动起来，形成合力，通过管人达到管事的目的。为此，管人要有"三心"，即解决疾苦要热心，批评错误要诚心，做思想工作要知心，以"三心"换取全体员工对企业的"铁心"。治厂需要两手抓，既要做到严格要求，又要关心群众，为每个人创造充分展示自我的舞台，形成具有激励机制的企业文化氛围。青岛海尔把员工当做企业的主人并利用各种形式增强"海尔人"的荣誉感。通过合理化建议、庆功会、公司运动会、郊游、为职工过生日、派小车接新娘等形式促进员工的自尊、自强、自信，增强企业的凝聚力。公司还组织了健美队、服装模特表演队、舞蹈队、轻音乐队、摄影班、美术班等，从各方面丰富、提高职工的文化生活，使职工生活在一个健康向上、愉快的、美的环境中。所有这些，极大地开发了公司最大的资源——人的资源，使它成为青岛海尔发展的根本动力。

每周六晚上，是张总经理和职工一起过生日的时间，每周二下午则是公司领导亲自接待员工来访的时间。任何一位员工，在这一天可径直走进总经理的办公室，向企业的最高决策者表达自己的心情、想法和建议。内部公关活动的大力开展，使员工在公司如在家，爱公司如爱家。公司有一名青年女工，在身患绝症弥留之际，提出的唯一希望就是让她的灵车经过公司大门时停一停，让她能最后"看"一眼心爱的公司。多好的员工，这正是青岛海尔的希望所在。

公共关系已成为青岛海尔生存活动的一部分，由此树立了一个美好的海尔集团形象，奠定了公司兴旺发达的基础。目前，该公司已与德国、日本、意大利等国客商合作共建一批新项目。人们预言，一个实力雄厚的跨国公司，一个"中国的松下"集团将在这里出现。

## 第二节 政府公共关系案例选粹

### 一、改换车位,一举成功——尼日利亚政府的公共关系

一位美国公共关系学者认为,政府公共关系应确立的首要目标就是“促使为适应环境变化、技术进步而产生的新法律、新政策得到社会公众的接受和承认”。众所周知,一项新法律、新政策得到社会公众的接受和承认,往往要通过向公众做大量的传播工作才能实现。忽视这一现实,常常会使政府部门考虑不周或传播不力,从而导致有关新法律、新政策不被公众接受和承认。因为新法律、新政策能否发挥其效力,并不是政策制定者一厢情愿之事,也不是政策执行者能够完全决定的事。只有政策对象接受新法律、新政策,新法律、新政策执行才会获得成功;政策对象不接受新法律、新政策,新法律、新政策执行只能面临失败。

目前,世界上大多数国家实行车辆靠右行驶的交通规则,但也有少数国家车辆仍然靠左行驶。专家们认为,这种与众多国家交通行驶位置的差别,是造成交通事故多发的一个原因。因此,一些国家逐渐将车辆行驶的位置从左改换到右,如瑞典、尼日利亚。改换车位说来容易,实施则难度极大。试想:这种新法规不可能先在某一城市和地区试行, 因为这将意味着在同一个国家有的地区车辆靠左行驶,有的地区靠右行驶。在一个幅员广阔、车辆众多的国度里,一天之内奇迹般地将车位从左改换至右,谈何容易! 政府部门的决策者非常清醒地知道:一旦这种交通法规改革失败,那么,危险的混乱将直接给国家带来一场灾难。正是基于这样的一种考虑,目前一些国家不敢轻易地做出改换车位的决定。然而,尼日利亚政府不仅果敢地采取了改换车位的行动,而且做得非常成功。其具体组织实施这一计划的方法步骤如下:

第一,政府确定这一计划的组织实施机构。尼日利亚联邦政府情报机构和地方政府情报机构为实施主体。这种官方的情报机构是尼日利亚政府有力的行政机构,并有其组织严密的情报网。

第二,明确计划实施目标。决定在同一天内全国统一实施新的交通法规。车辆行驶位置从靠左行驶改换为靠右行驶。

第三,划定目标公众:(1)城市公众与农村公众;(2)机动车、非机动车驾驶员及行人;(3)普通公众(接受能力较强)与特殊公众(文盲等接受能力较差)。

计划分两个阶段实施。

(一)第一阶段

1.提前两年时间,对机动车和非机动车驾驶员进行训练。

2.利用一切传播手段,在新交通法规实施的一年前告知全国人民。

(1)利用广播、电视、报纸、杂志等大众传播媒介广泛宣传新交通法规。

(2)在海报、广播、电视节目宣传的基础上,拍摄新交通法规的记录片,把所有宣传内容与形式融为一体。

(3)在电影院及派出流动放映队深入农村放映该记录片,并开展教育农民的活动。

(4)交通警察示范,指挥改换车位后的车辆行驶。

(5)印刷、发行通俗的宣传品。在城市,国家情报机构辅助电视、广播、电影等媒介向市场上的摊贩宣传新的人行横道线。驾驶学校印发小册子,介绍新、老交通法规之间的不同。

(6)为此次交通改革,国家印发特种邮票。

(二)第二阶段

1.发动一场海报运动,如为农村特制的海报上画着当地司机和行人,便于人们接受。

2.在靠近学校、市场以及高速公路旁的大招贴板上张贴有关海报。

3.在报纸上登载小型海报和口号,一再重申改换车位的日期。

4.举行讨论会、辩论会及讲座,讨论新驾车制度的利弊。

5.大众传播媒介用打油诗劝告司机和行人在该运动中应起的作用。

6.地方广播站用当地语言编写的打油诗或以当地最有效的形式进行广播宣传。

7.对文盲采用视听方法和直观教具。

在上述方法、步骤实施之后,尼日利亚终于迎来了改换车位的那一天。情况出乎意料的理想,全国并没有一片混乱,也没有造成严重的伤亡事故,而是一切正常。人们称赞这次改换车位的运动是一次计划周密、收效良好的政府公关活动。它的成功完全是由于政府开展了扎扎实实的公共关系工作——事先做好充分准备,在一段较长的时间内,发起强大的宣传攻势,做好深入细致的工作。

**二、"炉边谈话"见奇效——罗斯福总统与政府公共关系**

美国前总统富兰克林·罗斯福堪称公共关系的行家里手,他亲自"导演"和"主演"的一出出有分量的重头戏,在政府公共关系史上留下了不少令人拍案叫绝的杰作。"炉边谈话"即是其中一例。

(一)入主白宫的第八天

罗斯福总统入主白宫之日,正是德、意、日法西斯羽翼渐丰之时,他以政治家的敏锐洞察力预感到世界战争阴云即将来临。但是,多年前美国卷入第一次世界大战的教训像梦魇一样缠绕在美国人的心头，经济危机阴云笼罩，“不介入战争”的孤立主义呼声席卷全国。有鉴于此，罗斯福总统以“炉边谈话”的巧妙形式，开始了有步骤地引导公众舆论的工作。

入主白宫的第八天，他就借助广播这个当时最先进且最普及的传媒工具，一改过去播音主持人正襟危坐的“传道”式的刻板风格，以围坐在壁炉边与家人、朋友聊天的形式，用平和轻松的语调及时把大政方针传达给听众。他将“炉边谈话”看做是对美国公众进行宣传的极好形式，看成是潜移默化地引导舆论导向的极佳载体。此后，这一由总统主持的节目一直延续了12年，且收听率极高。

(二)欧战爆发的当天晚上

欧战爆发的当天晚上，罗斯福即发表了“炉边谈话”。为了安抚国人，他首先说道：“我希望美国将不会介入这场战争，我认为它不会介入。我向你们保证，并再次保证，你们的政府将为实现这个目标做出一切努力。”但在讲话中又委婉地暗示：“美国的安全现在和将来都是同西半球及其临近海域的安全联系在一起的。总有一天，美国应该为受到创伤的人类提供尽可能的帮助。”

二战伊始，德国法西斯入侵势头强劲，法国投降，英国军事力量损失惨重。为了说明战争局势的严重性，总统再次发表“炉边谈话”，警告国民，英国战事吃紧，美国已很难隔岸观火，号召人们丢掉同纳粹和平共处的幻想，准备斗争。总统的呼吁逐渐赢得了公众的支持并先后两次修改中立法以适应形势需要。

(三)我们将打赢这场战争

珍珠港事件使美国人彻底清醒。在总统发表了题为《我们将打赢这场战争，我们还将赢得战后的和平》的“炉边谈话”后，“美国参战”成为美国社会的共同呼声。美国上下同仇敌忾，积极投入了反法西斯战争。罗斯福总统的良苦用心终于得到了预期的回报。

这则案例告诉我们：政府在行政决策的制定和执行过程中，要充分考虑公众的利益和要求。公众舆论是公众利益和意愿的自发性外在体现。所以，必须关注与公众具体行为指向密切相关的公众舆论。“兵马”未到，舆论先行。只有事先有计划地实施舆论引导，消除公众舆论的盲目性，争取更多的中立公众为顺意公众，并积极变逆意公众为顺意公众，创造一个良好的舆论环境，才能为最终取得满意的效果奠定坚实的基础。

### 三、大亚湾核电站的风波——中国政府公共关系的成功运作

(一)中国政府的重大决策

由于煤电供应日趋紧张，尤其是近年来燃烧石油燃料过多而导致的“温室效应”以及天气异常现象，加深了人们对核电优越性的认识。我国政府有关当局经

过科学分析与调查，认为发展核电不失为解决我国中长期电力增长问题的重要途径。于是我国政府有关当局决定在深圳大亚湾修建一座核电站。

(二)切尔诺贝利噩耗

然而,正当我国政府有关当局开始在大亚湾修建这座核电站的时候,从前苏联(现为“独联体”)传来了一个令世人震惊的噩耗——切尔诺贝利核电站发生了核泄漏事故。事故发生在1986年4月25日星期五的深夜到星期六的黎明,而新闻界4月28日才对外发表正式消息。在此之前,欧洲一家新闻社报道说,前苏联切尔诺贝利核电站所发生的核泄漏这一事故已造成了2000人死亡。此后,各国新闻媒介从不同渠道获得了各种消息并纷纷加以报道。新闻媒介的推波助澜,一时间使世界舆论哗然。尤其是发表正式消息过晚,致使流言四起,谣言广为传播,引起了混乱。

(三)谈“核”色变

1988年4月27—30日,澳大利亚墨尔本召开的第11届公共关系世界联盟大会上,一位前苏联教授曾做了题为《切尔诺贝利核电站事故以来的两年》的报告。他在报告中说,我们认为事故发生后消息公布过晚是一个很大失败。流言搅得人心惶惶,谣言令人谈“核”色变。核电这一与人类生存攸关的重大问题不能不受到世界各国人民的广泛关注。中国香港公众亦将我国在大亚湾修建核电站之事列为热门话题。报纸辟出版面,电台、电视台开设专题节目。一时间闹得满城风雨,人心浮动。有关人士慷慨陈词,极力反对在与中国香港毗邻的大亚湾修建核电站。一些公众为此还组织了反核的专门机构,并发起了中国香港各界100万人的签名运动。在强大的舆论影响之下,125万中国香港公众参加了签名运动。反核的专门机构派出了请愿团赴京请愿,并将请愿名单送至北京。



(四)面对不利舆论

不利舆论汇成了汹涌的波涛。面对这种不利舆论,我国政府有关当局究竟应该怎么办?如何平息这场不利舆论,矫正政府形象这一重大问题,不能不令我们认真研究。这时,有人理直气壮地提出:我们是在自己的领土上修建核电站而并没有在别国的领土上修建,这完全是中国人民的内政。任何人无权干涉中国的内政。

虽然这种观点是无懈可击的,但是随后也有人提出不同意见。他们认为,产生这种不利舆论的原因通过调查已得知有两点：一是我们对大亚湾核电站的修建缺乏宣传,致使中国香港公众不了解有关情况而产生了误解;二是客观上受到了前苏联切尔诺贝利核电站核泄漏“冲击波”的影响,人们产生了“核恐怖”心理。处理这种公关危机应采取全面的公关宣传,以“软处理”的方式化解这种不利舆论。于是我国政府有关当局通过研究决定采取以下对策：

1.全面了解这种不利舆论产生的原因、衍生和辐射的范围,以及已经产生和将要产生的影响。

2.立即组建核电站公关处，由一位高级工程师任处长，以增强公关宣传的针对性。

3.通过新华社、中新社等新闻媒体如实报道前苏联切尔诺贝利核电站事故调查及援救工作开展情况，并及时详尽报道了调查结果——由于操作人员操作不慎所造成，并非技术问题。

4.由具有权威的核科学家和核电专家在中国香港举办关于核电站知识的讲座。在宣传中，他们针对中国香港公众所担心的问题，给予了耐心的解释和说明。

（五）耐心的解释

我国目前采用的安全标准是在国际上积累了几十年经验基础上，结合我国国情制定的，具有很高的安全保障系数。在压水堆的设计上，我们也采用了国际上最成熟的技术，设立了三道屏障：一是安全壳，二是压力壳，三是包壳，从而使反应堆达到最佳安全状态，可谓万无一失。世界核电史上的两次最大事故（美国的三里岛核电站和前苏联的切尔诺贝利核电站）均是由于操作人员操作不慎造成的，而并非压力堆本身的技术问题。高标准、严要求是我们在核电站建设中始终坚持的原则。另外，大亚湾核电站距中国香港50公里，完全符合国际规定的选址要求。在美国、中国台湾的一些核电站的设立，距离居住区都在50公里以内，没有造成任何危害。前苏联切尔诺贝利核事故的清理范围也在30公里以内。因此，50公里的距离不算近，中国香港人不必担心，相信该核电站投入使用后，也不会造成任何危害。“核恐怖”心理实际上是杞人忧天，大可不必。核电站和原子弹是有本质区别的，核电站不会爆炸，它可能产生的泄漏也会因为设有多层防护屏障的纵深保护而被减少到最低程度。

（六）成功的公关活动

我国政府有关部门策划了一些有针对性的公关传播活动，大大缓解了公众的“核恐怖”心理，成功地引导了公众舆论。其对策为：

1.组织中国香港有关人士参观大亚湾核电站基地及设施，增加了工程决策、设计、施工、管理及技术等方面的透明度。

2.中央有关领导会见中国香港赴京请愿团，向中国香港公众做了认真的解释和说明工作，沟通了信息与情感，让中国香港公众代表感到我国政府对此是襟怀坦白的，从而增强了中国香港公众对我们的信任感，打消了对我国政府的误解。

3.我国政府有关当局与中国香港一家有影响、有信誉的公共关系公司合作在日本的广岛举办了和平利用原子能的展览会，宣传核知识和我们对核的一贯态度。

通过以上一系列公共关系活动的开展，一场反对修建大亚湾核电站的轩然大波终于平息了。

**四、上海市申博成功的政府公共关系案例**

继2002年浦东新区政府与黄浦区建委两个公关项目双双获得上海市优秀公关金奖后，上海市申博办策划的申办2010年世界博览会公关案例，又获得第二届上海市优秀公共关系案例评选特等奖。这是政府公关案例成功的又一典范。

据上海世博会办公室负责人介绍，此次申博的成功绝对离不开专业公关策划的帮助。从策划分析上来看，申博的公关目标非常明确，就是充分显现上海这一世界级的城市形象，赢得各国的赞誉，并打动评委投上海的票，吸引参展国来上海建馆设展。所以，贯穿整个公关策划的就是突出优势、体现个性、展示魅力。

针对公关目标，申博活动从2001年9月开始，以世博会知识网络电视竞赛、世博主题文艺演出、万人支持申博网上签名、长江三角洲申博之旅、世博知识巡回展、外交游说等多种方式开展了全方位的公关活动，并取得了良好的效果。英国《泰晤士报》、SKY新闻频道、星空传媒、西班牙《世界报》、法国《世界报》、韩国YTN电视台等多家国外媒体对上海的申博活动进行了详尽的报道，最终吸引了世界的目光。

在世博申办的过程中，上海市公共关系协会与上海移动通信有限责任公司联合主办，上海市世博会事务协调局、上海市慈善基金会等单位协办了历时6个月的“全球通”上海首届“公关新星”大赛。大赛旨在为上海的发展和2010年上海世博会精心选拔有潜质的优秀公关人才，推动我国公关事业的健康发展。

大赛主要由两部分内容构成：首先是上海“公关新星”社会征文活动，在7月至10月间，向社会各界人士公开征集千字内的论文。以市民心目中的“公关新星”为主题，讨论和探索在上海发展中日益发挥重要作用的公共关系及其理念。其次是大赛的重头戏——上海“公关新星”大赛，7月至9月底大赛组委会接受社会公开报名；10月至12月间比赛。凡在上海工作或学习的18岁以上、35岁以下的青年均可报名参加。大赛分学生组和职业组，12月举行的电视总决赛从学生组和职业组中各评出十大“公关新星”。

北京申奥、上海申博的成功都离不开政府公关活动的运作。“世界级的城市需要世界级的公关”，上海这座国际性大都市也必定需要高质量的政府公关来打造崭新的城市形象。

**五、普京政府在人质事件中的危机公关**

“车臣问题”一直困扰着俄罗斯，影响国内稳定和社会发展。目前，车臣境内藏匿的叛军武装力量超过8.5万人。在边疆发生与政府的多次正面武装冲突和人质绑架事件后,2002年10月23日,车臣武装分子又在莫斯科轴承厂文化宫剧院策动了俄罗斯剧院人质危机事件,劫持800多名人质,提出许多俄政府根本无法接受的要求。与绑匪紧张对峙58小时后,俄罗斯特种部队最终于莫斯科时间26日上午6时成功解救出被劫持在剧院内的700多名人质,并击毙包括匪头目马夫扎尔·巴拉耶夫在内的全部50多名恐怖分子,由此结束了一场震惊世界的恶性恐怖绑架事件。虽然在此次营救行动中,俄罗斯也付出了100多名人质生命的巨大代价,但无论是在兵力部署还是战略战术方面都赢得国际、国内舆论的认可,其中,政府公关功能发挥了不可忽视的作用。

第一,在政府内部组成智囊团,同时寻求国际舆论支持。23日晚,普京组织智囊团幕后决策,召集了包括俄罗斯联邦安全局、内务部、俄南部联邦区、军队等部门的最高级别官员共同进行商议。25日晚,他和他的智囊团已经内部出台了一套解救人质计划。在与国内各相关部门通力协作的同时,普京还积极寻求全球范围内的舆论支持。1996年,车臣著名匪首拉杜耶夫率部潜入俄达吉斯坦共和国基兹利亚尔市,将数千居民赶进医院扣为人质,时任总统的叶利钦,先以谋略将车臣匪徒引出基市,后强硬动手,终以数百条生命为代价平息了这起事件。事后引发西方部分国家的强烈反应,认为俄罗斯不该"以牺牲人质为代价"。而普京却略施手段,从一开始就充分发挥媒体的作用,在公众场合宣布"铁了心"要与恐怖分子"干到底"。他深知这种强硬的态度必将引起人质的伤亡,特种部队艺高胆大,但难以绝对保证人质的安全。因此,普京从23日发表讲话起,就把这起绑架事件定性为"恐怖活动",以求在目前全球反恐大形势下获得大多数国家的支持。换句话说,普京希望获得各国对特种部队即将采取强攻策略的理解。

第二,遵循社会利益原则,把国家利益和社会利益相结合,果断采取营救措施。在23日人质事件发生后,普京总统当即决定取消次日的出访活动,坐镇克里姆林宫,亲自指挥解救人质行动。25日晚,普京再次召开强力部门负责人会议,表示愿意与车臣绑匪谈判,并授权总统驻南部联邦区全权代表卡赞采夫担负这一重任。普京每次在媒体上出现的时候,都强硬地表示:"俄罗斯是不会向绑匪妥协、从车臣撤出军队的。"他没有像其他一些国家的元首那样,抚慰人质和受害者的家属,做出"俄将争取使人质安全获释"的承诺,而是强调了俄罗斯长久以来执行的"决不向恐怖分子妥协"的政策。因为俄罗斯当局担心,如果政府妥协,让绑匪的目的得逞,那么,将刺激更多的绑架事件。俄政府派出的谈判官员在谈判中提出的最大让步就是——"如果释放全部人质,俄政府可以免绑匪一死,并将他们送出俄罗斯国土"。可以说,这一策略做到了有理有节。

第三,确定进攻性目标规划。自1992年以来,新俄罗斯的发展还不到10年的时间。在这段短暂但极其复杂、极不平静的时间里，俄罗斯的政治、经济、社会、外交等方面发生了巨大深刻的变革。变革的后果在很多方面是出乎改革者预料的，而所有各方面的变革本身还远未结束，俄罗斯还处于大变动时期。自从独立开始，俄罗斯就必须同时处理三个复杂的大问题——要建立一个新的市场经济制度，要建立一个能正常运作的民主制度，要在当今和未来世界格局中取得一个新的地位。这三个发展目标是同时被选定的，而且当他们被选定后，俄罗斯的发展已不可能再有另外的选择余地了。这意味着必须从一个混乱的局面、权力的真空和不断动荡的局势之中建立一个新的世界。这一切必须在同一时间里重新建立起来。

对俄罗斯安全威胁最大的根源不是别人，而是它自己。今天它所面临的几乎所有的传统和非传统的威胁都来自于同一个源头，即国内的混乱和国力的衰微。正如普京总统所说："一个被软弱和贫穷所主宰的地方是不可能有大国的威力的，该明白了，我们在世界上的地位，我们的富裕程度以及我们新的权利全都直接取决于我们能否成功地解决自己的内部问题。"

这次绑架事件，是普京上台以来所经历的最为严重的一次危机，也使他再一次认识到，车臣问题是俄罗斯内部事务中的"最大麻烦"，车臣叛军一日不灭，俄罗斯一日不宁。自从车臣战争开始以来，已经有超过1万名俄罗斯人死亡，其中包括战亡者和在恐怖事件中死亡者。

普京宣布，他将命令该国的参谋部给出新的国家安全计划，以对付来自恐怖主义分子的潜在威胁，"不管他们可能隐藏在哪里"。他还特别指出，对于恐怖主义分子，俄罗斯政府不会屈服，而是"以牙还牙"；"如果有人试图使用这样的手段对付我们的国家，俄罗斯就会采取合适的手段来反对这些恐怖分子，包括他们的意识形态和经济上的后台，不管他们在哪里"。

第四，面对知晓公众，运用各种公关技巧，及时澄清事实。与一个国家的长期稳定和发展有关的，或者说是比现实和潜在利益更深层的因素是国民的心理状况。俄特种部队这次在恐怖分子开始残杀被扣人质时，果断采取行动，一举将50多名匪徒歼灭，拯救了700多名人质，但是他们在行动中因使用特殊气体导致100多名人质死亡而受到严厉责难。针对这种不利情况，为达到消除公众疑虑，建立政府良好形象的目的，俄罗斯外交部郑重其事地召开记者招待会，向国际社会澄清。俄罗斯卫生部于10月30日对外声明，俄罗斯特种部队使用的气体的主要成分是芬太奴——一种医疗辅助使用的快速麻醉剂，这种含有"催眠成分"的气体不会致人于死地，但可以迅速麻醉人体中枢神经，只要掌握好剂量，"或许并不违反禁止使用化学武器的国际公约"。

第五，讲究伦理道德，以"情"动人。在莫斯科轴承厂文化宫劫持人质事件中丧生的16名受害人，当天就得到了安葬。据莫斯科官员说，这是人质危机事件结束后的首次葬礼，在莫斯科与其周围地区四处墓地举行，另外的受害人于30日得以安葬。俄罗斯28日举行全国哀悼，纪念在莫斯科剧院遭劫持事件中遇难的人质，俄罗斯各地弥漫着哀痛气氛。俄罗斯举国上下当天举行了一天的哀悼，许多人到事发地点献花。负责对死伤人质及其亲属予以帮助的俄罗斯政府副总理马特维廷科28日在莫斯科对记者说：在莫斯科人质事件中死亡的每名人质亲属，可得到10万卢布（大约折合16000美元）的补助，而侥幸生还的人质将会获得5万卢布的慰问金。另据莫斯科市市长卢日科夫当天签署的命令，莫斯科市政府也将为被解救的人质和死亡人质的亲属提供物质帮助。

在这次事件中，俄罗斯政府运用了相当合适的公共关系策略。人质危机期间，莫斯科市民鼎力相助：26日晨，特种部队进入剧院与车臣绑匪展开激烈枪战后，部分俄罗斯媒体一度报道称，有少数叛匪混迹于人质中逃出了剧场，而此时剧场附近的莫斯科市民并没有陷入恐慌，而是在特种部队的指引下逐步转入安全地带。当天上午，昏迷休克的人质以及受伤的特种部队成员相继被救援人员从剧院内抬出，许多莫斯科市民也加入了这支队伍。据俄罗斯独立电视台报道，他们中大多数人并没有亲友被困剧院，而是自愿参加政府的救援。一方面，因为政府全身心地投入了人质事件的处理，公众对政府的印象是：公众的性命高于一般的国务活动，而且在如何处理人质事件众说纷纭时，普京宣布不向恐怖分子妥协，给人异常果断的感觉，虽然有多名人质丧生，但公众对普京没有怨言。另一方面，政府在处理人质事件时，积极主动与俄罗斯的政治精英们共同商讨对策，而他们在事件处理过程中给予了配合，或出面与恐怖分子谈判；或昼夜工作在事发地点，或要求媒体客观报道，避免节外生枝。所以国际社会对俄罗斯政府果断解决人质事件，普遍表示宽慰。虽然有些舆论对人质死亡发出责难，但大体上保持低调，未造成大的影响。人质事件是俄罗斯发展复兴的一个插曲，政府在整个事件处理过程中得到的最大好处是：今后其车臣政策将得到更多的支持、理解和同情，俄罗斯的稳定将得到有效的保障。

## 本章复习思考题

1.简述企业公共关系的基本内容。

2.简述政府公共关系的基本内容。

3.你从这些案例中学到了哪些方法？

# 主要参考资料


## 一、国外

1.卡特利普，森特.有效公共关系.中文版.北京：中国财政经济出版社，1988

2.狄思达.公共关系手册.中文版.北京：社会科学文献出版社，1989

3.罗伯特·罗雷.管理公共关系学.中文版.天津：南开大学出版社，1990

4.弗兰克·杰弗金斯.实用公共关系.中文版.上海：上海翻译出版公司，1988

5.武田哲罗.顾客满意经营.中文版.台北：台北洪建全教育文化基金会，1980

6.丹尼斯·威廉克斯.公共关系战略与战术.北京：解放军出版社，1992

## 二、国内

1.王乐夫，廖为建.公共关系学.沈阳：辽宁人民出版社，1986

2.中国社会科学院新闻研究所.塑造形象的艺术——公共关系学概论.北京：科学普及出版社，1986

3.熊源伟.公共关系学.合肥：安徽人民出版社，1990

4.熊源伟.公共关系案例.合肥：安徽人民出版社，1993

5.翟向东.中国公共关系教程.北京：中国商业出版社，1994

6.余明阳，陈先红.CIS教程.北京：中国物资出版社，1995

7.郭惠民.当代国际公共关系.上海：复旦大学出版社，1995

8.刘庆龙.科技公共关系.北京：清华大学出版社，1992

9.纪华强.公共关系的基本原理与实务.厦门：厦门大学出版社，1992

10.居易.公共关系学入门.合肥：安徽人民出版社，1987

11.谢俊贵.现代公共关系调查与策划.长沙：中南工业大学出版社，1998

12.谢俊贵.公关信息学.长沙：中南工业大学出版社，1995

13.林汉川，李觅芳.公共关系案例教程.上海：复旦大学出版社，1997

14.邱伟光.公共关系调查.上海：复旦大学出版社，1992

15.舒咏平.实用策划学.北京：中国商业出版社，1996

16.郭惠民，居易.公关员职业培训和鉴定教材.上海：复旦大学出版社，1999

17.郑杭生.社会学概论新编.北京:中国人民大学出版社,1995

18.沙莲香.传播学.北京:中国人民大学出版社,1990

19.袁方.社会调查原理与方法.北京:高等教育出版社,1990

20.李道平,单振运.公共关系协调原理与实务.北京:中国商业出版社,上海:复旦大学出版社,1996

21.李道平.公共关系策划.北京:中国商业出版社,1997

22.中国国际公共关系协会.最佳公共关系案例.合肥:安徽人民出版社,2005

23.李祚,张东.公共关系学.北京:中国劳动社会保障出版社,2007

24.陈红川.公共关系学.广州:广东高等教育出版社,2006